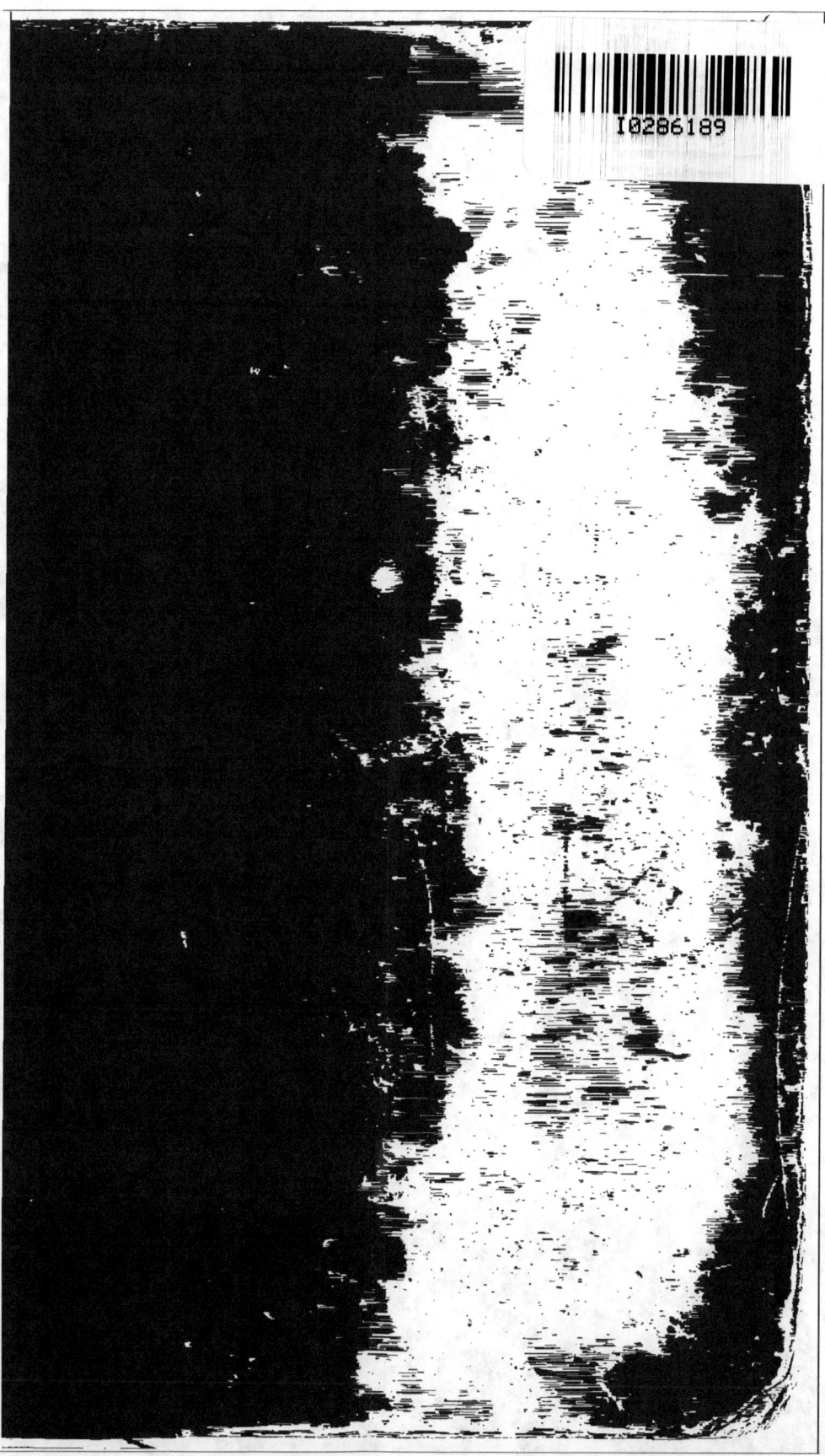

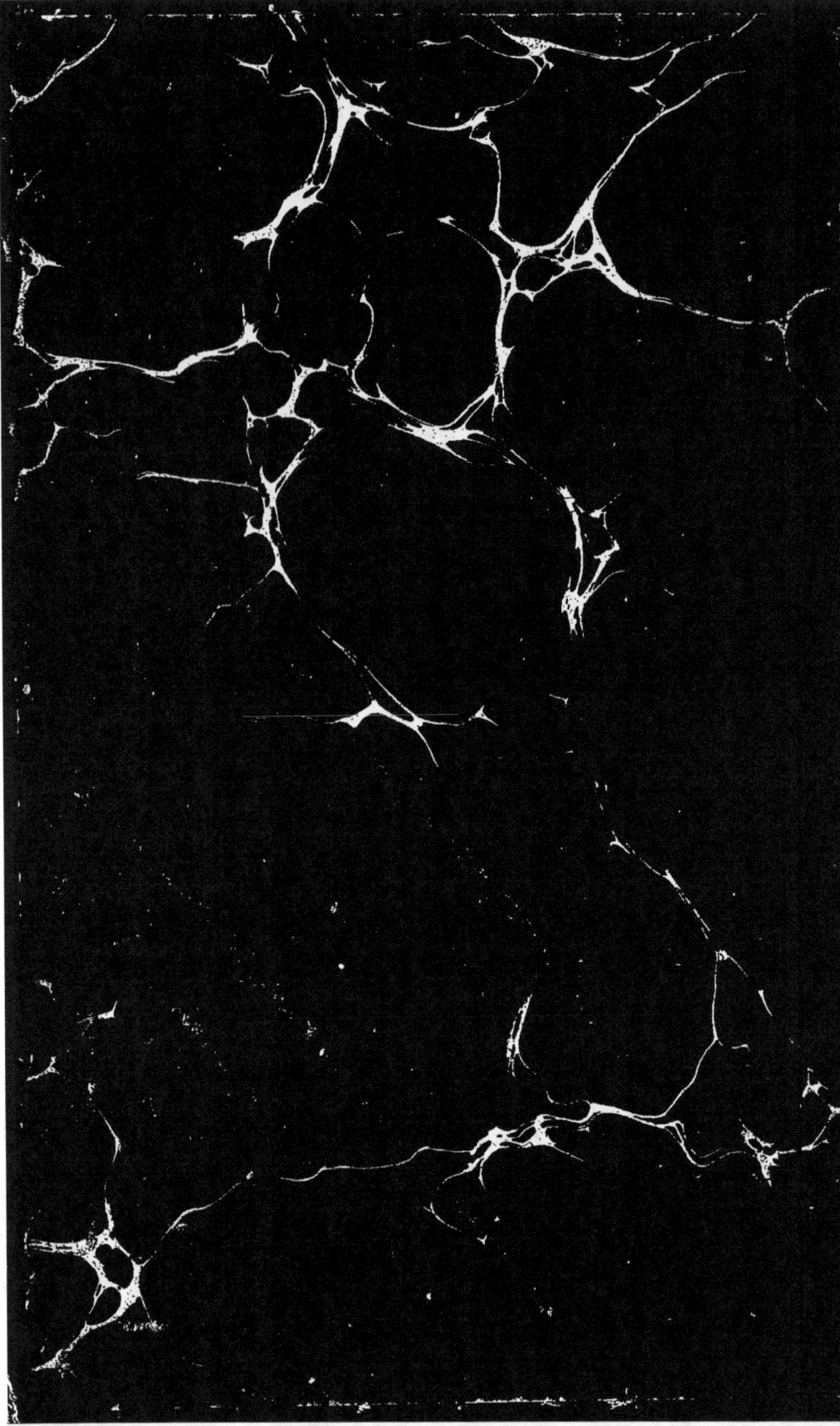

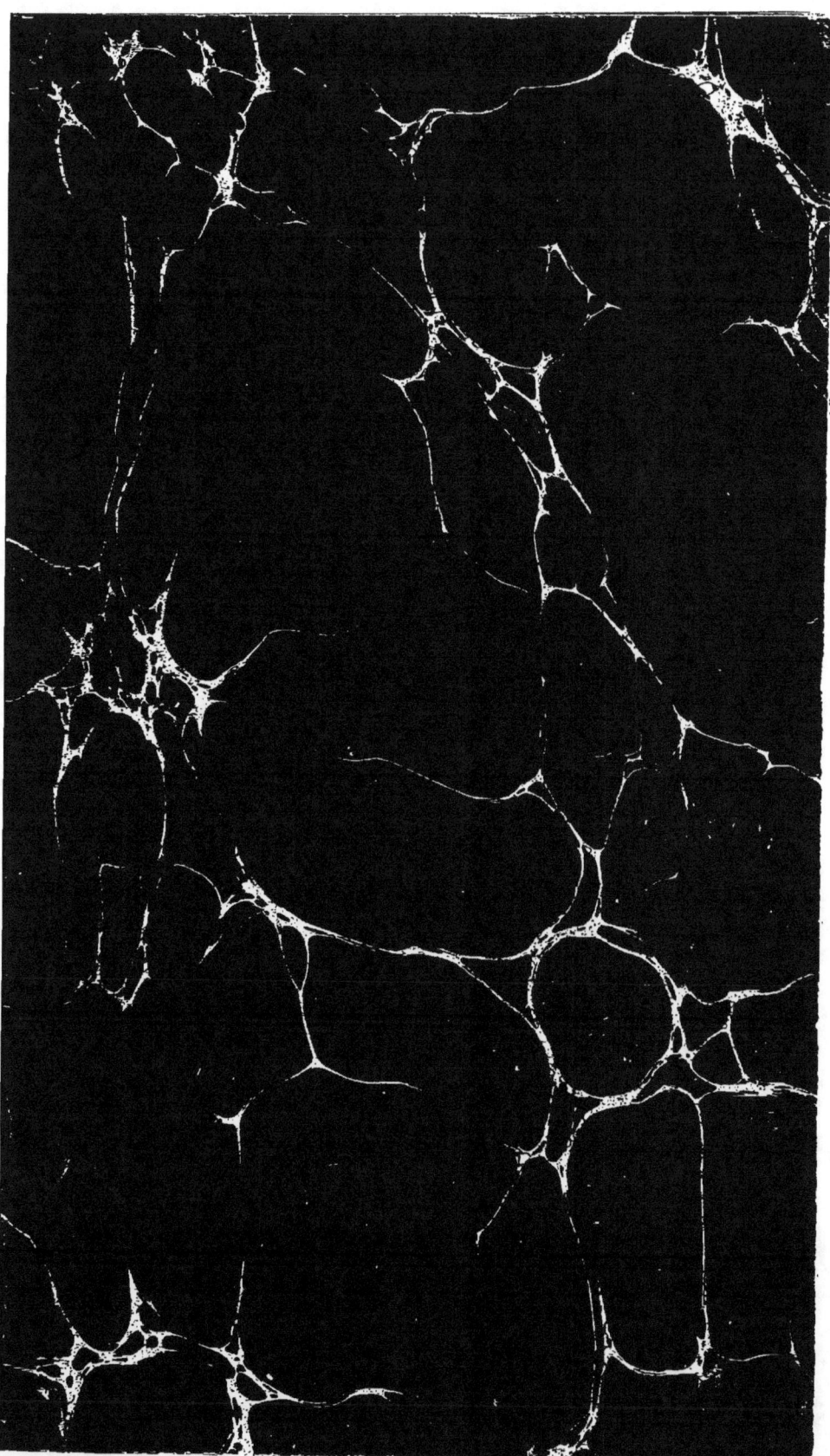

LUCIEN BONAPARTE

ET

SES MÉMOIRES

II

Paris. — Imprimerie E. CAPIOMONT et V. RENAULT, rue des Poitevins, 6.

TH. IUNG

LUCIEN BONAPARTE

ET

SES MÉMOIRES

1775-1840

D'APRÈS LES PAPIERS DÉPOSÉS AUX ARCHIVES ÉTRANGÈRES
ET D'AUTRES DOCUMENTS INÉDITS

« La vraie histoire nationale est encore
ensevelie dans la poussière des chroniques
contemporaines. »

AUGUSTIN THIERRY. (*Lettre première
sur l'histoire de France.*)

TOME DEUXIÈME

PARIS

G. CHARPENTIER, ÉDITEUR

13, RUE DE GRENELLE-SAINT-GERMAIN, 13

1882

Tous droits réservés.

LUCIEN BONAPARTE
ET
SES MÉMOIRES

CHAPITRE PREMIER

DE PARIS A MADRID

Départ de Lucien Bonaparte, 18 brumaire an IX (8 novembre 1800). — Son passage à Orléans. — Sa première lettre à sa sœur, Élisa Bacciochi. — Le coup de vent. — Conversation de Lucien avec un habitant d'Orléans. — Arrivée à Beaugency, à Tours. — Nouvelle lettre à Élisa. — Arrivée à Bordeaux. — Troisième lettre à Élisa. — Lettre à Talleyrand. — La peste en Espagne. — Départ pour l'Espagne, 17 novembre 1800. — Arrivée à l'Escurial, le 2 décembre. — Lucien attend ses bagages pour présenter ses lettres de créance.

> « Il y a un an, à cette époque, j'affrontais la mort pour obtenir la puissance... J'abdique aujourd'hui la puissance pour vivre heureux. Je fus courageux... je suis sage, et toutes mes réflexions ajoutent à la satisfaction intérieure que j'éprouve. »

18 brumaire an IX[1].

« Nous sommes partis[2] à une heure du matin. Alexandrine se réveillait tous les quarts d'heure et me tendait dans l'ombre ses petits bras caressants. Quoique agitée

---

1. 8 novembre 1800.
2. Première lettre de Lucien Bonaparte à sa sœur Élisa Bacciochi.

par l'insomnie, elle était contente et répétait *papa* avec l'accent de la joie...

« Nous sommes arrivés à Orléans au milieu d'une tempête de vent qui ne nous a pas empêchés d'aller faire visite à la Loire...

« Mais Alexandrine me tire par le pan de mon habit pour m'avertir que le souper est servi. Après souper, j'achèverai, ma chère Élisa.

« Le souper a été excellent. Je reprends mon récit. L'entrée d'Orléans n'est pas fort belle. La grand'place ressemblerait à la place d'un bourg, si l'on n'apercevait de là les deux tours de la cathédrale qui font un aussi bel effet que celles de Notre-Dame, et si la grande rue qui est très régulière ne se déployait dans toute sa longueur. Nous l'avons parcourue en tenant nos chapeaux, pour les préserver du vent qui venait de renverser sept ou huit cheminées dans la ville. La grande rue est terminée par un fort beau pont qui parerait la capitale à merveille. En arrivant sur le quai, j'ai été frappé du spectacle de beaucoup de bâtiments à la voile ; les uns naviguaient, les autres chargeaient.

« ... En rentrant à l'auberge, nous avons rencontré au bas du pont un homme qui riait de ce que le vent avait jeté un chapeau dans la Loire et qui tenait fortement le sien. Cet homme avait une bonne mine de petit marchand. Tout, jusqu'à sa canne, lui donnait la tournure de Braccini. Il m'a pris fantaisie de l'aborder. Voici la conversation que nous avons eue.

Moi. — Quel vent, monsieur. Il désole les uns et il vous amuse.

L'Orléanais. — Ah ! ah ! son chapeau est déjà bien loin. Tenez, il va passer sous l'arcade.

Moi. — Eh bien, laissons-le passer! Vous êtes d'Orléans, monsieur? Quel est votre préfet?

L'Orléanais. — Ma foi, je n'en sais rien. Nous sommes tranquilles et je ne me mêle pas du préfet.

Moi. — C'est aujourd'hui le 18 brumaire. Est-ce qu'on ne le fête pas ici?

L'Orléanais. — Qu'est-ce que le 18 brumaire? Il y en a tant de fêtes que l'on ne s'en souvient plus.

Moi. — Comment? c'est la Saint-Cloud.

L'Orléanais. — Ah! ah! contre les Jacobins. On en est bien aise... mais la fête qui veut. A présent on ne force plus personne... on fête à son gré les dimanches, les décades et les 18... Moi, je n'aime pas beaucoup les fêtes...

Moi. — Êtes-vous content du général Bonaparte?

L'Orléanais. — Assez. On dit que c'est un brave homme. Tout va bien et on espère encore mieux. Mais il faut la paix, voyez-vous, pour le commerce, pour les artisans, pour tout.

Moi. — Eh! bien! nous l'aurons, la paix...

L'Orléanais. — Eh! oui, si Dieu veut. Nous l'attendons. Je vous salue, Messieurs; bon voyage.

Moi. — Bien obligé, monsieur. Nous vous saluons.

« Le dialogue fini, cet homme nous a quittés et il nous regardait de temps à autre avec quelque défiance. Nos questions lui avaient paru singulières. Je me serais récrié contre l'ignorance de cet homme; mais je me suis rappelé que j'étais sorti de la ville des illusions et j'ai trouvé tout simple que le 18 brumaire ne fût connu que de la cent millième partie de la France. Les artisans, les bourgeois, les campagnards se soucient peu de qui les gouverne. Ils veulent du repos, peu d'impôts, de la sûreté. C'est là ce qui les occupe. Le reste est ignoré d'eux ou bientôt oublié... Adieu. »

9 heures du soir, 18 brumaire [1], Beaugency.

« A ÉLISA.

« Tu sais ou tu ne sais pas que la belle Hélène est de Beaugency. Ce ressouvenir aimable a valu à son pays l'honneur de nous posséder une nuit... La belle Hélène n'a guère eu un bonheur plus long... Le méritait-elle ?... Elle trahissait l'époux le meilleur et le plus aimable. Femmes, vous méritez souvent le traitement que vous essuyez. Sans cela, nous serions damnés, ma chère Élisa. Ainsi passe condamnation pour ton sexe. Adieu. »

Tours, 18 brumaire [2].

« Nous sommes arrivés à Tours sans être connus. Cependant à Blois, on a conçu des soupçons. Les journaux venaient d'arriver, on s'attroupait autour de la voiture. Pour dérouter les curieux, j'ai mystérieusement commandé à mon courrier de faire tenir prêts, pour minuit, dix-sept chevaux pour le ministre... On nous a entendu et on ne nous a plus regardé que comme des secrétaires. Probablement Bacciochi et ses compagnons seront assaillis. Nous serons inconnus jusqu'à Bayonne. Adieu. Embrasse maman, Caroline, Murat, Paulette,

---

1. 8 novembre 1800. — (Deuxième lettre de Lucien à sa sœur Élisa.)
2. 9 novembre 1800. — (Troisième lettre de Lucien à sa sœur Élisa.)

Jérôme, Campi, Fabrice. Porte-toi bien. Embrasse dix fois Lolotte[1] et mets-la chez madame Campan. »

Bordeaux, 24 brumaire[2].

« Caraffe est parti. Lili est reposée. La salle de spectacle de Bordeaux est magnifique. Si notre Opéra était aussi bien situé, nous n'aurions plus rien à faire. Une belle place, de belles colonnades, des largissimes rues de tous côtés. Seule au milieu du grand espace, la salle s'élève avec une grande majesté de site et d'architecture.

« Des lettres annoncent que la peste diminue. Toutefois j'attends de nouvelles lettres. Je suis ici très inconnu et je m'amuse à lire les gazettes qui font des conjectures sur mon arrivée, mon séjour et mon départ.

« Je fais monter le portrait de ma Christine. Envoie-moi le tien et celui de Lolotte. Le temps de mon grand grand bonheur est passé avec cette Christine, la meilleure, la plus aimable, la plus douce des épouses. Le vide qu'elle m'a laissé n'est pas rempli. Il ne se remplira jamais. Ayez bien soin de sa tombe. Que les fleurs ne se flétrissent pas. Que mon âme y reste toujours. Adieu, Élisa[3]. »

---

1. *Lolotte* était le petit nom de la fille aînée de Lucien Bonaparte, née à Saint-Maximin en 1795. Lucien renvoie à la correspondance avec madame Campan. Cette correspondance n'existe plus; elle est de celles qui ont disparu aux Tuileries en 1856.
2. 14 novembre 1800. — (Quatrième lettre de Lucien à Élisa.)
3. Là s'arrête la correspondance de Lucien. Celui-ci était parti avec l'idée de commencer un journal; il n'y donna pas suite. Il avait emporté avec lui le traité des ambassades, qui le faisait « dormir. Pauvre traité! Plate diplomatie. Aussi pauvre écolier, convenons-en. »
A Bordeaux, Lucien retrouva son vieil ami, le commissaire de

Le même jour, Lucien écrivait à Talleyrand :

« Je suis arrivé, mon cher collègue, en fort bonne santé dans cette ville où je suis incognito. Je m'y arrête parce que la peste faisait des progrès très rapides en Espagne. J'ignore si le premier Consul croit ma mission assez nécessaire pour que je doive continuer ma route. Depuis trois jours le cordon est formé à Bayonne.

« J'écris à mon frère ; je m'en rapporte à sa réponse et j'attends ses ordres, puisque une heureuse étoile ne veut pas encore que je rentre dans le rang de simple citoyen, objet de tous mes désirs.

« Je vous embrasse et comme je ne sors pas de ma chambre ici pour ne pas être reconnu, je vous prie de m'expédier vos dépêches le plus tôt possible à Bordeaux, hôtel de France, sous le couvert du citoyen Bernard.

« Je vous prie de croire à mon attachement. »

Trois jours plus tard, il ajoutait :

« La peste cesse ses ravages en Espagne. Des nouvelles rassurantes arrivent de Bayonne. Je pars cette nuit pour ma destination. Regardez, je vous prie, ma dépêche d'avant-hier comme nulle. »

Lucien arriva à Madrid de nuit. Le 2 décembre, il était à l'Escurial.

« Je suis arrivé à l'Escurial, écrit-il au ministre; j'attends mes équipages pour être présenté. J'ai été très content d'Alquier. J'écris au Consul à son sujet. »

police, Pierre-Pierre, qui lui donna des nouvelles curieuses sur la cour d'Espagne. (*Note de Lucien.*)

CHAPITRE II

LA COUR D'ESPAGNE EN 1800

Installation de Lucien à la légation de France à Madrid. — Composition du personnel de sa maison. — Félix Desportes, premier secrétaire. — Bacciochi. — Arnault. — Sapey. — Le Thiers. — Sablé. — Le docteur Paroisse. — Madame Leroux et mademoiselle Ègypta Bonaparte.
État de l'Espagne en 1800. — Portrait de Charles IV et de la reine d'Espagne, par Alquier. — Le prince de la Paix. — Le favori Mallo. — Le prince des Asturies. — Don Francisco Paulo et la princesse Isabelle. — Le comte de Rhode. — Opinion de Lucien sur la cour et sur le prince de la Paix. — Effet que ce milieu produit sur Lucien. — Ses réflexions.

Le premier soin de Lucien fut d'installer sa maison sur un pied convenable. Depuis la réouverture des rapports diplomatiques de la République française avec l'Espagne, l'ambassade avait joué un rôle effacé. Il importait au frère du premier Consul de lui donner la place due à une puissance prépondérante en Europe. Ce goût pour la représentation rentrait du reste dans les procédés affectionnés par Lucien.

Sur ce point, il réussit parfaitement et sut faire de l'hôtel de la légation un centre attractif pour toute cette nuée de courtisans, qui, à Madrid, plus qu'en tout autre ville d'Europe, peuplait alors les antichambres ministérielles.

Pour l'aider dans ses réceptions, Lucien se trouvait fort empêché. En fait de personnages féminins, il n'avait auprès de lui que la plus jeune de ses filles, Lili, et une gouvernante, madame Leroux. Il dut recourir aux complaisances de la femme de son premier secrétaire, madame Desportes, Espagnole, aimable et jolie, mais inconséquente et en mauvais termes avec son mari.

Quant au personnel masculin, il était assez restreint. Félix Desportes, Bacciochi et Arnault le composaient seuls au début.

Félix Desportes était son ancien secrétaire général au département de l'intérieur.

Paschal Bacciochi, le terrible violonneux, son beau-frère, dont Élisa tenait à être débarrassée, remplissait les fonctions de second secrétaire [1].

Arnault, l'ancien chef de division de l'instruction publique, l'avait suivi en qualité de secrétaire-adjoint.

Sapey [2] ne vint que plus tard, au mois de mars 1801. Ce Sapey, ancien fournisseur à l'armée du Midi, était ce direc-recteur général de la correspondance de Corse, qui avait été si utile pour Joseph et pour Lucien, lors de l'attaque, dont les deux frères avaient été l'objet aux Cinq-Cents, à propos de l'accusation de baraterie, portée contre eux.

Un autre secrétaire particulier était Thibaud, le fils d'un limonadier de Montpellier [3]. Qu'à ce petit nombre de fonc-

---

1. 27 nivôse an IX.
Bonaparte, premier Consul, arrête :
« Le citoyen Bacciochi est nommé second secrétaire de la légation française en Espagne. Son traitement sera le même que celui du citoyen Durand, son prédécesseur. » (Mss. A. E.)

2. Lucien à Talleyrand, 12 février 1801 :
« Le citoyen Sapey vous remettra une lettre par laquelle je le demande comme second secrétaire. » (Mss. A. E.)
Le 1er mars 1801, Talleyrand rendait le décret qui suit :
« Le citoyen Sapey, ex-directeur général de la correspondance de la Corse avec le continent, est nommé secrétaire de la légation en Espagne. » (Mss. A. E.)

3. Thibaud était fils d'un limonadier de Montpellier. Il avait épousé une écossaise fort riche. Après le départ de Lucien pour Rome, il suivit Joseph à Naples et en Espagne. Il était né en 1769. Il mourut assassiné en 1814.
Tassard, ancien chef d'une maison princière, avait été emmené comme maître d'hôtel.

tionnaires, on ajoute le peintre d'histoire, Le Thiers[1], le paysagiste Sablé et le docteur Paroisse, Mercure galant de la légation, et l'on aura une idée du personnel appelé à prêter son concours au frère du premier Consul dans le rôle qu'il comptait jouer en Espagne.

De son séjour à Madrid, Lucien n'a pas laissé de mémoire suivi. En quittant Paris, il avait bien eu l'intention de tenir un journal régulier des grandes choses qu'il allait entreprendre ; mais il devait en être de ce projet comme de beaucoup d'autres, tout aussi arrêtés, il ne se réalisa jamais. De fait, Lucien était excusable. Il venait d'entrer dans sa vingt-sixième année. Or, se trouver à cet âge le représentant de la France auprès de l'une des cours les plus agréables de l'Europe, et qui, plus est, un représentant tout particulièrement autorisé, en raison de ses attaches avec le chef du pouvoir exécutif de son propre pays, c'était plus qu'il n'en fallait pour tourner la tête d'un jeune homme et faire trouver à celui-ci les journées bien courtes au milieu d'un centre de distractions aussi variées. Mais si Lucien n'a pas fait de travail complet sur sa mission, il a, par contre, laissé des lettres et des notes, suffisantes pour permettre de le suivre pas à pas dans sa carrière diplomatique.

L'Espagne de l'année 1800 n'était pas encore l'Espagne avide d'indépendance, de justice et de travail que nous connaissons et que nous admirons, de cette Espagne, nécessairement appelée, du jour où elle sera entrée résolument dans le concert des nations démocratiques, à devenir le boulevard de la race latine régénérée par la liberté.

En 1800, la vieille monarchie espagnole, absolue et cléricale, subsistait encore dans toute sa beauté.

De semblables gouvernements qui se résument en trois personnes, un roi sans valeur, une reine sans vertus, et un favori, le vrai monarque celui-là, sous le titre de premier ministre, sont la simplicité même, au point de vue des rouages. Mais qu'attendre d'un pouvoir sans moralité, si ce

---

1. Le Thiers fut nommé plus tard directeur de l'école des Beaux-Arts à Rome.

n'est le désordre à tous les degrés de la hiérarchie et la ruine, comme épilogue.

Charles IV [1], dit l'un des fins observateurs de cette curieuse cour, se lève à cinq heures précises en toute saison. Depuis plusieurs années, il fait lit à part et ne voit plus la reine. A l'époque qui a démontré la cessation de la fécondité, on lui a prouvé qu'user du mariage nuisait à sa santé. Il se l'est tenu pour dit et n'y pense plus.

A peine est-il sur pied qu'il fait sa prière et entend deux messes de suite qui sont dites chez lui.

A six heures, il lit quelquefois, toujours des livres sérieux ou de piété, et, dans ce dernier cas, exclusivement des ouvrages de Portugal. Il déjeune et descend dans ses ateliers qui sont ambulants comme la cour. Les ouvriers qu'il préfère et qu'il conserve toujours auprès de lui, sont des menuisiers, des ébénistes, des tourneurs, mais surtout des armuriers très habiles et qui sont constamment occupés à ses armes de chasse. C'est au milieu d'eux que le roi est parfaitement à l'aise. Simple et bon dans ses manières, il prend le style et les formes de ceux qui l'entourent. En entrant, il a mis bas son habit, et la chemise retroussée jusqu'à l'épaule, il travaille avec eux et, dans une heure, s'occupe de dix métiers différents.

1. *Charles IV*, roi d'Espagne, né à Naples en 1748, mort à Rome le 28 novembre 1819 ; marié à Marie-Louise de Parme ; monta sur le trône en 1789 ; dominé par les favoris de sa femme. — *Aranda* (don Pedro-Pablo Abaraca y Bolea, comte d'), né le 18 décembre 1748, mort en 1799, premier ministre, chassa les jésuites en 1767 ; chassé à son tour, le 10 novembre 1792, par *Godoy* (don Manuel de, *prince de la Paix*), né le 12 mai 1767 à Badajoz, mort à Paris le 4 octobre 1851.

Ce prince n'est point étranger aux arts. Il est assez fort en mécanique; il se connaît aussi en tableaux et sait très bien apprécier son immense et superbe collection peut-être aussi riche que la nôtre.

Des ateliers, il passe à ses écuries, caresse ses chevaux, cause familièrement avec ses palefreniers ou les rosse, lorsqu'il a de l'humeur, ce qui arrive parfois et alors il est violent et brutal à l'excès.

Il monte à cheval pour aller à la chasse, ou, quand il fait mauvais, il va passer quelques heures et faire un second déjeuner très solide dans les petites maisons qu'il a près des *Sitios*. La reine va l'y trouver et ils reviennent ensemble au palais à onze heures et demie.

Quelques moments après, son frère, sa sœur et ses enfants viennent le voir. Tous lui baisent la main, cérémonie qui se répète toutes les fois qu'ils le rencontrent. Le roi embrasse ses enfants et les congédie; la visite n'a pas duré plus d'un demi quart d'heure.

Il se met à table à midi, dîne seul et mange à effrayer. Il ne boit que de l'eau.

A une heure, quelque temps qu'il fasse, le roi part pour la chasse et cela, tous les jours de l'année, sans exception que celle du mercredi, du jeudi et du vendredi Saints, jours consacrés à des processions d'étiquette. Le roi est accompagné à la chasse de douze gardes et de deux exempts aux portières; de lieue en lieue, il trouve des détachements de la même force. Il y a toujours six voitures.

Il arrive quelquefois que le roi prend avec lui son frère, l'infant don Antonio, prince absolument insignifiant, ou son gendre, le prince de Parme, qui n'ose pas dire un seul mot.

On ne chasse point à courre; le sol montueux de l'Espagne ne le permet pas. Trois cents batteurs rassemblent et font passer le gibier. Le roi tire très bien et est infatigable. Rien n'égale la vitesse avec laquelle il voyage. A chaque lieue, il a un relai et le changement d'attelage est fait avec une telle promptitude qu'il ne dure pas quarante secondes. La destruction qu'il fait de toute espèce de gibier, est prodigieuse.

C'est énorme ce que coûtent les chasses par la perte de mules et de chevaux, et le payement des gens employés à ce service, qui met chaque jour en mouvement, matin et soir, près de cinq cents chevaux et de sept cents hommes.

Il revient de la chasse quelque temps avant la nuit et va trouver la reine et la cour à la promenade. Cet usage est de tous les jours de l'année. Sa famille le précède au palais et il la trouve rassemblée chez lui, lorsqu'il y entre; la conversation ne dure pas un quart d'heure et on se sépare. C'est le moment où les ministres doivent entrer. La reine est toujours présente au travail et le droit qu'elle a d'y assister remonte à 1479, époque du mariage d'Isabelle de Castille avec Ferdinand le Catholique, roi d'Aragon. Les ministres ne se rassemblent jamais chez le roi; chacun travaille isolément avec lui, des jours différents et jamais ils ne forment cette réunion que nous appelons conseil.

Le travail du ministre dure à peu près une demi-heure, puis la monarchie se trouvant parfaitement réglée, le roi fait de la musique qu'il connaît assez bien. Il joue du violon, mais sans se gêner, et il lui importe peu d'arriver à la mesure avant ou après les concertants. Son goût pour cet art est à tel point que dans les jours d'hiver, où le mauvais temps l'empêche de courir les champs, il a un concert dans sa chambre avant sept heures du matin.

Après le concert, le roi fait une partie d'hombre avec deux vieux seigneurs, qui, depuis quinze ans sont assujettis à cette ennuyeuse assiduité. Il en vient quatre ou cinq autres qui causent entre eux. Le roi fatigué de la chasse s'endort régulièrement les cartes à la main. Presque toujours les joueurs et la galerie font de même et cette société ne se réveille qu'au moment où le maître d'hôtel vient annoncer au roi qu'il est servi. Après le souper, il donne l'ordre pour le lendemain. Le coucher est à onze heures.

Ce monarque est d'un caractère ouvert et plein de franchise. Il est honnête homme...

Rigide observateur des préceptes de la religion, il ne se dispense d'aucun des jeûnes prescrits par l'église...

Sans avoir l'esprit étendu ni éclairé, il n'est pas incapable de saisir une affaire et de prendre le bon parti...

Le roi n'a point de confident, point d'amis...

Il ne tient aucun compte des distinctions de la naissance. Il ne s'en aperçoit pas. Les Medina-Céli, les Albuquerque, les Altamira, les d'Ossuna, tous ces grands si fiers de leur origine, ne sont pas à ses yeux, plus qu'un palefrenier. Il a le même ton pour tous. La préférence qu'il semble accorder quelquefois en public à des personnes de la cour, se manifeste par des plaisanteries désobligeantes, par une dérision cruelle sur leurs disgrâces personnelles, par des coups violents et de toute sa force, ce qui le fait rire aux larmes, car il est grand frappeur et ces témoignages grossiers de la familiarité du prince n'en sont pas moins reçus avec une gaieté charmante.

... Il n'y a point de confesseur en titre...

Il est constant que Charles IV n'a jamais eu d'autres femmes que la sienne. Cette continence si rare sur le trône et avec un tempérament ardent et vigoureux, sous un ciel brûlant et au milieu des femmes les plus dissolues de l'Europe, est ici moins étonnant qu'ailleurs ; c'est, si j'ose m'exprimer de la sorte, une vertu de tradition.

Ce qui doit le plus frapper ceux qui observent Charles IV au milieu de sa cour, est son aveuglement sur la conduite de la reine. Il ne sait rien, ne voit rien, ne soupçonne rien, d'un désordre qui dure depuis plus de trente années. Ni les avis qu'il a reçus par écrit, ni les intrigues qui s'agitaient autour de lui, ni des témoignages de faveurs sans prétexte, comme sans exemple, ni des assiduités contraires à tous les usages comme à toutes les convenances, ni l'existence enfin, de deux enfants, dont la ressemblance avec le prince de la Paix frappe tous les regards, rien n'a pu ouvrir ses yeux...

Habitué à des mœurs régulières et s'interdisant par piété de mal penser d'autrui, dans les choses essentielles, il en est à ce point de pureté qu'il ne croit pas à l'adultère et surtout pour les princesses, car vous saurez que la reine lui a prouvé dans des conversations gaies et amicales, que l'éclat dont elle est environnée suffirait pour éloigner les tentations, si elle pouvait en avoir. Enfin, pour vous prouver l'excès de sa crédulité, je n'ajouterai qu'un mot : il dit, à qui veut l'entendre et avec une bonhomie qui fait baisser les yeux, que son frère de Naples est un sot qui se laisse mener par sa femme.

La reine, elle, reçoit à huit heures du matin les gouvernantes et les sous-gouvernantes des infants qui viennent lui en donner des nouvelles. Elle fixe l'heure et la durée de leur promenade, et après avoir entendu la messe dans ses appartements, elle consacre une heure à ses lettres particulières.

Tous les jours, elle écrit au prince de la Paix...

On l'informe en échange des aventures de tous genres qui arrivent à Madrid.

A midi, pendant que le roi dîne, le premier secrétaire d'État a régulièrement une conversation d'à peu près une heure avec la reine. C'est là qu'il lui rend compte de tous les objets qu'il doit présenter dans le travail du soir ou du lendemain, et qu'il reçoit l'ordre sur les avis qu'il doit émettre et sur les personnes à présenter pour les différentes places vacantes. Cette déférence est de rigueur. Le ministre ne tiendrait pas vingt-quatre heures s'il voulait s'y soustraire.

Après le dîner du roi, on sert chez la reine. Elle mange seule, en présence de quelques caméristes. L'usage de ces repas solitaires s'est introduit depuis que cette princesse a été restreinte à un régime particulier par la perte de ses dents. Depuis plusieurs années, il ne lui en reste pas une seule, et trois ouvriers attachés à la suite de la cour sont occupés à lui en fournir. Après son dîner, la reine reçoit toutes les personnes qui ont les entrées, et c'est là véritablement son moment le plus éclatant.

Personne ne dit mieux les inutilités d'usage dans une audience. Elle met une grâce et une obligeance parfaite dans ses questions sur la santé, l'intérêt et les plaisirs de ceux à qui elle adresse la parole. Il est difficile de réunir plus de noblesse à plus d'aisance.

La reine n'a pas de société, ni en hommes ni en femmes, jamais de cercle, de spectacle ni de bal. L'austérité de ces usages n'est adoucie qu'en faveur du combat de taureaux. Le roi y va régulièrement matin et soir. Quelquefois, il fait cinq à six lieues pour s'y rendre...

C'est elle qui règne, et il s'en faut beaucoup qu'elle possède une seule des qualités qui pourraient justifier cette usurpation... Il est de fait, qu'elle n'a ni esprit, ni connaissances, ni fermeté, et que, sacrifiant toujours les intérêts les plus précieux de la monarchie à la bizarrerie de ses goûts, et aux fantaisies les plus scandaleuses, elle avilit et rend odieux le règne de Charles IV, le meilleur des hommes et le plus faible des rois.

Confiée dans sa première jeunesse aux soins de l'abbé de Condillac, qui éleva son frère, elle n'a conservé de cet instituteur célèbre que l'habitude de parler assez correctement le français. Sans autre talent que celui d'agiter sans cesse par les plus misérables intrigues les personnes qui l'approchent, elle n'est propre en effet, qu'à régner sur des valets.

La nécessité de cacher depuis trente ans aux yeux du roi les dérèglements de sa vie, lui a donné l'habitude d'une dissimulation profonde. Nulle femme ne ment avec plus d'assurance et n'a une perfidie plus concentrée. Antidévote et même incrédule, mais faible et timide à l'excès, l'apparence du moindre danger lui fait éprouver toutes les terreurs de la superstition, et on la voit se couvrir de reliques et de chapelets, lorsque le tonnerre se fait entendre.

A cinquante ans, elle a des prétentions et une coquetterie qu'on pardonnerait à peine à une femme jeune et jolie, et nos filles les plus affichées ne se vêtissent pas avec une indécence plus ridicule.

Les dépenses de la reine, en bijoux et en parures, sont énormes, et il est rare qu'un courrier, expédié par l'ambassadeur, arrive sans apporter deux ou trois robes. Elle prend des précautions infinies pour cacher ou pour réparer sur son visage les outrages du temps, et la pharmacie de la cour est sans cesse occupée à lui fournir des moyens conservateurs.

La reine n'aime rien; le prince de la Paix est le seul qui ait su s'asservir cette âme vide et frivole. Aujourd'hui même, son ascendant est encore immense et jamais sa volonté n'est méconnue. Ce n'est pas à l'amour ni à l'habitude qu'il faut attribuer cet assujettissement. Le prince connaissait bien cette femme artificieuse et tout ce qu'il avait à en redouter. Il l'a donc tellement enchaînée qu'il s'est mis pour jamais à couvert de son ressentiment et qu'elle a perpétuellement à craindre sa vengeance.

Quant aux détails de leur liaison, ils ne peuvent plus intéresser; mais c'est un fait qui n'est pas contesté, que jamais femme n'a été traitée avec un dédain plus insultant et qu'elle a éprouvé fréquemment des actes de violence et de brutalité. Il n'avait pas même pour elle ce ménagement dont ne se dispensent presque jamais les hommes tant soit peu délicats, et qui paraît tenir encore plus à la nature qu'à un usage de société. Jamais il ne lui a caché ses amours fugitives; il voulait qu'elle les connût, et il se plaisait à tourmenter son orgueil par l'éclat de ses nombreuses infidélités...

Dans les deux dernières années du ministère du prince de la Paix, il était convenu que les hommes ne devaient rien obtenir, absolument rien. Une consigne sévère les écartait pendant les heures d'audience (on avait cependant exempté les membres du corps diplomatique). Les femmes étaient seules admises le soir à la secrétairerie. Les salons, les antichambres, les corridors en étaient remplis ; il y en avait deux cents, trois cents qui accouraient de toutes les parties du royaume (ne croyez pas que j'exagère). Elles passaient à la file et l'une après l'autre. Si une fille arrivait accompagnée de sa mère, celle-ci n'entrait pas chez le ministre. Les solliciteuses sortaient de là, animées, chiffonnées et réparant, aux regards de tous les assistants, le désordre de leur toilette.

A travers cet attroupement, les ministres étrangers pénétraient enfin dans le cabinet. Les femmes étaient reçues dans un boudoir, dont la porte toujours ouverte, pendant l'audience, laissait apercevoir un vaste sofa. Le prince racontait avec gaieté ce qui venait de se passer ; il ne sauvait ni les détails, ni les noms, ni les éloges, ni la censure, et se plaignait des dégoûts que lui causaient cette confusion d'offrandes et ces plaisirs trop faciles. Les bureaux s'accommodaient des superflus du prince.

Tous les soirs cette scène se renouvelait dans le palais même, sous les yeux de la cour, à vingt pas des appartements de la reine...

Le favori actuel Mallo est une *espèce* dans toute la rigueur du mot. Il ne peut aller à rien et sa médiocrité convient fort à la reine, empressée de jouir de l'autorité qu'elle a ressaisi, et au prince de la Paix, qui, dégoûté depuis longtemps des fonctions personnelles d'amant en titre, a bien pu consentir à avoir un remplaçant, mais non pas un rival.

Mallo est majordome de semaine, ce qui revient à nos gentilshommes servant par quartier ; on le paye en argent qu'il gaspille en bijoux, en chevaux et en voitures. Au reste, toujours environné d'espions, n'ayant pas la liberté de se lier avec qui que ce soit, surtout avec des femmes, il est certainement l'homme le plus malheureux, car il est difficile de concevoir qu'il puisse trouver son bonheur dans l'exercice de son état[1]…

La reine hait le prince des Asturies qui la déteste. Cet enfant montre trop et trop tôt que les dérèglements de sa mère lui sont connus.

Ses frères sont des enfants. Le plus jeune, don Francisco de Paulo et sa sœur, la princesse Isabelle, ont une origine commune et très connue. La ressemblance du petit infant avec le prince de la Paix est à faire rougir.

Je peux aussi vous parler du comte de Rhode, ministre de Prusse, on ne s'attend guère à voir celui-là, jacobin, et il l'est à l'excès. Au fond, le plus médiocre des hommes.

Sur ces divers personnages, l'opinion de Lucien est identique.

Charles IV[2], dit-il, est une fleur d'antique probité

---

1. A propos d'une rupture de ce singulier personnage avec la reine, Lucien écrivait un jour à Talleyrand (5 avril 1801) : « La disgrâce de Mallo a été l'effet d'une boutade de la reine, qui s'est repentie le lendemain. Le prince l'a aidé à rentrer en grâce. Cet homme seul lui convient. » (Mss. A. E.)

2. « Trouvez, disaient les Espagnols, un autre roi qui ne se soit jamais levé après cinq heures du matin, qui n'ait jamais bu, ni

castillane, religieux, généreux, confiant, trop confiant, parce qu'il juge les autres d'après lui-même.

Il joue assez bien du violon, pour qu'on l'en puisse louer sans flatterie.

Le roi Charles IV, la reine Marie-Louise, les enfants, oncles et neveux sont tous très bonnes gens, excepté le fils aîné, don Fernand, prince des Asturies, dont l'air est sournois en me regardant [1]. On le dit ennemi déclaré de la reine.

Il y a trois hommes fort distincts dans le prince de la Paix : le premier ministre, le favori de son maître, l'homme privé.

Fort bel homme, il a de la dignité personnelle. Il est loin d'être sans moyens intellectuels, comme l'ont prétendu ses ennemis, qui se trouvaient heureux de ramper sous lui au temps de sa prospérité.

A tout prendre, il eut de la modération dans son extrême puissance et ne fit que se défendre contre ses ennemis. Attaché aux intérêts de ses amis, il a fait beaucoup d'ingrats, comme en feront toujours les hommes assez heureux pour rendre beaucoup de services.

Je tâche de mettre à profit l'amitié de ce favori sans rival, pour établir les bases les plus avantageuses des traités que je dois négocier. En cela je confirme ma conduite à l'axiome du célèbre diplomate Wicquefort : Tout ambassadeur qui ne cherche pas à captiver l'affection du principal ministre de la cour où il doit traiter, compromet les intérêts du pays qu'il représente.

---

vin, ni café, ni liqueurs, et qui, dans toute sa vie, n'ait pas vu d'autre femme que la sienne. »

1. « Depuis, il a voulu être mon gendre. »   (*Note de Lucien.*)

Tel était le milieu bizarre dans lequel le jeune Corse allait avoir à vivre. Aussi ne cacha-t-il pas sa surprise.

Quel changement de scène! s'écrie-t-il dans un de ses *arguments sommairiques*. Tout est plus nouveau pour moi que je ne m'y étais attendu.

Élégance et charme de la marche des femmes espagnoles. Leurs mantilles flottantes semblent soulever autour d'elles des voiles de mystères. Elles ont un parfum de volupté. Leur pied mignon agace les regards. La diplomatie ne me rend ni aveugle ni insensible.

Je m'étudie, non à imiter les grâces françaises de l'ancien régime, qui, j'en conviens, ne sont pas dans ma nature, mais à paraître sérieux plutôt que sémillant, raisonnable plutôt qu'évaporé.

CHAPITRE III

LA CITOYENNE MINETTE

Craintes de Lucien à propos de sa présentation à la cour. — Ses essais de révérences. — Succès de ses génuflexions.
La citoyenne Minette. — Qu'est-ce que la citoyenne Minette ? Une couturière à la mode, envoyée par le premier Consul pour porter à la reine d'Espagne les robes faites à son intention. — Dépêche de M. de Talleyrand à son sujet. — Qualités de la citoyenne Minette. — Ses projets de contrebande. — Embarras de Lucien. — Il signale le fait à M. de Cevallos. — Les ballots suspects sont envoyés à la douane. — Réclamations de la citoyenne Minette. — Diplomatie féminine — La duchesse et la marquise de Santa-Cruz. — Réception des robes. — Grâce obtenue par la citoyenne Minette. — Ses propos. — Son départ.
Aventure de Lucien avec le comte de S. F. — Proposition et provocation de duel. — Rôle du peintre Le Thiers. — Intervention de la marquise de Santa-Cruz. — Le dejeuner conciliateur. — Tout est bien qui finit bien.

La présentation à la cour fut tout une affaire pour le jeune ambassadeur.

Les préfets et les dames du palais de Joséphine, écrivait-il à ce propos, sont encore loin de ce qui me parait l'abjection de tous ces grands descendants des fiers chevaliers castillans. Je pense que cela viendra peut-être aussi en France; mon jeune républicanisme s'en attriste. Il se révolte presque tout de bon à la nouvelle du cérémonial exigé pour la présentation d'un ambassadeur.

Ce genre de révérences à faire (genre féminin, n'inclinant pas le corps, mais ployant mollement les genoux) me trouve surtout très récalcitrant. Je songe absolument à m'y refuser. Il n'y manquerait qu'à s'affubler d'une jupe. C'est trop ridicule. Mon prédécesseur Alquier, qui avait passé par là, me donne des leçons ou plutôt des exemples. C'est une véritable bouffonnerie. Le succès de ma négociation tient pourtant peut-être à cette sottise. Par crainte de donner beau jeu à mes ennemis de Paris, si je débute par une esclandre diplomatique, je me soumets finalement de la meilleure grâce qu'il m'est possible. Mes révérences de femme furent jugées très bien faites, malgré un accès de rire convulsif assez bien réprimé [1].

Mais cette épreuve ne devait pas être la seule qu'il allait subir, à propos de la diplomatie féminine de la cour de Madrid. Son aventure avec la citoyenne Minette en est une preuve.

Qu'est-ce donc que cette grande citoyenne Minette? Puisque vous l'ignorez, répondrai-je à cette question, c'est que vous n'avez jamais pris leçon des fastes de l'élégance consulaire. Vous n'avez ni femmes, ni filles, ni sœurs, ni maîtresses, faites pour agiter ou porter en souveraine le sceptre des modes parisiennes, dont la puissance s'étend des bords de la Seine dans toute l'Europe civilisée, sans parler de ses florissantes et brillantes colonies dans les autres parties du globe. Enfin, la citoyenne Minette a été jugée digne, non seulement de

1. Cette cérémonie fut suivie de discours officiels. Lucien termina ainsi celui qu'il adressa à la reine :
« Je me trouverais bien heureux d'être sujet de Votre Majesté, si je n'avais l'honneur d'être Français. »

diriger les cadeaux des modes de Paris que le premier Consul envoie à la reine d'Espagne, mais il a été décidé qu'elle aurait l'honneur de les porter elle-même à Sa Majesté, pour les lui essayer en personne, remédier aux légères imperfections qui ont pu échapper à l'attention des habiles ouvrières sous ses ordres. Enfin la citoyenne Minette est sans contredit la première, la plus célèbre modiste de son époque et par-dessus tout, m'est-il permis d'ajouter, la plus madrée et la plus heureuse contrebandière du monde.

Je ne puis mieux entrer en matière, à propos de l'héroïne de cette histoire, qu'en transcrivant littéralement, des registres de ma correspondance d'ambassade, la lettre que je reçus à son sujet, laquelle je ne garantis pas, malgré l'illustre signature qui y brille, pour un chef-d'œuvre diplomatique :

Citoyen,

« La citoyenne Minette[1] se propose d'accompagner le présent que le premier Consul envoie à la reine d'Espagne pour veiller elle-même à sa conservation pendant la route. Ce soin et cette attention lui donnent le droit à ma recommandation particulière, et je ne doute pas que quand vous aurez vu l'élégant ouvrage dont son goût a dirigé le travail et le choix, vous ne trouviez pas que toute recommandation auprès de vous était superflue. Vous savez trop que tout ce qui tient à couronner la supériorité française, en quelque genre que ce soit d'industrie, donne des droits à la bienveillance du gouver-

---

1. La *Maison Minette* est connue. Son nom figure encore rue de Rivoli et rue Laffitte.

nement. L'élégance et l'urbanité française, dans quelque genre que ce soit, plaident en faveur de tout ce qui tient au rétablissement de nos modes, qui sont un des objets les plus importants de nos anciennes exportations. »

Salut et fraternité,

Ch. M. Tallerand (*sic*).

Paris, 9 brumaire.

A la date de cette lettre, je n'étais point encore ambassadeur de France en Espagne, n'ayant été nommé que le 18 brumaire ; mais comme je partis immédiatement et que la citoyenne Minette, ainsi qu'elle me le dit depuis, ne put partir aussitôt qu'elle eut obtenu sa lettre de recommandation, à cause de l'immensité du travail qu'elle avait dû ajouter à ses premières commandes, il arriva que M. Alquier, parti de Madrid quelques jours après mon arrivée, n'eut pas le bonheur qui m'était réservé de recevoir cette *importantissime* dépêche diplomatique des mains de la citoyenne Minette, laquelle me fut annoncée presque au moment où je venais moi-même de décacheter l'avis officiel, bien que beaucoup plus succinct, me prévenant que ladite citoyenne devait se présenter avec l'injonction de prendre mes ordres, en tout ce qui pourrait être de son ministère pour la parfaite confection des robes de la reine, s'il y manquait quelque chose.

En véritable prêtresse de la mode, la citoyenne Minette était vêtue fort élégamment. Elle était même jolie femme de figure, blanche, rose, grassouillette, mais n'avait rien de distingué dans sa manière de s'exprimer, et même, à l'exception de cette toilette agréablement recherchée, elle était décidément commune et surtout très bavarde.

Au milieu du torrent de ses paroles, une chose m'avait étonné. C'était le nombre de vingt-sept ballots contenant les robes de la reine. Une lettre de ma sœur Élisa m'avait fait connaître, au milieu des éloges qu'elle donnait à la citoyenne Minette pour le bon goût de son travail, le choix et la qualité des objets de toilette, tous commandés expressément dans nos premières manufactures, que la quantité en était si considérable, qu'il y en avait au moins pour composer dix à douze ballots commerciaux. Telles étaient les propres expressions de la lettre d'Élisa.

Craignant de m'être trompé, je n'eus rien de plus pressé, après avoir congédié la citoyenne Minette, que de confronter les deux rapports. Quand je vis que celui de la jolie et vulgaire citoyenne dépassait de quinze ballots le nombre de douze qui était le maximum de celui qui avait frappé ma sœur, je me sentis assaillir, presque jusqu'à l'étranglement, de l'idée que cette différence énorme n'était rien qu'une grosse contrebande organisée en mon nom et sous mes auspices, ce que je résolus d'éclaircir tout de suite et de déjouer avec d'autant plus d'animation que je m'étais hautement prononcé à l'égard de cette contrebande dont plusieurs de mes prédécesseurs, peut-être sans qu'ils eussent pris part à ces avilissants bénéfices, mais au moins par leur entourage, étaient accusés d'avoir fait grand usage.

Dans la supposition que l'envoi fait à la reine aurait pu donner lieu à quelque spéculateur de se faire adresser des produits prohibés, comme cela était arrivé à l'occasion de la voiture du roi, qui était entrée d'abord à l'hôtel de la légation, toute rembourrée de dentelles, en si belle et si grande quantité que les droits de la douane eussent excédé de beaucoup le prix de la voiture royale; dans cette supposition, j'avais écrit à M. de Cevallos [1], que je croyais à propos de prendre quelques mesures, dont nous pourrions conférer ensemble, afin que ce même scandale ne se renouvelât plus...

Les domestiques des ambassadeurs deviennent en peu de temps des contrebandiers très déliés, parce qu'à l'abri des recherches des douaniers, ils sont bientôt circonvenus par les fraudeurs du pays, qui les initient à tous les moyens qu'ils connaissent, eux, de longue main. J'avais signifié à tous mes domestiques que je n'entendais point qu'ils fissent la moindre spéculation de ce genre, sous peine d'être congédiés.

D'après mes nouveaux soupçons sur le nombre des ballots, et sans les porter personnellement sur la citoyenne Minette, si bien recommandée en haut lieu, j'écrivis tout de suite à M. de Cevallos une lettre dont je retrouve, à propos, la copie dans mes notes, et qui, d'ailleurs se trouve enregistrée avec d'autres, du même sujet, dans les cartons de mon secrétariat :

A M. Cevallos,

Ministre Secrétaire d'État de S. M. C.

« J'ai l'honneur de prévenir Votre Excellence que les robes de Sa Majesté la reine arrivent demain en cette

---

1. *Cevallos* (de), 1784-1838. — Pedro Cevallos épousa la nièce du prince de la Paix — ministre des Affaires étrangères — se retira à Londres en 1808, y publia ses *Mémoires;* ambassadeur à Naples, puis à Vienne.

ville; la quantité de ballots qui les renferment et qui s'élèvent, m'a-t-on dit, au nombre de vingt-sept, me fait présumer, ainsi que j'ai eu l'honneur de le faire entendre par ma lettre du 4 nivôse à Votre Excellence, que l'on a profité de cet envoi pour servir des intérêts particuliers et frauder les droits établis par Sa Majesté sur l'entrée des marchandises étrangères.

« Afin d'éviter que cette contrebande puisse avoir lieu, je prie Votre Excellence de désigner le local où les vingt-sept ballots seront déposés à leur arrivée à Madrid. Le lendemain, le premier secrétaire de ma légation ira, conjointement avec une personne choisie par Votre Excellence, faire la vérification des ballots qui contiennent les robes de la reine. Cette vérification achevée, le surplus du convoi sera envoyé à la douane pour y acquitter les droits.

« Votre Excellence voudra bien avoir la bonté de me faire savoir ce soir si cet arrangement lui est agréable. J'aurai l'honneur de la voir demain (mardi) pour conférer avec elle sur la manière dont le présent du premier Consul doit être offert à Sa Majesté la reine.

« Je profite de cette occasion pour renouveler à Votre Excellence l'expression de ma plus haute considération.

« *P.-S.* — Je n'offre pas seulement cette mesure, je l'exige et je la demande au nom de mon gouvernement, qui ne veut pas de contrebande. »

Ma lettre à peine reçue, M. de Cevallos se rendit à pied chez moi, ce qui signifiait que sa visite était toute confidentielle; car, en Espagne, encore plus qu'ailleurs, les relations diplomatiques sont excessivement cérémonieuses, et c'est le résultat naturel de la gravité du caractère national, qui ne se dément jamais, même dans les transactions familières, soit dans les discours, soit dans les actions; ainsi, par exemple, il n'y a rien d'exagéré dans ce que disent les voyageurs de la rencontre de deux mendiants majestueusement drapés dans leurs manteaux en guenilles, et s'abordant pour se dire : « Votre Seigneurie a-t-elle pris ce matin son chocolat ? »

« Je ne viens point, monsieur l'ambassadeur, me dit, après plusieurs saluts très profonds, M. de Cevallos, comme secrétaire d'État de Sa Majesté, vous accuser réception de la lettre que vous venez de me faire l'honneur de m'adresser : non, je prends la liberté de venir en amitié, puisque Votre gentillesse accoutumée envers moi m'y autorise en quelque sorte. » (*Gentillesse*, dans la bouche d'un Espagnol ne possédant pas parfaitement son français, n'a pas la même signification que nous y attachons; *Gentillesse*, en pareil cas, veut dire amabilité, obligeance, bienveillante politesse, ou toutes démonstrations de cette nature, plus ou moins amicales.) En effet, j'avais cherché à m'établir en bonnes relations avec M. de Cevallos, par la raison qu'il joignait à des formes sociales, courtoises et distinguées, l'avantage, pour moi fort important, d'être pour ainsi dire le bras droit et presque le cœur du prince de la Paix. J'ai déjà dit que je pensais ne pouvoir espérer réussir dans mes négociations si j'avais le prince contre moi, et je dois ajouter, par amour de la vérité et en souvenir de l'amitié qui nous unit dans ce temps-là, que la société de ce cher Manuel, dont la reine et plus encore le roi ne pouvaient se passer, était aussi fort de mon goût, qu'aucun homme en Espagne ne m'a paru plus agréable dans l'intimité. Le nombre des ennemis que lui a fait sa faveur extraordinaire auprès de ses souverains, ne m'empêchera pas de dire que le prince de la Paix fut toujours à mes yeux aimable, obligeant, sincère, compatissant, d'humeur noblement galante avec les dames, brave de sa personne, beaucoup plus instruit qu'il ne plaît à ses détracteurs de le dire, comme je l'ai déjà fait remarquer, et qu'enfin j'avais autant d'amitié pour lui, qu'il voulut bien m'en témoigner en toute occasion.

On me dit qu'il vit à présent dans une obscurité complète et presque indigente, occupant à Paris un quatrième étage; s'il m'était permis de retourner en France, ce serait encore à lui que s'adresseraient mes plus fréquentes visites, s'il y attachait encore du prix.

Pour en revenir à M. de Cevallos, il paraissait un peu embarrassé après cet exorde confidentiel, et je n'étais pas assez novice en diplomatie, bien que je le fusse beaucoup encore, pour ne pas me douter qu'il y avait là quelques petits dessous de cartes; j'en fus tout à fait convaincu quand le secrétaire d'État, d'un air à ne pas y attacher d'importance, me demanda si je tenais beaucoup à cette inspection de la douane, relativement à l'abus que l'on pouvait avoir fait de l'envoi des robes de la Reine?

Ma réponse fut des plus affirmatives, et, me permettant d'insister sur la raison que Son Excellence paraissait avoir de me faire cette question, je décidai chez le comte le moment de sa confiance instantanée qu'elle fût ou me parût. Car, entre diplomates, il est assez connu qu'il ne faut pas compter trop légèrement sur ce qui se dit ou ce qui apparaît.

M. de Cevallos m'avoua donc, tout en me priant de

paraître l'ignorer, que mes premiers prédécesseurs s'étant peut-être imaginés que la contrebande était un produit licite de leur emploi, ne s'étaient pas montrés aussi soigneux que moi d'éviter le reproche de la faire ou de la protéger; qu'à cet égard, bien que le roi fût instruit et même très scandalisé de cet abus [1], il avait voulu qu'on y fermât les yeux, pour ne pas renouveler les esclandres du genre de celle qui avait eu lieu pour la voiture pleine de dentelles. Enfin, le secrétaire d'État m'ajouta avec beaucoup de bonhomie, au moins apparente, que la contrebande de la citoyenne Minette lui avait été signalée par une dépêche confidentielle du chevalier d'Azarra, nommé récemment à l'ambassade de France, ami très particulier de Talleyrand, chez lequel, étant à dîner un jour où l'on parlait des cadeaux envoyés à la Reine par le premier Consul, consistant en objets de mode que devait accompagner la citoyenne Minette, un des convives avait dit savoir que ce serait pour elle une occasion de fortune; il avait ajouté à voix basse à son voisin, mais pas assez pour que d'Azarra ne l'eût pas entendu, que les fournitures de marchand

1. Malgré la bonne volonté du roi pour passer ce fait sous silence, il en fut beaucoup question. On fit des épigrammes, des satires sur la probité des ambassadeurs républicains, dont une en action, consistant à faire entourer la voiture d'un de ces ambassadeurs par une vingtaine de gens sans aveu et lui demandait s'il avait à vendre des dentelles et combien il les vendait. Le prince régent de Portugal avait donné l'exemple de cette espèce de vengeance, quelque temps avant à l'occasion d'une énorme contrebande de tabac attribuée à l'ambassadeur français, général L... Des hommes du peuple lui avaient demandé plusieurs fois, quand il s'était arrêté au Prado à quel prix il voulait leur vendre le tabac. Depuis, des ambassadeurs n'ayant pas demandé réparation de cet outrage, l'opinion avait cruellement sévi.

(*Note de Lucien.*)

seraient la moindre chose, et qu'une contrebande de quelques centaines de mille francs était organisée d'accord avec la légation.

Comme cela ne pouvait me regarder, puisque je venais d'arriver, je ne m'en formalisai pas autrement; mais, par le reste de la conversation du secrétaire d'État, je crus m'apercevoir qu'il voulait, sinon m'engager à me désister de l'arrangement que j'avais proposé, au moins me faire tacitement convenir que je ne serais pas fâché qu'on ne tourmentât pas trop la jolie mine de la citoyenne Minette que mon galant interlocuteur, soit comme secrétaire d'État, soit tout simplement comme comte de Cevallos, me dit avoir entrevue et admirée le matin même à la messe de la reine, au beau milieu des sous-camériste, toutes fort empressées de lui faire beaucoup de démonstrations amicales.

Sans chercher à approfondir le motif que M. de Cevallos avait de tant m'occuper de la citoyenne Minette, le moment me parut opportun pour lui répéter verbalement, mais encore plus sérieusement, ce que je lui avais écrit, que j'entendais, que je voulais, que j'exigeais que les ballots en sus de ceux de la Reine, s'il s'en trouvait après la vérification, fussent immédiatement transportés à la douane pour l'acquittement des droits, et même les marchandises confisquées, si elles étaient de celles prohibées à tout degré : « Car, dis-je franchement à M. de Cevallos, je ne me sens pas disposé à devenir le champion de la citoyenne Minette et encore moins à me laisser supposer capable des vilenies des précédentes légations. » Ainsi se termina notre conférence confidentielle.

Le lendemain, les choses se passèrent comme je

l'avais exigé, les seuls huit gros ballots contenant les robes de la reine furent extraits du reste du convoi et portés à l'hôtel de la légation française, en attendant le moment qui conviendrait à la reine pour leur présentation officielle. Les autres quinze non moins énormes ballots, également et effrontément adressés à l'ambassade de France, furent envoyés à la douane pour y subir le sort que l'honneur m'avait obligé de leur imposer.

J'eus alors à me défendre contre les obsessions de tout genre de la citoyenne Minette, pour obtenir ma médiation en sa faveur, c'est-à-dire qu'elle trouvait tout naturel que je me compromisse pour ses beaux yeux, ou que je m'avilisse aux miens, tâchant de me faire entendre que j'associerais qui je voudrais à ses bénéfices. On lui avait mis en tête, ou elle feignait de croire, qu'en ma qualité d'ambassadeur, je lui devais secours et protection, comme Française, dans l'état de détresse où elle s'était placée. Trois négociants honorablement établis à Madrid eurent la témérité de se présenter chez moi et de m'insinuer ce prétendu devoir et le prix qu'on pourrait y attacher, ce qui me les fit prier de s'en aller tout de suite par la porte, s'ils ne voulaient m'obliger à leur faire prendre un beaucoup plus court chemin.

Mais je n'étais pas au bout de cette désagréable aventure ; le surlendemain de la décision de la douane (c'était jeudi, le seul jour de la semaine où le vieux marquis de Santa-C...[1] fût dispensé jusqu'à midi de

---

1. *Note sommaire de Lucien* : « Quelques distractions. — Le marquis et la marquise de Santa-C... Le marquis était très vieux. C'était le véritable type du courtisan, heureux de sa place de chambellan intime. Sa femme, un peu sur le retour, était belle, spiri-

son service auprès du roi, et que par cette raison j'avais choisi pour aller prendre le chocolat avec lui et sa femme), notre conversation tomba bientôt sur le sujet dont s'occupait toute la haute société de Madrid, non moins que la commerciale, c'est-à-dire des robes de la reine et de la fameuse contrebande que j'avais empêchée.

Le marquis, vieille mais encore noble fleur de loyauté et probité castillanes, qui, d'ailleurs, n'avait jamais eu une opinion qui ne fût pas celle de son auguste maître, ne pouvait que penser comme lui en cette occasion, et répétait avec plaisir les éloges que le roi avait donnés à ma conduite. La marquise gardait le silence, ce que je commençais à trouver assez peu flatteur pour moi, quand le vieux marquis se leva précipitamment, disant qu'il craignait d'être en retard de quelques minutes, légère infraction, mais fort importante dans les règles d'étiquette, dont le roi Charles IV surtout, en fait d'exactitude de temps, était et voulait qu'on fût strict observateur. Le marquis nous quitta donc, et après un moment de silence que j'employai à connaître en moi-même la cause de celui qu'avait gardé la marquise, car il me paraissait qu'elle aurait pu sans blasphème faire chorus avec son mari sur l'approbation que me donnait le roi, je me permis de lui demander ironiquement si, en cette circonstance, j'avais le mal-

tuelle, bonne mère, amie sincère. Lucien devint fort assidu dans cette famille.

... Plus tard, la marquise fut obligée de faire un voyage à Paris. Elle fut reçue par la famille Bonaparte, et écrivit de nombreuses lettres à Lucien, peignant bien les mœurs du temps et quelques individus haut placés. (Son portrait par Sablé : *la Vénus à la Mantille*). »

heur de n'être pas approuvé par madame la marquise.

« Ah! mon Dieu! si, Bonaparte, me répondit-elle naïvement; mais je suis bien embarrassée... »

Ici, à mon grand étonnement, elle fut interrompue par la citoyenne Minette, qui, entrant sans être annoncée et tout éplorée, se précipita à mes pieds, à peu près comme la Chimène du *Cid*, me disant, non pas : « Sire, mon père est mort, » mais au milieu des sanglots : « Citoyen ambassadeur, je suis ruinée, ruinée, ruinée, ah! ruinée. »

J'ai dit que la citoyenne Minette était jolie, et j'avoue que les pleurs lui allaient beaucoup mieux que son bavardage. Mais le mécontentement que je ressentais d'être, pour ainsi dire, pris au trébuchet dans mon intimité chez mes amis, outre l'indigne abus qu'elle voulait faire de mon nom comme ambassadeur, fermait mon cœur à la pitié. Je résolus de quitter la partie pour mettre fin à cette scène; je prenais déjà mon chapeau quand la marquise me supplia de rester, et, s'avançant vers la citoyenne Minette, l'entraîna du côté de la porte, où j'entendis qu'elle lui disait à demi-voix d'être tranquille, que tout s'arrangerait.

En entendant cela, je me promis plus que jamais que l'arrangement n'aurait pas lieu par ma médiation et ne pus m'empêcher de témoigner à la marquise que je lui en voulais de m'avoir ménagé cette lamentable entrevue; mais je fus encore plus disposé à la gronder, autant que cela pouvait être dans mon droit, quand elle me fit le pénible aveu que c'était en partie pour elle, d'accord avec la duchesse d'Albe, que la pauvre Minette se trouvait en cette position. Voici ce qui s'était passé et à l'origine de quoi il me faut remonter.

Cette duchesse d'Albe[1] la plus grande dame d'Espagne après les princesses du sang et qui passait en même temps pour la plus riche particulière d'Europe, au milieu de bizarreries de caractère, avait la faiblesse de vouloir rivaliser avec la reine pour le luxe des habillements et des équipages. La reine non moins faible qu'elle, au moins sous ce rapport, s'en était montrée, en quelque occasion, si jalouse ou si irritée, que plus d'une fois la duchesse, dans un de ses brillants et élégants carrosses, à son entrée au Cours, avait trouvé un exempt des gardes royaux pour lui enjoindre de renoncer à sa promenade. Le roi Charles IV riait, peut-être pour ne pas se fâcher, de ce qu'il appelait de petites tracasseries féminines ; et cependant, comme la duchesse ou ses amis, assez justement choqués, à ce qu'il me semblait, de ces petits actes de tyrannie féminine, ne se bornaient pas toujours à en plaisanter innocemment, des propos piquants et même outrageants avaient été rapportés au roi qui, alors, ne riant plus du tout, avait exilé la duchesse dans ses terres, où, du reste, elle exerçait une espèce d'autorité souveraine qui l'ennuyait beaucoup au bout de quelques mois ; alors elle faisait quelques soumissions directes à la reine, qui, au fond très bonne, son moment d'exaspération passé, priait le roi de la rappeler. Bientôt elle retombait dans les mêmes imprudences, encouragée qu'elle y était par les courtisans qui se moquaient tout bas de ses folies, à moins que parmi ceux-ci il ne s'en trouvât un qui, plus ami au fond de la duchesse et plus sensé que les autres, prenant

---

1. On lit dans une note de Lucien : « La duchesse d'Albe. Détails curieux sur cette haute et puissante dame. Les beaux toréadors. »

empire sur son esprit ou sur son cœur, ce qui arrivait de temps en temps, la rendit elle-même plus raisonnable, au moins en apparence.

La duchesse était, depuis quelques mois, grâce au présent ami qui était prudent, dans le paroxysme d'un accès raisonnable, quand le bruit du cadeau que le premier Consul envoyait à la reine parvint à ses oreilles. C'étaient, disait-on, des robes sans pareilles, tout ce que le bon goût français avait jamais produit de plus riche et de plus gracieux ; il n'en fallait pas tant pour réveiller l'envie de rivaliser avec sa souveraine, et la duchesse, dans ce but inconsidéré, envoya à Paris une des femmes de son service personnel, qu'une adresse peu commune, jointe à des connaissances approfondies dans le grand art de la toilette, avait élevée au rang de favorite, en qualité de lectrice, titre purement honorifique, car la duchesse d'Albe, continuellement occupée de chiffons, de combats de taureaux, et de tout ce qui s'ensuit, n'était pas *lecturière*[1], pour me servir de l'expression employée depuis par une brave maréchale de l'Empire.

Cette dame lectrice, pourvue du crédit indispensable sur le banquier Récamier (car cette fois, pour plus de secret, la duchesse ne s'était pas adressée à M. Hervas, banquier de la cour d'Espagne), avait donc pour mission près la citoyenne Minette, chargée par le gouvernement

---

1. La maréchale Lefebvre faisait les honneurs de ses appartements à M. de Narbonne.
En lui montrant la bibliothèque, elle lui dit :
« Ah ! ceci n'est que pour la frime, voyez-vous, monsieur, car le maréchal et moi, nous ne sommes pas *lecturiers*. »
C'était ce maréchal qui disait :
« Eh ! sans doute, on sait bien que nous ne sommes pas nés ce que nous sommes ; mais nous sommes des ancêtres. »
(*Note de Lucien*).

de la confection des robes de la reine, de combiner avec elle tous les moyens possibles, sans qu'on pût en rien soupçonner, de procurer à sa maîtresse tout ce qu'il y avait de plus riche, de plus élégant, surtout de plus nouveau, autant que possible pareil, tout en renchérissant encore, à ce qui était destiné à la reine, ce qui fut exécuté au gré de ses désirs et qu'elle confirma bientôt elle-même, de retour qu'elle fut à Madrid, auprès de sa maîtresse, toutes les deux seulement un peu troublées du changement d'ambassadeur qui avait eu lieu.

Mais comme mes relations avec la famille de Santa-C... étaient connues, et que la duchesse était amie de la marquise, elle l'avait engagée à me prévenir qu'une partie des caisses adressées à l'ambassade étaient pour elle. En effet, la citoyenne Minette, enchantée d'avoir à faire une fourniture encore plus considérable que celle de la reine, dont elle était très contente, n'avait pas trouvé de meilleur moyen pour la libre introduction des objets de la duchesse, que d'en faire un seul et même convoi, censé n'être que celui de la reine, et par conséquent à l'abri de toutes les inflexibles rigueurs des douanes. Elle y joindrait même, avait dit l'astucieuse marchande à la messagère de la duchesse, à qui elle voulait donner le change, quelques ballots de nouveautés qu'elle supposait devoir être agréables aux dames espagnoles, dont le bon goût pour les modes françaises lui était connu.

Il arriva que la marquise, ne voulant pas refuser à la duchesse de favoriser l'entrée des ballots de cette dernière, et voulant encore moins m'en parler, parce qu'elle connaissait mes idées très sévères sur la contrebande, imagina pouvoir s'entendre avec un employé subalterne de la légation, qui recevait pour l'ordinaire ce qui m'arrivait de Paris ostensiblement, lequel employé avait cru pouvoir promettre son assistance bénévole, tant qu'il n'avait pu prévoir le parti que j'avais pris de faire vérifier le nombre et la nature des ballots en surplus de ceux de la reine, et quand il le sut, il refusa tout net son ministère, dans la peur de perdre son emploi. Voilà pourquoi la marquise m'avait dit qu'elle était bien embarrassée, et telle fut la relation qu'elle me fit, en m'avouant qu'elle avait cru pouvoir profiter elle-même de cette occasion pour se procurer quelques chiffons de Paris; que, du reste, elle me suppliait que le marquis ignorât la part qu'elle avait eue à l'espièglerie de la duchesse, part d'ailleurs très involontaire, mais pour laquelle son mari ne badinait pas.

Je ne fus pas assez peu galant pour dire toute ma pensée à ce sujet, et comme, en définitive, à titre de sœur, de femme ou de parente, la duchesse et la marquise ne m'étaient rien, je me contentai de dire à cette dernière, en plaisantant d'assez mauvaise grâce, que tant elle que la duchesse d'Albe étaient bien maîtresses de faire comme tant d'autres la contrebande à leurs risques et périls ; que, grâce à mes précautions, puisque j'avais échappé au soupçon de leur honorable complicité, j'étais heureux de penser qu'en en subissant noblement les conséquences, elles n'étaient point assez pauvres pour s'en trouver ruinées. Le côté positif de ma plaisanterie était qu'en réalité je ne voulais paraître m'intéresser à cette affaire ni de près ni de loin, ni directement ni indirectement, au risque même de me brouiller tout de bon avec les belles et nobles contrebandières.

La marquise, le comprenant bien ainsi, me dit qu'elle

trouvait très juste que je ne me mêlasse pas de remédier à leur étourderie, qu'en effet elle, et surtout la duchesse, ne seraient pas pour cela ruinées, comme je le lui disais si obligeamment, mais que cette pauvre femme (c'était de la citoyenne Minette qu'elle parlait) le serait en effet, ruinée, puisque la plus grande partie des ballots lui appartenaient. A quoi je lui répondis assez durement que, si cela lui arrivait, la citoyenne Minette n'aurait que ce qu'elle méritait, non seulement pour l'effronterie de sa contrebande et l'abus de mon nom, comme ambassadeur, mais aussi pour tous les efforts de goût et d'imagination que, de son propre aveu, elle avait faits, pour faire triompher les brillants colifichets de la duchesse sur ceux de sa souveraine, et par conséquent avoir placé au second rang les présents du premier Consul, qu'il avait désirés et payés pour qu'ils figurassent au premier degré.

La marquise ne put s'empêcher de convenir que j'avais raison, qu'à présent qu'elle en connaissait l'importance politique, elle se chargerait de détourner la duchesse de chercher à jouir de son imprudente victoire, et que certainement elle l'eût fait si elle avait été mise à temps dans la confidence qu'elle n'avait reçue qu'à la dernière extrémité. Mais que, quant à cette pauvre femme (parlant toujours de la citoyenne Minette), si je ne le lui défendais pas, elle voudrait parler en sa faveur au prince de la Paix, qui ne lui refuserait pas de s'intéresser à elle, à moins que j'eusse la dureté de m'y opposer.

Un peu piqué de ce recours, extrêmement fatigué de cette insistance, et pour mettre fin à tous ces commérages de haute volée, je me contentai de répondre à la bonne marquise, que je ne me reconnaissais pas le droit de lui interdire de parler au prince de la Paix de quelque affaire que ce fût, mais que je lui conseillais de ne plus se mêler de celle-ci, et cela pour le motif que je lui expliquais, dont elle tomba d'accord avec moi dans le moment, et qu'ensuite elle jugea probablement d'une trop excessive délicatesse pour s'y conformer; car, le lendemain matin, le prince de la Paix me dit, en riant malignement, que j'avais eu le cœur bien dur, qu'à ma place il se serait laissé toucher par les pleurs de la citoyenne Minette, que, d'ailleurs, on disait fort jolie, ce qui n'avait jamais gâté même une mauvaise cause; je n'en persistai pas moins à conseiller au prince de la Paix de faire justice en cette occasion, c'est-à-dire sévérité; après quelques plaisanteries, il finit par me dire :

« Allons, mon cher ambassadeur, laissez-moi arranger cette chose-là. »

Alors, je vis bien que cette affaire ne finirait pas trop mal pour la citoyenne Minette, et par suite pour les autres personnes intéressées, et ne pensai plus qu'à m'occuper des préparatifs nécessaires à la présentation officielle des cadeaux de mon gouvernement, que la reine avait fixée au lendemain, dimanche, après la messe.

A l'heure indiquée, qui était midi, j'entrai avec le citoyen Félix Desportes, premier secrétaire d'ambassade, dans le salon d'audience de la reine, où Sa Majesté ne devait se rendre qu'après avoir été avertie par la dame d'atours que tout était préparé pour être soumis à ses regards. Une des portes latérales de ce salon, toute grande ouverte, présentait l'aspect très bien entendu de hauts porte-manteaux où étaient groupées, trois par trois, les trente-six robes de la reine. La dame d'atours, en grand habit, se tenait à l'entrée de cette porte pour tout inspecter, tandis que les dames caméristes honoraires étaient rangées des deux côtés du baldaquin sous lequel s'élevait, d'une seule marche, le trône de la reine où je m'attendais qu'elle se placerait pour ouïr le petit discours d'apparat que, vu son mélange de grave et de futile, j'avais eu une certaine difficulté de composer à mon entière satisfaction.

Cependant la citoyenne Minette, au milieu des sous-caméristes, leur faisait tout ranger sous la direction de sa haute intelligence, avec accompagnement de sa puissante loquacité, d'autant plus retentissante que, ne sachant pas l'espagnol, il avait fallu l'interprète, ce qui allongeait beaucoup l'opération, à laquelle en prêtant l'oreille, n'ayant rien de mieux à faire, il nous fut démontré, à la grande attention des dames assistantes qui semblaient y prendre beaucoup d'intérêt, que chaque groupe ou trophée de trois robes était composé d'un très élégant habit du matin, dit un déshabillé, d'une robe de promenade, d'étoffe toute nouvelle, et d'une autre robe extrêmement riche en broderie d'un genre aussi tout récemment produit dans les manufactures de Lyon. et dite robe de gala. Au pied de chacun de ces groupes, une très grande corbeille de satin blanc, à torsades d'or et d'argent, comptait avec les chaussures adaptées à chaque costume, tous les accessoires de rigueur ou de fantaisie, tels que ceintures, écharpes, mantilles, quantité de fleurs, blondes, plumes, rubans, dentelles et autres jolis chiffons supplémentaires, dont le nom m'échappa même alors, à plus forte raison depuis si longtemps; d'ailleurs, alors comme à présent, si le bon goût de l'ensemble d'une toilette d'une jolie femme attire mon approbation, j'avoue ma complète ignorance sur la multiple et savante théorie des détails; tout ce que je puis dire, c'est que, véritablement, tout cet étalage de la citoyenne Minette me paraissait la perfection du genre, ainsi qu'à toutes les dames, et j'avais peine à croire qu'il fût possible d'avoir encore renchéri, pour la duchesse d'Albe, sur l'extrême recherche de cette magnifique collection de costumes.

Quand tout fut arrangé, la dame d'atours vint me prévenir qu'elle allait prévenir la reine, qui parut presque aussitôt. Le prince de la Paix était, ce jour-là, son chevalier d'honneur. La dame d'honneur qui, je crois, était la princesse d'Angio, suivait Sa Majesté, laquelle était habillée on ne peut plus élégamment, mais plus à l'espagnole qu'à la française; au lieu de se placer, comme je m'y attendais, sous le baldaquin, elle marcha directement à moi et me présentant sa main, qu'en ce cas il était d'usage de baiser, elle se récria sur la beauté de ce qu'elle entrevoyait déjà et sur la bienveillance que mon grand frère, le premier Consul, voulait lui témoigner. Sa Majesté me dispensa de prononcer mon discours, ce dont je fus très satisfait.

La dame d'atours proposa de faire porter chaque portemanteau, l'un après l'autre, devant Sa Majesté, en les introduisant dans son cabinet de toilette. Mais elle préférait aller elle-même les admirer, disait-elle, dans le bel ordre où ils étaient placés, et voulut qu'ils restassent ainsi exposés trois jours aux regards de la cour : « N'est-ce pas que j'ai raison? disait-elle au prince de la Paix et aux dames ses caméristes, qui à l'envi répétaient, et je crois de très bonne foi, que c'était vraiment admirable, que cela siérait très bien à Sa Majesté. Cette dernière partie ne pouvait être aussi sincère que l'autre parce que la reine n'était plus fort jeune, n'avait jamais été belle, bien qu'ayant toujours su faire valoir les avantages d'un beau bras, de beaux cheveux très noirs et d'une taille qui se prêtait assez suavement à toutes les modifications de la mode, dont elle était vraiment l'esclave couronnée. C'est bien pour cela que tel avait été le choix des présents du premier Consul, tandis qu'il envoyait au roi des fusils de chasse de nouvelle invention, et de très riche ornementation, que je devais lui présenter en même temps que les robes de la reine; mais ils n'étaient pas encore prêts quand celles-ci devaient partir, et les objets de toilette ne pouvant souffrir de retard, dans la prévision certaine de changement de modes, ils avaient dû être présentés isolément, à mon grand regret; car le prince de la Paix me disait toujours que le roi attendait ses fusils avec une véritable impatience.

Pour en finir avec la citoyenne Minette, la reine désira qu'elle vînt lui essayer elle-même tous ses costumes, elle lui fit une quantité de très jolis cadeaux, et le plus beau de tous fut certainement la note que m'envoya le secrétaire d'État au sujet de cette fortunée contrebandière, dont la réponse que je fis et que je place immédiatement ici, expliquera suffisamment le contenu :

« Monsieur de Cevallos,

« J'ai reçu la note par laquelle Votre Excellence m'informe que Sa Majesté a ordonné, en faveur de la citoyenne Minette, non seulement la restitution des quinze ballots qui lui appartiennent et qui, en conséquence de ma note des 4 et 9 du mois de nivôse dernier, avaient été conduits à la douane pour y être examinés et taxés, mais encore la remise des droits auxquels les marchandises contenues dans ces ballots pourraient être sujettes. Votre Excellence paraît désirer que je donne connaissance à la citoyenne Minette de ces ordres de Sa Majesté. Je suis loin de voir sans plaisir que la citoyenne Minette éprouve la bonté généreuse de Sa Majesté, mais je ne présume pas que l'acte même dont je me suis plaint par une note serait, pour la citoyenne, un moyen de récompense des soins qu'elle a pu se donner en veillant à la conservation des présents envoyés par le premier Consul à Sa Majesté la reine. Je ne puis donc me résoudre à lui annoncer la faveur que Sa Majesté lui accorde, parce que je semblerais alors approuver cet axiome contraire à mes principes « qu'il est des conjonctures où un vol tenté contre le Trésor public (la contrebande) peut être tolérée par un gouvernement [1]. »

Je n'aurais pas juré que la reine eût été aussi généreuse, en connaissant la part que la duchesse d'Albe avait en cette affaire, part qui, bien que très considérable, le cédait encore, non seulement à celle de la marquise qui n'avait fait venir de Paris que quelques colifichets pour quelques centaines de francs, mais encore le cédait à la part plus considérable, plus difficile à préciser, et consistant en objets d'horlogerie et de bijouterie, dont de gros négociants avaient permis que la rusée modiste truffât ses fournitures si fort du goût des dames espagnoles.

1. Madrid, 2 pluviôse an IX.

Enfin, et pour en finir tout à fait avec la citoyenne Minette, il me reste encore à dire comment elle prouva la reconnaissance qu'elle devait à la reine à tant de titres; ce fut en tenant toutes sortes de propos chez la duchesse d'Albe et d'autres grandes dames du pays, sur le compte de la reine, que dans son dévergondage de paroles, elle allait jusqu'à traiter de vieille coquette, royalement ridicule, ce qui me donna lieu de m'écrier quand je l'appris :

« Où diable l'esprit de moquerie française va-t-il se nicher? »

La reine n'eut point connaissance de ces ingrats bavardages. Le prince de la Paix qui, lui, savait tout ou à peu près, les épargna à Sa Majesté; mais il en était indigné. Sans mon intervention non obligeante, mais seulement prudente, à cause de l'éclat plus qu'intempestif au milieu du brillant étalage des cadeaux du premier Consul que cela pourrait produire à Paris et à Madrid, il n'est pas douteux que le ministre de la police aurait intimé l'ordre à la citoyenne Minette de partir sur-le-champ. Ce fut la marquise qui, ne voulant pas protéger cette ingrate petite personne, se chargea de lui conseiller de ma part de ne pas attendre que le gouvernement se ravisât sur le châtiment qu'elle s'était attiré.

On a beaucoup dit que le prince de la Paix, tout en profitant de l'extrême attachement du roi et de la reine, n'était pas aussi reconnaissant qu'il le devait être, et qu'il parlait très légèrement de ses augustes maîtres, surtout du peu de beauté et de jeunesse de la reine. Je puis affirmer que loin de m'en parler dans ce sens, bien que nos relations aient été jusqu'à l'intimité, il ne prononça jamais leur nom qu'avec respect et affection, cherchant toutes les occasions de faire l'éloge de leurs qualités, et ne perdant jamais de vue le point où il espérait leur être utile ou agréable ; mais je me rappelle encore qu'à la présentation des robes de la reine, après que Sa Majesté nous eut quittés, il me dit, comme attendri de la joie reconnaissante de la reine, à la vue de toutes ces choses entièrement de son goût, que si je lui avais offert, de la part du premier Consul, une simple paire de pantoufles, elle l'eût placée au milieu de ses objets les plus précieux, qu'elle professait pour lui la plus haute admiration, et qu'elle mettait au nombre des plus beaux jours de sa vie celui où elle pourrait le voir pour l'assurer elle-même de ses sentiments, et que si jamais, me dit le prince d'un air de confidence, le premier Consul se rapprochait des frontières d'Espagne pour visiter les provinces méridionales, comme on disait alors que c'était son projet, à l'exception que moi je savais bien que, s'il le réalisait, ce serait pour examiner notre armée auxiliaire destinée à attaquer le Portugal de concert avec l'Espagne, ce qui était le point très difficile où j'avais mission d'amener la cour d'Espagne et où je l'amenai en effet ; la reine, me disait donc le prince de la Paix, espérait que dans ce cas elle pourrait décider le roi à se rendre lui-même avec elle aux confins de leur royaume, et quand même cette rencontre ne pourrait avoir lieu de cette manière, la reine se proposait de faire tant et tant et si bien, que le roi ne pourrait se refuser à faire un voyage en France, si le premier Consul voulait bien paraître le désirer ; que ce serait, il est vrai, la première fois depuis Charles-Quint qu'un roi d'Espagne régnant viendrait en France, etc., etc.

Je ne prévoyais guère alors que cette entrevue, tant

désirée par la reine, aurait lieu six ans après, à Bayonne, de la manière dont l'histoire le contera!... et que je n'aimerais pas à être obligé de faire.

L'aventure de la citoyenne Minette est curieuse et l'intervention de la marquise de Santa-C... fort piquante. En tout cas, ce ne fut pas le seul service que cette dame rendit au frère du premier Consul.

Un comte de S. F..., grand d'Espagne, brillant et très riche, se montrait jaloux, fort jaloux même, d'une comtesse M. M...

Au dire de Lucien, la jeune femme effrayée des menaces de son Othello se réfugia un jour à l'hôtel de l'ambassadeur, tomba dans ses bras, au moment où il descendait de voiture, et s'évanouit.

Femme et si belle, comment ne pas la protéger, la défendre? Il en résulta un cartel du jeune Castillan au jeune ambassadeur qui a le cœur mieux occupé ou du moins autre part.

Une rencontre fut décidée tout d'abord, puis remise pour hautes raisons politiques. Ce n'était pas, en effet, au moment où l'on s'occupait d'une alliance offensive et défensive entre les deux pays, que le représentant de la France était en situation d'aller croiser le fer pour une belle Espagnole.

Lucien fit donc proposer par son ami Le Thiers de remettre le duel après la signature du traité.

Le comte refusa d'abord, puis finit par accepter.

Mais, dit Lucien, ce que trois personnes savent n'est plus un secret.

La marquise de Santa-C..., liée depuis longtemps avec le comte de F... et un peu sa parente, apprend en effet le mystère dont nous avions tâché d'entourer l'affaire. Elle entreprend fort adroitement de nous réconcilier.

Elle sait mieux que personne, l'aimable femme, que nous ne sommes pas rivaux. Elle nous fait rencontrer chez elle, non pour nous battre, le temps n'est pas venu, mais pour un excellent déjeuner.

La réconciliation eut lieu. Elle fut complète.

CHAPITRE IV

RAVITAILLEMENT DE L'ARMÉE D'ÉGYPTE

Mission diplomatique de Lucien Bonaparte. — Ses instructions. — Lettre de Talleyrand à Lucien, 6 novembre 1800. — Opinion de Lucien sur Talleyrand. — Sévérité de ce jugement.
La paix de Bâle entre la France et l'Espagne, 22 août 1795. — Projet du comité de Salut public, en vue d'une alliance offensive et défensive entre les deux puissances. — Rôle de l'Espagne. — Nécessité d'une alliance. — Conditions de cette alliance. — Causes de son insuccès.
Voyage de Berthier en Espagne après Marengo. — Sa mission. — Arrivée de Lucien. — Sa réception. — Félicitations de Talleyrand. — L'armée d'Egypte. — Sa situation. — Rapports de Kléber et de Damas. — Nécessité de l'envoi de prompts secours. — Lettre de Bonaparte à Lucien, sur ce sujet, 21 décembre 1800. — Le premier Consul reprend le programme de la Convention. — Correspondance. — Retards apportés à l'envoi des secours. — Négligence de Lucien. — Lettre de l'amiral Dumanoir.
Capitulation de l'armée d'Egypte. — Convention d'El Arysch. — Perte de l'Egypte. — Conséquences d'une mauvaise action.

Les *distractions* et les citoyennes Minette peuvent avoir de l'attrait pour un jeune ambassadeur de vingt-six ans. Elles ne sont et ne peuvent être tout pour lui.

La mission dont était chargé Lucien était complexe.

L'avant-veille de son départ pour Madrid, Talleyrand lui en avait donné connaissance [1].

« Je vous informe, citoyen, que le premier Consul

[1]. Talleyrand à Lucien Bonaparte, le 16 brumaire an IX (6 novembre 1800). (Mss. A. E.)

vous nomme ambassadeur de la République en Espagne. Je joins ici l'arrêté de votre nomination.

« J'écris au citoyen Alquier pour l'informer de son rappel. Nos relations politiques avec l'Espagne ayant peu changé depuis sa nomination, vous trouverez dans les instructions que je lui remis lors de son départ pour Madrid la règle des intérêts et des droits que vous êtes chargé de défendre.

« Le premier Consul confia, il y a quelques mois au général Berthier, une mission dont l'objet était d'une haute importance et dont il n'a eu le temps d'accomplir qu'une partie. Vous êtes chargé de suivre les négociations qu'il a commencées et d'ouvrir celles que la brièveté de son séjour en Espagne ne lui a pas permis d'entamer. Un des objets les plus importants de sa mission était d'exciter l'Espagne à punir l'injure que le Portugal lui a faite, en éludant son intervention dans la pacification projetée entre cette dernière puissance et la France. L'Espagne a fait les préparatifs d'une grande expédition en Portugal. Vous donnerez tous vos soins à en suivre les opérations, et vous ferez tous vos efforts pour empêcher que cette entreprise ne soit pas un vain appareil et aboutisse à des résultats décisifs.

« Le général Berthier ayant dû laisser à la légation de Madrid les instructions que je lui ai données et ma correspondance avec lui, vous apprendrez par ces diverses pièces quelle est la partie de sa mission qu'il a eu le temps de terminer et quelle est celle que votre zèle est chargé d'accomplir. »

En fait d'instruction, c'était un peu vague. Lucien ne se gêne pas pour s'en plaindre.

Je reçois de mon frère les instructions les plus abrégées possibles. Talleyrand[1], à titre de ministre des relations extérieures, m'en donne de beaucoup plus longues verbalement et fort embrouillées, quelques-unes écrites qui ne disent rien ou peu de choses, si ce n'est, il est vrai, de travailler surtout à détruire l'influence anglaise dans la péninsule. Des instructions plus détaillées me seront envoyées au fur et à mesure des comptes que je rendrai de la situation. S'il y a quelque chose d'extraordinaire, j'aurai pourtant l'attention, me dit encore Talleyrand, de son air de confiance le plus amical et passablement protecteur, de lui envoyer un courrier porteur d'une lettre à lui, comme à l'ordinaire, en contenant une au Consul cachetée « que vous laisserez à mon affection pour vous, mon cher Lucien, le soin de juger, s'il est utile à vos intérêts que je remette ou que je vous renvoie. »

Comment établir un jugement sur une lettre cachetée?

---

1. *Talleyrand de Périgord* (Charles-Maurice), né le 2 février 1754, mort en 1838. Son père *Charles Daniel de Talleyrand* avait épousé à seize ans, le 12 janvier 1751, mademoiselle de Damas d'Antigny, qui en avait vingt. Il en eut trois enfants : Alexandre-François né le 18 janvier 1752, Charles-Maurice né le 2 février, et Archambaud-Joseph le 1er septembre 1782. Ce Charles-Daniel mourut le 4 novembre 1788.

Charles-Maurice se maria à son tour, le 23 fructidor an X (10 septembre 1802, au 10e arrondissement). Il demeurait alors rue du Bac. Sa femme, Catherine-Noël Worlée, habitait rue de la Commune d'Épinay. Elle était née à Tranquebar, colonie danoise en Asie, le 21 novembre 1762. Elle était fille de Pierre Worlée et de Laurence Albany, et femme divorcée de Georges-François Grand, par acte du 9 avril 1798. Les témoins du mariage furent les citoyens Rœderer, Brueix, Bournonville, Radix, Sainte-Foy, Othon, prince de Nassau-Siegen, amiral russe, et A. Duquesnoy, maire de l'arrondissement.

Un sourire en réponse, suivi d'un obstiné et significatif silence. Je le comprends.

A l'occasion de cette singulière diplomatie, ne pas oublier de signaler, ou plutôt confirmer par mon propre jugement en mainte occasion une chose qui a été dite sur l'esprit de Talleyrand dont, certes, il n'est pas dépourvu ; c'est que, dans les circonstances, l'ancien évêque d'Autun a toujours plus brillé par son silence que par ses paroles. Sa diplomatie en général n'est pas à lui ; c'est celle, à la lettre, du maître qu'il sert, qu'en général, il sert bien et même servilement, si j'en juge par sa manière d'agir avec moi, proportionnellement à l'accroissement de la fortune de mon frère. En tout, je le juge moins traître ou moins perfide que Fouché. Nous nous quittons bons amis, l'ex-évêque et moi, au moins dans les formes[1].

Mais quelle était donc, en définitive, cette situation nouvelle dont Lucien avait à se préoccuper ?

---

1. On a prétendu que sa politique avait été supérieure à celle de Napoléon. D'abord, il faut se mettre dans l'esprit qu'on est purement et simplement un commis lorsqu'on tient le portefeuille d'un conquérant qui, chaque matin, y dépose le bulletin d'une victoire et change la géographie des États. Quand Napoléon se fut enivré, il fit des fautes énormes et frappantes à tous les yeux. M. de Talleyrand les aperçut vraisemblablement comme tout le monde. Mais cela n'indique aucune vision de l'âme.

Nous croyons pouvoir assurer, et l'on s'en convainc par la lecture des lettres de M. de Talleyrand à Lucien, que ce jugement de M. de Chateaubriand n'a rien d'erroné. Le premier Consul et l'empereur dictait ses instructions au ministre, et celui-ci les faisait définitivement rédiger dans les bureaux. Nous savons qu'il était puissamment aidé dans ce travail de rédaction par M. d'Hauterive. On verra, d'ailleurs, qu'il y a loin de ses lettres confidentielles, comme pensée et comme style, aux lettres officielles, où brille l'éclat d'une raison politique pénétrante et la netteté de l'expression. *(Note de Lucien.)*

Le 22 août 1795, la paix avait été signée à Bâle par les plénipotentaires français et espagnols [1]. En cherchant à rétablir les rapports diplomatiques entre les deux puissances, le comité de Salut public n'avait pas seulement pour but de mettre fin aux hostilités et de rendre disponibles les forces que la République entretenait sur la frontière des Pyrénées, elle voulait, par un traité d'alliance offensive et défensive, renouer les traditions du *Pacte de famille* et faire coopérer l'Espagne à l'accomplissement du grand projet qu'il avait conçu.

Ce projet était de chasser les Anglais de la Méditerranée [2], et de faire de ce vaste bassin le centre du mouvement économique et commercial des races latines, en s'emparant de la ligne des Indes et en réoccupant le détroit de Gibraltar. L'idée était grandiose et digne des hommes qui avaient pris en main les destinées de la République. Elle devait être poursuivie avec une énergie, dont on retrouve la trace dans l'action persistante de la France, en Italie, en Turquie, en Sardaigne, en Égypte, à Malte, à Porto-Ferrajo et à Corfou.

Les intérêts de la France et de l'Espagne sont, en effet, identiques. Par sa position géographique à l'extrémité de l'Europe, l'Espagne est amenée à confondre ses destinées commerciales, politiques et sociales avec la France, sa seule voisine directe sur le continent européen. Or, le premier ministre d'Espagne était homme à vouloir jouer les Alberoni et à accueillir un programme, dont l'exécution pouvait assurer pour longtemps son omnipotence. Malheureusement, le vice de son élévation au pouvoir et ses besoins excessifs d'argent devaient lui rendre plus difficile qu'à tout autre le rôle dont il souhaitait l'accomplissement. Le comité l'avait compris. Aussi agissait-il avec lui et avec sa cour, à l'aide de compromis plus ou moins décisifs. Au gendre du roi, il offrait une couronne; au favori, la possibilité d'une principauté indépendante, taillée en Portugal, et dont Badajoz, sa ville natale, aurait été la capitale. En

---

1. Les ratifications du traité de paix furent échangées à Bâle, le 23 août 1795, entre Barthélemy et d'Yriarte.
2. Dépêche du comité à Barthélemy, le 18 fructidor (4 septembre 1795).

échange, le comité réclamait la coopération active de la flotte espagnole, la livraison d'un certain nombre de bâtiments, un traité de commerce avantageux et la rétrocession d'une colonie, Saint-Domingue ou la Louisiane.

La combinaison était acceptable ; mais elle s'appuyait sur des complices tellement méprisés, qu'elle devait froisser l'opinion publique, au lieu de l'entraîner.

Les alliances durables de nations se font par la connexion raisonnée des masses et non par les accords plus ou moins intéressés des gouvernants. Ceux-ci ne sont, en effet, que des agents transitoires. Les ministres passent, les peuples restent. L'Espagne et la France, ces deux grandes nations si bien faites pour s'entendre et marcher unies dans la voie du progrès, devaient en faire la douloureuse expérience.

Des événements nouveaux étaient survenus. Le Directoire, tout en conservant intact l'esprit d'initiative de la Convention et du grand Comité, et en poursuivant le but dont l'expédition d'Égypte avait été le couronnement, n'avait pas apporté le même tempérament de résolution dans ses actes. Les Sieyès et les Talleyrand n'étaient pas à la taille de leurs prédécesseurs. Un instant toutefois, la concentration des pouvoirs après Brumaire, put faire croire à la réalisation de l'ancien programme. Aussitôt après Marengo, Berthier avait été envoyé en Sicile et en Espagne, pendant que Duroc se rendait à Berlin.

Berthier avait ordre de visiter les ports, de se rendre compte de l'état de la flotte espagnole, de hâter l'envoi en Égypte de secours en hommes, en vivres et en munitions, de proposer au prince de Parme [1] une royauté en Italie, de réclamer la Louisiane et de pousser enfin l'Espagne à une rupture avec le Portugal [2].

Les succès inouïs de la campagne de 1800, sur le Rhin et en Italie, semblaient devoir faciliter singulièrement la tâche

---

1. Le prince héritier de Parme avait épousé l'infante Marie-Louise.
2. Le prince du Brésil, alors régent de Portugal, était le gendre de Charles IV.

du confident du premier Consul et permettre à Lucien de mener à bonne fin l'œuvre si bien commencée.

Nous avons raconté la réception faite au nouvel ambassadeur.

« Je suis charmé, lui répond Talleyrand[1], de votre heureuse arrivée, de l'accueil que vous avez reçu. Vous ne pouviez en attendre un autre. Vous recevrez partout les égards qui sont dus à un grand nom et à des talents distingués. »

Le début était flatteur. La suite le fut-elle ?

Tout d'abord, il fallait aller au plus pressé, c'est-à-dire au secours de cette armée d'Égypte, si étrangement abandonnée par son chef.

La situation de nos troupes était, en effet, des plus critiques. Le rapport du chef de l'état-major, le général de division Damas, est navrant.

« ... Je ne puis, écrit-il au ministre, vous envoyer l'état détaillé parce qu'en prenant les fonctions de chef d'état-major général je n'ai pas trouvé les états particuliers nécessaires pour le former.

« L'effectif de l'armée au 1er vendémiaire an VII, était de plus de 33,000 mille hommes. Il est en ce moment au-dessous de 22,000, dont il faut déduire 2,000 malades ou blessés, hors d'état de faire aucun service et 4,000 hors d'état d'entrer en campagne, qui ne sont point propres à un service actif, et dont partie, ou blessés ou attaqués de maux d'yeux, préfèrent rester dans les dépôts, plutôt que de s'exposer à gagner des maladies épidémiques, auxquelles les hôpitaux sont sujets dans ce pays.

« Les 16,000 hommes environ de toutes armes, qui composent l'armée active, sont répandus sur une surface de terrain comprise dans un espace dont la base, depuis le marabout jusqu'à El-Arisch, a deux cents lieues à peu près, de même que ses côtés, dont l'un depuis El-Arisch s'élève jus-

---

1. 3 nivôse an IX (23 décembre 1800). (Mss. A. E.)

qu'au delà des premières cataractes (qui peuvent être considérées comme son sommet), et l'autre, depuis les cataractes jusqu'au marabout.

L'expérience prouve en ce moment que lorsque les garnisons, indispensables pour la sûreté des places et des provinces, sont distraites du nombre d'hommes en état d'entrer en campagne, il est impossible d'en réunir 7,000 sur un seul point pour s'opposer aux efforts des ennemis qui nous menacent d'invasion de tous côtés. »

Tout est à l'avenant. « Il n'y a dans les places, ajoute Kléber[1], que la moitié des bouches à feu nécessaires à leur armement et la plupart sont hors de service. Les meilleures sont à la marine qui les redemande. Le charbon de bois est épuisé; il n'y a aucun moyen d'en faire... »

« La dépense excède la recette, dit-il plus loin. La dette ne peut qu'augmenter. En arrivant en Égypte, il a été frappé des réquisitions dans toutes les places pour subvenir aux besoins de l'armée d'Égypte. Cet objet n'a pas été payé.

« Il a été levé des contributions extraordinaires sur les marchands, négociants, etc. L'on s'est emparé en arrivant des biens des mamelucks, de leurs effets; leurs femmes ont payé une imposition extraordinaire.

« L'inondation a été mauvaise cette année et beaucoup de villages n'ont pas eu d'eau.

« L'on n'a pas compris dans la dette ce qui est dû aux provinces pour les objets fournis en nature pour le passage des troupes.

« Il est facile de voir par ces observations qu'aussi longtemps que l'armée d'Égypte sera active, que le commerce avec l'extérieur n'aura pas repris, l'on ne pourra jamais parvenir à établir la recette égale à la dépense : les finances ne pourront donc être dans un état satisfaisant avant la paix. »

Or, la situation n'avait fait qu'empirer. Kléber était mort. Menou appelé par son ancienneté au commandement du corps expéditionnaire, n'avait pas les qualités d'énergie que

---

1. Voir aux pièces à l'appui.

réclamaient les circonstances. Il fallait aviser. L'opinion publique réclamait des mesures. Elle se préoccupait du sort de ces braves, ainsi abandonnés. C'était en vue de satisfaire à ces nécessités, que Bonaparte avait envoyé Berthier pour hâter l'envoi des secours et l'armement de la flotte espagnole. Le 21 décembre 1800[1], il écrivait à Lucien :

« Le citoyen Talleyrand vous aura écrit pour vous faire connaître l'intention du gouvernement, pour que vous fassiez passer sur-le-champ des bâtiments en Égypte. Faites en sorte que le premier puisse partir huit ou dix jours après la réception du courrier.

« Le citoyen Clément[2], officier supérieur de la garde, part après-demain avec des dépêches. Vous le ferez embarquer sur ce bâtiment.

« Vous trouverez ci-joint une note que m'envoie Berthier. Vous y verrez que plusieurs négociants espagnols s'offraient d'envoyer des vivres en Égypte. Il se trouve toujours dans les ports d'Espagne des bâtiments ragusais, tunisiens, algériens, marocains qui se chargeraient de ces expéditions.

« Dans ces envois de bâtiments d'Espagne pour l'Égypte, le gouvernement a deux objets en vue :

« 1° Y faire passer deux fois par mois des nouvelles d'Europe, des fusils, des boulets et des médicaments ;

« 2° Y faire passer plusieurs gros bâtiments.

« Quoique l'on agisse du côté de l'Italie en même temps que du côté de l'Espagne, vous ne devez pas moins vous considérer comme si vous étiez le seul qui expédiassiez des bâtiments en Égypte.

« ... Servez-vous des corsaires. »

---

1. 1ᵉʳ nivôse an IX. (Mss. A. E.)
2. Ce *Clément* était l'ancien aide de camp de Desaix.

Mais ces prescriptions de détail n'étaient que le prélude de projets plus vastes. Bonaparte se décidait à reprendre le programme du grand comité.

« Talleyrand, dit-il à Lucien[1], vous explique dans ses dépêches mon plan de campagne maritime. Communiquez-le de ma part au prince de la Paix à qui vous direz ma satisfaction. Achevez le plus tôt possible avec lui la convention dont je lui ai envoyé les bases. »

« Il faut à tel prix que ce soit, ajoute-t-il le 7 février 1801[2], devenir les maîtres dans la Méditerranée, ou obliger les Anglais à des efforts qu'ils ne pourraient supporter longtemps. » Puis il complète son idée, le 12 avril[3] : « ... Je désire que vous m'envoyiez des renseignements sur les possessions qu'ont les Espagnols sur les côtes du Maroc et surtout sur la situation des ports et fortifications des villes qui leur appartiennent. J'aimerais assez avoir un point fortifié dans l'empire du Maroc et situé sur le détroit... »

Malheureusement, tout ce beau programme devait rester à l'état de projet, grâce à l'inertie voulue des Espagnols, à l'impéritie de Lucien et à la précipitation de la crise en Égypte. Un premier envoi de vivres et de munitions parvint seul à destination.

« Je vous envoie, écrit Talleyrand à Lucien[4], les nou-

---

1. 23 nivôse an IX. (Mss. A. E., autographe.)
On trouve dans cette dépêche ce curieux passage : « Je vous recommande de vous conduire avec réserve. Il faut qu'on ait pour vous la considération, ce qui ne peut pas être sans réserve. »
2. 9 ventôse an IX. (Mss. A. E.)
3. 12 avril. (Mss. A. E.)
Autre recommandation aussi curieuse de Bonaparte à son frère : « Toute démarche que nous fait un ennemi sans raison est une imprudence. »
4. 29 ventôse an IX. (Mss. A. E.)

velles que le premier Consul vient de recevoir d'Égypte. Vous y verrez avec plaisir que les efforts que vous avez faits pour communiquer avec cette colonie par la voie d'Alger a eu tout le succès que nous espérions.

« L'escadre de l'amiral Gantheaume a dû mettre à la voile. L'Égypte nous est plus que jamais assurée... »

L'erreur était profonde. Lucien avait autre chose à faire qu'à songer aux absents. Il négligea d'envoyer les ordres.

« Je vous ai dit, écrit l'amiral Dumanoir [1], alors à Carthagène, qu'un Français envoyé de Madrid était ici sans que je l'eusse vu depuis un mois.

« Enfin, il a fallu venir à moi. C'est comme je l'avais prévu pour une expédition pour l'Égypte. Tout est à recommencer. Rien n'est fait. C'est un mois de perdu. Disons tout : *Ces tours de Lucien Bonaparte n'ont pas de bon sens.* Je tâcherai de réparer le temps ; mais qui peut là-dessus réparer? surtout à présent qu'il paraît certain que l'escadre anglaise et quinze mille hommes sont en mer pour l'Égypte... J'en suis toujours pour ces premières idées : acheter des vaisseaux à Marseille, (il y en a plus de quatre cents qui pourrissent dans le port) et les envoyer ici avec des matelots et des officiers français ; obtenir avant tout un ordre du roi. Tout sera prêt ici et, en quatre jours, ils seraient chargés de tout.

« On pourrait encore acheter des vaisseaux ici. Dans ce cas, envoyez des équipages par terre et surtout achetez des vaisseaux. Je le répète, sans cela rien à faire. »

Dumanoir avait raison. En fait des choses de la guerre le temps perdu ne se rattrape jamais. La conclusion de ces

1. Mss. A. E.

négligences, on les connaît. Le 17 juin avait lieu la convention d'El-Arisch. L'armée d'Égypte capitulait. De ce grandiose projet du comité de Salut public, il ne devait plus rien rester que le souvenir d'un irréparable désastre et la douleur de voir les Anglais accomplir pour eux-mêmes le programme de leur adversaire. Comme par une amère dérision du sort, ces points stratégiques si bien indiqués par le comité, Malte, Chypre, Corfou, Gibraltar, etc., allaient être occupés par les Anglais, en attendant que l'Égypte et le canal de Suez pussent tomber sous leur domination, tout au moins sous leur influence prépondérante.

L'abandon de l'armée d'Égypte par l'auteur du crime de Brumaire venait d'avoir sa péroraison. Tout se paye en politique, les fautes morales surtout.

CHAPITRE V

LE ROYAUME D'ÉTRURIE

Affaire de Toscane. — Projet de création d'un royaume d'Etrurie en faveur du mari de l'infante Marie-Louise, le prince de Parme. — Lettres de M. de Talleyrand. — Départ du nouveau roi de Toscane pour Paris, le 21 avril 1801. — Sa lettre à Lucien Bonaparte, 6 mai 1801. — Joie de Lucien. — Félicitations de Talleyrand. — Tout est pour le mieux dans la meilleure des ambassades.
Projets de mariage. — L'infante Isabelle. — La reine d'Espagne désire en faire la femme du premier Consul. — Lettre de Lucien à son frère, le 4 avril 1801, à propos de cette proposition d'alliance. — Projets monarchiques de Lucien. — Impuissance de Joséphine. — Conclusions à tirer de cette curieuse confidence.

Lucien fut plus heureux avec l'affaire de Toscane. Celle-ci, du reste, était facile à conclure. Il s'agissait de l'intérêt des proches de la cour de Madrid, et, en ces sortes de matières, l'entente est toujours possible. La reine d'Espagne souhaitait fort que sa fille, l'infante Marie-Louise, échangeât son titre de duchesse de Parme dépossédée, contre celui de reine, si réduite que fût la royauté.

Ce qu'une femme désire est un feu qui consume, celui d'une reine un volcan qui dévore.

Or, pour accomplir un tel rêve, sur qui compter, sinon sur le vainqueur de Marengo, sur celui dont dépendait déjà toute grâce. En agissant ainsi, la reine et le premier ministre se trouvaient correspondre aux secrètes aspirations du premier Consul, trop heureux de voir venir à lui les rois dont il voulait être le maître. Les circonstances, du reste, étaient favorables. L'Italie abattue semblait prête à souscrire à toutes les modifications proposées par le général Bonaparte.

« Il est convenu, écrivait Talleyrand à Lucien [1], que S. A. R. le grand-duc de Toscane renonce pour elle et ses successeurs au grand-duché de Toscane et à la partie de l'île d'Elbe qui en dépend, ainsi qu'à tous droits et titres résultant de ces droits sur lesdits États, lesquels seront possédés en toute souveraineté et propriété par S. A. R. l'infant duc de Parme... La communication que vous ferez de cet article doit être confidentielle...

« Adieu, je vous aime et je vous embrasse. »

Cinq jours plus tard il ajoutait [2] :

« ... Quant à l'île d'Elbe, nous demanderons au roi de Naples la portion de cette île qui lui appartient. Le premier Consul désire y joindre la partie qui appartient à la Toscane. Cette possession dans les mains de la France doit être considérée comme une sauvegarde maritime pour les États du grand-duc... Faites vos efforts pour arriver à la renonciation pure et simple du vieux (le duc de Parme) élève de l'abbé de Condillac ; car il est possible que nous soyons dans le cas de disposer de son duché pour des arrangements en Italie. Peut-être la Sardaigne trouverait-elle là une partie de sa compensation... »

Toute cette diplomatie eut le résultat désiré. L'ancien duché de Toscane devint royaume d'Étrurie pour le plus grand bonheur du jeune prince et de l'infante, sa femme.

1. 23 pluviôse an IX. (Mss. A. E.)
2. 28 pluviôse an IX. (Mss. A. E.)

Pleins de reconnaissance, ceux-ci s'empressèrent d'aller remercier le chef qui leur octroyait si généreusement une couronne.

« Le roi de Toscane, annonçait Lucien [1], est parti hier matin, 21 avril, pour Bayonne avec sa famille et une suite très nombreuse. Il mettra douze jours pour se rendre à la frontière. Là, il prendra le nom de comte de Livourne et ne conservera avec lui que seize personnes. Il n'aura sur la route de France que six voitures et quatre courriers. Il espère trouver sur la frontière un agent du gouvernement pour le recevoir... »

En réponse à tant de prévenances, le nouveau monarque écrivait à Lucien [2] :

« ... J'ai eu le plaisir, ce matin, de faire la connaissance personnelle de votre frère Louis, qui est passé avec son régiment par le village où nous avons couché. J'aurais eu bien de la satisfaction que les circonstances se fussent combinées de façon que j'eusse pu jouir plus longtemps de son aimable compagnie, mais vous savez que nous ne pouvons nous arrêter ni l'un ni l'autre, ainsi j'ai dû me contenter avec le plaisir uniquement de faire sa connaissance, qui a été pour moi certainement bien agréable.

« Adieu, mon cher Lucien, n'oubliez jamais votre très affectionné.

« Louis, roi de Toscane. »

Pour Lucien, il était dans la joie d'avoir coopéré à l'élévation d'un roi de la terre et d'être traité sur le pied d'égalité

---

1. 3 floréal an IX. (Mss. A. E.)
2. 16 floréal an IX. (Mss. A. E.)

par un descendant des Bourbons. Il voyait tout en rose. Sa correspondance s'en ressent :

« Ici, je suis comblé de faveurs, dit-il[1], j'ai rompu la barrière de l'étiquette. Je suis reçu quand il me plaît et en particulier, je parle affaire avec le roi et la reine. Le prince de la Paix, loin de s'en alarmer, s'en réjouit[2].

« J'ai reçu la nouvelle du traité signé à Lunéville[3]. Il est superflu de vous dire quelle sensation elle a produite ici. Je dois, à votre empressement, à me transmettre cette nouvelle, la satisfaction de l'avoir communiquée le premier à LL. MM. et au prince et à la princesse de Parme. Tous les quatre me chargent de présenter au premier Consul l'expression de leur reconnaissance.

« Que cette paix est belle ! que j'en suis content pour la République, pour nous et pour Joseph !! Le voilà donc à sa place.

« Je vous embrasse. »

De son côté, Talleyrand se montrait aimable.

« Demandez-moi ce dont vous avez besoin, lui répond-il. Je désire vivement vos succès et n'épargnerai aucun soin pour les seconder. Quand on est dans le même horizon, en face du même but et attaché au même château, on trouve du plaisir à s'aider, on en sent le

---

[1]. 24 pluviôse an IX. (Mss. A. E.)
[2]. La veille, Lucien écrivait à Bonaparte : « Leurs Majestés m'ont fait prévenir par le secrétaire d'État qu'elles me recevraient toutes les fois que je me présenterais au palais et qu'il n'y aurait plus de jours exclusifs pour moi. »
[3]. 5 ventôse an IX, à Talleyrand. (Mss. A. E.)

besoin. Dans quelles vues chercherait-on à se contrarier? Ce serait de la folie. Aussi de cœur et d'esprit je soignerai vos succès. Comptez, mon cher Lucien, sur mon bien sincère attachement. »

Tout était donc pour le mieux dans la plus gaie des ambassades.

Dans les salons de Paris, on ne parlait que des succès du jeune ambassadeur, on répétait même tout bas qu'il était à la veille d'épouser une infante.

Il s'agissait bien, dit-il, de marier une infante, mais c'était avec *un autre* que moi. Grâce à l'indiscrétion de *cet autre*, cela a motivé jusqu'à un certain point la haine que m'a toujours témoignée Joséphine.

Cet autre, en effet, était le premier Consul. Quant au bruit, il était fondé.

L'appétit vient en mangeant, en fait d'honneurs surtout, affirme-t-on. Toute glorieuse de voir deux de ses filles placées sur des trônes, ce qu'elle considérait comme le suprême des bonheurs, la reine d'Espagne s'était mise à caresser le rêve d'une nouvelle alliance, en unissant sa troisième fille, l'infante Isabelle au vainqueur des Pyramides. En cela, elle était vivement incitée par le prince de la Paix, qui n'aurait pas été fâché, pour le maintien de sa faveur et par amour-propre d'auteur, de voir cette infante, dont la ressemblance avec lui était si frappante, arriver à partager la suprême dignité en France. Lucien, de son côté, tirait quelque vanité de ces projets et éprouvait une sorte de satisfaction à jouer un bon tour à ces Beauharnais maudits qui prétendaient le tenir à l'écart, lui et les siens. Il était, d'ailleurs, conséquent avec lui-même, avec les désirs secrets de ses frères et sœurs ainsi qu'avec les conclusions de son parallèle de Cromwell. César et Bonaparte.

Le doute sur ces démarches, est, du reste, impossible. Le 4 avril, Lucien écrivait à son frère :

« ... Le prince de la Paix m'a chargé de vous faire une ouverture confidentielle, et la reine de son côté m'a chargé de vous consulter sur l'établissement de sa fille l'infante Isabelle...

« La reine, dans une conférence particulière qui a duré plus d'une heure, m'a parlé de tous ses sentiments pour vous, etc...

« A mon grand étonnement, elle a glissé dans la conversation cette phrase : « Ma confiance est telle que
« je ne veux pas disposer de ma fille Isabelle sans que
« votre frère en soit instruit et qu'il me donne un avis
« d'amitié. Isabelle devait être mariée en Portugal ;
« je n'y pense plus. Il se présente aujourd'hui le fils
« héritier de Saxe (ou de Bavière, ma mémoire est
« incertaine entre ces deux électeurs ; je crois que c'est
« le fils de celui de Bavière). Je vous prie de demander
« de ma part à votre frère, s'il croit que cette alliance
« soit convenable. »

« J'ai remercié de la confidence.

« Elle m'a ajouté : « Vous savez, Bonaparte, que
« c'est ma fille chérie. On ne peut pas être plus jolie, ni
« meilleure et je veux qu'elle soit heureuse. »

« J'ai promis de vous transmettre la demande de la reine et de lui communiquer tout de suite votre réponse.

« L'infante Isabelle a treize ans.

« Elle a été élevée par une baronne de Saint-Louis, française, et elle aime beaucoup les Français. Je n'ai pas cru devoir pousser plus loin cette explication ; mais je crois que cette ouverture a pour but secret de découvrir s'il n'y a pas dans mon voyage quelque motif plus secret et plus personnel à vous... Dans ce pays-ci, on est persuadé que vous allez bientôt ce qu'ils appellent *terminer la révolution* et que tous vos bons procédés pour l'Espagne cachent l'arrière pensée d'une alliance de gouvernement à gouvernement. On vous voit ici, surtout depuis l'alliance avec la Russie, comme le maître de l'Europe. La paix de l'Église, annoncée ici, a lieu de vous donner le caractère de souverain, et on pressent l'avenir prochain pour s'assurer de plus en plus votre appui. Telle est votre position. Cette manière de voir est telle qu'on s'obstine à me regarder comme devant tôt ou tard gouverner, *moi*, la Cisalpine, et qu'à chaque conférence les ministres de Sa Majesté me parlent de la monarchie universelle... Le prince de la Paix est tellement pénétré de cette idée, qui lui fait voir *en moi un chef d'État...* que dans ses conférences d'épanchement sur les périls qu'il court à la mort du roi et de la reine, il m'a dit souvent : « Vous me donnerez un asile » et que malgré mon sourire de moquerie, il me le répète.

« Il résulte de tout ceci que je suis persuadé que l'ouverture de la reine a pour but de voir si vous lui conseillez d'établir sa fille, ou si vous l'engagez *à ne pas se presser*, car elle m'a fort bien dit *qu'elle n'avait que treize ans*, que ce n'était pas pressé, mais qu'elle voulait savoir le sentiment du premier Consul sur un projet d'alliance qui n'existait encore qu'en simple projet, sans aucune proposition de part ni d'autre.

« Telles sont, mon cher frère, les ouvertures que j'ai à vous faire et sur lesquelles, j'attends quelques mots de vous. J'entendrai aussi votre silence... »

Quelle fut la réponse du premier Consul ? Il est permis de supposer qu'il n'y en eût pas. La question était de celles qu'on doit paraître ignorer ou qu'on traite uniquement de vive voix.

La proposition et la lettre n'en sont pas moins intéressantes, au point de vue de l'évolution historique des idées de cette curieuse famille des Bonapartes. Elles nous donnent la clef de la conduite future de Lucien et constituent une preuve flagrante de l'inconsistance de son caractère politique. Pour expliquer sa démarche, Lucien cherche, il est vrai, à se dérober derrière l'intérêt de reproduction de sa race.

L'opinion de l'impuissance où le premier Consul se trouvait d'avoir des enfants était généralement celle de sa famille. Lui-même ne s'en défendait pas trop, parce qu'en effet, bien qu'on lui ait connu plusieurs maîtresses, entre autres, en Égypte, la femme du capitaine X..., il n'en était pas encore résulté d'enfant.

Joséphine l'entretenait le plus possible dans l'idée que ce n'était pas sa faute, et le disait même assez souvent en confidence à ses belles-sœurs et probablement à d'autres, s'appuyant sur les faits passés de sa fécondité avec son premier mari, consistant en ses deux enfants, Eugène et sa sœur Hortense, à quoi madame Bacciochi eut un jour la férocité de répondre : « Mais, ma sœur, vous étiez plus jeune qu'à présent. »

On dit que Joséphine se mit à pleurer et que son mari qui survint, ayant su la cause de ses larmes, gronda sa sœur devant elle, en ajoutant : « Imprudente que vous êtes ! ne songez-vous pas que toute vérité n'est pas bonne à dire ? »

On ajoute que la consolation conjugale lui parut pire que le mal.

Le récit est piquant, mais n'explique pas la proposition. Dans sa lettre, en effet, Lucien ne fait allusion qu'aux projets ambitieux de son frère et aux siens.

Ses sentiments intimes et vrais se trahissent dans ces deux phrases de sa lettre :

La paix de l'Église achève de vous donner le caractère *de souverain*. Telle est votre position. Cette manière de voir est telle qu'on s'obstine à *me* regarder comme devant tôt ou tard *gouverner*, *moi*, *la Cisalpine*, et qu'à chaque conférence les ministres de Sa Majesté me parlent de la monarchie universelle... Le prince de la Paix est tellement pénétré de cette idée qui lui fait voir *en moi un chef d'État*, que... »

Et l'on était au 4 avril 1801. A cette époque, Lucien Bonaparte n'avait pas encore fait fortune et ne songeait guère à se poser devant ses concitoyens en républicain incompris et persécuté.

CHAPITRE VI

LA GUERRE DE PORTUGAL

Proposition de paix faite à l'Espagne. — Conditions de ce traité, 27 janvier 1801. — Refus de la cour de Portugal. — Déclaration de guerre de l'Espagne au Portugal. — Envoi du général Gouvion Saint-Cyr. — Sa mission. — Préparatifs du général Leclerc à Bordeaux. — Entrevue de M. de Souza et de Lucien Bonaparte à Madrid. — Départ de ce ministre. — Arrivée de Saint-Cyr. — Derniers préparatifs (9 mars 1801).
Changements dans les instructions. — Leclerc ne croit plus au départ. — Les troupes ne sont pas réunies ; les ordres font défaut. — Le Portugal cherche à traiter directement à Paris. — Lucien déjoue cette manœuvre en s'emparant des lettres adressées à Talleyrand, 12 avril. — Nouvelles dépêches de Talleyrand. — Propositions plus adoucies à faire à l'Espagne, mars et avril 1801. — Elles sont acceptées par le prince de la Paix.
Départ du premier ministre, le 1er mai. — Son arrivée à Badajoz, 10 mai. — Ouverture des hostilités, le 16 mai. — La campagne des trois jours. — Le Portugal accède aux propositions. — Arrivée de Lucien à Badajoz. — Ouverture des négociations. — Le 24, Lucien annonce leur succès et réclame son rappel, aussitôt après la signature. — Félicitations de Saint-Cyr à Lucien, le 28 mai.
Revirement subit du cabinet du premier Consul. — Nouvelles instructions de Talleyrand et de Bonaparte. — Ils reviennent sur leurs concessions, 27 mai. — Les dépêches arrivent à Badajoz, le 4 et le 6 juin. — Lucien passe outre et signe la paix quand même, le 6 juin et envoie le prix des conditions, le même jour. — Déclaration du plénipotentiaire portugais, M. de Souza. — Effet produit à Paris par l'annonce de la signature du traité. — Lettres de reproches de Talleyrand, de Berthier et de Bonaparte. — Réponse acerbe de Lucien, juin 1801. — Il annonce son retour. — Il demande son remplacement, en raison de son état de santé. — Ses lettres. — Rupture entre Lucien et Talleyrand. — Départ de ce dernier pour les eaux. — Comédie jouée par Lucien et Talleyrand. — Lucien

n'est pas malade. — Ses relations à Badajoz. — Arrivée secrète de la reine de Portugal. — Les belles *fagas* intriguent Lucien. Impossibilité de commencer les hostilités. — Reprise des négociations. — Nouvelles instructions données à Lucien. — Signature de la paix entre la France et le Portugal, le 18 septembre. — Rétrocession de la Louisiane à la France, 1er octobre. — Compliments ironiques de Talleyrand. — Plaintes répétées de Lucien à Joseph et au premier Consul. — Ses lettres pour annoncer son retour immédiat en septembre, en octobre et en novembre. — Il est encore à Madrid, en décembre 1801. — Ses lettres de récréance ne partent de Paris que le 26 novembre. — Lucien quitte Madrid, le 1er décembre 1801. — Le mot de l'énigme. — Fortune de Lucien.

Si l'affaire de Toscane avait été la cause d'un succès pour Lucien Bonaparte, il n'en fut pas tout à fait de même de celle du Portugal. Celle-ci, en effet, allait décider la carrière de ce frère du premier Consul. A ce point de vue, elle mérite d'être étudiée de près et surtout d'être débarrassée des formules légendaires dont les histoires officieuses ont su l'entourer jusqu'ici.

En incitant la cour de Madrid à déclarer la guerre au Portugal, si cette puissance se refusait à entrer dans l'alliance de la France et de l'Espagne et à signer la paix, le premier Consul ne faisait qu'exécuter le programme du comité de Salut public.

Les conditions étaient les suivantes :

Abandon de l'alliance anglaise, ouverture des ports portugais à la marine française et espagnole, fermeture absolue de ces mêmes ports aux vaisseaux anglais, extension de la frontière de la Guyane française jusqu'à l'Amazone, entrée libre ou du moins favorisée des draps et linons français, remise entre les mains de l'Espagne d'une ou plusieurs provinces représentant le quart de la population portugaise en garantie de la restitution des îles de la Trinité, de Mahon et de Malte, enfin réclamation de certaines indemnités pécuniaires. En cas de rejet de ces propositions, le premier Consul se déclarait prêt à faire appuyer le corps espagnol par un corps français de quinze mille hommes, dont le prince de la Paix aurait le commandement en chef.

Les instructions étaient précises.

« Le premier Consul, ajoutait Talleyrand[1], est décidé à ne vous en donner de plus étendues que quand l'armistice de l'armée d'Italie sera conclue..... Je vous envoie la copie du traité avec le Portugal, conclu en l'an V, non ratifié. Les changements à y faire vous seront indiqués d'abord par l'approbation motivée que le premier Consul a donnée au préliminaire convenu entre vous et M. de Cevallos... »

Lucien comprenait bien du reste le caractère péremptoire de ces dépêches, car, à leur réception, il écrivait tout aussitôt[2] à l'ambassadeur de Portugal pour réclamer une solution immédiate, le prévenir qu'il avait seul pouvoir pour traiter et que les négociations devaient se faire à Madrid et non ailleurs.

La réponse de la cour de Lisbonne ne fut pas favorable. Le 11 février, Lucien écrivait à Talleyrand[3] :

« Je vous adresse la nouvelle officielle du refus du Portugal et de la déclaration de guerre à l'Espagne[4]... »

---

1. 12 et 16 janvier 1801. (Mss. A. E.)
2. Le 27 janvier 1801. (Mss. A. E.)
3. 23 pluviôse an IX. (Mss. A. E.)
4. Nous avons toujours entendu dire à Lucien que le roi Charles IV et sa femme étaient très bons et fort attachés à leurs enfants, et que, s'il est vrai que la reine Marie-Louise se montra dans l'occasion fort irritée contre son fils, le prince des Asturies, depuis, Ferdinand VII, elle y fut poussée par la conduite dénaturée de ce fils qui disait à qui voulait l'entendre que, dès qu'il serait roi, son premier acte de règne serait de reléguer sa mère dans un couvent et de trancher la tête au prince de la Paix.
Quant au chagrin que le roi et la reine éprouvaient de déclarer la guerre au Portugal, nous tenons de Lucien que, dès qu'elle fut irrévocablement décidée, Charles IX lui dit en pleurant : « Tu conviendras, cher ambassadeur, qu'il est bien malheureux d'être roi pour être ainsi forcé par devoir politique de faire la guerre à son enfant. » La reine s'en montrait aussi fort affligée, insistant

Le lendemain, il ajoutait :

« Le prince de la Paix se conduit à merveille. La guerre de Portugal est devenue son affaire propre... Azara[1] est le favori du jour. Il est grand cordon de l'ordre depuis ce matin... »

Au reçu de ces dépêches, le premier Consul donne l'ordre au général Gouvion Saint-Cyr de partir immédiatement pour Madrid, et au mari de la belle Paulette, le général Leclerc, de tout préparer en vue d'un envoi de troupes en Espagne.

La mission de Gouvion Saint-Cyr était bien définie.

« Général,

« Le premier Consul a chargé le citoyen Lucien Bonaparte, ambassadeur de la République à Madrid, de donner tous ses soins, soit à pacifier le Portugal par la voie d'une négociation prompte, soit à déterminer la cour d'Espagne à nous seconder avec vigueur dans l'entreprise d'une expédition contre ce royaume. Il y a tout lieu de croire que dans ce moment la cour de Lisbonne intimidée a entamé à Madrid une négociation pour conjurer l'orage qui la menace.

« Le premier Consul a pensé que rien ne serait plus capable d'ajouter aux impressions qui ont déterminé cette mesure, de la part d'une puissance qui jusqu'ici a opposé la plus grande obstination à toutes les offres de pacification, que la présence à Madrid d'un général français. Il devait le choisir dans le nombre de ceux

---

surtout beaucoup sur toutes les rares qualités d'esprit et de cœur de la princesse de Portugal sa fille. (*Note de Lucien.*)

1. *Azara* était le représentant de l'Espagne à Paris.

dont le nom ne rappelle que des victoires, dont le génie sait unir à la sagesse qui conçoit des plans hardis, la vigueur et la fermeté qui les exécutent, et c'est vous, général, qu'il a chargé de cette mission.

« Mais comme en même temps, il se pourrait que l'opiniâtreté de la cour de Lisbonne résistât à l'appareil de l'entreprise qui doit être dirigée contre ses États, le premier Consul a voulu que le général qui sera chargé d'arrêter les plans qui doivent être exécutés de concert avec les Espagnols, eût dans son caractère tout ce qui peut inspirer la confiance, épargner l'orgueil et prévenir la jalousie, et ces motifs ont encore déterminé le premier Consul à vous choisir.

« Le premier Consul m'a chargé de vous faire connaître ses intentions, relativement à cette importante mission. Elle a deux objets : le premier de persuader par votre présence aux négociateurs portugais que les mesures arrêtées contre leur pays ne se borneront pas, comme par le passé, à de vaines démonstrations et que sur leur refus d'accéder aux termes qui leur seront proposés, il sera donné une habile et énergique impulsion aux forces qui seront dirigées contre le Portugal.

« Le deuxième, d'arrêter un plan de campagne et de le faire agréer au prince de la Paix. Je n'ai pas besoin de vous dire que sur ce point, il importe à la fois au succès de votre mission et à celui de l'entreprise contre le Portugal que la fierté castillane soit ménagée. Vous saurez sûrement triompher de cette susceptibilité, en tempérant par l'insinuation, l'empire que donnent les grands talents, et en employant tous ces ménagements qui ne coûtent qu'aux hommes qui n'ont pas le sentiment de leur supériorité. »

A l'égard du général Leclerc, les ordres étaient également précis.

« Le général, écrit Talleyrand[1], commande l'armée qui doit s'unir à celle du prince de la Paix pour punir le Portugal. Le 15 du mois courant (5 mars), une division de quatre mille hommes d'infanterie et de mille hommes de cavalerie, et vingt-quatre pièces d'artillerie prendront la route d'Espagne.

« Le 30 (20 mars), une division de six à sept mille hommes, dirigée de divers points de l'intérieur se portera sur les frontières, et enfin au 15 germinal (4 avril), l'armée entière d'observation forte de vingt à vingt-quatre mille hommes aura quitté le territoire de la République.

« Le premier Consul désirerait que l'Espagne n'eût pas besoin du renfort de la première division à l'époque que j'ai fixée dans ma dépêche. Il désirerait se servir du prétexte de la guerre de Portugal pour donner le change à l'Europe et voiler une autre opération qu'il médite. Dans ce cas, il n'y aurait de changé dans le secours promis que la date de la marche de la première colonne.

« ... Le général Saint-Cyr doit être arrivé et je ne doute pas que vous n'ayez disposé la cour d'Espagne à le recevoir avec confiance et le prince de la Paix à l'accueillir sans jalousie. Il est de la plus haute importance que ce prince sente la nécessité de sa présence à l'armée et le besoin de ses conseils. »

De son côté, Lucien était tout aussi disposé à en finir au plus vite.

---

1. 3 ventôse an IX. (Mss. A. E.)

ANNÉE 1801.

« Le général Saint-Cyr, répondait-il, le 23 février[1], n'est point arrivé. Je désire ardemment qu'il ne tarde pas davantage parce que le prince de la Paix qui allait partir pour les frontières, il y a huit jours, s'est arrêté pour l'attendre.

« M. de Souza est arrivé, il y a trois jours. LL. MM. ont refusé de le recevoir, à moins qu'il n'exhibât ses pleins pouvoirs pour la paix. Comme il balançait, il a reçu l'ordre ainsi que l'ambassadeur de Portugal de partir dans vingt-quatre heures. Alors M. de Souza m'a demandé une audience que je lui ai accordée. Au milieu de beaucoup de compliments et de politesses, il a fini par me dire qu'il était autorisé à ouvrir avec moi des conférences, pourvu que nous nous missions d'accord sur cette première base *que les ports de Portugal ne seraient fermés qu'aux vaisseaux de guerre anglais et non pas aux bâtiments de commerce.* » Je lui ai annoncé que la fermeture absolue des ports aux Anglais était le point unique d'où pouvaient partir nos conférences. Alors il m'a répliqué que ses pleins pouvoirs n'allaient pas jusque-là... Dans cet état de choses, il faut que nos troupes s'avancent avec le plus de célérité possible, afin que la campagne puisse s'ouvrir dans un mois... »

Saint-Cyr était de cet avis. Le 9 mars[1], il écrivait à Talleyrand :

« Je suis arrivé depuis quelques jours à Aranjuez. J'ai vu plusieurs fois le prince de la Paix. Il m'a paru dans les meilleures dispositions et plein de dévouement pour la nation française. Il a donné des ordres pour le

1. Mss. A. E.

rassemblement sur les frontières de Portugal, de toutes les troupes disponibles.

Tout semblait donc devoir marcher rapidement. Or, à ce moment même surgissent des atermoiements et des difficultés en apparence inexplicables. Les troupes françaises qui devaient être, le 15 mars, en Espagne, ne s'y trouvaient pas encore le 25 avril.

« Je ne crois pas, écrit Leclerc [1], que Napoléon ait envie que nous marchions sur le Portugal. Il n'y a pas d'apparence que je doive aller à Lisbonne. Je t'écris toujours de manière à y faire croire. »

Le 11 avril, il répétait [2] :

« ... Je ne pense pas que nous fassions la guerre contre le Portugal. Si Bonaparte en avait envie, il y a longtemps que nous serions en mesure. »

---

[1]. 23 ventôse an IX. (Mss. A. E.)
Les troupes destinées à faire partie du corps d'opération étaient les suivantes :

1	bataillon	de la 16ᵉ légère...	700	hommes.
1	id.	du 105ᵉ de ligne..	700	id.
2	id.	du 24ᵉ de ligne...	800	id.
1	id.	du 90ᵉ de ligne...	700	id.
1	id.	du 63ᵉ de ligne...	700	id.
3	id.	francs............	1000	id.

Total 9 batillons et................ 4600 hommes.
En plus 24 pièces d'artillerie, dont 12 à cheval.

La cavalerie comprenait 600 chevaux du 21ᵉ rég. de chass. à cheval
300 id. du 25ᵉ id. id.
160 id. du 20ᵉ id. de dragons
200 id. du 18ᵉ id. de grosse cavaler.

Total 1,060 chevaux.

[2]. 5 germinal an IX. (Mss. A. E.)

ANNÉE 1801.

Lucien le comprenait bien ainsi, car, le 20 mars, il écrivait :

« Nous attendons l'armée qui n'arrive pas. Sans elle, point de paix. »

Un mois plus tard, il ajoutait [1] :

« L'armée espagnole est complètement réunie sur la frontière. Le prince de la Paix attend avec impatience que la première colonne soit arrivée à Burgos, pour la faire filer de suite à Ciudad-Rodrigo, dans la Galice, son quartier général. »

Au point de vue diplomatique, les mêmes embarras se faisaient jour. Au lieu de régler les affaires à Madrid, comme cela semblait convenu, le gouvernement portugais s'était décidé tout à coup à vouloir traiter directement à Paris. Pour préparer la réception de son ambassadeur à Lorient, il avait même expédié par terre le secrétaire de ce dernier, le chevalier Virdo. Lucien eut vent de l'intrigue et la déjoua. Le 13 avril [2], il écrivait à Talleyrand :

« Des négociants français arrivés avant-hier de Lisbonne ne se sont point présentés à la légation. Je n'ai su leur arrivée que par ma police secrète.

« Hier ils m'ont fait demander par un tiers un passeport pour un courrier de commerce.

« Ce courrier, interrogé par les miens, a dit que s'il arrivait dans six jours, il aurait une gratification de huit cents francs.

« J'ai soupçonné quelque correspondance de Lisbonne et, après avoir accordé le passeport demandé, j'ai envoyé

---

1. 3 floréal an IX. (Mss. A. E.)
2. 24 plairial an IX. (Mss. A. E.)

à la première poste un de mes courriers avec l'ordre de l'alcade de faire arrêter le courrier de commerce.

« Cela s'est exécuté ainsi et mes soupçons se sont vérifiés. Ce courrier était porteur de deux lettres du chevalier Aranjo pour vous [1] et d'un billet chiffré...

« Le petit billet chiffré était sous enveloppe avec cette adresse : *pour le voisin.*

« N'est-il pas adressé à Azara?

P.-S. « Le billet chiffré est pour Azara qui a connu Aranjo à Paris.

« Le roi est indigné, et le prince...? »

« ... Vous avez fort bien fait, répond Talleyrand [2], de déjouer la tentative d'ailleurs infiniment mal conçue de M. d'Aranjo, de déplacer le siège de la négociation entre son gouvernement et celui de la République...

« Tous ces détours sentent un désespoir de cause et décèlent une grande stérilité de ressources... Il ne peut être convenable que là où le frère du premier Consul est chargé d'entretenir les rapports politiques du gouvernement, il y ait dans les négociations une diversion ou des réserves qui puissent en rien déroger à l'importance de son agence... » Quand cette lettre arriva à Madrid, l'ambassadeur portugais était déjà loin. « Ce M. d'Aranjo est parti malgré toutes les déclarations, réplique Lucien [3]. Cela prête à beaucoup de conjectures. Vous connaissez les cours?... J'écris au Consul que dans tous les cas, j'espère être le négociateur à Paris, comme à Madrid, mais en vérité, ce serait manquer complète-

---

1. D'Aranjo annonçait son arrivée à Lorient et demandait des passeports à Talleyrand.
2. 4 floréal an IX (23 avril 1801). Mss. A. E.
3. 9 floréal an IX (28 avril 1801). Mss. A. E.

ment à nos traités pour des misérables qui méritent qu'on les étrille de toutes parts à Lisbonne, comme sur les rives du Morones.

« Je vous embrasse et je vous aime. »

L'aventure n'eut pas de suite. L'ambassadeur en fut pour ses frais de déplacement. Il ne put débarquer et dut retourner à la Corogne, comme il était venu, au moment même où les troupes françaises entraient en Espagne. Qu'y avait-il au fond de ce chassé-croisé de personnes? une preuve évidente de la fluctuation des ordres militaires et des instructions. Les dépêches de Talleyrand n'avaient plus le ton comminatoire d'autrefois. De conquête d'une partie du territoire portugais, d'indemnité pécuniaire, il n'était plus question.

« Le premier Consul, dit-il[1] le 2 mars, apprend avec plaisir que le prince de la Paix persévère dans les dispositions qu'il a manifestées. Si l'appareil que l'Espagne a déployé amène le Portugal à des déterminations sensées, il n'y a point de difficulté de conclure avec cette puissance. Cependant, si le roi d'Espagne vient *se relâcher à ne pas occuper une des provinces de Portugal conformément à la convention que vous avez arrêtée avec M. de Cevallos*, le premier Consul consent à substituer à cette clause celle de la remise des trois vaisseaux portugais qui l'ont bloqué à Alexandrie. Cette condition au reste doit être exigée indépendamment de toutes les autres qui sont indiquées dans vos instructions. »

Le 3 avril[2], il est plus explicite encore. Les trois points essentiels à exiger, répète-t-il, sont seulement l'exclusion

---

1. Talleyrand à Lucien, 12 ventôse an IX. (Mss. A. E.)
2. 14 germinal an IX. (Mss. A. E.)

des vaisseaux anglais, l'introduction des draps et la correction des limites dans l'Amérique.

C'est dans ce sens que Lucien reprend les négociations et qu'il écrit, le 25 [1], au prince de la Paix :

« Je reçois à l'instant la note de V. E. qui m'informe de son départ au 1ᵉʳ de mai et qui me demande quelles sont les conditions absolument exigées par le premier Consul pour la paix de Portugal. Ces conditions sont énoncées dans l'article 2 du traité préliminaire relatif au Portugal. Ce traité approuvé par S. M. C. fixe les bases de la négociation et les rend obligatoires pour les deux États. Cependant si S. M. C. y consent, nous pourrons nous désister de quelques-unes de ces conditions moyennant d'autres moins répugnantes. Mes pleins pouvoirs à cet effet sont absolus. Je dois cependant avouer que la clôture des ports aux anglais est une base inamovible que rien ne peut remplacer et sans laquelle je ne dois entendre aucune proposition de paix.

« Si les plénipotentiaires portugais acceptent cette base, forcés par la présence de V. E. sur le champ de bataille, alors les négociations pourront s'ouvrir entre nous à Madrid ou au quartier général de V. E. où je me rendrai au premier avis et nous traiterons des indemnités dues à la France et des conditions qui doivent remplacer celles du traité préliminaire qui seraient écartées par la discussion... »

Le 1ᵉʳ mai, le prince quittait Madrid. La veille, le général Saint-Cyr, les fils du consul Lebrun et l'adjudant-commandant Bacciochi étaient partis pour Ciudad-Rodrigo.

1. 6 floréal an IX. (Mss. A. E.)

Le 10 mai, le prince se trouvait à Badajoz, et, le 14, il donnait

« quarante-huit heures aux Portugais pour accepter les bases des négociations, c'est-à-dire la clôture des ports dépendant du Portugal aux vaisseaux anglais [1]. »

Sur leur refus, il commençait les opérations, le 16, et occupait sans coup férir Olivenza et Montemayor. Le 18, il mettait le siège devant Elvas.

La campagne était finie. Le prince régent venait d'annoncer [2] au prince de la Paix,

« que son Ministre des affaires étrangères, M. Pinto de Souza partait pour se rendre à Badajoz, revêtu de pleins pouvoirs pour traiter. »

Lucien arrivait de son côté et, dès le 24, il pouvait écrire à son frère [3] :

« Le prince de la Paix a voulu attaquer sans auxiliaire et conserver nos troupes en cas de besoin. Son plan lui a réussi à merveille, et il épargne quelques jours de fatigue de plus à nos braves.

« Après la paix de Portugal, j'espère que vous m'enverrez tout de suite un successeur. Il n'y a plus rien à faire d'assez important ici. Je désire retourner au Plessis prendre un congé de quelques jours et je serai ensuite à vos ordres. »

Les affaires, en effet, marchaient vite. L'entente s'était rapidement conclue sur les nouvelles bases données par

1. 29 floréal an IX. (Mss. A. E.)
2. 2 prairial an IX. (Mss. A. E.)
3. 5 prairial an IX. (Mss. A. E.)

Talleyrand le 2 mars et le 3 avril, et le 28 mai[1], Gouvion Saint-Cyr écrivait :

« Enfin, citoyen Ministre, nous arrivons au dénouement. Grâce en soit rendue à votre rare et trop heureuse intelligence et activité. »

Vos pareils à deux fois ne se font pas connaître.

« Quels succès nous promet votre début dans la nouvelle carrière que vous venez d'embrasser. Recevez-en mon bien sincère compliment et croyez à l'attachement inviolable que je vous ai voué.

« Salut et respect. »

Or, à ce moment même surgit un incident des plus bizarres.

Ce qui était trouvé bien à Paris, le 17 mai, ne l'était plus le 27.

Que s'était-il passé ? Avait-on été mécontent de cette campagne dérisoire de trois jours ? Voulait-on créer des difficultés à Lucien, pour se venger du tour qu'il avait joué, en empêchant la réussite du voyage d'Aranjo à Paris ? Croyait-on à quelque comédie, préparée à l'avance par le prince de la Paix, Lucien et M. de Souza ?

Le fait certain, c'est qu'à l'heure même où Lucien achevait sa combinaison diplomatique, des instructions nouvelles lui étaient adressées. Talleyrand lui écrivait, le 27[2] :

« ... Le premier Consul me charge de vous renouveler la recommandation de n'accéder à aucun arrangement que le séquestre et l'interdiction sur les vaisseaux anglais ne soient assurés,

« Que les vaisseaux portugais qui ont bloqué Malte et Alexandrie ne soient restitués,

1. 9 prairial 1801. (Mss. A. E.)
2. 8 prairial an IX. (Mss. A. E.)

« Que vingt millions ne soient payés à la France en indemnité des frais de la guerre,

« Et enfin *qu'une partie du Portugal ne soit occupée jusqu'à la paix avec l'Angleterre*, comme garantie de la réparation absolue des intérêts du Portugal et de ceux de l'Angleterre jusqu'à cette époque,

« Et comme objet de compensation à offrir en échange des restitutions que les deux puissances auront à réclamer pour elles et pour leurs alliés...

P. S. « La condition de laquelle il importe le plus de ne pas se désister, est celle de la possession des provinces *d'entre Douro et Minho, Tras los Montes et Beyra*, par les troupes espagnoles et françaises jusqu'à la paix générale. C'est particulièrement pour cet objet que je vous envoie un courrier et que je vous invite à mettre d'autant plus d'insistance à cet égard que, dès les premières ouvertures, le roi d'Espagne marqua de la répugnance à imposer cette condition à la cour de Portugal.

« (Ces conditions ont été communiquées à M. d'Aranjo à son départ de Lorient). »

Bonaparte lui écrivait de son côté :

« ...Vous devez partir de ce principe que je ne ratifierai point le traité de paix... Je crois qu'il n'y a pas un moment à perdre. Je désire que le prince de la Paix mette sous les ordres du général Saint-Cyr dix mille Espagnols et le corps français, et qu'il le charge d'occuper Porto et les trois provinces qu'il faut absolument que nous occupions pour nous servir d'indemnité... »

Or, la dépêche de Talleyrand arriva à Badajoz le 4 juin au

soir, celle de Bonaparte, le 5 au matin. Qu'allait faire Lucien ? obéir aux nouvelles injonctions, quelque contradictoires qu'elles fussent avec les précédentes ; nullement. A Corse, Corse et demi. Lucien et Bonaparte sont bien faits pour se comprendre. Mais cette fois, c'est Lucien qui l'emportera sur le premier Consul. Il tient sa vengeance de brumaire. Si son frère a la puissance, lui, Lucien, aura la fortune.

Le 6, en effet, il écrit à Talleyrand [1] :

« Je n'entends rien, mon cher Talleyrand, à votre réponse.

« Vous me dites de ne pas me désister de l'occupation par nos troupes du Berio et des deux autres provinces du nord du Portugal ; mais ce sont les deux tiers du royaume ! C'est bien autre chose que le cap Saint-Vincent et le quart de la population, stipulés dans les premières conditions que j'ai représentées comme impossibles à obtenir et dont vous m'avez affranchi, moyennant les conditions de l'introduction des draps et des limites de la Guyane.

« ... La cour arrive à Badajoz. Je l'attends. Nous serons ici un mois. Je vous prie de hâter l'envoi des ratifications, si, comme je l'espère, le Consul croit la paix de Badajoz assez avantageuse pour la ratifier.

« J'espère avoir bientôt le plaisir de vous embrasser. »

Puis, il ajoute à son frère :

« ... J'ai signé *hier* la paix. Ci-joint mon traité et ma dépêche à Talleyrand.

« *Aujourd'hui*, j'ai reçu votre courrier. Il me consterne, puisqu'il me fait croire que vous voulez la guerre... »

---

1. Lucien à Talleyrand, Badajoz, 18 prairial an IX. (Mss. A. E.)

Mais autant d'affirmations, autant d'inexactitudes de la part de Lucien. Le traité n'a pas été signé la veille, c'est-à-dire le 4, comme il le prétend, mais le 5, le jour même de la réception de la lettre de son frère et un jour après celle des dépêches de Talleyrand [1].

En même temps, Lucien faisait part à M. de Souza des difficultés nouvelles qui venaient de surgir, et, pour se couvrir, celui-ci lui répondait tout aussitôt :

« Le ministre plénipotentiaire de S. A. R. le prince Régent reçoit avec une vraie mortification la note que Son Excellence le ministre plénipotentiaire de la République française vient de lui transmettre de la part de son gouvernement. Il avait tout lieu d'espérer qu'un traité fondé sur des bases qui ont été proposées à sa cour par le canal de celle d'Espagne, amie et alliée de la République, et concertée de commun accord, n'aurait jamais été exposé à un pareil événement.

« M. de Pinto se croit donc obligé de déclarer qu'il ne se trouve nullement autorisé à traiter sur de pareilles bases ; qu'il croit le prince son maître fermement résolu à s'ensevelir plutôt sous les ruines de son trône que de se soumettre jamais à de pareilles conditions... »

Cette belle protestation n'était faite que pour la forme. Le traité, tel qu'il était rédigé, fut envoyé à Paris et à Lisbonne. Le 14, il fut signé par le prince régent. En vérité, on ne pouvait se jouer plus agréablement des gens.

---

1. Le traité de paix était ainsi formulé :
    Traité... fait à Badajoz le 17 prairial.
    Signé : Pinto ; Prince de la Paix.
    Ratifié, le 14 juin, par le prince régnant.

« Talleyrand n'a jamais eu de volonté, ni même d'opinion apparente que celle du maître auprès duquel il veut rester ancré à tout prix. » (*Note de Lucien.*)

A Paris, la nouvelle fit explosion. Le courrier de Lucien était arrivé le 14 au soir, le 15 Talleyrand répondait :

« Le premier Consul a reçu et m'a transmis le traité de paix que vous avez conclu avec M. Louis Pinto de Souza ministre du régent de Portugal. Il me charge de vous dire que les intérêts de la France et ceux de l'Espagne lui font une loi de ne pas ratifier ce traité...

« ... Qu'il ne regarde le traité conclu à Badajoz que comme un protocole auquel on peut donner suite pour arriver à une conclusion plus convenable à l'intérêt des deux puissances... »

Berthier lui écrivait également [1] :

« Les propositions de paix faites par le Portugal ayant été rejetées, citoyen ambassadeur, je vous préviens que je viens d'écrire au général Saint-Cyr pour qu'il se concerte avec le général Leclerc, afin d'accélérer la réunion des détachements non encore arrivés.

« Le général Saint-Cyr va se rendre au quartier général du prince de la Paix pour concerter un nouveau plan de campagne. Le gouvernement désire que les Espagnols continuent à garder la province qu'ils ont occupée et que le général espagnol mette sous les ordres du général Saint-Cyr une division de 13 à 14 mille hommes qui, joints aux Français, formeraient un corps d'armée suffisant pour marcher droit à Oporto. Indépendamment des 15 mille hommes qui doivent être en ce moment hors des frontières de la République, d'autres troupes sont prêtes à marcher.

1. 27 prairial an IX. (Mss. A. E.)

« L'intention du gouvernement est que le corps aux ordres du général Leclerc marche toujours réuni. Il continuera à avoir le commandement direct des troupes françaises et se trouvera sous les ordres du général Saint-Cyr, lorsque celui-ci aura le commandement d'une partie de l'armée espagnole et des Français. L'intention du gouvernement est aussi que le général Saint-Cyr soit chargé, à la tête d'un corps espagnol et de Français, de prendre possession d'Oporto et des trois provinces entre Douro-Minho, Tras los Montes, Beyra, et que les généraux espagnols ne doivent donner aucun ordre aux troupes françaises sans que cela ait été arrêté dans le plan de campagne avec le général Saint-Cyr. On n'a pas envoyé à Madrid un général aussi distingué pour qu'on n'en fasse aucun cas et que les hommes nouveaux dans l'art de la guerre dédaignent ses conseils. »

« Je vous embrasse, mon cher Lucien. »

La réponse de Bonaparte était plus nette encore.

« Je ne vous ai pas dit, écrit-il à son frère, ce que je pensais de votre traité de paix, parce que je n'aime pas de dire des choses désagréables. Joseph qui se trouvait chez moi lorsque je le reçus, vous dira la sensation tout à fait pénible qu'il m'a causée. Vous marchez beaucoup trop vite en négociation[1]. Dans une affaire comme celle-ci, quinze jours de discussion ne sont rien.

---

1. *Note de Lucien :* Voilà, selon nous, le vrai motif de la peine du premier Consul : Il voulait négocier sans terminer, en se réservant un prétexte ou une occasion de guerre. L'ambassadeur le gagnait de vitesse.
Ma diplomatie fut traitée à Paris, par mon frère, de diplomatie à l'eau de rose, de carafe d'orgeat. Je m'en console puisqu'elle a réussi.

« Vos lettres explicatives de votre traité prouvent justement que vous ne deviez pas le faire, car si l'Angleterre avait permis au Portugal de faire la paix à condition qu'il n'offrirait aucun objet de compensation, notre politique devait être tout opposée. Je vous l'avais souvent dit dans mes lettres. Le Portugal ne nous intéresse aujourd'hui que comme pouvant nous donner des gages pour la paix générale.

« Au reste, tout ce que vous dit M. Pinto n'aura pas lieu, et dès l'instant que nous ne voulons pas même tenir garnison à Lisbonne et aux environs, la Régence consentira à ce que nous demandons. Le sort des Bourbons de France, du roi de Sardaigne, du Stathouder est un exemple frappant du danger de l'émigration.

« L'Angleterre ne fera pas la guerre au Portugal, puisqu'elle nous obligerait par là à prendre Lisbonne. Elle se trouvera fort heureuse de ce que nous ne nous emparons que de quelques provinces, qu'elle pourra faire rendre en restituant quelques îles de l'Amérique. Depuis un siècle, le Portugal n'est véritablement qu'une province anglaise et le port de l'Espagne sous l'influence de l'Angleterre et tout pour cette puissance.

« Un article de votre traité qui a paru inconcevable est celui qui stipule que nous garantirons les possessions portugaises dans les autres parties du monde. C'est justement renverser la question. Nous voulons des compensations vis-à-vis de l'Angleterre et vous en donnez à cette puissance qui pourrait s'emparer de quelques possessions portugaises.

« Vous voulez qu'on garantisse le traité de l'Espagne et vous n'envoyez pas ce traité.

« Dès l'instant que l'on n'arrive pas jusqu'aux rives

des Amazones, la fixation des limites de la Guyane est d'un intérêt inférieur...

« ... Ce traité n'a ni le style, ni la forme diplomatiques. Il est contre l'usage de dire que les hostilités ne cesseront que lors de l'échange des ratifications. Il est contre l'usage de mettre dans un traité définitif que si quelque chose a été stipulé autre part le traité sera nul[1]. Le parti le plus sûr alors est d'attendre les nouvelles. Vous deviez bien penser que vous ne seriez pas trois jours sans savoir l'issue des négociations de M. d'Aranjo.

« Enfin, il est contre la marche et contraire à l'importance des affaires diplomatiques de signer un traité définitif, sans en avoir présenté le projet à son gouvernement, à moins que les différents articles n'aient été successivement discutés dans des protocoles et successivement adoptés par le gouvernement...

« La rédaction en est souvent fautive. Je n'en citerai qu'un passage qui m'a frappé : il ne faut pas mettre en opposition la monarchie portugaise et le peuple français. Il est d'usage de dire *entre les deux nations, entre les deux États*[2].

« Je me suis convaincu par toutes vos lettres que

---

[1]. *Note de Lucien :* Par cette stipulation, le Consul, pensons-nous, se voyait frustré des conséquences des articles demeurés secrets du traité de la Louisiane. L'ambassadeur aurait longtemps attendu des nouvelles, selon nous.

[2]. Joseph, frère aîné du Consul lui ayant représenté au sujet de cette rédaction prétendue fautive que le peuple français désignait le tout ensemble, la nation et le souverain, essuya une explosion consulaire à laquelle il se contenta de répondre : « Jupiter, tu te fâches ! Tu as tort. »

Jupiter se contenta de lui répondre de son ton le plus olympien : « Assez causé, mon frère, vous et Lucien, vous ne serez jamais que des Jacobins. » (*Note de Lucien.*)

vous êtes bien loin de sentir toute la force, toute l'obstination même qu'il faut mettre dans une négociation. Soyez certain que votre traité envoyé en Angleterre décèlera à cette cour et à M. Pinto, votre peu d'habitude des affaires, ce qui est pardonnable, mais dans ce cas, on doit s'entourer de conseils et avoir moins de sûreté à conclure [1]. »

La réponse de Lucien ne se fit pas attendre [2].

« ... Vous m'indiquez dans votre lettre toutes les fautes que j'ai faites, selon vous, dans ma négociation. Je crois y avoir répondu d'avance. Je ne nie point qu'il ne me manque beaucoup de choses. Je sais depuis longtemps que je suis trop jeune pour les affaires et je veux me retirer, en conséquence, pour acquérir ce qui me manque...

« On me tourne le dos. Probablement ce soir, je n'obtiendrai pas d'audience particulière du roi et de la reine. On me regarde comme un traître...

« Je ne puis prendre d'autre parti que de me retirer. Rien au monde ne saurait me retenir...

1. Bonaparte disait dans une autre lettre, postérieure de quatre jours :
« Serait-il possible qu'avec votre esprit et votre connaissance du cœur humain vous vous laisseriez prendre à des cajoleries de cour, et que vous n'eussiez pas les moyens de faire entendre à l'Espagne ses vrais intérêts ?...
« Comment est-il possible que vous ayez pensé que j'aurais envoyé après le traité de Lunéville, quinze mille hommes en Portugal, pour faire la paix aux mêmes conditions, et peut-être moins avantageuses que celles qu'avait obtenues le Directoire, six mois avant le traité de Campo-Formio !
« ... Quant à ce qui vous est personnel, il faut que vous restiez en Espagne... »
2. 9 messidor an IX. (Mss. A. E.)

« Je compte partir pour Madrid dans trois jours, et là j'attendrai mon successeur ou les lettres de créance de Saint-Cyr. Vous trouverez beaucoup d'acrimonie dans la note du prince de la Paix. Les mépris de Saint-Cyr l'ont outré... »

Quatre jours plus tard, il ajoutait[1] :

« ... Rien ne peut me retenir. Mon rôle est fini. Je ne veux point me charger du nouveau. J'ai donné ma démission. J'écris à Talleyrand qu'une fièvre bilieuse m'oblige à partir. Les chagrins que m'ont causés les événements et le séjour pestilentiel de Badajoz m'ont occasionné cette maladie qui m'inquiète. Je resterai à Madrid jusqu'au retour de ce courrier, mais pas davantage... Il y va de ma santé que je quitte ce climat tout de suite. Mais ma santé fût-elle bonne, je ne connais qu'une puissance capable de me retenir en Espagne, c'est la mort. Je sais que si j'avais été assez malheureux pour être forcé de partir sans lettres de récréance, il faudrait m'attendre à un nouveau torrent de calomnies et de disgrâce. Je m'y attends et je persiste. Je m'y attendais aussi en quittant Paris. J'avais calculé qu'on porterait l'effronterie jusqu'à me déchirer dans votre salon, jusqu'à m'accuser de viol, d'assassinat prémédité, d'inceste, etc..., et cependant je suis parti. C'est là mon courage. J'ai même du plaisir à tout braver, quand je suis satisfait... »

Sa correspondance avec Talleyrand est sur le même ton.

« J'ai eu l'honneur, lui écrit-il, de vous adresser, il y

---

1. 13 messidor an IX. (Mss. A. E.)

a quelques jours, ma démission du poste d'ambassadeur de la République en Espagne. Cette démission motivée sur l'impossibilité où je suis de continuer à être utile à mon pays, est confirmée par l'état de ma santé. Les événements et surtout le climat de Badajoz m'ont donné une fièvre bilieuse, qui n'est point sans danger pour moi.

« Je pars pour Madrid après-demain, mais ce séjour ne me sera pas plus favorable et ma santé exige que je quitte l'Espagne.

« D'après cela je m'étais déterminé à partir de suite pour Bayonne. Cependant, quel que soit mon état, j'attendrai le retour de ce courrier, afin de recevoir mes lettres de récréance. Le secrétaire de la légation restera chargé des affaires de France jusqu'à l'arrivée de mon successeur.

« Je vous prie instamment, citoyen Ministre, de vouloir bien ne pas différer l'envoi de ces lettres. Si cependant ma santé devenait pire, je serais forcé de partir avant de les attendre et j'en ai déjà prévenu LL. MM., je m'empresse de vous en prévenir et je vous prie de mettre ma lettre sous les yeux du premier Consul, en lui témoignant mes regrets de ne pouvoir pas plus longtemps continuer à le servir dans cette cour.

« J'ai l'honneur de vous renouveler les assurances des sentiments que vous me connaissez. »

Les termes affectueux avaient pris fin. Ce n'était plus là le Lucien qui écrivait[1] :

« J'ai assisté de cœur à votre fête et pour ceux que

---

1. 28 février et 10 mars 1801. (Mss. A. E.)

l'on fêtait et pour l'objet de la fête et pour celui qui la donnait. »

Et qui ajoutait douze jours plus tard :

« ... Puisque vous tenez un enfant de madame Leclerc, je puis vous prier d'embrasser votre jolie commère pour moi.

« ... Agréez l'expression de ma bonne amitié. Je vous embrasse. »

Aussi, Talleyrand qui voyait l'orage poindre et qui avait quelque raison de redouter des explications entre les deux frères, avait-il commencé par quitter prudemment Paris.

« Je vais, écrit-il, prendre les eaux de Bourbon l'Archambault. Il m'est impossible de différer plus longtemps ce voyage. Le mauvais état de ma santé le rend indispensable. Je n'aurai pas le plaisir de correspondre avec vous d'ici à trois semaines, tant que durera mon absence. Caillard, garde des archives du département, aura dans l'intervalle le portefeuille. Vos lettres seront toutes portées au premier Consul. »

En réalité, Talleyrand n'était pas plus malade que Lucien. Tous jouaient au plus fin. Lucien, en parlant de l'inclémence du climat de Badajoz et de sa santé délabrée, cherchait à tromper son frère et à faire accepter son traité, comme fait accompli. Sur ce point, ses notes ne laissent aucun doute. Le séjour de Badajoz avait été fort gai, fort agréable. Le roi et la reine y avaient rejoint le favori, « enchantés, dit Lucien, de se trouver dans ce qu'ils appelaient le berceau de leur chef Manuel [1]. »

---

[1]. *Note de Lucien* : Les courtisans se moquaient de cette comédie. Toutes les cours se ressemblent.
Badajoz était la patrie du prince de la Paix. La maison de son

La femme du prince régent auquel on faisait la guerre, était également venue voir secrètement sa mère. Elle était accompagnée d'une nombreuse suite, ce qui donna lieu à plus d'une aventure galante. Lucien raconte même qu'il se rencontra chez le prince de la Paix avec quelques-unes de ces belles *fagas*.

« Don Lucianos, dit l'une, on a mission de vous assurer qu'on vous aime et estime, malgré le mal que vous nous faites ou voulez nous faire, si nous ne nous rangeons pas avec vous. Le mari de la *faga* qui vous parle, est ainsi que sa femme un de vos admirateurs. »

Le jeune ambassadeur se contenta de baiser la main de la jolie interlocutrice [1], du moins c'est Lucien qui l'affirme. En tout cas, ces dispositions d'esprit n'indiquent pas un homme gravement malade.

D'ailleurs, les comédies, même les meilleures, ont une fin. De part et d'autre, on était arrivé à une appréciation, sinon plus bienveillante, du moins plus correcte, de la situation. Les troupes françaises entrèrent en Espagne, mais pour la forme. Elles ne pouvaient rien faire. Leclerc, leur général, le reconnaît lui-même.

« Je suis bien aise, écrit-il à Lucien [2], d'apprendre que les négociations sont renouées avec le Portugal, car il nous eût été bien difficile, pour ne pas dire impossible, de faire la guerre au Portugal, sans la participation de l'Espagne. »

---

père était une sorte de gentilhommière, décorée et restaurée en toute hâte pour recevoir le roi et la reine.

1. *Note de Lucien :* La duchesse de Villars, ambassadrice d'Espagne, dit, dans une de ses lettres, qu'elle a reçu la visite d'une de ces *fagas*, qui l'intrigua d'abord et qui était la fameuse duchesse de Mazarin.
2. Leclerc à Lucien, de Ciudad-Rodrigo, le 14 thermidor an IX. (Mss. A. E.)

C'était exact. Les négociations avaient été reprises, et le 5 août, Talleyrand écrivait doctoralement à Lucien [1] :

« M. le chevalier d'Azara, par une note du 17 juillet, avait provoqué par l'ordre de sa cour une explication que le premier Consul m'a chargé de lui adresser dans la note, dont je vous transmets ci-joint copie.

« L'ambassadeur de S. M. C. avait réuni dans sa réclamation tous les objets sur lesquels le prince de la Paix, à peu près à la même époque, a fondé les plaintes qu'il vous a adressées. J'ai dû, sans aucune vue de récrimination, exposer la conduite de la France dans l'ensemble de ses rapports avec l'Espagne, et rapprocher de ce tableau celle de la cour d'Espagne *relativement au système de précipitation qui nous a privé de tout concours dans les derniers actes qui ont complété sa pacification avec le Portugal.*

« Mais en même temps, j'ai exprimé les dispositions du premier Consul et son regret profond d'avoir perdu une occasion importante d'assurer aux deux puissances alliées un grand objet de compensation...

« Je reviendrai plus directement sur le sujet de vos rapports avec la cour d'Espagne. J'ai tout lieu de croire qu'un peu de tact et de sang-froid aurait amené la cour d'Espagne à voir avec plus de réflexion le détriment que sa paix et surtout sa ratification précipitée ont apportés à ses intérêts, le danger bien plus grave qui résulterait d'un commencement d'aigreur que rien n'a motivé, que rien ne justifie, ce dont le gouvernement de la République a été plus surpris encore qu'affligé. La France ne peut croire ni désirer que l'Espagne veuille

---

1. Talleyrand à Lucien, 18 thermidor an IX. (Mss. A. E.)

se perdre. Les liens politiques qui unissent les deux États sont établis sur une nature de rapports qu'on peut méconnaître un moment, mais à quelque point qu'on se méprenne et quelque volonté qu'on ait, le plus léger examen suffit pour faire apercevoir que ces liens sont indestructibles. Dans un tel état de choses, les rapports entre les personnes doivent finir par se calquer sur ceux qui existent entre les intérêts respectifs des deux États.

« D'après de telles données, je ne fais aucun doute qu'ayant déjà, comme je le vois par vos dernières dépêches, infiniment amélioré votre position personnelle, vous soyez enfin parvenu à reprendre auprès du ministre espagnol tous les avantages que vous donnent votre caractère et la notoriété du but vers lequel vous tendez, qui est de faire servir le grand ascendant que le premier Consul a acquis en Europe à la sûreté, à la prospérité et à la gloire des alliés de la République.

« Recevez, monsieur l'ambassadeur, l'expression de mon sincère attachement.

« *P.-S.* — Je vous envoie par votre courrier le projet de traité de paix à conclure avec le Portugal. Il n'est que celui de Badajoz rectifié. Les articles inadmissibles sont retranchés et quelques articles indispensables ajoutés. Le subside demandé est porté à la somme de vingt millions, telle qu'elle a été libéralement offerte dans une des notes adressées par M. d'Aranjo au contre-amiral Decrez. »

Le 18 septembre, la paix était signée, et, le 1er octobre[1], la

---

[1]. Au tribunat, le rapport sur le traité de paix avec le Portugal fut fait par Fréville. « Votre commission, composée des tribuns Adet, Arnould, Carrion-Nisas, Costé, Félix Beaujour, Labrouste et le rapporteur, vous proposent à l'unanimité de voter la con-

rétrocession de la Louisiane à la France, arrêtée. Le 9 [1], Talleyrand en accusait malicieusement réception à Lucien.

« Recevez, mon cher Lucien, mon compliment sur l'heureuse issue de votre négociation.

« ... Le retard de vos lettres de récréance vous fera partir douze ou quinze jours plus tard. Ce délai me fait autant de peine qu'à vous. Je sais combien vous devez avoir d'impatience de vous retrouver à Paris. Soyez persuadé que je n'en ai pas moins à vous revoir et que tous vos amis partagent ce sentiment. Je vous salue et vous embrasse. »

La consolation était d'un goût douteux, car Lucien devait attendre longtemps encore les fameuses lettres de récréance qu'il réclamait depuis tant de mois. Aussi ses dépêches s'en ressentent.

« ... J'attends votre réponse, écrit-il à son frère [2]. Dans l'état de mon esprit et de ma santé, chaque jour de séjour ici est un grand sacrifice.

« *P.-S.* J'ai le plaisir de lire, tous les courriers, dans vos journaux des articles sur la paix du Portugal qui ne seraient pas autrement s'ils étaient dictés par les ennemis les plus acharnés de ma réputation. Au reste rien n'a plus le droit de m'étonner. »

Sa correspondance avec son autre frère Joseph [3] est sur le même ton.

version en loi du traité entre la République française et le royaume de Portugal, dont la conclusion a eu lieu à Madrid, le 7 vendémiaire an X, et dont les ratifications ont été échangées, le 27 du même mois.

1. 18 vendémiaire an X. (Mss. A. E.)
2. Lucien au premier Consul, 1er fructidor an IX (18 août 1801).
3. Lucien à Joseph, 29 fructidor an IX (15 septembre 1801).

« ... Le prince de la Paix méritât-il toutes les injures, puisqu'on ne peut le renverser et qu'on a besoin de lui, pourquoi le pousser à bout? On dirait que Talleyrand conspire à plaisir contre mes succès ici, mais en même temps, il va contre vos intérêts. Je suis aussi maltraité dans les confidences à Azara, dans les lettres de ce dernier et dans les dépêches ministérielles. On y parle avec plaisir de ma précipitation. Je me dois une justification et les événements me la donnent. Je réponds comme je le dois au ministre dont je suis excédé. J'écris à mon frère qu'en finissant cette affaire, je veux absolument me retirer et que depuis deux ans j'ai senti qu'une retraite de quelques mois m'est indispensable. Je reviendrai dans huit jours sur cette matière. Si nous ne pouvons pas avoir la paix, je quitterai à regret une affaire non terminée. Mais il y a des bornes aux devoirs comme aux droits et ces bornes sont atteintes. Je vous aime après mes enfants au-dessus de tout, malgré quelques moments d'humeur amenés par des tracasseries très malignes; mais je crois que tous les liens qui m'attachent à vous ne pourraient pas m'empêcher d'être à Paris au mois d'octobre. Épargnez-moi une sottise et rappelez-moi sans désagréments. Je ne mérite pas tous ceux que j'ai eus, mais je braverais, comme le dernier, celui de quitter l'Espagne sans lettres de récréance. Quand je serai hors des dignités, vous me rendrez justice. Je ne veux plus rien du Consul, mais après quelques mois de retraite, je serai tout à mon frère.

« J'ai fait vacciner ma petite. Elle va bien. Moi, toujours mal : des fièvres intermittentes et des coliques diaboliques. »

C'était le 15 septembre que Lucien se plaignait ainsi. Le 23 octobre [1], il se plaignait toujours, cette fois, à Talleyrand :

« J'ai reçu avec étonnement, mon cher Talleyrand, votre courrier d'hier relatif à la Louisiane. Il m'a prouvé que le premier Consul ne veut pas consentir à mon retour et j'ai perdu l'espoir de recevoir par le retour de mon dernier courrier mes lettres de récréance. J'ai pris mon parti en conséquence. Je vous adresse *une démission formelle* et dans dix jours je pars.

« Dans le cas où le premier Consul tienne sa parole et qu'après l'arrivée des ratifications de Portugal on m'ait expédié mes lettres, alors cette dépêche est inutile et je la recommande à votre cheminée. Dans le cas contraire, je vous prie de la mettre sous les yeux du premier Consul. Desportes reste malgré lui, et l'éclat que va produire un départ sans lettres de récréance retombera sur l'injustice d'un gouvernement que j'ai assez bien servi pour n'avoir pas dû m'attendre à sa défaveur.

« Je suis ici sans équipages. Tout est parti ; mes relais sont placés.

« Vingt-quatre heures après le retour de Gaspard, qui vous a porté les ratifications, je roule vers Paris. Cette nouvelle brouillerie, entre mon frère et moi, fera plaisir à bien du monde, je m'en doute, mais la brouillerie de mon frère est un mal moindre que le dépérissement de ma santé et l'exil de ma patrie et de ma famille. »

Cette lettre eut le sort des autres.

Je voulais, raconte Lucien dans ses notes, partir à tout

[1]. 2 brumaire an X. (Mss. A. E.)

prix, malgré le retour de la marquise de S... C... Je ne voulais pas rester dans ce puits de Madrid.

On m'offrit alors la grandesse et la Toison d'or. Je refusai.

Je réclamais mon rappel, on ne me répondait pas. Blessé, je repris alors le sentiment de mon indépendance individuelle et envoyai ma démission en vertu du droit que la loi m'ordonne et par son ordre.

Or, il en fut de la démission comme des lettres. Un mois plus tard, Lucien était encore à Madrid. Le 4 décembre seulement, il recevait de Talleyrand l'annonce de l'heure de sa délivrance.

« Je vous envoie, citoyen, les lettres de récréance qui vous ont été annoncées. Vous voudrez bien les présenter à Sa Majesté Catholique et en remettre à son premier ministre l'expédition ci-jointe. »

Le 10 décembre, Lucien put quitter Madrid. Il était à Paris vers le 20.

Quant au mot de l'énigme de cette comédie jouée entre trois personnages, Bonaparte, Lucien et Talleyrand, et de cette hâte si persistante de départ, quel était-il ? de la part du premier, un acte de pure jalousie; de celle du second, la conscience d'une platitude de plus; de celle du troisième, l'âpre désir d'aller mettre en lieu sûr la fortune acquise et de jouer un rôle.

CHAPITRE VII

DISTRACTIONS ET DIAMANTS

Valeur considérable des cadeaux reçus par Lucien Bonaparte. — Demande d'éclaircissements du premier Consul à ce sujet. — Réponse de Lucien. — Diversité des réponses. — Débuts difficiles de Lucien. — Lettre de Bernadotte à Lucien, du 10 février 1801. — Menaces du premier Consul contre Bernadotte. — Demande d'argent de Lucien, 29 décembre 1800. — Cessation des plaintes de l'ambassadeur. — Les plaisirs qu'il trouve à la cour de Madrid. — Son train de vie. — Ses dépenses. — Besoins d'argent de sa famille, de Louis, de Leclerc. — Démarches en faveur du marquis de Beauharnais. — La galerie de tableaux de Lucien Bonaparte. — La galerie de Fesch — Précautions pour l'envoi de la galerie de Lucien à Paris. — Ses cadeaux. — Sa correspondance. — Les sacs de diamants. — Dispositions prises pour leur retour en France. — Une aventure de voyage. — Un sac perdu. — Prudence de Lucien.

Les dons reçus par Lucien avaient été magnifiques. Ils l'avaient même été assez pour susciter l'étonnement du premier Consul et lui faire demander des explications.

Voici celles que Lucien crut devoir donner :

« Joseph m'écrit sur un bureau de corrupteur *soi-disant* destiné à corrompre le ministère français. J'en ai parlé au prince de la Paix. Ce qu'on vous a dit ne signifie rien. Depuis que je suis ici, le ministère est trop inutile à l'Espagne pour qu'elle le paye. Le prince d'ailleurs qu mène tout ici, déteste souverainement Talleyrand et quant à lui, il a cent cinquante millions de fortune !

« Pour le traité de Toscane j'ai reçu vingt bons tableaux de la galerie du Retiro pour ma galerie et on fait monter cent mille écus de diamants pour moi. J'en recevrai autant pour la paix de Portugal. Vous me rendrez assez de justice pour penser que je m'estime trop pour m'avilir et que le roi m'estime trop pour se laisser aller à donner de l'argent pour corrompre le ministère... C'était bon avec *Aldacir* et *Urquizo*, pour qui tous les noms étaient bons, même celui qui vous intéresse le plus... Je ne vous cacherai rien à mon retour. Sans doute si l'argent était ma passion, je serais déjà millionnaire ; car j'ai fait la conquête ici de toute la famille et un mot équivoque suffirait pour que je fusse accablé de trésors... Il me suffit de vous dire que je n'ose pas regarder avec quelque attention une chose qui me plaît, dans la peur qu'elle me soit aussitôt offerte. Je vais vous en citer un exemple. La reine portait il y a quelques jours pour la première fois, je crois, une superbe montre enrichie de diamants. Je ne pus faire autre chose que ce que faisait tout le monde, l'admirer. C'en fut assez, et la reine me força de l'accepter de sa main et la plaça elle-même dans ma poche. Le roi et la reine m'ont proposé tous les ordres d'Espagne, celui de la Toison d'or et 100,000 francs de pension. J'ai répondu comme vous le pensez bien ; alors leurs majestés m'ont dit que tout cela m'était donné *in pectore*, et que dès que les circonstances me permettraient de les accepter, ces grâces m'appartenaient. Je vous avoue que ma faveur politique et individuelle me pèse... surtout puisque vous-même semblez ne pas me rendre justice.

Alors rappelez-moi bien vite, j'ai déjà trop tenté à vous exprimer ce désir. D'un autre côté je suis malade. J'attends impatiemment votre réponse et mon successeur... A Paris je me reposerai avec Lolotte et je serai à vos ordres après.

« Je vous embrasse de tout mon cœur.

« Votre frère, LUCIEN. »

Vingt bons tableaux et deux cent mille écus de diamants montés constituent un denier respectable. Mais est-ce bien tout? Il est permis d'en douter, si l'on en juge par une note de Lucien.

Les moins apparents et les plus solides des cadeaux sont plusieurs petits sacs de diamants. Je n'en ai connu la valeur précise qu'en traitant de leur vente à Amsterdam.

Telle est l'origine de ma fortune indépendante, à laquelle, comme on voit, le premier Consul ne fut pas étranger, à laquelle aussi, comme empereur, il eût, volontiers depuis, ajouté le don d'une couronne, si j'avais pu accepter les conditions qu'il y mît[1].

Cette dernière version, il faut le reconnaître, est assez différente de la première. Cette fois, ce ne sont plus des diamants montés, ayant une valeur déterminée, qu'on a donnés à Lucien, mais des diamants bruts, enfermés dans de *petits*

---

1. Félix Desportes, mon premier secrétaire, reçut également des cadeaux.
La reine ne voulut pas que je partisse sans lui amener encore une fois ma petite Christine Égypta, qu'elle avait vue souvent et qu'elle paraissait aimer beaucoup. En cette dernière entrevue, la reine lui fit encore plus de caresses qu'à l'ordinaire, accompagnées de jolis cadeaux pour un enfant de son âge et d'une bourse bien nourrie pour madame Leroux, sa nourrice. (*Note de Lucien.*)

sacs, et dont l'importance ne fut reconnue, par hasard, que plus tard. Or, que ces diamants fussent montés ou non, ils n'en constituaient pas moins une fortune et même une fortune considérable, grâce à laquelle le jeune Corse allait se trouver de beaucoup le plus riche de la famille.

Les débuts de Lucien à Madrid n'avaient pas été heureux, pécuniairement et moralement parlant. Il avait laissé à Paris des ennemis actifs, au sein même de la famille de son frère. Une lettre de Bernadotte [1] laisse entrevoir ces mésintelligences :

« Depuis longtemps, mon cher Lucien, je désire saisir une occasion de vous écrire. Je profite de celle que m'offre à l'instant Élisa.

« Vos ennemis se sont déchaînés après votre départ avec une inconvenance peu politique. Votre famille a pu s'apercevoir jusqu'à quel point elle doit compter sur ces hommes. Depuis quelque temps, leur haine paraît se ralentir. Elle cède à l'opinion du jour, sans renoncer à vous nuire.

« La paix avec l'Autriche diminuera leur puissance. Le traité que vous allez conclure avec la maison de Bragance les réduira contre vous à une nullité momentanée. Néanmoins leurs moyens sont encore grands. *Adroits et souples, ils endurent les affronts passagers et parviennent ainsi pour les venger plus sûrement à peupler de leurs créatures les places les plus importantes de l'État.* Lorsque je fixe mes regards sur l'avenir, j'aperçois des caractères qui m'attristent.

« J'attends la dissolution des armées actives, alors j'acquerrai la certitude, si je dois paraître en scène et commander l'armée destinée contre l'Angleterre. Si

---

1. Bernadotte à Lucien, Paris, 1er ventôse an IX. (Mss. A. E.)

mon espoir est trompé, j'irai dans nos possessions d'outre-mer chercher un bonheur que m'auront refusé dans ma patrie des hommes qui devaient être justes et reconnaissants.

« Adieu, mon cher Lucien, soyez heureux, c'est le vœu de mon cœur. Comptez sur mon inaltérable amitié. Elle est indépendante des événements humains.

« Je vous embrasse. »

Lucien était au courant de ce mauvais vouloir, à l'égard de lui-même, de ses amis et de tous ceux qui restaient attachés à la cause républicaine. Dans le personnel de l'armée surtout, l'épuration était rigoureuse. Berthier avait été l'exécuteur de cette triste besogne, contre laquelle beaucoup de braves gens protestaient dans l'entourage du premier Consul. Leclerc et Bernadotte n'avaient pas été les derniers à manifester leur étonnement douloureux. Leclerc devait payer sa franchise de son envoi dans les Indes et de sa mort, Bernadotte également avait failli être l'objet d'une mesure plus grave encore.

Lucien nous a laissé le récit d'une de ces scènes, si pénibles, au moment de la transformation du pouvoir :

A la suite d'une altercation du général Bernadotte, beau-frère de Joseph, le premier Consul avait dit à celui-ci qui tâchait de faire rentrer en grâce auprès du Consul, le général alors très républicain et très ferme de caractère : « Sachez bien que si cette mauvaise tête méridionale continue à fronder les actes de mon gouvernement, au lieu de lui accorder le commandement qu'il sollicite, je le ferai fusiller sur la place du Carrousel.

— Est-ce une commission que vous m'enjoignez de lui faire? repartit Joseph.

— Non, répondit le Consul. C'est un avis que je vous

donne à vous, son ami, son beau-frère, pour que vous lui donniez le prudent conseil d'être plus sage. »

Joseph se contenta de hausser les épaules et se garda bien d'en parler à Bernadotte.

Mais il en écrivit à Lucien, qui s'en montra très ému. Déjà à propos de l'accident de la rue Saint-Nicaise et de l'erreur épouvantable commise à l'égard des Jacobins qu'on déporta, ce dernier avait pris sur lui de faire des observations à son frère qui s'était contenté de répondre par une lettre de justification [1].

« Ce ne fut pas le plus beau de ses raisonnements, ajoute Lucien. »

A ces causes d'idées de retour s'en joignaient d'autres. Lucien avait peur des événements; il redoutait une catastrophe prochaine; il se voyait exilé, déporté, sans argent.

Les quelques ressources qu'il avait conservées de son passage au ministère de l'intérieur étaient déjà absorbées.

« Mettez-moi à même, je vous prie, écrit-il à Talleyrand le 29 décembre 1800, de terminer la négociation ici pour la paix ou pour la guerre, afin que je puisse retourner comme je le désire, simple citoyen. »

Et le même jour, il ajoute à son frère, le premier Consul :

« Je vous remercie de vos soins pour Lolotte. Nous sommes vos enfants. Mettez-moi à même de faire la paix ou la guerre et cela fait, je retournerai honorablement au conseil d'État, où je ferai ce que vous voudrez. *Ici, malgré toutes mes économies, je me ruine. Je suis déjà pour cinquante mille francs du mien. Ne m'oubliez pas.* Après-demain, je présente les robes à la reine... »

1. 9 nivôse an IX. (Mss. A. E.)

Il est vrai que ces plaintes cessèrent tout d'un coup. Bien accueilli à la cour, aimé d'une fort belle femme, recherché par d'autres, Lucien avait fini par trouver dans Madrid des sujets de distraction dignes de lui. Lucien s'amusait. Sa correspondance en témoigne.

« On m'a dit que tu t'amuses beaucoup à Madrid, lui écrit son beau-frère Leclerc le 27 février. Je m'en réjouis pour toi ; mais j'ai beaucoup de peine à croire que Madrid vaille Bordeaux.

« Élisa donne tout à fait dans les savants. Sa maison est un tribunal où les auteurs viennent se faire juger. »

Lucien, en effet, menait grand train. Il avait table ouverte, un personnel nombreux et un maître d'hôtel renommé, Tassard. Or, pour une telle existence, il faut de l'argent, et cet argent, où le trouvait-il? Ce n'était évidemment pas avec les appointements d'ambassadeur qu'il pouvait suffire à ces nécessités [1].

---

1. *Extrait des comptes* du département des affaires extérieures. (Mss. A. E.)
Compte de la dépense du ministère sur les fonds affectés par le Corps législatif, à l'exercice an IX, à commencer du 1er vendémiaire an IX, jusqu'au dernier jour complémentaire suivant, rendu par le citoyen Ch. M. Tailleyrand.

CHAPITRE II. — Services extérieurs.

Article 1er : *Traitements des agents extérieurs.*

Agents politiques.

Madrid : au citoyen Bonaparte (Lucien), ambassadeur, appointements du 15 frimaire au dernier jour complémentaire : à 140,000 francs par an. . . . . 111,222 fr. 20
Au citoyen Desportes (Félix), secrétaire de légation : à 12,000 francs par an. 9,583   35

Agents commerciaux.

Madrid : Au citoyen Bonaparte (Lucien), frais détail du commissariat général, du 15 frimaire au dernier jour complémentaire, à 7,000 fr. par an.   5,561 fr. 10

Et ces charges n'étaient pas les seules. Lucien avait autour de lui toute une meute de solliciteurs, âpres au gain et à la dépense. Les membres de sa famille ne se gênaient guère pour abuser de sa situation. Ses sœurs lui faisaient de continuelles requêtes. Son frère Louis, venu pour rejoindre son corps, à propos de l'expédition de Portugal, empruntait à tout venant.

« Louis est encore sans argent, lui écrit Leclerc. Il m'en demande et je n'en ai pas. Pourrais-tu te défaire d'une centaine de louis en sa faveur? »

Du reste, le régiment de son frère était aussi mal tenu que sa bourse. Celui-ci était toujours absent ou malade.

« Louis vient de partir, » dit Leclerc, le 21 avril[1]. « Il n'est pas encore arrivé, écrit de son côté Saint-Cyr, le 1er juin[2]. Il s'est reposé quelque temps à Salamanque; son régiment ayant un grand nombre de chevaux blessés. Je lui ferai savoir que vous l'attendez; on m'a dit qu'il n'était pas très bien portant. »

Leclerc est comme Louis, il éprouve le désir de faire fortune. Il compte sur Lucien et sur les bons petits cadeaux de la cour. A ce point de vue, sa correspondance est curieuse.

« ... Je crains l'embarquement[3], écrit-il à Lucien le 7 août. Rassure-moi à cet égard, car je suis décidé à ne pas m'embarquer.

« Si tu trouves occasion de faire augmenter ma fortune à Madrid, je t'en aurai obligation. Le prince de Beauvais en 1762 a été bien traité de la cour. Elle ne

1. 2 floréal an IX. (Mss. A. E.)
2. 18 prairial an IX. (Mss. A. E.)
3. De Salamanque, le 20 thermidor an IX. Il s'agissait de l'embarquement des troupes pour Saint-Domingue. (Mss. A. E.)

me fera pas de peine en me traitant de même ; je suis aussi pauvre en sortant d'Espagne qu'en y entrant. Je suis très content de mes troupes. Je t'embrasse ainsi que Bacciochi.

« Saint-Cyr va à Madrid sous peu de jours. Je le crois bien mécontent du rôle qu'il a joué en Espagne. » Le 14, il ajoute [1] : « ... Saint-Cyr n'est pas aimé dans l'armée à cause de son caractère froid, peu communicatif et de son avarice. Du reste, il n'aime personne et moins Bonaparte qu'un autre. Je suis très bien avec lui, mais il est jaloux de la manière affectueuse dont mes troupes me voient.

« ... On m'écrit qu'on parle de moi pour le ministère de la guerre.

« N'oublie pas que tu prends mes camées et que tu fais un cadeau à Paulette, si tu fais la paix, non compris celui que tu me feras avoir et dont j'ai grand besoin. »

L'un des Beauharnais, le marquis émigré, celui dont la fille devait épouser Lavalette, était aussi l'un des solliciteurs. Le 27 mai, Talleyrand écrivait à Lucien [2] :

« Le premier Consul me charge, citoyen ambassadeur, de vous engager à recommander au gouvernement d'Espagne, un ancien officier français, le ci-devant marquis de Beauharnais, beau-frère de madame Bonaparte. Il mettrait un intérêt réel à ce qu'il fût placé dans l'armée espagnole, dans son grade et dans la cavalerie.

« La circonstance actuelle est favorable à cette demande. La guerre de Portugal offre au gouvernement

---

1. 27 thermidor an IX. (Mss. A. E.)
2. 8 prairial an IX. (Mss. A. E.)

un moyen heureux d'employer utilement un bon officier et elle procurerait à M. de Beauharnais une occasion de servir dans une expédition à laquelle concourt une partie de l'armée française. »

Il ajoutait le 11 août : « ... Vous ne m'avez pas informé de l'effet de la recommandation que je vous avais prié de faire pour obtenir en faveur de M. de Beauharnais un grade et du service dans la cavalerie espagnole. Je désire pouvoir apprendre au premier Consul que le ministère espagnol aura eu égard à cette recommandation [1]... »

Mais Lucien avait encore une autre passion coûteuse, celle des tableaux. Il se rappelait les collections faites par ses parents en Italie, et les avantages qu'ils en avaient retirés. Sur ce point, ses notes sont curieuses.

En attendant mon retour, loin de perdre de vue ma galerie de tableaux, j'achète mes premiers de grands maîtres, sous la direction de Le Thiers attaché, comme je l'ai dit, à l'ambassade, en qualité de peintre d'histoire.

J'adjoins le peintre paysagiste Sablé à Le Thiers.

Sablé fait pour moi la *Vénus en mantille*. Ici Sablé a sacrifié son genre à un portrait de femme, qui domine son paysage. Il s'inspire pour cette figure de femme de celle de la marquise Santa-C... Il pouvait plus mal

---

1. Lucien parle ensuite de sa correspondance avec les autres membres de sa famille, avec Fontaine, Truguet, Duquesnoi, Arnauld, Briot, Geoffre, Frégeville, Jullian, madame Campan, Campi et le consul Lebrun. (Bulletins confidentiels sur les affaires du temps, signés *Valonius*.) (*Note de la princesse de Canino.*)

Cette correspondance a disparu ou du moins n'existe pas dans le dossier.

choisir. Ce tableau est très gracieux, et peut-être le meilleur du maître.

En Espagne, les tableaux sont à la lettre comme enterrés dans les églises et les monastères, ou même dans les galeries particulières. Aucun possesseur de ces chefs d'œuvre n'a le goût de les illustrer par la gravure, ils sont considérés plutôt comme objets de dévotion que comme échantillons de beaux-arts.

Mon oncle le cardinal Fesch, alors simple abbé, commence aussi à former sa galerie de tableaux et à entrer en rivalité avec moi...

La mienne n'excède pas le nombre de trois cents tableaux, tous authentiques et je m'y tiens. Le goût du cardinal dégénère en *tableaumanie*. Il porte le nombre de ses tableaux à plus de vingt mille, chiffre incroyable s'il n'était de notoriété publique. Pour résumé impartial du mérite réel de cet assemblage, disons ce que nous avons vérifié nous-même, savoir vingt à vingt-cinq tableaux des premiers maîtres italiens, une cinquantaine des maîtres de second ordre, une trentaine de superbes flamands; une centaine peut-être de bons tableaux des différentes écoles espagnole, française et allemande; tout le reste, copies avérées ou très médiocres originaux, ou même tout à fait mauvais, justement relégués dans les greniers de cinq ou six maisons louées exprès pour le logement de cette galerie monstre, pour sa quantité et pour sa qualité, sauf les exceptions sus-indiquées. Aussi pensons-nous que notre cher oncle s'exagère beaucoup les sommes qu'il en reviendra après lui à ses héritiers ou en cas de vente de son vivant.

L'école de peinture espagnole est fort riche. Les monuments d'architecture sont nombreux et du plus grand intérêt. Les traces de la civilisation des différentes époques sont bien marquées [1].

On trouvera peut-être cette manière de juger la collection des tableaux du cardinal Fesch un peu sévère : mais *nous pouvons affirmer avoir vu de nos yeux le* baptême d'une foule de toiles du cardinal.

Cela se passait ainsi :

Le brocanteur Simon ou quelque autre courtier en bric à brac de Rome avait charge de dépister les toiles inconnues. Il ne pouvait dépasser, sans ratification, la somme de *six pauls*, soit trois francs, qu'au cas où l'encadrement valait cette somme.

Son Éminence, ordinairement après sa messe, prenait connaissance des acquisitions. Elle se croyait très bon juge et lorsque, assise dans son grand fauteuil, elle avait contemplé la toile et décidé, après quelques minutes, qu'elle avait le Dominicain, l'Albane, ou quelque autre grand maître pour auteur, le chef-d'œuvre entrait sous ce nom dans la galerie. Le baptême était confirmé en ce sens que Son Éminence ne donnait pas ordre d'enlever le cadre. Si elle donnait cet ordre, la pièce passait au grenier ou bien en cadeau à quelque couvent ou église.

Son Éminence avait ainsi réuni vingt mille tableaux. Elle avait quelques vrais chefs-d'œuvre et les avait en général fort bien payés. Ils se trouvaient au palais Falconieri qu'habitait le cardinal. Il avait loué dans Rome

---

[1]. Rechercher, dit Lucien, mes notes et réflexions sur mes premières impressions dans mes excursions artistiques. Je les ai fait copier séparément pour mes amis Fontaine et Chateaubriand, dont le suffrage m'engage à les conserver. (Il est à noter, ajoute la princesse, qu'on ne les a plus retrouvées.)

quatre ou cinq maisons où se trouvait entassé, ce que les gens difficiles nomment des *croûtes*.

Son Éminence croyait que sa collection se vendrait de sept à huit millions de francs. A sa mort, on fit à peine le prix d'achat de ses chefs-d'œuvre. Le reste des toiles s'est vendu en bloc aux fripiers et regrattiers de la place Navone à Rome. Les curieux pourront les y retrouver [1].

---

1. Les plus beaux tableaux et les grandes sculptures de la collection Lucien Bonaparte ont été supérieurement gravés par les premiers maîtres de l'époque.
Alexandre Ceracchi les a publiés à Rome en 1822, en 1 vol. in-fol
On trouve dans ce magnifique volume :
La madone des candélabres, de Raphaël ;
Le Christ en croix, de Michel-Ange Buonarotti ;
L'aveugle guéri, de Louis Carrache ;
Le triomphe de Silène, par Rubens ;
Le massacre des Innocents, du Poussin ;
Vénus et l'Amour, du Padouan ;
Le Christ avant Pilate, par le Flamand ;
Gérard de Notti ;
Le mariage de Sainte-Catherine, par le Titien ;
La famille de Carlo-Lotto, par lui-même ;
Le sommeil de l'enfant Jésus, de Raphaël ;
Les cascades de Rivoli, par Joseph Vernet ;
La Madeleine, de Léonard de Vinci ;
Un village flamand, de Van Ostade ;
L'Archimède, de l'Espagnolet ;
La Vénus en mantille, par Sablé, peintre flamand ;
Diane et Actéon, par Annibal Carrache ;
Un Ecce homo, du Titien ;
Le fils de la veuve de Naim, par Augustin Carrache ;
La Madeleine egyptienne, de Greuze ;
Philocète à Lemnos, par Le Thiers ;
L'indigence, par Bonnemaison ;
L'Assomption de la Madeleine, par Jules Romain, fresque admirable ;
La sainte Famille, de Corrège ;
L'éducation de Jupiter, bas-relief grec, apparemment du siècle de Praxitèle ;
La Vénus sortant du bain, par Canova ;
Le triomphe de Bacchus, vase grec en forme de puits, renfermant

L'expédition de la collection de Lucien pour France donna lieu à une véritable opération de guerre, dont Le Thiers et Sablé furent spécialement chargés. Un escadron tout entier fut chargé d'accompagner de Madrid à la frontière le précieux convoi, placé sous la conduite d'arriéros de choix.

Mais l'argent !

Lucien, nous l'avons dit, en avait eu besoin et grand besoin, dès son arrivée à Madrid. Lui aussi comptait sur les cadeaux pour remplir son escarcelle.

« Il est d'usage, écrivait-il à Talleyrand[1], dès le mois de mars, que les ratifications de chaque traité soient accompagnées ou du moins suivies d'un présent pour les plénipotentiaires des parties contractaires... »

Il concluait en réclamant un cadeau pour M. de Cevallos, premier secrétaire d'État, le portrait du premier Consul enrichi de diamants pour le prince de la Paix, et cinq cents louis pour M. Pizaro, officier de la secrétairerie d'État. Il ajoutait dans une lettre adressée à Bonaparte[2] :

« Vous exigez que je vous apprenne ce que je sais sur les conditions secrètes posées au moment du traité de la Louisiane.

« Le voici : le prince de la Paix m'a déclaré qu'au moment de la signature du traité, M. d'Urquizo avait dit qu'on exigerait préalablement un million cinq cent mille francs, que le roi avait répugné à ce payement d'avance, mais que M. d'Urquizo l'avait emporté, et

---

trois planches, probablement du siècle d'Alexandre et de l'école d'Agésondre.

L'admirable *Minerve*, dite *Medica*, enlevée par les Romains au Parthénon d'Athènes et la plus belle statue drapée de l'école de Phidias, sinon de lui-même. (*Note de Lucien.*)

1. 11 germinal an IX (31 mars 1801). Mss. A. E.
2. 21 germinal an IX (13 avril 1801). Mss. A. E.

qu'il avait touché la somme ; que son intimité avec Alquier et Walcknaer, ambassadeur de Hollande, avait ensuite ouvert les yeux sur ce payement auquel Leurs Majestés croyaient le général Berthier étranger et que leur opinion à cet égard était telle qu'après le traité elles avaient prouvé leur reconnaissance au général, mais qu'en revanche, au départ d'Alquier, elles n'avaient pas même donné à cet ambassadeur le présent de congé d'usage; que M. d'Urquizo était en jugement et qu'on croyait la somme partagée entre ces deux personnages.

« ... J'insiste beaucoup sur les présents destinés à M. de Cevallos et au prince de la Paix. »

A Paris, on ne voulut rien entendre à ces doléances. Bonaparte se contenta de mettre en marge de la dépêche de son frère :

1° Le gouvernement français ne donne de présents que pour les traités de paix ou d'alliance.

2° Aucun des traités ci-dessus n'est dans ce cas. Pour la paix de Portugal, on fera les présents d'usage.

3° Rien de ce qui se fait n'est au hasard. Le rôle d'un ambassadeur, lorsqu'il remplit ses instructions, aide par là le développement des plans généraux.

4° Je n'enverrai jamais mon portrait à un homme qui tient son prédécesseur au cachot et qui emploie les moyens de l'Inquisition; Je puis m'en servir ; mais je ne lui dois que du mépris [1].

Talleyrand répondait [2], de son côté, le 8 avril :

« ... Le premier Consul ne veut pas entendre à don-

1. Ces notes sont de la main même du premier Consul.
2. 19 germinal an IX (8 avril 1801).

ner des présents pour les dernières conventions. Il pense que le gouvernement de la République doit se faire une règle de n'en donner que pour les traités de paix ou d'alliance. Toute insistance de ma part sur ce point eût été inutile. »

Il ajoutait, le 7 juin :

« ... Le premier Consul ne veut pas entendre à donner des présents pour les dernières conventions. Il pense que le gouvernement de la République ne doit en faire que pour les traités de paix ou d'alliance. Toute insistance de ma part sur ce point a été inutile. C'est établi comme une règle. *Du reste la conclusion du traité avec le Portugal peut être très prochaine.* Cet événement présentera une occasion toute naturelle de reconnaître les soins que les ministres du roi d'Espagne se sont donnés pour raffermir et resserrer les liens qui unissent les deux États. Les présents donnés dans cette occasion seront aussi beaux que vous le jugerez convenable. Le premier Consul ne veut pas donner son portrait. Cherchez quelque autre chose.

« Adieu, je vous aime et vous embrasse.

« Les Prussiens occupent le pays de Hanovre. Ainsi voilà l'Angleterre fortement attaquée de partout. »

Or, la veille même, Lucien écrivait à son frère :

« ... Pour le traité de Toscane, j'ai reçu vingt bons tableaux de la galerie du Retiro et on fait monter cent mille écus de diamants pour moi. J'en recevrai autant pour la paix de Portugal... »

Ainsi donc, Lucien a reçu des cadeaux et des cadeaux considérables.

Quant aux diamants bruts d'origine brésilienne, ils avaient une cause, le traité de Badajoz, si lestement enlevé, contrairement aux instructions venues de Paris. Voudrait-on émettre des doutes? Les précautions toutes particulières prises par Lucien lors de sa rentrée en France avec son trésor, suffiraient pour les dissiper.

Dans la voiture qui emportait Lucien, sa fille, madame Leroux et le docteur Paroisse, se trouvaient les fameux diamants, renfermés dans une série de petits sacs numérotés. Deux escadrons du régiment de Louis servaient d'escorte.

Pour l'itinéraire, on avait adopté celui suivi par les troupes françaises lors de leur entrée en Espagne. Le soir, au gîte, les précieux sacs étaient déposés dans la chambre de Lucien. Le matin, ils étaient comptés et replacés dans la voiture. La nuit, l'hôtel où l'on couchait était gardé comme un poste de guerre.

Les craintes de Lucien d'être dépouillé de son trésor étaient, en effet, continuelles. Un incident de voyage, dont il fait mention dans ses notes, suffira pour en avoir une idée.

C'était pendant la traversée du massif montagneux qui sépare la Vieille-Castille de la Navarre. L'étape avait été longue et fatigante. Celle du lendemain devait l'être davantage. On convint de partir avant le jour. L'heure du départ arrivée, on passa la revue des sacs comme à l'ordinaire avant de les installer dans leur coffre, puis l'on se mit en route. Mais l'on avait mal compté, paraît-il, car un des lots de diamants fut laissé dans la chambre de l'ambassadeur.

On ne s'aperçut de la douloureuse inadvertance qu'à la première halte, dont Lucien avait profité, comme d'habitude, pour faire le contre appel de sa fortune. Le désespoir fut grand, la colère plus grande encore. Mais que faire? Retourner à la posada, la fouiller, prévenir l'alcade. Ce fut là l'idée première, naturellement ; elle ne tint pas contre la réflexion.

Ce retour insolite, dit en effet Lucien, aurait eu l'inconvénient d'attirer l'attention des habitants du lieu sur l'importance de l'objet perdu et d'éveiller leur curiosité.

D'ailleurs, rien ne prouvait que les possesseurs nouveaux connussent la valeur réelle des cailloux abandonnés? A tout prendre, le mieux était de continuer la route et de faire contre fortune, cœur fort? Et puis la route n'était pas sûre, le pays difficile.

Ce fut donc au silence qu'on se décida.

Quelques jours plus tard, Lucien et son trésor se trouvaient en sûreté dans la bonne ville de Bayonne.

CHAPITRE VIII

LE QUOS EGO DE LA BAIGNOIRE CONSULAIRE

Arrivée de Lucien à Paris. — Placement des capitaux provenant de la vente des diamants. — Évaluation approximative de la fortune de Lucien.
Situation politique de la France. — Prétentions autoritaires du premier Consul. — Opposition du tribunat. — Entrevue des deux frères. — Lucien entre au tribunat.
Première scène entre Lucien et le premier Consul. — Le *quos ego de la baignoire consulaire*.
La rétrocession de la Louisiane. — Inconsistance des opinions politiques du premier Consul. — Dangers des flatteurs. — Cession de la Louisiane à la France. — Importance que le premier Consul attache à cette négociation. — Visite inopinée de Joseph Bonaparte. — Ses plaintes à Lucien à propos du projet d'aliénation de la Louisiane dont le premier Consul lui a parlé. — Réflexions à propos du nom de Napoléon. — Les deux frères se décident à faire des observations au premier Consul. — La mouche du coche.
Le premier Consul au bain. — Une première représentation au Français. — Talma. — Turgot. — Paoli. — Jean-Jacques Rousseau. — Apollonius de Thyane. — Fréron. — Paulette et Fréron. — De Rémusat. — Arrivée de Joseph Bonaparte. — La Louisiane. — Discussion entre les trois frères. — Apostrophe du premier Consul. — Riposte de Joseph. — Colère du premier Consul. — Colère de Joseph. — Chute du premier Consul dans sa baignoire. — Aspersion de Joseph. — Évanouissement du valet de chambre. — Arrivée de Rustan. — Fin de l'incident. — Bourrienne.

Si les diamants ont un avantage sous le rapport du transport, ils ont un inconvénient au point de vue du change. Dès son arrivée à Paris, Lucien dut, en effet, songer à changer les cailloux dont il était possesseur en valeurs plus courantes.

Ce fut Campi, le fidèle Campi, qui fut chargé d'aller négocier l'affaire à Amsterdam, la seule ville d'Europe où se fit alors en grand le commerce des pierres. Les sommes furent considérables, paraît-il, car elles firent de Lucien, c'est lui-même qui l'affirme, le plus riche de la famille.

Restait à placer cet argent. Devait-ce être en France? Lucien n'y songea pas un seul instant. Il n'avait alors qu'une confiance médiocre dans la fortune de son frère. Il redoutait quelque événement fortuit et tenait avant tout à retirer son épingle du jeu. Ce fut donc en Amérique, en Angleterre et à Rome qu'il mit la plupart de ses capitaux. En France, il acheta, rue Saint-Dominique, l'hôtel de Brienne, afin d'y installer sa collection de tableaux.

Si l'on suppute le prix de ces immeubles, les sommes employées en valeurs étrangères, celles données à sa famille, le demi-million prêté aux Santa-C..., le train de maison qu'il menait et *les distractions*, on est en droit d'en conclure que le chiffre de la fortune rapportée par Lucien était réellement fort élevé, représentant au bas mot de trois à quatre cent mille francs de rente[1]. C'était un beau denier qui pouvait permettre à Lucien de jouer un rôle.

---

[1]. Voici, en définitive, d'après le secrétaire de Lucien, quel était l'état de sa fortune en 1804, au moment de son départ en Italie :

200.000 francs de rentes diverses;
500,000 francs placés en Amérique;
500,000 francs prêtés aux S. C. ;
  65,000 francs comme sénateur (dotation de Poppelsdorff);
  15,000 francs comme membre de l'Institut. Ces deux derniers traitements cessèrent de lui être payés en 1810.

Il avait en outre sa propriété de Saint-Chamans et l'hôtel de Brienne qu'il vendit à sa mère 900.000 francs comptant. En Italie, il acheta ou occupa successivement, la propriété de Bassano, le palais Lancelotti, à Rome, le palais Nuguez, via Condotti, à Rome (pour 150,000 francs), la Ruffinella ou Tusculum, en 1804, la villa Mécène, à Tivoli, La Rocca Priare, la Dragoncella, la terre de Canino, en 1806 (rapportant 80,000 francs), l'Apollina.

Qu'on ajoute à ces richesses la galerie de tableaux, de statues

La situation politique était, en effet, des plus tendues. L'accord entre le pouvoir exécutif et le pouvoir législatif n'existait pas. La tendance de plus en plus marquée du premier Consul à vouloir gouverner seul et le caractère particulièrement soldatesque de cette autorité, avaient froissé l'opinion et donné une sorte de regain de popularité au tribunat, si déconsidéré par le coup d'État de Brumaire.

Or, cette opposition avait le don d'exciter la colère du premier Consul. Mais, comme il ne se sentait pas encore assez fort pour la briser, il tenait à l'atténuer. Pour cela, il avait besoin du concours de Lucien. Il lui fit donc bon accueil à son arrivée, ne souffla mot de leurs divergences de vue et se contenta de lui donner des conseils, à propos de l'emploi des capitaux provenant de la vente des diamants.

« J'aurais bien fait de les suivre, ajoute Lucien. »

Par contre, le Consul pria son frère de renoncer à la place de conseiller d'État qu'il sollicitait et d'entrer au tribunat, où il serait le rapporteur indiqué des projets de loi importants sur le concordat et la Légion d'honneur, alors en préparation.

Lucien accepta. Il voyait dans cette position la possibilité de ressaisir l'influence que son absence lui avait fait perdre et de partager avec son frère ce pouvoir à la conquête duquel il allait l'aider.

Sur ce point, Lucien devait se tromper. Il n'était et ne pouvait être qu'un instrument, destiné à être brisé comme les autres, le jour où il ne serait plus dans la main du chef du pouvoir exécutif.

Il s'en aperçut à la première divergence de vues qu'il eût avec son frère. La question de l'aliénation de la Louisiane fut le point de départ. Elle donna lieu à deux scènes curieuses, le *quos ego de la baignoire consulaire* et la *Tabatière cassée*.

La rétrocession de la Louisiane à la France avait été

et d'objets d'art divers dont ce frère de Bonaparte était possesseur, et l'on aura un aperçu de l'importance des sommes qu'il avait pu rapporter d'Espagne.

la plus épineuse de mes négociations, par la nature des obstacles qu'on m'y avait opposés. Le principal était l'attachement du bon roi Charles IV pour cette belle et bonne colonie. Je tenais à glorieux profit de les surmonter, par la double raison que le premier Consul m'en avait fait une condition *sine quâ non* de la ratification de mon traité et que je désirais attacher mon nom à cette reprise de possession, surtout dans l'intérêt de cette République consulaire que, soit dit encore en passant, je m'enorgueillissais d'avoir contribué à établir et dont je ne me suis jamais consolé d'avoir vu si vite la fâcheuse évaporation et surtout la transformation en Empire, purement et simplement despotique.

Combien d'amants de la sage liberté, dont la passion pour elle égalait mais ne surpassait point la mienne, m'ont cependant considéré comme complice, au moins approbateur, de cette apostasie de mon glorieux frère, apostasie dont les conséquences furent si tristes pour moi !

Oh ! non, malheureusement, Bonaparte, le grand général républicain, ne demeura pas inébranlable sur le terrain des idées philosophiques et humanitaires, premier culte de la jeunesse et de son âme naturellement libérale. Ces idées étaient pourtant si profondément gravées en lui, que je puis affirmer avoir été mille fois témoin des efforts qu'il dut faire pour s'affranchir des habitudes qui tendaient à l'y ramener avec la même sincérité, et j'avoue qu'elle me coûte, puisque, pour justifier mon frère du changement qui s'opéra en lui, je dois accuser le penchant de la majorité de mes compatriotes à se soumettre au despotisme ; je dois ajouter que, pour amener un tel résultat qui eût été bien pire avec une tête moins fortement organisée que celle du premier Consul, il a fallu les assauts continuels qu'une tourbe d'adulateurs improvisés lui livra dès l'aurore de son élévation au pouvoir, gens, la plupart de haute portée intellectuelle ou de personnelle vaillance, mais flétris sans doute à leurs propres yeux, par une égoïste et basse ambition qui préférait les honneurs serviles et puérils de la cour d'un Maître absolu, à la sage et austère représentation d'un suprême Magistrat populaire.

Malgré ma profonde estime pour l'admirable caractère de l'illustre Washington, je pense qu'il est permis de supposer qu'il eût eu quelque peine à se défendre de l'entraînement auquel mon frère n'a pas voulu ou su résister, si tous les vaillants compagnons d'armes du héros américain, les fonctionnaires civils, ses égaux enfin dans la fondation de la République américaine, se fussent trouvés d'accord pour substituer la couronne royale ou impériale à la toge présidentielle du moderne Cincinnatus.

Quant aux détracteurs de la révolution de Brumaire, accusée d'avoir enfanté le désastreux despotisme de l'Empire, je ne cesserai de leur répéter que cette accusation est aussi injuste que le serait celle qui attribuerait en les lui reprochant, les atrocités du règne de la Terreur, à cette Assemblée constituante de 1789, si pleine de lumières, de patriotisme et d'un désintéressement héroïque en faveur des peuples opprimés.

Pour moi, si je n'ai pu m'opposer que faiblement, j'en conviens, aux entreprises liberticides du premier Consul, ma qualité de frère, et surtout mon dédain des faveurs que d'autres ont retirées de ce *matricide natal*, m'absolvent au tribunal de ma conscience.

Pour revenir à la Louisiane, le premier Consul m'avait fort encouragé, et, pour ainsi dire, *éperonné* à conclure ce traité à sa satisfaction.

« Surtout par-dessus tout, ne lâchez pas la Louisiane, m'écrivait-il ; attachez-vous à cette belle crinière, bien que vous soyez assez bon écuyer, comme pourrait le faire un cavalier de peu d'expérience. »

Ainsi avais-je fait ; l'on convint assez généralement et je dus trouver moi-même que le succès s'en était suivi. Ce n'est pas que je prétendisse y voir *le brillant fleuron de ma couronne diplomatique*. Le perfide Talleyrand qui croyait avoir alors des motifs de me flagorner, voulait bien qualifier ainsi cet appendice de mon traité. Les ambitieux de cette trempe courtisanesque éhontée sont outrés dans leurs éloges, autant qu'audacieux dans leur retraite, quand le vent de la puissance et la roue de la fortune ont changé ! Il ne m'aurait fallu que l'expérience de ce temps-là pour me dégoûter du métier de souverain ! Il oblige par sa nature à s'entourer de cette luisante et rampante engeance ou plutôt on la voit naître et pulluler sous le manteau des rois, comme la vermine sous les haillons de la misère !

Cependant il était écrit que cette Louisiane, une des principales jouissances de ma jeune diplomatie, deviendrait un élément bien orageux pour nos rapports de famille. C'est ce que je vais retracer avec quelques détails, ne fût-ce que pour y substituer épisodiquement la vérité à la fable, au sujet d'une certaine tabatière dont l'opinion parisienne s'occupa pendant quelque temps et qui, dans la suite, préoccupa de petits auteurs dans de petits écrits prudemment abrités sous l'anonyme. J'eus, dans les commencements de ma carrière politique, la naïveté de les vouloir connaître; mais ces honteuses calomnies, tant sur moi que sur les miens, finirent bientôt par m'inspirer encore plus de dégoût que d'indignation.

La belle Louisiane enflamma donc ou mit au prises les passions de trois d'entre nous, Joseph, le premier Consul et moi. Joseph, avec grande raison dans le fond, sinon avec grande sagesse dans les formes, se laissa aller à deux des plus violents accès de colère que sa nature comporte. Mais comme l'une de ces scènes se passa entre lui et le premier Consul, après ce qui eut lieu entre nous trois, c'est par ce qui nous regarde tous les trois que j'entre en matière.

Je souscris d'avance à tous les torts que le lecteur jugera à propos de m'attribuer en cette affaire, soit dans l'action, soit dans l'intention, me bornant à confesser que si je ne fus pas moi-même, aussi sévèrement sage que je le serais peut-être actuellement dans une telle position, ce fut moins par l'irritation de l'amour-propre du diplomate blessé que par la vivacité bien ou mal entendue de mon patriotisme alarmé de tout ce qui me semblait se préparer dans l'esprit du premier Consul, contrairement à mes idées politiques, c'est-à-dire républicaines.

C'était un jour de première représentation au Français. Pour y assister, j'étais revenu du Plessis où je ne portais habituellement que des habits de chasse ou tout à fait de campagne. J'avais dû rentrer pour m'habiller. Je vis avec étonnement la voiture de Joseph stationnée dans ma cour, et j'appris en montant l'escalier que, sachant mon projet d'aller au Français, Joseph avait dit au portier qu'il venait pour m'attendre et y aller ensemble.

A peine fus-je entré dans le salon où *Monsieur Giuseppe*, m'avait dit mon fidèle espagnol Pédro, se promenait de *largos en largos*, depuis une demi-heure :

« Enfin te voilà ! s'écria mon frère, j'avais peur que tu ne vinsses pas. Il s'agit bien d'aller au spectacle ; je viens t'apprendre une nouvelle qui ne te donnera pas envie de t'amuser. »

Ma première idée fut que notre mère était tombée malade. Mais l'imagination, non moins rapide observatrice que vive et vagabonde, me rassura bientôt, car si l'expression du visage de mon frère était altérée, je vis bientôt que ce n'était point par un chagrin de cœur.

Poursuivant du même ton, Joseph, répondant à ma question : « Dites donc vite, de quoi s'agit-il ? » me dit :

« Non, tu ne le croiras pas, c'est pourtant vrai. Je te le donne en mille ; le général (nous appelions encore Napoléon de la sorte), le général veut aliéner la Louisiane.

— Bah ! qui la lui achètera ?

— Les Américains. »

Je restai un moment ébahi.

« Allons donc ! s'il pouvait le vouloir, les Chambres n'y consentiraient pas.

— Aussi compte-t-il se passer de leur consentement. C'est ce qu'il m'a répliqué quand je lui ai dit, comme toi à présent, que les Chambres n'y consentiraient pas.

— Comment, il vous a réellement dit cela ? C'est un peu fort ! Mais non, c'est impossible. C'est une fanfaronnade vis-à-vis de vous, comme l'autre jour au sujet de Bernadotte.

— Non, non, insista Joseph, il parlait fort sérieusement, et, qui plus est, il m'a ajouté que cette vente lui fournirait les premiers fonds pour la guerre. Sais-tu que je commence à croire qu'il aimera beaucoup trop la guerre? »

Avouons aujourd'hui qu'en parlant ainsi, Joseph n'était pas téméraire. Mais alors, ni Joseph, ni moi, ni, je crois, personne de tous ceux qui s'occupaient de l'avenir de la France, n'arrivions à le prévoir tel qu'il ne tarda guère à se manifester.

Nous nous entretînmes assez longtemps du petit coup d'État qui nous semblait excéder en prépotence tout ce qui s'était accompli sous la Convention et le Directoire.

« Cela, disait plaisamment Joseph, va se passer sous le petit bon plaisir de mon jeune puîné. »

Je doutais, quant à moi, de l'exécution, mais n'allais pas, comme Joseph, jusqu'à croire qu'il y avait de quoi faire une révolution, dont la moindre catastrophe eût été de nous faire déporter.

« D'ailleurs, disais-je, si le premier Consul a réellement cette incroyable fantaisie de vendre la Louisiane, après tout ce qu'il a fait pour l'avoir et la nécessité dont il a toujours dit qu'elle est pour nos intérêts coloniaux et même pour notre dignité nationale, comme il ne pourra, quoi qu'il en dise, se dispenser de l'autorisation des Chambres, les Américains, de leur côté, n'en voulant pas sans cette clause, nous aurons toujours le temps de le prévenir de notre opposition parlementaire, motivée sur le mauvais effet que la seule proposition d'aliéner une annexe de cette importance ne manquerait pas de produire sur l'opinion, et, s'il le faut, nous lui parlerons du danger auquel il exposerait tous ceux de son nom. Il doit bien savoir que, quand l'opinion est entraînée, il n'y a pas loin du Capitole à la roche Tarpéienne.

— Sans doute, à un autre que lui, interrompit Joseph, on pourrait dire (si ce n'est pour toi, que ce soit pour nous); mais nous sommes le cadet de ses soucis, tous tant que nous sommes.

Il m'a dit plusieurs fois: « Je n'ai pas d'enfants : vous dites, vous autres, que je ne puis en procréer. Joséphine, malgré toute la bonne volonté qui lui est restée, n'en aura plus, je crois, à son âge, quand même elle voudrait s'en laisser faire par d'autres.

« Ainsi, après moi, le déluge! Vous vous battrez où l'on se battra sur mon tombeau comme les successeurs d'Alexandre. »

Je n'ignorais pas cette disposition d'esprit du premier Consul, l'ayant entendu dire à peu près la même chose, moitié riant, moitié plaisantant, devant Joséphine elle-même, et cela sans se gêner le moins du monde, en présence de Murat, Davoust, Lannes, Duroc, Savary et peut-être quelques autres. Je me souviens qu'une fois, pour remédier au mal que m'avait fait mon frère auprès de sa chère femme, en lui communiquant ma dépêche confidentielle au sujet de la petite infante d'Espagne [1], dona Isabelle, je répliquai au Consul, mais en m'adressant à Joséphine : « Allons, ma sœur, prouvez au Consul qu'il se trompe, et donnez-nous vite un petit Césarien.»

---

1. Ceci fait allusion à une dépêche diplomatique *extrêmement* confidentielle de Lucien, ambassadeur d'Espagne, au premier Consul, où il lui communiquait, comme c'était son devoir, une ouverture que lui avait faite la reine, femme de Charles IX, insinuant qu'elle donnerait volontiers sa plus jeune fille, l'infante dona Isabelle, depuis reine de Naples, en mariage au premier Consul. *(Note de Lucien.)*

« Oui, n'est-ce pas, pour qu'il finisse de la même manière que celui d'Alexandre! Croyez-moi, messieurs, au temps qu'il court, il vaut mieux n'avoir point d'enfants, j'entends quand on est condamné à régir des peuples. » Singulière sortie qui, alors, m'étonna plus qu'autre chose. J'ai pensé depuis qu'il songeait apparemment aux ennemis qu'en cas de sa mort il laisserait à ses enfants.

Le premier Consul, en cette occasion que Joseph me rappelait alors, avait parlé bien plus longuement dans le même sens, sans qu'aucun des généraux et aides de camp eût proféré une parole. Joséphine seulement, riait de temps en temps et semblait me savoir gré de mon Césarien. Ceux qui ont dit que Napoléon n'était pas communicatif pensent avoir dit la vérité; mais je puis certifier que le premier Consul Bonaparte parlait beaucoup, souvent et très bien, quelquefois pas trop bien, surtout en italien, comme il arriva toutes les fois qu'il crut devoir pérorer dans la réunion des membres de la Consulte Cisalpine, dont il fut le créateur et le destructeur.

On a pu juger qu'à l'époque où j'en suis de mes souvenirs, Joseph n'avait pas besoin d'être stimulé en fait d'opposition. Aussi, me dit-il fort résolument que le rôle de franche et courageuse opposition nous était tout à fait commandé dans cette circonstance.

« Mais cependant, m'ajouta-t-il en se ravisant, si notre cher frère se met en tête, comme il le dit, de vendre cette colonie de la Louisiane avec aussi peu de cérémonie que feu notre père en aurait pu mettre à vendre notre belle vigne *della sposa*, et que par conséquent les Français de cette même Louisiane viennent à s'éveiller un beau matin bons républicains d'Amérique, de Français qu'ils étaient encore la veille, que diront-ils ou plutôt que feront-ils?

— Ah! qu'à cela ne tienne, répondis-je à Joseph, si je suis persuadé qu'ils en parleront beaucoup, je le suis encore plus qu'ils ne feront rien, ces braves gens, et que la plupart d'entre eux ne seront pas fâchés d'appartenir à un gouvernement qui, certes, ne les vendra pas de sitôt.

— C'est fort bien; mais la métropole sera-t-elle aussi contente?

— La métropole? Je conviens qu'elle n'y gagnera pas autant; mais croyez qu'elle avalera sa pillule sans contorsions et la digérera, s'il est possible, encore plus tranquillement, si d'ici là surtout le général continue d'être heureux à la guerre. S'il se laissait battre, ce que je ne crois pas, ce serait autre chose : ceci, cela... puis encore ceci... et beaucoup d'autres choses...

— Seraient, interrompit Joseph, autant de verges pour nous battre tous tant que nous sommes, nous qui n'en pouvons mais. Aussi parbleu, avant d'en venir là, il doit m'entendre, monsieur Napoléon!... »

Ce nom de Napoléon n'avait frappé mon oreille qu'en parlant de notre frère l'officier d'artillerie, dans mon enfance, et quelquefois de la part de notre mère qui l'italianisait *Napolion*, ce que le premier Consul ne pouvait entendre sans s'impatienter.

En résumé de cette conversation, nous nous trompions tous les deux, moi supposant que le premier Consul n'oserait pas vendre ma chère Louisiane, sans la coopération des Chambres et n'y admettant que peu ou point de danger pour lui et pour nous, en cas toutefois qu'il continuât à être heureux dans les guerres qu'il méditait, Joseph croyant le contraire, c'est-à-dire qu'il le ferait comme il le disait sans les Chambres, et redoutant suivant moi exorbitamment les désastres qui pourraient en résulter pour notre famille, par le mécontentement de la nation.

Il s'était fait tard. Le projet de spectacle était abandonné, minuit sonnant à ma pendule. Pedro nous apporta le chocolat, usage espagnol que j'avais adopté pendant mon ambassade, tout en le critiquant d'abord. Joseph, pour cette fois, me tint compagnie, et nous nous séparâmes non sans être convenus que, moi le premier, j'irais le lendemain matin faire une visite au premier Consul qui, jusqu'à ce jour, n'avait pas encore renoncé à nous voir familièrement, ainsi que dès lors il commença à ne plus nous recevoir qu'à l'heure fixée par lui.

Il fut arrêté que Joseph me suivrait d'assez près, sans avoir l'air de nous être concertés ensemble, que je ne devrais pas prendre l'initiative de la vente en question, mais attendre que le Consul m'en fît lui-même mention. Dans le cas où il me demanderait si Joseph m'en avait parlé, j'étais autorisé à lui dire qu'il l'avait fait et même m'en avait paru alarmé. Jusque-là, tout ce que je jugerais à propos d'ajouter ou d'objecter, suivant ce que le Consul me dirait, était remis à mon jugement.

Depuis, toutes les fois que j'ai réfléchi à l'importance si inutile que nous mettions, Joseph et moi, à empêcher ce qu'avait résolu notre frère, je me suis toujours dit que nous avions en réalité renchéri sur la création hyperbolique qui ne suppose qu'une *mouche du coche* se flattant, grâce à ses efforts, de le *mettre enfin dans la plaine*, puisqu'en cette occasion il nous était réservé d'en présenter deux au lieu d'une, bien entendu.

Ce ne fut pourtant pas dans cette idée de mon insuffisance que je m'endormis, bien au contraire. Plus mouche du coche que jamais, comme sans doute aussi Joseph de son côté l'était lui-même, je repassai, arrêtai, modifiant tour à tour mes motifs les plus convaincants pour faire renoncer le Consul sinon à son projet d'aliénation de la colonie, au moins à celui de n'en pas occuper les Chambres, toujours plus persuadé que j'étais par la réflexion que la discussion finirait dans le sens que je désirais. Il n'est pas besoin de faire observer que pour raisonnablement nourrir cette espérance, les Chambres n'étaient point encore arrivées à ce degré, je ne dirai pas de servitude, puisque le mutisme qui leur fut imposé depuis prouve assez que le despotisme naissant ne les trouvait pas assez peu indépendantes, non, il y avait encore des voix énergiques et l'on ne peut que les accuser de n'avoir pas remporté la victoire au sein d'une majorité déjà corrompue par l'espoir des faveurs qui, en effet, n'ont pas tardé d'être le partage de ces dociles muets. Madame de Staël a dit une grande vérité : « Rien ne favorise plus l'établissement du pouvoir absolu qu'une représentation nationale imparfaite. »

Je crois encore fermement aujourd'hui que si le projet du Consul eût été soumis aux Chambres, il aurait été rejeté à une très grande majorité ; car enfin que pouvait-il nous arriver de pire, en cas de sacrifices nécessaires pour avoir la paix, si nous étions en guerre avec les Anglais, ou tout autre gouvernement, que de céder une de nos plus belles colonies pour dix-huit millions ?

C'était sur cette manière d'envisager l'abandon projeté que je fondais la plus grande probabilité du succès de notre opposition. Ces dix-huit millions me semblaient d'ailleurs, comme je le trouve encore aujourd'hui, après tant d'années, une compensation misérable, pitoyable, faite, en un mot, pour déconsidérer un gouvernement quel qu'il fût, ce dont, au reste, le Consul était aussi convaincu que moi, et c'était bien la raison qu'il avait de vouloir traiter le plus occultement possible cette méchante affaire.

Les Américains, de leur côté, ne tenaient pas plus que le vendeur à occuper à ce sujet l'opinion européenne, en général, mais surtout la diplomatie anglaise, avant la cession complète, et, s'il se pouvait, la prise du pays qu'ils convoitaient déjà au moment où j'en traitais, et où elle avait vainement tenté de troquer de vitesse avec moi pour l'emporter dans les conférences secrètes. On a vu qu'à cet égard j'avais eu beaucoup à m'applaudir des efforts que j'avais faits pour captiver le bon vouloir du prince de la Paix, en faveur des idées de mon gouvernement. N'oublions pas que le premier Consul m'avait autorisé, confidentiellement il est vrai, à faire comprendre que cette cession de la Louisiane à tout autre qu'à nous serait aussi considérée par nous comme un *casus belli*.

Le lendemain matin, plein de toutes ces idées que la fraîcheur de tête, compagne du premier réveil, ne me fit paraître que mieux fondées en raisonnement péremptoire, je me rendis aux Tuileries où je fus immédiatement introduit chez mon frère qui venait de se mettre au bain. Je le trouvai d'excellente humeur. Il commença par me parler de la première représentation à laquelle il avait assisté, étonné et fâché que nous n'eussions pas été le rejoindre, d'abord parce que Talma qu'il aimait beaucoup, comme on sait, et en cela nous avons été d'accord, s'y était montré sublime ; « et puis, ajouta-t-il avec beaucoup de bonhomie, vous auriez pu juger que les Parisiens me voient toujours avec plaisir. En vérité, je ne me flattais guère de leur devenir jamais aussi sympathique, quand je fus obligé de les mitrailler en vendémiaire. Pauvre cul-de-sac Dauphin ! J'ai vu depuis ce temps-là bien des champs de bataille d'une autre dimension ; eh bien ! celui-là, au milieu de Paris, sur des Français, j'en fais quelquefois de mauvais rêves. Mais, pour parler de choses plus gaies, vous savez ce qu'ils ont dit à ce sujet, nos pauvres badauds ? Rien que de très simple et matériellement vrai, mais c'est drôle pourtant : « c'est que ce n'est pas un cul-de-sac, « cette rue ainsi nommée, puisqu'elle mène droit aux « Tuileries. »

— Aussi, mon cher frère, n'avez-vous pas tardé à le prouver encore plus positivement en allant vous y installer.

— C'est ce que je voulais dire, vous pensez bien. Ah ! les drôles de gens ! sont-ils légers, oublieux ! C'est mieux comme ça.

— Oui, me permis-je d'ajouter, le bien, le mal, tout cela s'oublie à peu près dans la même proportion ; on pourrait croire que les eaux de la Seine ont la même propriété que celles du Léthé.

— Ah ! ah ! vous êtes donc toujours incliné vers la poésie? Je l'approuve fort ; je serais fâché de vous y voir renoncer tout à fait pour la politique.

— Je crois, répondis-je, que l'une n'empêche pas l'autre. Sans parler des rois David et Salomon qui, ceux-là sans doute étaient poètes, vous-même, citoyen Consul, la poésie n'avait-elle pas commencé à vous charmer? Ne fut-elle pas comme la première soupape échappatoire des flammes de votre génie? Presque tous les hommes d'État, j'en excepte les financiers, ont commencé par être poètes. Encore lisais-je précisément, il y a quelques jours, que le fameux économiste Turgot se vantait d'aimer beaucoup la lecture des romans. »

Je ne sais par quelle raison, mais je me souviens encore avec étonnement que cette citation de Turgot ne lui fut pas agréable.

« Bah! me dit-il, Turgot! Turgot! » et cela d'un air si singulièrement rechigné que je me hâtai de dire, ce qui était vrai, « que si le citoyen Consul avait voulu s'occuper de poésie, il y aurait brillé comme en tout ce qu'il a entrepris et pourrait entreprendre. »

Ah! bien oui, la poésie! Et le temps, le temps, mon cher Lucien? Et puis est-il vrai que vous vous souvenez de mes premiers essais?

— Je crois bien que je m'en souviens. Votre relation de notre curé de Gualdo nous charmait tous dans la famille, et dans le pays nos beaux esprits, par exemple, les Pozzo di Borgo, les Barbéri et autres bons roturiers, comme disait notre oncle l'archidiacre Lucien. Combien de fois ne leur ai-je pas lu moi-même avec délices et orgueil, car j'étais plus jeune qu'eux tous, ces braves gens-là, précisément votre curé de Gualdo! Il fallait qu'à ma sortie du grand séminaire de Marseille je leur parusse un petit docteur; car, non seulement ils avaient l'air de tomber en admiration devant vos œuvres, citoyen Consul, mais les miennes aussi que je ne leur épargnais pas, je vous assure, semblaient les charmer, et ils me consultaient tous sur leurs compositions littéraires, car ils étaient tous poètes aussi dans ce pays-là, ces bonnes gens. »

Nous parlâmes encore un peu de la Corse, pour laquelle je m'aperçus que mon frère n'avait pas le même amour filial que moi, ce qui était tout naturel ; il en avait été presque toujours absent, et ses idées de fortune ou d'ambition quelconque s'étaient toujours tournées du côté de la France. Tout à coup, il me dit :

« A propos de Corses d'un certain mérite, savez-vous que notre Paoli en valait bien un autre? »

Fort peu satisfait de cette sorte d'éloge de notre grand Paoli, je répondis sans hésiter :

« C'est-à-dire que des centaines, des milliers de gens qui ne sont pas plus bêtes que moi, par exemple, si vous voulez bien l'admettre, ne le valent réellement pas à mes yeux, mon cher frère...

— Tudieu! quel enthousiasme? là, là, calmez-vous? Ne dirait-on pas que je vous ai dit du mal de votre *Babo*[1] ?

— Pas précisément, mais je trouve que le jugeant aussi honorablement que vous le faites, les autres appréciateurs de son mérite trouveraient comme moi, s'ils vous entendaient, qu'*en valoir bien un autre* ne serait pas suffisant pour en donner l'idée qu'il mérite.

— Pourquoi donc? Si c'était moi, par exemple, dont j'entendisse parler par cet autre?

— En ce cas, je baisse pavillon et reconnais que vous ne pouviez porter sur Paoli un jugement plus favorable.

---

1. Surnom de Pascal Paoli.

— Infiniment sensible et reconnaissant, à mon tour, de votre compliment, citoyen Lucien. »

Ceci fut dit d'un ton ironiquement aimable.

« Ah! mon frère, quel dommage que notre grand homme, notre patriarche de la liberté, ait préféré l'Angleterre à la France!

— Il l'a jugée sévèrement, la France, malgré la réception aussi enthousiaste qui lui a été faite. C'est une ingratitude qui ne constituera pas le plus beau chapitre de son histoire.

— Il ne faut pas le juger au point de vue français, mais à celui d'un Corse pour qui la liberté est le premier des biens. De bonne foi, pouvons-nous lui reprocher d'avoir préféré pour le gouvernement de son pays la Constitution anglaise à celle du despotisme ou de l'anarchie? Car il n'aimait pas plus l'un que l'autre.

— Alors, pourquoi l'avez-vous abandonné?

— Parce que moi, mon frère, aussi bien que vous et Joseph, nous préférions la France à l'Angleterre. La Constitution...

— La Constitution! la Constitution! à propos de ça, avez-vous jamais pu vous procurer une copie authentique du projet que Jean-Jacques avait présenté à Paoli pour la Corse?

— Je n'en ai même jamais entendu parler.

— C'est une chose positive. L'abbé Raynal m'a dit (je l'ai connu cet abbé Raynal[1], il était vieux), il m'a dit que ce plébiscite qu'il connaissait, lui, était un salmi-

---

[1]. L'abbé Raynal est mort à 84 ans. Ainsi il n'est pas étonnant que le lieutenant d'artillerie Bonaparte l'ait connu.
Le reste de la phrase nous paraît un peu aventuré.
(*Note de Lucien*).

gondis où la plupart des principes dits libéraux étaient sacrifiés.

— C'est étonnant de la part de Jean-Jacques, non moins que de celle de l'abbé, dont j'ai entendu dire qu'en vieillissant les idées démocratiques, un peu trop exagérées dans sa jeunesse, s'étaient modifiées avec l'âge. C'était du moins l'opinion de Paoli.

— Cela vous prouve, mon cher Lucien, que Paoli n'était pas aussi jacobin que vous.

— Sous ce rapport, mon frère, répondis-je fort sérieusement, permettez-moi de vous dire que je ne me suis jamais éloigné le moins du monde de votre opinion. Votre manière de penser en politique a été la mienne. Nous avons été ensemble bons et sincères républicains, vous, glorieusement, à la tête de vos troupes, moi, dans nos assemblées populaires ou à la tribune parlementaire. Si donc vous m'appelez jacobin dans ce sens-là, qui est le seul qui me convienne, à la bonne heure, je ne proteste pas contre; mais je vous prie de ne pas m'assimiler à certaines espèces de jacobins de l'époque actuelle que je n'aime pas plus que vous et qui le savent bien. »

Si je n'eusse pas été occupé de l'affaire de la Louisiane dont j'attendais qu'il entamât le chapitre, je ne me serais pas contenté de réfuter son accusation de jacobinisme avec autant de modération, et je l'aurais franchement et peut-être durement interpellé au sujet des propos qui lui étaient attribués sur une de mes prétendues lettres du temps de la Terreur, assez mauvais tour qu'il m'avait joué avec ou sans intention de me faire tort, mais qu'il était peu dans ma nature irascible, comme il disait, de supporter patiemment. Craignant de me laisser entraîner par la gravité d'une pareille explication, je préférai ce que l'on appelle peloter avant partie sur toute autre matière de conversation, et revenant à Paoli, chacun dans notre sens, et lui sans doute plus froidement que moi, bien que toujours plus convenablement, car au fond je crois qu'il l'estimait autant, je lui rappelai, ce qui était vrai, que je l'avais entendu dire en mainte occasion que « Paoli était un grand homme sur un petit théâtre, et que c'était dommage étant un de ces rares génies propres à la régénération des peuples avilis. »

— Oui, sans doute, mon cher, j'ai dit tout cela; mais nous n'en sommes plus à ces sortes de professions de foi, et puis en réalité, toutes ces idées d'indépendance nationale pour une petite île comme la Corse, qu'est-ce que cela fait dans la balance universelle?

— Eh! mais, ne fût-ce que pour entretenir le feu sacré de la liberté dans un petit coin du monde. Croyez bien que l'influence de nos braves montagnards, préférant la liberté aux richesses émanant du despotisme d'un seul, n'a pas été perdue pour l'humanité en général.

— Je le veux bien, oui, je le veux bien : j'ai eu aussi ces idées-là : elles me reviennent encore quelquefois; mais je les étouffe, car plus j'ai vécu loin de ce bon Paoli, plus j'ai compris que les hommes ne sont pas nés pour être libres.

— En êtes-vous donc venu à croire qu'il soit mieux pour l'humanité que la liberté reste le partage exclusif d'un seul homme qui en userait envers et contre tous, avec de bonnes intentions, même si vous voulez, en faveur de l'humanité, mais toujours avec sa pleine liberté de volonté? En un mot, voulez-vous d'un seul roi comme d'un seul Dieu?

— Ah! vous voilà tombé dans la métaphysique, de

cela je ne me suis jamais piqué : l'étude des mathématiques m'a de plus en plus éloigné de cette science, si c'en est une.

— Je n'y suis pas assez versé pour la défendre contre vous.

— J'aurais eu plus de goût, comme vous dites fort bien, pour la poésie. Puisque vous vous souvenez de notre curé de Gualdo, oui, j'en conviens, ce n'était pas mal ; il y avait peut-être plus que de la poésie ; cela sentait son patriotisme, n'est-ce pas ? Allons, convenez-en, citoyen Lucien, vous qui depuis êtes devenu connaisseur. Vous en souvenez-vous bien ? Pour dire vrai, moi, par exemple, j'ai un peu oublié toutes ces choses-là.

— Moi, je les ai encore très présentes, je vous assure, citoyen Consul, et je me souviens aussi d'une autre production de votre plume ; au milieu de plusieurs autres, elle me paraissait très remarquable.

— Ah ! ah ! laquelle donc ? de quoi s'agissait-il ?

— C'était du parallèle à établir entre Apollonius de Thyane et...[1].

— Ah ! bon Dieu, Lucien, n'achevez pas : il est bien question de ces sortes de thèses au temps où je suis arrivé. Oubliez-moi cela bien vite, plutôt que de le rappeler. Il y aurait de quoi me brouiller avec Rome sans retour, à moins d'une rétractation publique. Jugez, la belle affaire ! Et mon Concordat, Lucien, qui est un

---

1. Pour les lecteurs qui ne se souviendraient pas de ce qui concerne Apollonius de Thyane, comme il ne nous appartient pas d'effleurer même tant soit peu ce grave sujet, nous les renvoyons au dictionnaire historique, ou, si l'on veut, à l'histoire de l'abbé Louis Dupin, *Réfutation des fables ou des erreurs de Philostrate et de Hiéroclès.* (*Note de Lucien.*)

peu le vôtre aussi[1], tout catholique qu'il est et romain pur encore, ne serait plus que l'œuvre de Belzébuth.

— Mais cependant, autant que je m'en souviens, c'était une thèse historique, soutenue en faveur de l'abbé Dupin, confutation des anciennes fables attribuées à Apollonius.

— Mais non, mon cher, c'est tout le contraire. Vous ne l'avez pas lu, ou vous confondez. »

Je dus convenir qu'en effet j'avais eu connaissance de cette œuvre fort superficiellement, que le titre seul m'en avait frappé, et m'avait fait méditer comme étant d'une grande portée philosophique.

— Oui, vous avez raison, mais je n'en suis pas moins contrarié que ce coquin de Fréron, notre ami et celui de Joseph donc! à qui j'eus dans le temps ce petit amour-propre de confier le manuscrit, ne me l'ait pas rendu, bien qu'il ait prétendu le contraire. S'il l'a gardé en me le niant, ce ne doit pas être sans dessein d'en user à l'occasion. Machiavel a raison, il faut toujours vivre avec ses amis dans la pensée qu'il peuvent devenir vos ennemis. Il aurait dû dire avec tout le monde. »

Je ne répliquai pas à cette adjonction ultra-machiavélique. Mais on pense bien que je fis comme le perroquet de la fable qui, ne parlant pas, avait pourtant dit qu'il n'en pensait pas moins, avec cette différence qu'en parlant il ne pensait réellement pas, et que c'était moi qui pensais et même assez sérieusement, sans parler. Ce qui m'occupait aussi, c'est que le Consul continuant à m'exprimer sa défiance sur Fréron, au sujet de la

---

1. Lucien avait été rapporteur au tribunat de la loi sur le Concordat. (*Note de Lucien.*)

retenue de son manuscrit sur Apollonius, je voyais s'éloigner de plus en plus de son idée le sujet sur lequel il était convenu avec Joseph que je devais attendre d'être interpellé.

N'étant donc pas dans le cas de diriger moi-même la conversation sur ce chapitre, je trouvai à propos de le tranquilliser sur la retenue de son œuvre par Fréron, lui disant, ce qui était la vérité, que peu de temps avant le départ pour Saint-Domingue, le même Fréron, m'ayant lui-même parlé de ce parallèle avec Jésus-Christ, il me demanda si je savais ce qu'était devenu le manuscrit, « lequel, m'avait-il ajouté, il avait lui-même remis en main propre à son auteur, avec d'autres écrits de sa composition sur lesquels il me faisait l'honneur de vouloir connaître mon opinion.

— Oui, me répondit le Consul, je me souviens bien de l'avoir consulté comme bon littérateur, car il l'était plus que vous et moi. Je me rappelle aussi qu'il m'a remis des papiers que je l'avais prié d'examiner. Mais je suis aussi très certain que le jour où je me décidai à brûler tout le fatras de ma jeune littérature, à quelques exceptions près, je cherchai vainement mon Apollonius sur lequel il me vint l'idée de jeter un dernier regard paternel. Son absence dans le dépôt ne pouvait donc pas m'échapper. Ce parallèle assez étendu, comme la matière le comportait, était d'ailleurs ce qu'il y avait de plus volumineux dans cette liasse. J'eus le tort de ne pas la vérifier devant Fréron. Au reste, à quoi cela aurait-il servi, si ce n'est, ainsi que c'était présumable avec ce drôle-là, à lui faire mettre plus de prix à ce diable d'écrit auquel il est vrai qu'alors je n'attachais pas plus d'importance qu'à un autre. En tout cas, notre fameux Fréron, aujourd'hui plus pauvre sire que n'a jamais été son père, le voilà en Amérique : bon voyage ! Je doute qu'il y fasse grande fortune, malgré la protection de Leclerc qui, lui aussi, est bon diable de n'avoir pas l'air de se souvenir des prétentions de ce Fréron sur la main et le souvenir de Paulette.

Je savais bien que le général, devenu premier Consul, et même depuis le 13 vendémiaire, ne pactisait plus guère avec Fréron, dont il avait été l'ami pendant le proconsulat de celui-ci, beaucoup plus que Joseph et que moi, au point que le projet de le marier avec notre jeune sœur Paulette était venu du vainqueur de Toulon. La grande jeunesse de Paulette fut la seule cause qui en fit différer et manquer l'exécution.

Cette circonstance, fort présente à mon esprit, m'induisit à dire au Consul que j'avais été moins lié que lui avec Fréron, dont j'avais fait la connaissance beaucoup plus tard, c'est-à-dire dans le temps où « grâce à lui, mon frère, lui dis-je résolument, mais à votre intercession près de lui, je ne fus pas envoyé en prison à Avignon où j'aurais été massacré pour avoir voulu m'opposer à la translation d'une belle statue d'émigré que son collègue Barras avait voulu faire séquestrer à son profit. »

Je ne puis nier que le premier Consul n'*engorgeât* assez bien cette petite réminiscence de ma part, car enfin cette accusation d'intimité qui était la sienne pouvait bien se faire accroire mienne à d'autres qu'à moi, et je fus prêt à lui demander sur quelle herbe il avait marché pour en venir ainsi à moi. Je ne le fis pas et nous en restâmes là.

Il était l'heure à peu près de sortir du bain, et l'on

voit qu'il n'avait pas été question de la Louisiane plus que de l'an quarante. J'en étais fâché, mais plus le dernier moment d'en parler avec développement approchait, plus je retardais de le faire. Le valet de chambre tenait déjà le drap préparé pour en envelopper son maître : j'allais quitter la place, quand Rustan gratta comme un chat à la porte, étiquette introduite depuis quelques semaines, au lieu de l'usage établi généralement chez les particuliers de frapper à la porte, mais qui avait été suggéré, disait-on, aux Tuileries par M. de Rémusat, l'un des préfets du palais, très grave personnage en toutes les puérilités de ce calibre, en souvenir, ajoutaient les frondeurs de la nouvelle cour, de ce qu'il n'avait pas dû connaître à l'ancienne plus personnellement que ceux auxquels il l'apprenait : voilà où était l'épigramme qui n'était pas fameuse, comme on le voit.

Celui pour qui Rustan avait écorniflé ses ongles à la porte de la salle du bain consulaire, était Joseph.

« Qu'il entre, dit le premier Consul, je resterai dans l'eau un quart d'heure de plus. »

On sait qu'il aimait beaucoup à y rester longtemps, quand il ne se trouvait pas d'affaires pressées. J'eus le temps de faire signe au nouveau venu que je n'avais encore parlé de rien, et je le voyais lui-même embarrassé du quand et comment il devait entrer en matière, si notre frère ne lui en donnait pas quelque motif.

Son irrésolution et mes suppositions ne furent pas de longue durée, car tout à coup le Consul dit à Joseph :

« Eh bien, mon frère, vous n'avez donc pas parlé à Lucien?

— De quoi? dit Joseph.

— De notre projet sur la Louisiane, vous savez bien?

— Du vôtre, mon cher frère, voulez-vous dire ? Vous ne pouvez avoir oublié que loin d'être le mien...

— Allons, allons, prêcheur... Mais je n'ai pas besoin de traiter cela avec vous : vous êtes d'un entêtement... C'est à Lucien que je parle plus volontiers de choses sérieuses; car bien qu'il s'avise quelquefois de me contrarier, il sait se rendre à mon avis, Lucien, quand je trouve bon de tâcher de faire changer le sien.

— C'est apparemment, repartit Joseph, si Lucien ne tient pas autant que moi à ses idées avec vous, qu'elles lui sont venues avec moins de conviction ou de méditation qu'à moi : vous avez l'injustice d'attribuer à l'entêtement ce qui est l'effet de sages réflexions.

— Alors, dis-je à Joseph en riant, cela veut dire que Lucien prend ses idées tellement à la légère que la raison le contraint à les abandonner.

— Ah ! mon cher, reprit tout de suite le premier Consul, ne craignez pas qu'on vous accuse de légèreté, on vous appellerait plutôt tête de fer.

— Si c'était en bonne part qu'on voulût bien me nommer ainsi, j'en devrais conclure que ce serait relativement à mon grand frère, le premier Consul, qui, lui, ne pourrait être qualifié que de tête d'or ou de diamant.

— Vous êtes trop modeste et vous me qualifiez trop superbement. Il est vrai que le fer a son mérite.

— J'en conviens tout à fait; aussi est-il vrai que ce n'est pas moi qui le premier ai pensé à ferruginer ma tête. »

Joseph se montrait ennuyé de notre colloque, dont le ton était plus amical qu'autre chose, quand enfin, d'une façon assez brusque, il dit au Consul :

« Eh bien, vous ne parlez pas encore de votre fameux projet?

— Ah! oui, dit le Consul, mais il est tard, et si Lucien veut m'attendre dans mon cabinet avec vous, monsieur le frondeur, je vous rejoindrai bientôt : faites-moi le plaisir de rappeler mon valet de chambre, il faut absolument que je sorte du bain. Sachez seulement, Lucien, que je suis décidé à vendre la Louisiane aux Américains. »

Je crus devoir montrer un étonnement fort modéré de cette prétendue nouvelle pour moi. Sachant bien qu'il me serait fourni occasion d'en montrer davantage, je veux parler de sa volonté de l'aliéner de son plein gré, sans en parler aux Chambres, je me contentai de dire : « Ah! ah! » de ce ton de curiosité indiquant le désir de savoir le reste de ce qui a été commencé plutôt qu'il ne signifie l'approbation ou même le contraire.

Cette indifférence apparente fit dire au premier Consul : « Eh bien, Joseph, vous voyez! Lucien ne jette pas comme vous les hauts cris à propos de ça. Il en aurait pourtant presque le droit, lui; car enfin c'est sa conquête, que la Louisiane. A tout seigneur, tout honneur.

— Moi, je vous assure, repartit Joseph, que si Lucien ne dit rien, il n'en pense pas moins.

— Vraiment? Et pourquoi ferait-il de la diplomatie avec moi? »

Mis en scène d'une manière à laquelle je ne m'attendais pas, et comme on dit, au pied du mur, je ne pouvais tarder à m'expliquer, et, à dire vrai, je n'en étais pas fâché. Mais, comme le Consul ne me demandait pas mon avis sur le fond de la question, qui n'était pas le plus ou moins d'à-propos de la vente, je me contentai de dire, en attendant mieux, qu'il était réel qu'à ce sujet je pensais comme Joseph. « Je me flatte, ajoutai-je du ton que je tâchai de rendre le moins hostile possible, je me flatte que les Chambres n'y donneront pas leur assentiment.

— Vous vous flattez ?... (Ceci fut dit d'un ton et d'un air de surprise significatifs...) C'est précieux, en vérité, murmurait plus bas le Consul, en même temps que Joseph s'écriait d'un air de triomphe :

— Et moi aussi je m'en flatte, et c'est ce que j'ai dit au premier Consul.

— Et que vous ai-je répondu? dit assez vivement notre frère en nous regardant successivement, comme pour que l'expression de nos figures ne pût lui échapper.

— Vous m'avez répondu que vous vous passeriez de l'assentiment des Chambres : n'est-ce pas cela?

— Précisément : c'est ce que j'ai pris la liberté grande de dire à monsieur Joseph, et que je répète ici au citoyen Lucien, en le priant de m'en dire aussi son avis lui-même, abstraction faite de sa tendresse paternelle pour sa conquête diplomatique. »

Qui n'a pas éprouvé soi-même, en position d'en devenir l'objet, cette espèce d'ironie froide, sérieuse, particulière à ce fils de notre père, ne saurait s'en faire une idée. J'en atteste tous ceux qui peuvent en avoir été, je suis tenté de dire, les victimes, si, en définitive et en général, une fois le trait lancé, je ne devais point justement convenir qu'il ne cherchait point, au moins en apparence, à l'enfoncer trop avant dans les régions de l'amour-propre dont la dose nous est plus ou moins départie.

Force me fut, comme à l'ordinaire en pareil cas,

d'engorger cette insistance recrudescente de persiflage, qui, au fait et au prendre dans ce moment-là, ne blessait pas ce même amour-propre dont je ne me suis jamais défendu, et dont la nature est telle que je suis d'opinion qu'il ne faut jamais condamner ceux qui en ont, quand il ne les porte pas à faire des sottises. Hélas ! l'amour-propre, qui n'est autre suivant moi que la partie non matérielle de l'égoïsme, bien entendu, n'est-il pas l'un des principaux moteurs des grandes actions de notre pauvre humanité ? Je n'en excepte que celles fondées sur la pure et sublime morale évangélique, trop souvent oubliée, méconnue ou foulée aux pieds par les intérêts de notre société gangrenée, surtout en ce qui concerne les transactions internationales et autres constituant ce qui s'appelle la politique.

Mon amour-propre donc fut plutôt chatouillé que blessé par la petite épigramme du premier Consul, malgré le ton qu'il y mit et que je viens de définir, puisqu'il était vrai que j'avais eu le bonheur ou l'adresse de réussir aussi bien que tout autre eût pu le faire dans la négociation de la rétrocession de la Louisiane, importante au moins dans le temps, puisqu'elle m'avait été imposée, comme on l'a vu, sous peine de non ratification de mon traité. On sent bien que c'était ce souvenir encore si récent qui faisait mon fort vis-à-vis du Consul, dans l'opposition où Joseph et moi avions résolu de nous engager.

La discussion en serait peut-être restée là à notre grand regret, et nous allions prendre le chemin de la porte, pour laisser le Consul libre de sortir du bain ; il en avait déjà fait le mouvement et le valet de chambre tenait encore son drap étendu, prêt à recevoir son maître et à l'essuyer en l'enveloppant, quand ce maître, se ravisant tout à coup, nous dit assez haut pour nous faire retourner :

« Et puis, Messieurs, pensez-en ce que vous voudrez, mais faites tous les deux votre deuil de cette affaire ; vous, Lucien, pour la vente en elle-même, vous, Joseph, parce que je me passerai de l'assentiment de qui que ce soit, entendez-vous bien? »

J'avoue qu'en présence du valet de chambre je me sentis froissé de cette profession de foi sur un sujet si délicat, et qu'il m'échappa un sourire d'étonnement au moins qui, j'ai lieu de le supposer, trahissait ma pensée et peut-être encore plus que ma pensée du moment, et malgré le silence absolu que je gardai, fut peut-être la cause lointaine ou préparatoire de la tempête qui se formait, non dans un verre d'eau, comme l'on dit, mais bien dans la baignoire de celui qui commençait à faire trembler tous les souverains de l'Europe.

Ce fut Joseph qui fournit la cause *occasionnelle*, pour continuer à parler comme les disciples d'Esculape, du développement de cette tempête, parce que, en réponse à cette affirmation réellement fort inconsidérée de la part du premier magistrat de la République, suivie de son « entendez-vous bien, » Joseph lui dit en se rapprochant de la baignoire :

« Et bien ferez, mon cher frère, de ne pas exposer votre projet à la discussion parlementaire, car je vous le déclare que moi, le premier, je me place, s'il le faut, en tête de l'opposition qui ne peut manquer de vous être faite. »

Je me disposais à appuyer Joseph dans le même sens, si ce n'était d'un ton aussi véhément, quand les éclats de rire plus qu'olympiens du premier Consul arrêtèrent tout à coup la parole sur mes lèvres. Comme ce rire était évidemment forcé, il ne dura pas, et Joseph, devenu rouge de plus en plus de colère et presqu'en bégayant, de dire :

« Riez, riez, riez donc ! Je n'en ferai pas moins ce que je dis, et bien que je n'aime pas à monter à la tribune, cette fois on m'y verra. »

A ces mots, le Consul, se levant à mi-corps de la baignoire où il s'était renfoncé, lui dit d'un ton que j'appellerai énergiquement sérieux et solennel :

« Vous n'aurez pas besoin de vous porter en orateur de l'opposition, car je vous répète que cette discussion n'aura pas lieu, par la raison que le projet qui n'a pas le bonheur d'obtenir votre approbation, conçu par moi, négocié par moi, sera ratifié et exécuté par moi tout seul, comprenez-vous bien ? par moi qui me moque de votre opposition. »

Après ces paroles, le Consul se renfonça tranquillement dans les flots blanchis d'eau de Cologne de sa baignoire. Mais Joseph, du ton de la plus grande colère, dont sa figure très belle paraissait enflammée, lui repartit aussitôt :

« Eh bien ! moi je te dis, général, que toi, moi, nous tous, si tu fais ce que tu dis là, pouvons nous préparer à aller rejoindre dans peu les pauvres diables innocents que tu as si légalement, si humainement, si justement surtout fait déporter à Sinnamari[1]. »

1. On sait que les déportés de Sinnamari étaient innocents du crime de la machine infernale du 2 nivôse de l'an IX de la République, et qu'il fut prouvé, après le coup arbitraire de leur déportation sans jugement, que la conspiration dont la machine fut le résultat était le fait du parti dit royaliste. (Note de Lucien.)

Le coup était rudement frappé. Inutile et muet frondeur de cette scène entre mes deux aînés, je voulais et n'osais m'en éloigner. Je puis dire que je ressentis douloureusement l'atteinte de ces sévères et trop justes paroles pour celui auquel elles s'adressaient. Je n'eus pourtant pas le temps de m'y arrêter, car il s'ensuivit une explosion aquatique dont heureusement je me trouvai à l'abri par ma position un peu éloignée de la baignoire, laquelle explosion avait eu lieu par le soulèvement d'abord et ensuite le replongement précipité du Consul dans sa baignoire, le tout accompagné de ces paroles adressées seulement à Joseph :

« Vous êtes un insolent ! je devrais... »

Je n'entendis pas le reste, et je crois qu'il n'y eut point de suite à ce commencement de phrase. J'observai seulement alors que suivant la différence existant entre les deux caractères, exaspérés, à ce qu'il me semblait, au même degré, la pâleur du Consul contrastait singulièrement avec la rougeur de Joseph ; et me trouvant par mon espèce de neutralité silencieuse au milieu de propos aigres ou offensants, qui s'étaient échangés, comme élevé à la hauteur du rôle de conciliateur, ne voulant pas toutefois en afficher la prétention, je tentai d'arriver à ce but, en ayant l'air de prendre ce qui se passait pour une espèce de plaisanterie, et je citai assez gaiement, d'un accent empoulé, le fameux « *Quos ego...* » de Virgile ; car en effet l'image de Neptune gourmandant les flots déchaînés malgré lui m'était apparue en pensée tant soit peu burlesque, et le « je devrais » du Neptune de la baignoire seul parvenu à mon oreille complétait pour moi en action au moins en parodie la traduction littéraire de la célèbre réticence, premier sujet d'admiration pour les jeunes latinistes. Il est bien entendu que ce n'était qu'à la rébellion comprimée des vents que j'étais censé comparer celle de mon frère Joseph, tandis que je décernais l'honneur de la divinité irritée à qui de droit, ce que chacun comprenait d'ailleurs fort bien.

La scène avait changé d'aspect, ou plutôt elle s'était comme affaissée sur elle-même. Joseph, éclaboussé jusqu'à l'immersion de ses habits et de sa figure, avait reçu en plein individu la *copiosissime* injection. Mais apparemment, la nature de cette onde parfumée avait calmé la colère, qui, chez lui, n'était jamais que superficielle et passagère, car il se contenta de se laisser éponger, essuyer par le valet de chambre, demeuré, à mon grand regret, témoin de cette folie sérieuse entre de tels acteurs. Le pauvre valet s'acquittait avec d'autant plus de zèle du soin de réparer les désastres de la toilette de Joseph, qu'il avait d'abord été à son service, et que même il l'avait quitté non sans peine, pour entrer au service du Consul, bien qu'il y dût espérer et qu'en effet il y gagnât davantage. Joseph donc, comme je disais, infiniment plus calme, se contentait, en se laissant essuyer, de répondre froidement à ma comparaison de Neptune :

« En tout cas, ton dieu est bien fou. »

Mais le dieu désarmé ou voulant le paraître, me dit, en se tournant vers moi et d'un air assez agréable :

« Toujours poète à l'occasion! »

Pendant ce temps le valet de chambre, ayant déposé son drap trempé pour réparer le dommage que son nouveau maître faisait à son ancien, nous causa une émotion assez vive à nous trois, car il tomba tout à coup évanoui, et force nous fut d'appeler au secours. Joseph courut à lui pour tâcher de le relever, moi à la sonnette de la cheminée avec un tel retentissement que Rustan entra tout effaré pour savoir ce dont il s'agissait.

« Emportez-moi ce pauvre homme-là, criait le Consul, ayez-en bien soin, Rustan, et envoyez-moi quelque autre domestique, » qu'il nomma et dont le nom ne me revient pas. Ce tel parut bientôt, et Rustan, aidé de lui, de moi, de Joseph tout mouillé qu'il était, parvint à soulever le pauvre garçon qui commençait à reprendre connaissance et à se soutenir sur ses pieds ; nous le remîmes dans la chambre voisine, espèce d'antichambre, entre les mains d'autres domestiques.

Le valet nouveau venu se mit en devoir de sortir le maître du bain. Je m'offris pour l'aider, mais mon service ne fut pas accepté, et Joseph, dont le désordre n'était pas totalement réparé, bougonnait dans son coin, ce qui décida le Consul à lui dire d'un ton plus froid qu'obligeant, qu'il était le maître d'aller se changer dans son cabinet de toilette ; à quoi Joseph, d'un ton plus froid encore, avait répondu :

— « Je te remercie : je me changerai chez moi. Viens-tu, Lucien ?

— Est-ce qu'il a été aussi éclaboussé ? » demanda le premier Consul.

Je répondis que non.

« En ce cas, Lucien, fais-moi le plaisir d'aller m'attendre avec Bourrienne. J'ai à te parler ; dans un moment je suis à toi. »

Je répondis au Consul que j'attendais ses ordres, comme c'était mon devoir, ajoutant tout haut à Joseph que je me rendrais chez lui aussitôt que le premier Consul m'aurait congédié.

On remarquera que les rôles se trouvaient intervertis

entre nous par rapport à la hiérarchie du tutoyement de famille dont j'ai parlé en d'autres circonstances, c'est-à-dire qu'elle s'était rétablie sur l'ancien pied. Joseph, qui n'avait cessé de tutoyer le premier Consul que depuis son avènement à la suprême magistrature populaire, le tutoyait aujourd'hui, dans sa colère, tandis que moi, à qui le premier Consul, par je ne sais quelle raison, avait cessé de donner le *tu* familier et usité entre nous, des aînés aux cadets, me le rendait tout à coup par une espèce d'épanchement inaccoutumé que je pouvais prendre pour un petit accès de favoritisme, qu'enfin j'avais quelquefois entrevu, bien que rarement, depuis mon retour d'Espagne.

Je me rendis tout de suite dans le cabinet où travaillait Bourrienne et trouvai cet insupportable tatillon de secrétaire intime, dont l'étoile avait déjà pâli plus d'une fois, ce qui le rendait plus curieux que jamais, tout ébouriffé du retard que le premier Consul mettait à sortir du bain. Il devait ou du moins pouvait avoir entendu quelque bruit, car on en avait fait passablement, et voyant qu'il s'attendait à apprendre de moi le motif, pour m'éviter l'ennui de sa conversation, je me saisis d'un journal en attendant d'être appelé, ce qui ne tarda pas moins d'une demi-heure. Enfin Rustan parut pour m'avertir que son maître m'attendait.

CHAPITRE IX

LA TABATIÈRE CASSÉE

Rencontre du premier Consul et de Lucien. — Citation de l'Arioste. — Motifs donnés par le premier Consul pour la cession de la Louisiane. — Thèse contraire soutenue par Lucien. — Regrets du premier Consul à propos de l'expédition de Saint-Domingue. — Colbert. — Hortense Beauharnais. — Motifs réels de la cession de la Louisiane. — Projets de guerre générale. — Opposition probable des Chambres. — Générosité de la cour d'Espagne à l'égard de Lucien. — Refus de Lucien de défendre le projet de vente devant le Tribunat. — Ses motifs. — Ses projets politiques. — Colère du premier Consul. — La tabatière cassée. — Variantes dans le récit de cette scène.
Réflexions de Lucien à propos de cette scène, vraie ou simulée. — Observations de Joseph. — Caractère de Joseph. — Jérôme Bonaparte.

A peine fus-je entré dans le cabinet du premier Consul, il me dit :

« J'ai voulu te parler sans Joseph ; je serais très fâché que tu eusses été témoin de la manière d'être qu'il vient d'avoir avec moi, s'il ne t'était pas connu combien il est irascible avec ses parents, tandis qu'il a l'air si doux que nous passerions pour des tigres auprès de lui, si on devait nous comparer. »

J'ai déjà dit mon opinion sur ces accès de colère de mon excellent frère Joseph. Toute la famille pensait de même à ce sujet, ce qui me donna l'occasion toute naturelle de répondre au Consul que l'indulgence que nous avions tous pour Joseph dans ces sortes d'occasions était due à la douceur, ou pour mieux dire, à la bonté de ses intentions, même quand il se fâchait dans une discussion où il était persuadé que la raison, la justice ou la convenance étaient de son côté; que le calme ordinaire de sa figure était, à mes yeux, comme le rayonnement de sa belle âme.

« C'est beau, c'est très beau sans doute, exclama le Consul en m'interrompant, aussi suis-je tenté de te dire comme je ne sais plus quel cardinal à l'Arioste : « *Dove* « *diavolo, Messer, andate voi prendere tutte queste coglionerie*[1] ? »

Suffisamment satisfait d'être comparé à l'Arioste, en fait de ces choses-là, je ne répliquai rien de plus pour la justification de mon bon frère, bien que le Consul continuât de s'en plaindre.

« Enfin, Joseph, veux-tu que je te dise, quand quelque mouche te pique, est pire que toi. Lucien, quand tu t'imagines avoir raison. »

Le discours préparatoire à ce qu'il voulait me dire ne s'arrêta pas encore là; mais je ne répéterai ici que ce qui m'en parut le plus saillant. Je ne cherchai pas même à justifier ni à relever le « c'est pire que toi » dans la peur d'altérer le moins du monde cet accès inespéré de favoritisme qui me fit un moment presque espérer gain de cause en ma qualité d'avocat de la Louisiane.

---

1. C'est, dit-on, le cardinal d'Este, le protecteur de l'Arioste qui lui fit cette singulière exclamation. que nous sommes loin de prendre pour une critique. On ne peut traduire convenablement en français autrement que par ces paroles : « Où diable messire, allez-vous prendre toutes ces babioles ?... » (*Note de Lucien*.)

Je me convainquis bientôt du contraire et surtout de l'inutilité des conseils donnés à la demande de ceux dont les déterminations sont arrêtées. J'aurais dû m'en souvenir depuis, à l'occasion des conseils de toute autre nature que me demanda mon frère Louis [1].

Pour ne pas divaguer et abréger la reproduction des motifs d'aliénation de cette pauvre Louisiane, que le Consul trouva bon de me donner, je citerai seulement ceux qu'il voulut me persuader être les plus plausibles, et dont le premier fut qu'il valait mieux vendre à temps une chose que l'on était à peu près certain de ne pas pouvoir conserver ; « car les Anglais, me disait-il, qui nous ont vu rendre cette colonie avec un très grand déplaisir, n'attendent que l'occasion de la reprendre, et ce serait leur premier coup de main. »

A cela je répondis qu'à l'égard de vendre ce que l'on craint de perdre un jour, je n'avais rien à objecter s'il s'agissait du patrimoine de quelques mineurs, par exemple, qui ne sont pas responsables et même ne le peuvent devenir jamais du plus ou moins de décorum de la conduite de leurs tuteurs dans le fait d'aliéner les biens honorifiques de leur famille, à titre onéreux sous le rapport pécuniaire ; mais qu'un gouvernement me paraissait au-dessus d'intérêts matériels assez minimes d'ailleurs pour nuire à sa considération et même à son poids dans l'équilibre européen, si on supposait les motifs secrets dont il me parlait, d'en faire le sacrifice. J'ajoutai que c'était par suite de ma manière d'en-

---

1. Nous avons lieu de supposer que ce passage fait allusion aux conseils que le roi Louis de Hollande avait dans le temps demandés à son frère Lucien au sujet de son mariage avec mademoiselle Hortense de Beauharnais. (*Note de la princesse de Canino.*)

visager l'honneur de la France en cette occasion que je disais que céder la Louisiane aux Américains pour dix-huit millions était plus déshonorant que de la laisser prendre en tel cas de guerre, laquelle guerre, s'il fallait dire tout ce que je pensais, ne me paraissait pas en ce moment désirée par l'Angleterre, que si le Consul n'était pas de mon avis, je ne voyais pas pourquoi, au lieu de céder, à de si basses conditions, une colonie de cette importance, en même temps qu'ôter aux Anglais l'envie de nous l'enlever par un coup de main, comme il semblait le croire, il ne profitait pas le plus tôt possible du loisir actuel de la paix pour y envoyer des troupes comme à Saint-Domingue.

Telle fut à peu près la substance de mon premier raisonnement auquel il me fut répondu avec un peu d'humeur; car sans plus me tutoyer, le Consul me dit : « Mais vous n'étiez pourtant pas d'avis de mon expédition de Saint-Domingue.

— Cela est vrai, mais il l'est également que j'aurais voulu, après que vous aviez jugé à propos de décider ainsi la chose, que vous eussiez consenti à traiter avec Toussaint Louverture[1] qui, vous le savez, ne demandait pas mieux que de le faire à de bonnes conditions pour nous comme pour lui, sauf à le punir plus tard, et justement, s'il eût violé sa parole.

— Eh bien, voulez-vous que je vous dise? J'en suis moi-même aujourd'hui plus qu'il ne me plaît d'en con-

---

1. Le premier Consul, accusé à tort ou à raison, d'avoir laissé mourir Toussaint Louverture de faim dans sa prison, disait à ses amis qui l'entouraient à Sainte-Hélène : « Quel intérêt avais-je donc, moi, à la mort de ce vilain nègre? »

(Note de Lucien.)

venir aux regrets de l'expédition de Saint-Domingue. Notre marine, si inférieure à celle de nos voisins d'outre-mer, rendra toujours nos possessions coloniales fort aventurées.

— Oui, surtout si nous forçons ces voisins-là à nous faire la guerre avant d'avoir augmenté notre marine. Aussi tout ce qui pense comme moi voit avec satisfaction que vous vous en occupez sérieusement.

— Oui, sans doute, je fais ce que je puis ; mais voyez-vous, en cela je paye tribut à l'opinion des gens dont vous parlez, sans être trop de leur avis ; car, croyez-moi, notre gloire nationale ne viendra jamais de la marine.

— Cependant... autrefois... il n'y a pas longtemps...

— Bah ! bah ! autrefois ! Moi je parle à présent et d'à présent. »

Ceci fut dit avec un mouvement d'impatience très prononcé, qui m'engagea à me laisser couper la parole jusqu'à ce qu'il plût à mon frère de la reprendre, ce qu'il ne tarda pas à faire d'un ton moins tranchant et plus modéré dans son inflexion :

« Voyez-vous, me dit-il, nos armées de terre ont pu lutter et lutteront, surtout en ce moment, avec avantage sur toutes celles de l'Europe ; mais quant à la mer, mon cher, vous devez trop savoir qu'il nous faut baisser pavillon, nous et toutes les autres nations continentales. L'Amérique peut-être un jour, je ne dis pas... En somme, cette marine anglaise est et sera longtemps trop prépondérante ; nous ne l'égalerons jamais.

— Et cependant Colbert a prouvé...

— Taisez-vous donc ; Colbert ! Colbert ! Vous parlez

comme le second consul Lebrun, qui a toujours Colbert à la bouche, ou Sully, ou George d'Amboise, que sais-je? tous les hommes d'État des temps passés, qui, je vous l'assure, seraient plus embarrassés s'ils se trouvaient à ma place.

— Je conçois que la position n'est pas la même; mais, sans parler de Colbert et de la marine de son temps, les Anglais ne disaient-ils pas, il y a bien plus de cent ans, des Hollandais, ce que vous dites aujourd'hui des Anglais?

— C'est possible; mais en attendant, sachez bien qu'il n'entre nullement dans mes idées de vouloir lutter sur mer avec l'Angleterre; d'abord, parce que je ne suis pas en état de commander moi-même, et que si j'ai une grande foi dans la valeur française, la foi non moins grande que j'ai en mon heureuse étoile, si ce n'est en moi-même, fait que je ne compte positivement sur la victoire qu'en commandant moi-même : voyez les sottises qui ont été faites sans moi. »

C'était un peu trop oublier, non les sottises que l'on avait faites sans lui, mais les éclatantes et immortelles victoires remportées également sans son concours, et je préférai garder le silence, car alors, comme à présent, malgré les miraculeuses campagnes de l'empereur Napoléon, j'étais et je suis encore scandalisé et étonné de ces accès d'outrecuidance que je ne lui avais vu et auxquels je ne sache pas qu'il soit devenu si résolument sujet, si ce n'est dans l'intimité de sa femme et de sa famille, ce qui m'a été confirmé par Joseph et par ma belle-sœur Hortense, quand nous avons eu occasion de parler des différentes nuances de nos caractères entre parents.

Hortense est une femme d'esprit ; elle reste attachée au souvenir de son beau-père et beau-frère Napoléon, mais sans trop d'exaltation dans sa manière de parler de lui. Comme, depuis la chute de la famille, nous avons eu de fréquentes occasions de rapprochement, qu'elle a de la grâce et de l'abandon dans sa conversation, il n'est pas difficile de comprendre qu'elle n'oubliera jamais la répudiation de sa mère Joséphine et surtout de ce que j'appelle la cruelle exigence de l'empereur[1] qui l'a impitoyablement contrainte à porter la queue du manteau impérial de la femme qui remplaça sa mère dans sa couche et sur son trône. Le bon Henri IV avait bien aussi exigé de sa femme répudiée Marguerite de Valois, et cela sous peine de lui couper les vivres, c'est-à-dire de confisquer ses revenus, qu'elle soutînt le manteau royal de sa nouvelle épouse, Marie de Médicis ; avec les difficultés que fit Marguerite pour en venir à cette humiliation vis-à-vis une rivale qui, du reste, lui était étrangère, on peut supposer qu'elle n'y aurait pas consenti si elle eût été la fille ou la mère de la princesse toscane.

N'est-il pas aussi permis de supposer que la mémoire de ces outrages à sa mère, sans parler de l'espèce de défaveur où tomba Hortense à la cour de la nouvelle

---

1. A l'appui du souvenir amer que Lucien attribue à sa belle-sœur Hortense, au sujet de la queue du manteau de Marie-Louise qu'elle fut obligée de porter, Hortense nous a dit en pleurant : « Croyez-bien, ma sœur, que ce moment-là qui fut un des plus grands chagrins que j'aie jamais ressentis, est aussi un des remords de ma vie. Oh! non, je n'aurais jamais dû me soumettre à cette exigence : ce sera une tache à ma mémoire. »

Que pouvait répondre la princesse de Canino? Elle ne répondit rien ? prouvant ainsi une fois de plus, que qui ne dit mot consent.
(*Note de la princesse de Canino.*)

impératrice, fut ce qui la porta à solliciter et obtenir de la branche aînée des Bourbons, à l'époque de la première restauration, le titre de duchesse de Saint-Leu? Que Dieu pardonne à cette pauvre Hortense ce manque de cœur, si ce n'est cette aberration d'esprit dont je fus témoin, pendant les Cent-Jours, que mon frère Napoléon lui portait moins de rancune que je n'en éprouvai moi-même de dégoût. Et cependant. . . . .
. . . .

Retournant à ce que je taxais, à part moi, d'outrecuidance de la part du premier Consul, il est bien certain que je n'aurais eu besoin, pour l'en convaincre lui-même, que de prononcer seulement le nom des principaux généraux commandant les quatorze armées que la jeune et malheureusement trop barbare République avait enfantés contre les rois coalisés. Certes, les noms de Hoche, Marceau, Kellermann, Moreau, Brune, Championnet, Bernadotte, Masséna et de tant d'autres moins célèbres, de mérite plus ou moins égal, étaient plus que suffisantes pour compenser le nom de Schérer auquel le vainqueur d'Italie faisait allusion en parlant des sottises qu'on avait faites sans lui et qu'il avait eu la gloire de réparer en partie.

Je reviens aux motifs qu'il me donnait de ce que, par forme de plaisanterie persiflante vis-à-vis de moi, il appelait son Louisianicide.

Celui qui me parut le plus réel, comme aussi le moins de mon goût, fut, ainsi que m'en avait prévenu Joseph,

---

1. Ici une page biffée dans le manuscrit d'une manière presque indéchiffrable qu'il ne nous a point convenu de chercher à faire comprendre à nos lecteurs.

(*Note de madame la princesse de Canino.*)

la prétendue nécessité de préparer des fonds pour la guerre qu'il prévoyait. Il aurait plus exactement dit la vérité s'il avait avoué qu'il la méditait dès lors dans un but de conquêtes; car je veux qu'il soit bien entendu et compris de mes lecteurs que je ne suis pas du nombre de ceux qui ont cru et qui persistent à croire que mon frère Napoléon fit la guerre malgré lui à aucune époque que ce soit. J'ai trop connu à cet égard le fond de sa pensée, particulièrement du temps dont je parle.

Et disons franchement que cette pensée beaucoup plus ambitieuse que patriotique qui lui faisait alors une nécessité personnelle de la guerre, m'avait été révélée presque sans mystère, à l'occasion d'un rapport qu'il fit faire au colonel Sébastiani, lequel rapport inséré dans le *Moniteur*, malgré l'opposition de Joseph, entrava longtemps les négociations du traité d'Amiens, et fut une des premières tendances à son entière rupture[1].

Je crois que Napoléon aurait été le premier à rire à part lui, et à désavouer, s'il y avait été contraint, qu'on

1. Le colonel Sébastiani rapporta à Joseph très confidentiellement, il est vrai, que le premier Consul, en lui remettant ce rapport dicté par lui, lui avait dit, à lui Sébastiani : « Tenez, lisez-nous cela, vous le mettrez au net et le porterez vous-même au *Moniteur*. »

Je commençai donc cette lecture, ajoute Sébastiani, et à chaque phrase qui me semblait à moi un peu hostile pour les Anglais, j'entendais le Consul qui murmurait sourdement, mais d'une manière très intelligible pour moi : « Parbleu !... nous verrons si ceci... si cela... ne décidera pas John Bull à guerroyer. »

Ailleurs il s'écriait : « Il y a de quoi, j'espère, le faire sauter au plafond ! Ah ! pour moi, voyez-vous, je ne crains pas la guerre. »

On sait qu'il s'agissait dans ce rapport de l'île de Malte. Joseph qui venait de conclure le traité d'Amiens, ne cessait de répondre à Sébastiani : « Ah ! mon traité, mon pauvre traité d'Amiens ! Il ne tient plus qu'à un fil... »   (*Note de Lucien Bonaparte.*)

lui ait jamais forcé la main pour conclure la paix à Châtillon, même *in extremis*.

Une telle disposition antiguerrière chez Napoléon était tout au plus bonne à supposer, au temps où je suis de mes souvenirs, par les badauds politiques étrangers à tout dessous de cartes; et depuis, le premier Consul réalisa si bien en lui le titre de Conquérant qu'il n'est permis de soutenir la thèse contraire qu'à la crédulité la plus aveugle ou à l'engouement des admirateurs exclusifs, je veux dire de ceux qui ne veulent convenir d'aucun tort ni d'aucune erreur de la part du grand empereur.

En définitive, je ne manquai pas d'opposer à cette raison de la probabilité de la guerre, presqu'au moment où nous venions de conclure la paix, que si en effet le *casus belli* venait encore à prévaloir, les Chambres n'hésiteraient pas à voter les fonds nécessaires. Mais le premier Consul me répondit dédaigneusement qu'on voyait bien que je ne connaissais pas l'esprit véritable des corps constitués et la mesquinerie des Assemblées délibérantes en France.

« Elles ont toujours été contraires à la guerre, quand il s'est agi de mettre la main à la bourse du pays. C'est l'argent, l'argent qui sous les rois faisait reculer le moment d'entrer en campagne, et cela, par la faute de qui ? des bavards financiers.

— Je n'ai pas lu tout à fait cela dans notre histoire de France. Encore moins le trouvera-t-on dans les fastes de notre République, où les fonds ont été votés et faits pour cent mille hommes et quatre-vingts vaisseaux de guerre. Voilà ce que dira l'histoire.

— Je me garderai bien de vous rien contester en

fait d'histoire de France ; nous savons où et comment vous la lisez, mon cher Lucien ! Ah ! Ah ! Il n'y a pas de mal à cela. Seulement, ce n'est pas la manière la plus irrésistible de vous armer contre mon opinion sur les points historiques qui ne sont pas autant de votre compétence que vous savez bien ? »

Je compris fort bien ce qu'il voulait dire, n'en convenant point, il reprit :

« Il n'y a pas de mal à ça, convenez que j'ai raison. Ah ! ah ! ne vous fâchez pas ; allons, riez-en plutôt comme moi, ah ! ah ! » Ceci faisait une allusion très claire à une sorte de calembourg qui a couru dans le temps et qui pourrait à peine trouver sa place si j'écrivais des mémoires à la Faublas. C'est assez en dire pour faire comprendre que j'en trouvai l'application déplacée dans la discussion à laquelle nous nous livrions sérieusement. Je ne parus pourtant point piqué et même je crois que je ris avec lui, assez naturellement pour pouvoir lui dire avec apparence de vérité, quand il s'étonna de me voir rire ainsi à mes dépens. « Que je riais, il est vrai, mais sans savoir pourquoi, si ce n'était le plaisir que j'avais à le voir rire lui-même sans en connaître la cause. » Me crût-il, ne me crût-il pas, je ne fus sûr ni de l'un, ni de l'autre.

Il redevint sérieux comme avant et continua à parler de la probabilité de la guerre, fondée sur la nécessité dont elle lui paraissait pour la gloire de la nation.

Je n'étais nullement de son avis, car je trouvais aussi glorieux que possible, après avoir passé par tant de périls intérieurs, battu tous les ennemis de la République, de la voir circonscrite entre les provinces du Rhin, les Alpes piémontaises, la Savoie incluse, et les trois mers, sans compter l'influence que nos armées victorieuses en Italie nous avaient acquise sur cette riche et belle péninsule, et la haute considération, pour ne pas dire la crainte, que le premier Consul, de notre nom, inspirait à tous les souverains. L'ambition de Louis XIV avait fini par se contenter de moins.

Mais s'en était fait et je comprenais trop que le souvenir des puissantes émotions du champ de bataille lui avait ouvert l'appétit, qui vient en mangeant, dit-on, et dès lors je commençai à m'étonner beaucoup moins de l'exubérance des motifs que mon frère m'alléguait en dehors de la question, pour m'en éloigner et m'y ramener à son gré. Nul n'étant plus habile que lui à forcer son interlocuteur au point où il voulait s'arrêter ou qu'il lui convenait s'abandonner. Mais cette fois mon parti était pris de le reporter moi-même sur l'intervention des Chambres, que je remis hardiment sur le tapis.

« Ainsi donc, me dit-il, si j'en crois Joseph, et même ce que tu me dis de cette intervention parlementaire, tu te rangerais avec lui du côté de l'opposition, dans le cas où je vous soumettrais mon projet d'aliénation de cette bien-aimée Louisiane? »

La grâce du *tu* m'était de nouveau et même amicalement octroyée ; ce ne fut sans une certaine mollesse d'expression que je répondis, mais ce fut affirmativement. Bien qu'en pareil cas je sentisse que ce ton ne ferait rien à l'affaire, que c'était le positif de mon affirmation qui le contrarierait beaucoup, soit qu'il fût sensible à ma déférence dans la forme, soit qu'il conservât encore l'espérance de m'amener à ce qu'il voulût, ce fut avec un ton presque paternel, qu'il me répondit :

« C'est très bien. C'est une opinion comme une autre. Nous n'avons pas toujours été d'accord, les choses n'en ont pas été plus mal. Mais conviens qu'aujourd'hui tu n'aurais pas de meilleure raison à donner, si tu étais contraint d'être sincère, contre cette vente aux Américains, que le petit intérêt de la gloire de négociateur du traité qui m'a rendu la colonie.

— Ah! dans ce cas, mon frère, puisque ce ne serait point par raison, mais par sentiment d'amour-propre bien ou mal entendu, par passion même si vous voulez, que je serais appelé à voter, je vous donne ma parole que je vous ferais le sacrifice de ce qui m'est personnel. Du reste, vous savez bien que je ne puis mettre d'amour-propre dans la conclusion de ce traité, puisque je n'ai été que l'instrument de votre volonté.

— Oui, mon bon Lucien, voilà qui est vrai à un certain point; mais conviens que tu as bien su leur dorer la pillule à ces bons, ces archi bons Bourbons et qu'à leur tour ils ne se sont point montrés trop ingrats envers toi.

— Cette dernière partie est de toute vérité.

Quant à ma dextérité pour dorer la pillule à ces braves gens, je n'en conviens pas, persuadé que je suis au contraire, que c'est à ma bonne foi, à ma manière, je dirai, peu diplomatique, à la simplicité enfin de la vérité que je n'ai jamais trahie, qu'est dû le succès de ma négociation, malgré les intrigues de votre ministre Talleyrand. Pour en revenir à la reconnaissance de cette cour envers moi, outrepassant la magnificence ordinaire dont elle traite les ambassadeurs, c'est à leur profonde estime pour le citoyen premier Consul et à l'assentiment qu'il a bien voulu donner à la demande que je me suis cru devoir lui en faire que j'ai dû de tels avantages, je me plais à le reconnaître.

— Oui, je le sais, c'est fort bien ; mais avec la même franchise je te dirai que tu pourrais à ton tour me donner la petite marque de reconnaissance d'appuyer ma proposition aux Chambres, si tant est que je ne persiste pas à vouloir m'en passer.

— Mon frère, lui dis-je, s'il s'agit de reconnaître ce que chacun se doit, je suis d'avis que l'on se doit payer avec de l'or ou valeur égale, et non au poids de ce que l'on croit son devoir, son honneur. Ainsi...

— Ainsi, interrompit le Consul, moitié riant, moitié sérieux, cela veut-il dire qu'on me ramène aux carrières, ou ce qui est la même chose, que tu es prêt à me rendre l'or que tu reconnais me devoir?

— Certainement, si cela devenait une condition de ce que je crois mon honneur de ne pas faire.

— Allons! vous n'êtes qu'un entêté. Et moi aussi je m'entête à vous défier, si vous voulez discuter, comme moi, de sang-froid, de me produire d'autres raisons, raisonnables, entendons-nous bien, que votre amour-propre blessé, et que vous puissiez alléguer contre mon projet. »

Je pouvais à peine croire qu'il m'eût fait si beau jeu pour lui répondre. Aussi, sans hésiter, je lui dis que je n'aurais qu'à produire les propres instructions qu'il m'avait fait donner par Talleyrand pour motiver la demande, que dis-je? l'exigence de la rétrocession de la Louisiane à la République, lesquelles instructions détaillaient si positivement, non les avantages, mais la nécessité dont était devenue cette cession pour le décorum et la sûreté de notre système colonial en général, qu'enfin le premier Consul m'en faisait une condition *sine quâ non* de la ratification du traité déjà présenté et agréé sous tous les autres rapports.

Je vis mon cher frère se pincer les lèvres comme pour réprimer un mouvement de mécontentement trop peu transitoire avec ses cajoleries précédentes. Enfin il me dit fort sèchement :

« Comme il vous plaira. Rengainez cependant une autre fois les insignifiants bavardages que vous ruminez nuit et jour avec Joseph, tout à fait ridicules de sa part et encore plus inconvenants et inutiles de la vôtre : car, enfin, ce n'est pas de vous autres que j'attends des leçons de gouvernement. Suffit. Oubliez tout ce que je vous ai dit là-dessus. Je saurai bien me passer de vous. Voilà des frères bien intentionnés pour moi ! »

Il tint encore, presqu'à part lui, des discours du même genre que j'écoutais silencieusement. Ils ne demandaient pas de réponse et l'humeur y dominait plus que la colère, car il avait beaucoup d'empire sur lui-même quand il le jugeait convenable; mais sa manière était, lorsqu'il m'arrivait de le battre par le raisonnement, de me persifler d'un ton de supériorité méprisante qui m'était plus insupportable que s'il m'eût décisivement maltraité. C'est ce qui m'avait si fort dégoûté de lui, de mon métier de ministre de l'intérieur, et lui de moi, parce que je ne souffrais pas patiemment ses boutades, quand je les trouvais injustes et cela, moins par susceptibilité personnelle, que parce que je croyais de ma dignité ministérielle de garder vis-à-vis de lui, tout en lui obéissant, l'indépendance de mes idées.

Je crois qu'à cet égard j'aurais été bon ministre d'un roi constitutionnel. Je calculais pourtant à faux avec lui, sans doute pour conserver sa faveur, de laquelle, du reste, je ne me sentais le besoin ni pour la fortune ni pour la considération. Je croyais avoir acquis celle-ci comme homme d'État; il me manquait sans doute l'éclat des armes, mais la dignité présidentielle étant encore élective, il m'était permis de prétendre aux suffrages de mes concitoyens comme tout autre citoyen de quelque renommée civile ou militaire [1].

Ce mérite militaire, suivant moi, le dernier de tous pour le chef d'une République démocratique, à ce titre toujours ombrageuse et défiante au sujet des libertés publiques, n'était pas le seul fleuron de la couronne de mon frère. Dès les premiers jours qui suivirent la révolution de Brumaire, j'avais été tout à fait de l'avis de Sieyès qui trouvait incompatible, toujours dans l'intérêt de la durée de la République, la puissance gouvernative et militaire réunie dans le même individu. C'est d'après

---

1. Non seulement Lucien pouvait avoir, comme il le dit ici, la légitime ambition de devenir premier Consul, par l'élection populaire, aussi bien que tout autre citoyen de renommée civile ou militaire, mais déjà il avait été désigné par une partie de l'opinion publique, en même temps que son frère Joseph et le général Moreau, pour succéder à Napoléon. La liste de ces trois candidats avait été discutée, non chez Sieyès qui s'était de bonne foi retiré de ces petits congrès, mais chez plusieurs partisans de sa politique. Le refroidissement entre le premier Consul et Moreau, les intrigues contre la réputation de Lucien datent de cette candidature passagère. Pour Joseph, il paraît que le premier Consul n'en prit point ombrage, car tout en se querellant souvent, ils restèrent toujours bien ensemble.

Quant à la possibilité de voir Lucien succéder à son frère, nous ajouterons que si l'on se rappelle l'âge de Lucien inférieur de six ans à celui de Napoléon, on concevra sans peine que sans la destruction par celui-ci de la République consulaire, rien n'aurait été moins extraordinaire que l'élection de Lucien atteignant alors seulement l'âge qu'avait son frère à l'époque dont il s'agit ici.

(*Note de la princesse de Canino.*)

ce principe que dans le Conseil provisoire que nous tînmes au Luxembourg où il s'agissait de conférer ou de refuser au premier Consul le droit de faire la paix ou la guerre, je partageai sincèrement et émis hautement l'avis de ne point l'accorder. J'ai déjà parlé de cette séance et ce n'est pas aujourd'hui que je considère mon opposition, quoique inutile, de ce temps-là, comme le principal grief que mon frère se soit cru en droit de me reprocher, ainsi qu'il lui arriva de le faire dans notre célèbre entrevue de Mantoue en 1806, de laquelle nous étions bien loin, puisque la présente discussion se passa en l'an X de la République.

Je commençais à croire qu'il ne me donnerait plus occasion de revenir sur la question qui me tenait tant à cœur. Plus l'heure du conseil approchait, plus je sentais que le temps me manquerait. J'aurais voulu qu'il me le dît, pour rentrer ainsi tout doucement en même matière. Auguste ne dit mot. Seulement, comme il me paraissait vouloir me congédier, et que, u contraire, tout en feuilletant quelques papiers sur son bureau, il me regardait de temps en temps en dessous et de côté, je me hasardai à me rapprocher de lui, me tenant en face dans l'attitude d'attendre ce qu'il aurait à dire de plus. J'eus alors, j'en conviens, la plus mauvaise idée du monde, comme on va voir par le résultat qui s'en suivit.

Cette idée fut de le ramener à la Louisiane par une cajolerie fraternelle qui me semblait la suite naturelle de la plainte qu'il venait de formuler contre Joseph et moi, en disant : « Voilà des frères bien intentionnés ! »

Il y eut apparemment quelque chose de caressant dans mon geste de rapprochement ou il crut ou désira pouvoir l'interpréter ainsi ; car, en se jetant dans un fauteuil d'un air fatigué (je crois qu'il l'était en effet), il me dit : « Asseyez-vous donc aussi ; » ce que je fis avec des sentiments, si ce n'est de réelle componction, au moins avec la sincère envie de ne point le fâcher, tout en retournant à mes moutons. Ainsi je lui dis en lui prenant la main qu'il m'abandonna sans qu'elle correspondît au mouvement de la mienne, qui était de la serrer affectueusement :

« Croyez bien, mon frère, qu'il est impossible d'avoir et de professer pour vous plus de dévouement fraternel que moi.

— Oui, il y paraît, me fut-il répondu, le dévouement se prouve par des faits, dans l'occasion. Je ne dis pas que vous en avez toujours manqué envers moi ; mais dans cette circonstance, à laquelle vous devez comprendre que j'attache un grand intérêt, puisque sans compter tout le temps que j'y ai perdu avec cet entêté de Joseph, il y a une heure que nous en parlons, dispensez-vous de vos belles et superficielles protestations.

— Souffrez, cependant, que je vous assure encore que mon dévouement est assez profond pour vous sacrifier tout, excepté mon devoir.

— Excepté, voulez-vous dire, tout ce qu'il vous plaira d'excepter.

— Non mon frère ; car, par exemple, si, comme Joseph, je croyais que cette aliénation de la Louisiane sans l'assentiment des Chambres, pût m'être fatale, à moi seul, je consentirais, pour vous prouver ce dévouement dont vous doutez, à encourir toutes les chances ; mais c'est par trop inconstitutionnel, et...

— Ah! par exemple. vous nous la donnez belle! Ah! ah! ah!... »

Et le rire n'éclata pas seulement, comme on dit, à gorge déployée, mais il sortait avec des efforts visibles de la poitrine ou de l'estomac, et lui coupait la parole en dedans, comme il me l'avait coupée au dehors. Je me gardai bien de vouloir exciter davantage ce mouvement convulsif, dans la crainte de déterminer l'explosion de la colère concentrée qui jusqu'alors ne se manifestait que par ces singuliers et immodérés éclats de rire auxquels certainement je ne sache pas que le premier Consul et même l'empereur Napoléon ait jamais accoutumé personne.

« Ah! par exemple, répéta-t-il en reprenant bruyamment haleine, inconstitutionnel est drôle de votre part! Ah! c'est plaisant. Ah! ah! »

Et les nouveaux éclats de rire sans être plus naturels étaient moins forcés. Quant à moi, je demeurai muet, presque stupéfait de l'effet irritant que j'avais si involontairement produit.

Le Consul ne riait plus. A sa gaieté nerveuse succéda l'expression d'une colère ironique et méprisante, j'ajouterais accablante, si la certitude que je ne la méritais pas et la justice que je me rendais d'être plus digne de son estime que de son mépris ne m'eussent décidé pour ma propre dignité à ne pas me laisser bafouer plus longtemps au sujet du mot inconstitutionnel, qu'après tout je ne lui avais mis en avant que pour justifier ou du moins adoucir ma résistance à son vouloir vraiment inconstitutionnel. C'est pourquoi je lui dis froidement, mais sans hésiter, que j'étais étonné qu'il se moquât de moi dans un si grand sujet.

« Allons donc! laissez-moi tranquille, interrompit-il en haussant les épaules. Et d'ailleurs en quoi, s'il vous plaît, ai-je blessé votre Constitution? Répondez.

— Je sais bien que vous ne l'avez pas faite; mais convenez vous-même que vouloir aliéner quelque annexe que ce soit de la République sans le consentement des Chambres est un projet inconstitutionnel et qui ne peut qu'étonner dans la bouche de l'auguste et suprême représentant de la Souveraineté nationale, qui en a été jusqu'ici le plus glorieux défenseur. En un mot la Constitution... »

Cette dernière phrase me valut le plus solennel: « Allez vous promener! » que l'on puisse convenablement donner sans trop faire, ce qu'on appelle casser les vitres, et il fut suivi de ces précises paroles prononcées avec beaucoup de véhémence:

« Constitution! inconstitutionnel! République! Souveraineté nationale! grands mots, grandes phrases! Est-ce que vous vous croyez encore au club de Saint-Maximin? Nous n'en sommes plus là, songez-y bien. Ah parbleu! vous nous la donnez belle! Ah! c'est bon ça, inconstitutionnel! il vous sied bien, monsieur le chevalier de la Constitution, de me parler ainsi! Vous n'aviez pas le même respect pour les Chambres au 18 brumaire. »

Ce fut moi, ici, qui interrompis cette divagation, et d'un ton aussi haut que le sien, mais plus froid, je lui dis:

« Vous savez bien, mon cher frère, que votre entrée aux Cinq-Cents n'eut pas de plus grand frondeur que moi. Non, je ne fus point votre complice, mais bien le réparateur du mal que vous vous étiez fait à vous-même, et cela à mes propres périls, avec d'autant plus de générosité, puisque nous en sommes aux reproches, puis-je ajouter sans me vanter, que personne plus que moi en Europe n'a désapprouvé cette sacrilège levée de boucliers contre la représentation nationale. »

Je voyais l'effet de mes paroles dans ses yeux qui brillaient d'un éclat concentré, comme celui d'un gros diamant à l'état de nature, ne réfléchissant son éclat qu'en lui-même. J'avoue que bien que je crusse démêler clairement, car je n'étais pas en colère, les différents degrés de la sienne, je ne craignis plus de m'y exposer et lui répétai sur le même ton ni plus ni moins élevé :

« Oui, inconstitutionnel, attentat à la souveraineté nationale, » et je me tus; mais lui reprit très vivement :

« Continuez, continuez donc, c'est trop beau pour demeurer court, monsieur l'orateur des clubs; mais en même temps soyez bien persuadé, vous et M. Joseph, que je n'en ferai qu'à ma guise, que je déteste, sans les craindre, vos amis les Jacobins, dont il ne restera pas un en France, si, comme je l'espère, cela continue à dépendre de moi, et qu'enfin je me moque de vous et de votre représentation nationale. »

Très scandalisé de cette sortie, comme on pense, car j'étais encore dans toute la naïveté de mon républicanisme, et je croyais surtout qu'il était de ma dignité de le prouver, je lui répondis toujours avec le même sang-froid :

« Moi, je ne me moque pas de vous, citoyen Consul, mais je sais bien ce que j'en pense.

— Ce que vous pensez de moi, citoyen Lucien, parbleu, je suis curieux de le savoir, dites donc vite.

— Je pense, citoyen Consul, qu'ayant prêté serment

à la Constitution du 18 brumaire, entre mes propres mains, comme président du conseil des Cinq-Cents, et vous voyant la mépriser ainsi, si je n'étais pas votre frère, je serais votre ennemi.

— Mon ennemi, ah! pour le coup, je vous le conseillerais! Mon ennemi! C'est un peu fort, » me dit-il en s'avançant sur moi dans l'attitude de me frapper, ce que je rends encore grâce à Dieu qu'il n'ait pas fait, car je n'étais pas disposé à le souffrir patiemment; mais il s'arrêta en face de la froide immobilité que je lui opposais.

« Mon ennemi, toi! je te briserais, vois-tu, comme cette boîte! »

En disant cela, c'était sa tabatière qu'il tenait, sur laquelle était le portrait de Joséphine, peint par Isabey. Il la lança violemment sur le plancher où elle ne se brisa pas à cause du tapis, mais le portrait se détacha du couvercle. Je me hâtai de la ramasser et la lui présentant d'un air que je m'efforçai de rendre respectueux :

« C'est dommage, c'est le portrait de votre femme que vous avez brisé, en attendant que vous brisiez mon original [1]. »

---

[1]. « En 1819 ou 1820, notre belle-sœur la reine Hortense, nous raconta à Rome que l'impératrice Joséphine avait été fort alarmée par la catastrophe de son portrait.

« Joséphine comme la plupart des créoles était très superstitieuse. En ce temps-là, elle vivait dans la crainte presque continuelle que le premier Consul, désirant avoir des enfants qu'elle n'était plus en état de lui donner, n'en vînt à un divorce. Il en avait été question en rentrant d'Égypte, sous prétexte non de stérilité, mais de légèreté de conduite...

« Au temps de la tabatière brisée, Joséphine, pleine de confiance en mademoiselle Lenormand, déjà fameuse tireuse de cartes,

Sur cette équipée d'un nouveau genre que je n'eusse pas faite quelques années plus tard, mais, comme on dit, il faut bien que jeunesse se passe, je m'acheminai vers la porte à reculons, moins pour me conformer à cette étiquette alors non encore établie aux Tuileries, que pour faire face à l'ami ou à l'ennemi, en tel cas de voie de fait qu'il avait commencé par me faire craindre. Il n'en fut rien toutefois; au contraire, à mon grand étonnement, il ramassa péniblement les débris de sa tabatière, et j'eus le repos d'esprit de voir, avant d'avoir passé la porte, que je laissai ouverte, qu'au lieu de s'occuper de moi d'une manière agressive, il tâchait de faire rentrer la miniature dans son couvercle; ce qui, dès lors, me fit penser, comme je suppose encore aujourd'hui, qu'il n'était point aussi en colère qu'il avait voulu le paraître. En y réfléchissant, j'ai cru qu'il avait essayé si, en m'épouvantant de la perspective des effets de cette colère poussée au dernier degré, il ne parviendrait pas à dompter, si ce n'est à persuader ce qu'il appelait la ténacité de mes opinions.

Je suis d'autant plus porté à faire cette supposition, que dans mainte et mainte occasion, notamment dans celles où mon frère Napoléon dut figurer avec éclat et de sa personne, il se posait naturellement en grand

---

mais qu'elle contribua beaucoup à mettre à la mode, l'alla consulter.

« Elle proposa de couvrir le portrait qui avait couru le risque d'être brisé, d'un autre absolument pareil et peint également par Isabey...

« On nous dit que la boîte à double portrait est aujourd'hui entre les mains de la duchesse de Bragance, petite-fille de l'impératrice par son père Eugène Beauharnais, un prince de Leuchtemberg. »
(*Note de la princesse de Canino.*)

acteur héroïque ; non que je croie, avec ceux qui l'ont avancé sans en fournir l'apparence même d'une preuve, qu'il s'enfermait avec notre ami commun le grand Talma, pour étudier et préméditer l'effet de tels gestes oratoires, ou bien les plis et le portement de son manteau impérial ; non, suivant moi, il était réellement grand acteur, mais acteur improvisé par les circonstances où il se trouvait.

Je dois pourtant convenir que cette scène de la tabatière cassée fut si bien jouée dans son rôle de colère, que la disposition réelle du premier Consul est demeurée pour moi à l'état de problème, tout en étant bien persuadé que mes discours récalcitrants lui avaient souverainement déplu. Dans tous les cas, je ne puis qu'en conclure, et cela malgré tout le mal que m'a fait ce frère devenu tout-puissant, et malgré les actes tyranniques trop réels qu'on peut justement reprocher à sa glorieuse mémoire, que, loin d'avoir le cœur d'un véritable tyran, la nature l'a dû former très bon ; car, au degré de pouvoir absolu où, non seulement on l'a laissé parvenir, mais auquel on l'a encouragé et dans l'origine poussé plus loin qu'il ne le désirait lui-même par ses véritables ennemis qui furent ses flatteurs, à ce degré, dis-je, de puissance incroyable et, par conséquent, de pleine impunité, il aurait pu faire tout ce qui eût été dans ses goûts s'il les avaient eus tyranniques, avec l'encouragement même et l'approbation de certains orateurs. Pourquoi pas? D'illustres exemples étaient devant lui. Le sage Sénèque n'a-t-il pas loué en plein Sénat le meurtre d'Agrippine?

L'histoire ne dit pas même que les Pères conscrits qui avaient le courage de se laisser mourir pour le bon plaisir de Néron ou des monstres ses pareils, aient eu la hardiesse de témoigner leur horreur en entendant la justification du matricide. Pour citer un exemple plus moderne, quoique dans une cause moins atroce et même, disons-le justement, nullement comparable, car qui que ce soit eût pu tenter de le faire sans se déshonorer, excepté un fils, l'impératrice Joséphine, répudiée, n'eut-elle pas la douleur de voir le sien se faire l'apologiste, en plein Sénat aussi, de cette répudiation trop tardive suivant l'opinion de ceux qui l'avaient peut-être désirée déjà au retour d'Égypte? Jamais, Napoléon l'a confessé à Sainte-Hélène, il n'aurait été aussi loin dans les actes qui lui ont valu la déchéance à titre de forfaiture à la couronne, sans les encouragements, sans l'aveugle ou intéressée condescendance de ces sénateurs[1] si prodigues du sang de leurs concitoyens pour favoriser les velléités d'un conquérant. Aussi, je crois fermement qu'il faut lui rendre grâce, autant et plus même pour le mal qu'il n'a pas fait, ayant tout pouvoir de le faire, que pour le bien qu'on lui attribue à bon droit, en nombre de circonstances éclatantes de sa vie.

Je sais trop qu'avec moi personnellement il fut ingrat, envieux de mon peu de mérite, ennemi toutefois plus obstiné qu'implacable de la plus chère et plus digne moitié de moi-même. Et quand je dis plus obstiné

---

1. *Note de Lucien* :

INSCRIPTION POUR LA PORTE DU SÉNAT.

C'est ici le palais où de vils sénateurs,
D'un farouche despote esclaves et flatteurs,
Sous des lambris dorés cachant leur infamie,
Étrangers à l'honneur, traîtres à la patrie,
Pour amasser de l'or et conserver leur rang
Décrètent chaque année un impôt sur le sang

qu'implacable, c'est que j'ai la conviction que cette intimité contre une femme ne fut qu'apparente, mais qu'il lui a convenu de s'en servir pour en masquer la véritable raison qu'il a toujours eue de ne pas me rapprocher de lui. Certes, il a toujours pris le bon moyen en exigeant, pour première condition du retour de ses bonnes grâces impériales, que je consentisse à lui sacrifier ma famille. Il savait assez positivement, en me proposant ses royaumes à mon choix, qu'il m'était impossible d'accepter ses offres au prix du malheur, de la considération et de l'état civil de ces êtres chéris, au prix de ma propre infamie, et c'est bien parce qu'il en était persuadé que ses offres étaient si magnifiques.

Enfin, si je sais et ne peux oublier qu'il m'a persécuté pendant près de quinze ans, qu'il s'est vengé sur mes amis, de ce qu'il appelait mon opposition à son système, en les destituant ou ne les employant point dans son gouvernement, il n'en est pas moins vrai qu'au lieu de me menacer, comme il l'a fait souvent, il fut en son pouvoir de ne pas s'en tenir aux menaces, s'il eût été vraiment tyran, et cela sans que personne, excepté sa conscience, que les tyrans ordinairement n'ont pas fort exigeante, et avec elle notre mère et notre excellent frère Joseph, eût osé le lui reprocher. Cela veut dire que tant de tués que de blessés, des individus de ma famille, il n'y eut aucun de mort par le fait de son despotisme. De ce côté, mes enfants, pour votre mère, pour moi, pour vous tous, louons Dieu, sans pour cela sacrifier à la mémoire de votre glorieux oncle la justice et l'honneur, qui est mon premier intérêt et mon devoir, aussi bien que le vôtre.

Je crois donc que c'est ici le cas de répondre à

M. Germain Sarrut, ancien collaborateur de la *Tribune*, qui, par suite d'une espèce d'intimidation d'opinion, *instiguée* je sais trop, hélas! par qui, dans le but de m'engager à ne pas publier mes *Mémoires* qu'il supposait capables de nuire à la réputation ou plutôt à la gloire de mon frère Napoléon, m'écrivit au milieu d'autres belles phrases : « Craignez, Prince, qu'on ne vous demande : Caïn! Caïn! qu'as-tu fait de ton frère? » Un tel injuste renversement dans l'application d'une parole sacrée m'a donné un instant la tentation de ne pas lacérer certaines parties de mes souvenirs, auxquelles j'ai fait allusion dans mon avant-propos[1], non plus que plusieurs autres fragments qu'en effet je n'ai pas encore détruits entièrement, mais seulement biffés de manière à ce qu'ils restent pour moi assez lisibles, quand je les croirai nécessaires en tout ou en partie, pour relier entre elles les choses que je veux soumettre à la publicité sous le titre de *Mémoires secrets*, au cas prévu dans la péroraison du même avant-propos susindiqué.

Je pense que c'est aussi l'occasion la plus naturelle de faire une sorte de profession de foi, capable de fixer les idées de mes amis et surtout de mes enfants sur les principes qui ont déterminé, je ne dirai pas ma conduite politique en général et comme homme d'État, ce que je crois avoir suffisamment fait dans la partie proprement historique de ces *Mémoires*, mais ma véritable manière

---

1. Ce sont les fragments dont nous avons dit dans notre préface que, biffés, mais d'une manière lisible encore, par le feu prince, il nous en coûte extrêmement de ne pas les produire et qu'il ne nous faut rien de moins que les intentions aussi clairement manifestées de l'auteur et le respect que nous leur portons pour y obéir aussi rigoureusement. (*Note de la princesse de Canino.*)

de penser et d'agir avec l'empereur Napoléon, aux différentes phases de son élévation d'abord, et ensuite de sa puissance absolue, en ma qualité d'homme privé, frère du premier potentat de l'Europe, à l'apogée de sa domination. Je dirai donc qu'après l'établissement de la République consulaire, mon libéralisme avait fini par se contenter, puisque la Constitution de Sieyès avait paru trop compliquée dans sa théorie pour espérer d'en faire une heureuse et durable application. J'ai dit ce que je pense d'un tel motif de refus et prouvé que rien n'est en effet moins compliqué que les rouages d'un gouvernement purement despotique. Mon frère ne l'ignorait pas ; il savait ce qu'il faisait en traitant le grand électeur de *cochon à l'engrais*[1].

. . . .
. . . .

Je m'étais donc rangé avec sincérité sous les drapeaux de la Constitution consulaire. Dès les premiers jours de son installation, ils étaient passablement éraillés. Quand ils me parurent sur le point d'être déchirés tout à fait, je m'éloignai de la foule empressée d'y substituer le sceptre, la couronne, le manteau impérial et tous les hochets qui forment les symboles de la monarchie personnelle. J'aurais pu sans doute, à l'aide de mes amis et des mécontents républicains sincères ou non, opposer une assez vive résistance ; mais s'il est vrai que j'étais assez passionné pour m'armer autant que c'était en mon pouvoir, en faveur de la liberté, contre ses ennemis en général, convenons que je n'étais pas dans les Timoléon

---

1. Ici il y a deux pages de biffées.
(*Note de la princesse de Canino*).

et que le pouvoir ne m'a jamais paru mériter la guerre fraternelle. Cette guerre, je viens de le dire, Napoléon me l'a faite ; mais, je le répète, il pouvait la faire plus cruelle. Il avait des amis, que dis-je? des séides qui, certes, n'eussent point reculé pour exécuter ses menaces. Aussi mon ressentiment contre lui était assez peu invétéré pour que (et c'est ma profession de foi annoncée), malgré mon républicanisme, j'eusse consenti à me rapprocher de lui, s'il n'avait pas constamment mis à sa faveur le prix de l'abandon de ma femme et de mes enfants. Après quinze ans d'une position fausse dans cette société européenne qui s'était, pour ainsi dire, rangée sous ses lois, dans le pays comme dans la guerre, il faut l'avoir éprouvé pour comprendre ce que c'est que la position d'un proscrit par le despotisme d'un gouvernement puissant qui étend ses mille bras de tous les côtés abordables à celui qu'il traite en ennemi. Un des moindres tourments n'est pas de voir les plus honnêtes gens, vos amis au fond du cœur, sincères admirateurs de vos mérites, si vous en avez, se montrer indifférents, ingrats même trop souvent, pour ne point se compromettre, eux ou leur famille, aux yeux des argus répandus en tous lieux, au service public ou occulte de la tyrannie. Voir surtout les êtres qui vous sont les plus chers au monde enveloppés directement ou indirectement dans le réseau fatal dont les conséquences sont incalculables[1].

. . . .
. . . .

Aussi je le proclame sincèrement, pour nous tirer de cet état, sans abjurer mes opinions républicaines, je me

---

1. Illisible. *(Note de la princesse de Canino).*

serais fait une raison comme tant d'autres qui vivent tranquilles, résignés, et même à peu près heureux, sous un gouvernement qui n'est pas de leur goût, ce qui était bien le cas où je me serais trouvé sous celui de mon frère, qui fut le plus absolu des absolus de tous les temps. Du reste, on m'a calomnié quand on lui a dit que je le traitais d'usurpateur comme souverain des Français. Nul ne fut peut-être aussi légitime que lui, puisque son élévation à l'empire eut lieu par la votation universelle, libre et trois fois exprimée, qui consacra le changement de la République en monarchie. Mon respect pour les droits souverains du peuple est trop inhérent à mes principes pour qu'on ait pu raisonnablement me prêter une telle façon de penser. Le peuple ne cesserait-il pas d'être souverain, s'il n'était le maître de passer à son gré de la République à la monarchie et de la monarchie à la République?

Quant au choix à faire entre les deux gouvernements[1].

. . . .

Pour sortir donc de cet état de proscription générale, je serais entré dans le système impérial dans l'intérêt futur de mes enfants et sans les conditions infamantes que la politique de l'empereur voulait m'imposer, ou plutôt, comme je l'ai dit, qu'il voulait avoir l'air de m'imposer; car il m'a toujours assez rendu justice pour savoir que je n'y aurais jamais souscrit et c'était bien ce qui lui faisait risquer tant de séduisantes propositions.

Je ne veux pas finir ce chapitre sans revenir sur la *Tabatière cassée*. J'en ai déjà dit l'exacte vérité. De bienveillants commentateurs l'ont accompagnée du récit

---

1. Ici une lacune de douze à quinze lignes. (*Note.*)

de ma fureur, de mes trépignements de pieds, de mes menaces au premier Consul, de portes battues en sortant, de meubles cassés; pauvre premier Consul! à quel danger n'a-t-il pas été exposé avec un tigre de mon espèce! Il est vrai que ce tigre avait conservé quelques amis qui le croyaient capable de figurer honorablement sur la liste peu nombreuse des candidats à l'élection d'un futur président, laquelle, comme on sait, avait été remise à dix ans, ce que j'étais loin de désapprouver mais ce que mes bons amis du château voulaient bien représenter autrement pour tranquilliser sans doute le premier Consul sur l'énorme ambition qu'il ne me supposait que trop.

Tout sert aux courtisans qui veulent nuire. L'épisode de cette *Tabatière brisée* en est la preuve. Il a été rapporté de vingt manières[1]. Je me suis étonné que, pour rendre plus vraisemblable leur récit, mes bons amis ne m'aient pas supposé moi-même porteur de cette boîte à tabac dont je n'ai jamais humé une prise, ce qui, on le sait, n'était point le cas de mon grand frère. A cette époque, il nous faisait presque craindre qu'à l'exemple du grand Frédéric, guerrier, philosophe, poète, et tant soit peu saligaud, il ne finît par substituer le seul véhicule de sa poche à toutes sortes de tabatières avec ou sans

---

1. *Rapp* raconte l'incident de la manière suivante, dans ses *Mémoires :* « Un jour, dans une vive discussion qu'ils eurent ensemble, Lucien tira sa montre, la jeta avec violence, en adressant à son frère ces paroles remarquables :

« Vous vous briserez, comme j'ai brisé cette montre, et un temps viendra, où votre famille et vos amis ne sauront où reposer leur tête.

« Il se maria quelques jours après, sans avoir obtenu son agrément, ni même lui avoir fait part de son dessein. »

portraits, pour faire passer plus librement jusqu'à son nez royal et savourer avec le moins de fatigue possible les jouissances de la tabaccomanie. Heureusement mon frère n'en vint pas à cet excès de volupté, et je dois dire qu'à cette époque, au lieu de salir sa poche de l'ambroisie de Frédéric, il y tenait assez habituellement une édition portative d'Ossian, un de ses poètes favoris : ce qui fit qu'un jour de bonne humeur entre nous, je crus le flatter sans trop de fadeur en lui disant, ce que sans doute il savait aussi bien que moi, qu'Alexandre le Grand, lui aussi, aimait la poésie, et que par un respectueux amour pour Homère, il en portait le poème sur lui. Cette circonstance, tant chez le premier Consul que dans le héros macédonien, prouve une délicatesse de goût supérieure à celle du tabac de poche du poète prussien, quoique poète lui-même.

Quand j'appris à Joseph la manière dont avait fini ma conversation avec notre frère, après son départ nécessaire pour réparer les désastres du *Quos Ego*, je fus étonné du peu d'importance qu'il attachait à cette scène, et surtout de l'opinion où il était que, bon gré mal gré, nous avions décidé le premier Consul à renoncer à l'aliénation qui nous tenait au cœur. Il fallait que le bain l'eût singulièrement calmé. Il voyait tout en beau. La tabatière lancée à terre et brisée par allusion à mon brisement personnel, le fit beaucoup rire, et il me dit presque glorieusement :

« Tu vois bien que je ne suis pas le seul de la famille enclin à la colère, » ce que je ne pouvais nier, surtout après le rapport que je venais de lui faire et ce qu'avant il avait vu lui-même. Il n'en est pas moins certain que le cher Joseph est plus coutumier du fait qu'aucun de nous. Comme tout est compensé dans notre nature humaine, Joseph est aussi celui dont la colère a le moins de profondeur et par conséquent le moins de durée. Le fait est que tous les enfants de Charles Bonaparte et de Lætitia Ramolino sont nés bons et s'aimaient beaucoup entre eux, avant que la politique vînt les diviser. S'ils se querellèrent quelquefois, même entre sœurs, pour des motifs plus ou moins futiles ou sérieux, il n'y eut pas de vrais sentiments de rancune et même de vengeance que de la part de Napoléon envers Lucien et Louis qui en furent, il est vrai, très grièvement offensés, et qui s'éloignèrent de lui, chacun de son côté et à sa manière. Pour moi, je vous jure, mes enfants, que je ne l'ai jamais offensé, que je n'ai eu d'autre tort envers lui que de ne pas condescendre à des sacrifices qu'il n'avait pas le droit de m'imposer, et je crois fermement que Louis fut encore moins coupable, s'il se peut, que moi, d'offenses envers lui, bien que l'empereur ne les lui ait pas épargnées plus qu'à moi, mais dans un tout autre genre.

Pour Joseph, en toutes ses petites altercations avec Napoléon, il faut convenir que ce fut toujours celui-ci qui revint le premier, et je ne puis douter que cette condescendance n'eut sa source et son aliment presque journalier dans le respect de nous autres Corses pour la personne de nos aînés. A l'égard de Joseph, je dis surtout de la personne, parce qu'en son absence, j'ai parfois entendu le premier Consul et je sais que souvent l'empereur a parlé et écrit fort légèrement de Joseph. Il lui a même fait beaucoup de mal, comme roi de Naples et d'Espagne, par cet esprit de suprématie exclusive, qui le rendait sinon jaloux, au moins très mécontent des succès populaires ou autres d'une certaine portée, et notez que j'exclus les succès ou avantages militaires. Au fond, Joseph l'admirait et l'aimait beaucoup plus qu'il ne lui convenait de le montrer. Mais la limpidité de son âme le lui laissait deviner. Il est résulté de cette manière d'être, que Joseph est celui des frères de l'empereur qui a conservé pour lui dans les malheurs le plus grand dévouement et le souvenir le plus vif et le plus compatissant.

Mon frère Jérôme fut toujours le plus soumis à notre glorieux frère, et je ne sache pas qu'il s'élevât jamais d'orages entre eux, quelques petites mortifications qu'eut à souffrir Jérôme, comme celle d'être contraint à se placer sur le devant de la voiture dont l'empereur m'avait fait l'honneur d'occuper le fond à côté de lui, quand nous nous rendions en grande cérémonie à la réunion du Champ-de-Mai pendant les Cent Jours. Si Jérôme avait eu pour mon droit d'aînesse le respect que Louis a toujours témoigné dans les occasions qui s'en sont présentées, respect que je conserve à Joseph et dont Napoléon avait donné le précepte et l'exemple dans sa famille, avant même la circonstance de la voiture au Champ-de-Mai, Jérôme, dis-je, le cadet de nous tous, n'eût pas éprouvé et témoigné, autant qu'il pouvait le faire sans danger de trop fâcher notre puissant frère, le mouvement d'humeur qu'il ne sut pas assez dissimuler et qui lui faisait bougonner entre ses dents d'un air sombre, ce qui n'échappa ni à l'empereur ni à moi : « Un roi! un roi! sur le devant de la voiture d'un prince romain! »

Pauvre Jérôme! je trouvais moi-même qu'en prenant ce titre de roi, il n'avait pas tort. Qui sait si, à sa place, je n'aurais pas sinon agi, du moins pensé de même : il ne faut jurer de rien, pauvres têtes faibles que nous sommes.

J'aimai beaucoup Jérôme dans son enfance. Je fus à même de le protéger dans sa première jeunesse, au moment de mon exil, non seulement de France et d'Italie, mais d'Europe, par le fait du premier Consul ; car tel est le résultat d'un empire dont le chef réalise la fable du géant Briarée et qui, par cela seul, constitue dans le monde la puissance d'un seul potentat, ce qui était devenu la position particulière de l'empereur Napoléon, excepté cependant, comme le fit remarquer *ad hoc* à notre ami le grand sculpteur Canova, un honorable et très révérend membre de la Chambre des pairs britannique au sujet de la statue colossale de Napoléon, excepté l'Angleterre où je ne voulais pas aller, à cause de la guerre acharnée qu'elle nous faisait ou que nous lui faisions, car on sait que pour moi cette question n'est pas décidée.

A ce triste moment de mon départ pour le Nouveau Monde, mon frère Jérôme était roi de Wesphalie. J'aime à reconnaître ici qu'il me rendit de bon cœur une partie des services que j'avais été à même de lui rendre dans la prospérité de ma fortune particulière, ce qui n'empêcha pas qu'après la chute de notre frère Napoléon, qui entraîna celle de tous ses frères couronnés, chose facile à prévoir, je n'eusse plus avec Jérôme que des relations éloignées de société, que nous n'avons pas encore cherché à resserrer, par des raisons dont je dois parler en leur temps, plus pour l'instruction de mes enfants que pour l'intérêt que pourraient y prendre des lecteurs étrangers.

Le reste de ce qui se passa au sujet de l'aliénation de

la Louisiane n'a plus de rapport personnel avec moi, si ce n'est le déplaisir que j'en ressentis, devenu très accessoire au milieu de beaucoup d'autres véritables chagrins qui depuis m'ont assailli sans m'accabler.

Joseph comme on le verra dans le chapitre suivant, devait encore entrer en scène, mais seul, pour défendre son opinion. A tout prendre, je crois qu'il aurait mieux valu qu'il ne revînt plus à la charge auprès du Consul sur l'inconvénient et les périls attachés à une vente contre laquelle nul autre que nous ne voulut ou n'osa réclamer. Depuis longtemps on m'a[1]..........

. . . .

Quelle fut cette scène entre Bonaparte et Joseph? Les notes sommaires de Lucien permettent d'en donner une idée.

A bout d'arguments, le premier Consul s'était emporté et avait égrené le chapelet des injures. Cette méthode qui est celle des hommes faibles, échappant ainsi à leur faiblesse même par la violence, réussit ordinairement avec les subordonnés. Ce jour-là, elle n'eut pas tout le succès qu'en attendait son auteur. Joseph sortit de sa placidité habituelle avec une violence telle, que le premier Consul, effrayé à son tour, dut se sauver chez sa femme.

Mais, chez Joseph, les accès n'ont pas longue durée. Le moment de colère passé, tout revient au beau, comme ces torrents impétueux qui, après l'orage, font place à un ruisseau limpide et tranquille. Le soir même, le bon Joseph ne songeait qu'à se faire pardonner sa violence et à redevenir plus soumis que jamais. Et de toute cette belle discussion, dans laquelle s'agitait le sort d'une colonie, il ne devait rester qu'une hâte un peu plus grande, pour cet autoritaire si mal équilibré, d'exécuter son néfaste projet, c'est-à-dire la vente de la Louisiane, moyennant quelques millions, destinés à préparer sa lutte insensée contre l'Europe.

1. A partir de ce mot une page entière raturée.
(*Note de la princesse de Canino.*)

CHAPITRE X

CONCORDAT ET LÉGION D'HONNEUR

Signature du Concordat, le 15 juillet 1801. — Le cardinal Consalvi. — Protestation du prétendant, à Varsovie. — Arrivée du cardinal-légat Caprara, à Paris. — Opinion sur ce prélat. — Son séjour à Paris. — Son empoisonnement par les champignons. — Son serment. — Le pourquoi de l'acceptation du Concordat par la cour de Rome. — Opinion de Lucien sur ce contrat.
L'institution de la Légion d'honneur. — L'opposition. — Savoye-Rollin. — Principaux arguments de Lucien. — Adoption du projet de loi. — Lucien est fait grand officier et sénateur.

Le concordat avait été signé à Paris, le 15 juillet 1801, par le cardinal Consalvi [1]. Or, au printemps de l'année 1802, le traité n'avait pas encore reçu de consécration officielle. « Le légat n'avait pas été présenté à sa majesté républicaine. » Cet acte, « la plus grande faute de ma vie, » a dit plus tard et trop tard Napoléon, rencontrait alors beaucoup d'oppo-

---

1. Le cardinal Consalvi, dit une note royaliste, était alors un simple clerc tonsuré, dont les goûts et les études n'avaient depuis longtemps aucun rapport avec la théologie.
A cette signature, se joignirent celle du prélat Spina et celle du père Caselli. Ceux-ci n'étaient rien et n'avaient rien auparavant.
Bernier également signataire, fut fait évêque.
Une autre signature, digne de remarque, est celle de Joseph Bonaparte, de celui-là même qui avait tenté de soulever la ville de Rome contre Pie VI et de renverser le gouvernement pontifical. (Mss. A. E.)

sition, tant à l'intérieur qu'à l'extérieur et au sein même du sacré collège. Le prétendant, le comte de Lille, retiré alors à Varsovie, avait même protesté ouvertement, dans un document, curieux à plus d'un titre, document que son représentant à Rome, le comte de Vernègues, avait été chargé de remettre au pape et aux agents des puissances européennes.

« *Louis, par la grâce de Dieu, roi de France et de Navarre, à tous ceux qui ces présentes verront :*

« Les mesures arrachées à notre très Saint-Père le pape par une violence dont nous gémissons d'autant plus qu'elle est exercée par des Français, sont d'une nature qui nous oblige à prendre des précautions que nous ne pourrions omettre sans manquer au devoir que nous impose la double qualité de roi et de protecteur né des églises de France.

« Il vient d'être fait entre le pape Pie VII et l'usurpateur de notre autorité une convention qui ne nous est pas encore textuellement connue, mais dont plusieurs, à notre connaissance, portent évidemment atteinte aux droits de notre couronne comme à ceux des évêques de notre royaume, aux saints canons et aux libertés de l'Église gallicane.

« Dans l'un des articles, il est dit que sa Sainteté renouvelle avec le (soi-disant) premier Consul de la République française le concordat fait entre Léon X et François Ier.

« Dans un autre que ce premier Consul présentera au Saint-Père, les sujets pour remplir les évêchés vacants.

« Un troisième déclare tous les sièges épiscopaux de France vacants en vertu d'une démission offerte en 1790 au feu pape Pie VI de glorieuse mémoire, par les évêques députés à l'assemblée des États généraux.

« D'autres réduisent considérablement le nombre des archevêchés, évêchés et paroisses.

« Il en est un, enfin, qui porte que les archevêques, évêques et curés seront tenus de prêter serment aux lois de la (soi-disant) République française.

« Ces articles sont une atteinte manifeste aux droits imprescriptibles que nous tenons des rois nos aïeux. Une révolution qui a couvert la France de deuil, la retient encore sous le joug d'un gouvernement illégitime, mais nos droits n'en sont pas moins immuables, et nulle puissance sur la terre ne peut dégager nos sujets de la fidélité qu'ils nous doivent, bien moins encore autoriser ni surtout prescrire un acte qui lui soit contraire. Parmi ces droits se trouve celui de présenter à sa Sainteté les sujets pour les bénéfices consistoriaux qui viennent à vaquer, et depuis près de trois siècles, les souverains pontifes n'ont donné l'institution canonique pour ces sortes de bénéfices situés dans notre royaume que sur la présentation des rois nos prédécesseurs.

« Ces vérités sont gravées dans le cœur de nos fidèles sujets dont nous avons la douce consolation de savoir que les vœux nous rappellent sans cesse. Mais nous avons cru nécessaire de consigner de nouveau dans un acte conservatoire, en ce moment où elles paraissent méconnues par une autorité toujours respectable, lors même qu'elle n'est pas libre.

« Il n'est pas moins nécessaire de prendre une mesure semblable pour ce qui concerne la prétendue vacance des sièges épiscopaux ; ceux des évêques qui étaient députés aux États généraux offrirent, il est vrai, en 1790, pour le bien de la paix, de se démettre de leurs sièges ; mais ce généreux dévouement, qui ne pouvait engager que leurs personnes et non le corps épiscopal de France, ne fut accepté ni par le feu roi notre très honoré seigneur et frère, ni par le pape Pie VII. Cette offre individuelle et qui ne peut jamais être considérée que sous ce rapport, doit donc être regardée comme non avenue.

« La réduction du nombre des sièges épiscopaux, ainsi que celle des cures, ne peut s'opérer légalement que par le concours de notre autorité. Elle ne pourrait pas l'être d'une manière canonique dans les conjectures où un grand nombre de sièges épiscopaux et de cures se trouvent sans titulaires et sans défenseurs.

« A ces causes, après avoir renouvelé les assurances de notre attachement à la religion catholique, de notre dévouement au Saint-Siège, de notre vénération pour la personne sacrée du souverain Pontife, nous avons protesté et protestons en notre nom, au nom de nos successeurs, du clergé de France dont nous sommes le protecteur né, et de toute la nation française contre la convention faite entre le pape Pie VII et le soi-disant premier Consul de la République française, de quelque date que ladite convention puisse être, notamment contre les articles ci-dessus mentionnés, en quelques ermes et formules qu'ils pussent être conçus, ainsi que contre tout ce qui a été fait en conséquence, le tout comme attentatoire aux droits de notre couronne, à ceux des évêques de notre royaume, aux saints canons et aux libertés de l'Église gallicane, fait d'ailleurs sans pouvoir de la part du soi-disant premier Consul, et sans liberté de la part du souverain Pontife, capable, enfin, de produire un nouveau schisme et d'induire en erreur nos bien-aimés sujets sur l'un des devoirs les plus sacrés que la religion leur impose ; savoir : la fidélité envers nous, nous réservant de renouveler, modifier ou étendre les présentes protestations, s'il en est besoin, lorsque la publication de l'acte qui en est l'objet nous en aura donné une connaissance plus exacte.

« Et attendu que les circonstances actuelles ne nous permettent pas de rendre publiques nos présentes protestations, nous en déposons en mains sûres un double signé de notre main, et scellé de notre scel ordinaire, en attendant avec confiance de la Providence divine l'époque où la fin des malheurs de notre patrie et la restauration nous donneront les moyens de les faire valoir et de proscrire avec toute l'authenticité possible la convention en question, si elle était encore en vigueur.

« Fait à Varsovie, le 6 octobre de l'an de grâce 1801 et de notre règne, le 7ᵉ.

« *Signé :* LOUIS. »

En France particulièrement, le contrat avait donné lieu à des observations de plus d'une sorte, tant dans les Chambres que dans le pays. C'était même pour atténuer le fâcheux effet produit par ce retour au passé que le premier Consul avait engagé son frère Lucien à prendre place au tribunal et à se faire le défenseur de la nouvelle transaction.

Le légat arriva à Paris, au mois d'avril 1802. C'était le cardinal Caprara. Il avait avec lui monsignor Doria et une nombreuse suite.

Très conciliant et très avenant, dit Lucien, il était on ne peut mieux disposé pour tout arranger dans l'intérêt de la religion en général, même aux dépens des évêques plus ou moins récalcitrants au Saint-Siège[1].

Cette appréciation doucereuse était loin d'être partagée. « Le légat, écrivait le comte de Vernègues, a épousé et partagé les fureurs de la Révolution. Il ne le cède à aucun des siens pour les noires intrigues et la basse perfidie ; lui, sur la figure duquel la nature semble avoir imprimé le double cachet de la fausseté et de la turpitude, lui qui, en tout temps, et partout où il a eu des devoirs à remplir, a laissé la plus fâcheuse idée.

« Caprara, que je n'ose appeler *cardinal*, de peur d'offenser le sacré collège, lui si couvert, si comblé du mépris public, que Pie VI ne lui donna le chapeau que malgré lui : *in vitis nobis*. Ce sont ses propres paroles, imprimées dans l'allocution que fit à cette occasion le souverain Pontife en son consistoire. Et il le lui dit à lui-même que c'était par force qu'il l'élevait à une dignité qu'il ne méritait pas. Et il ne lui cacha pas même au moment où il semblait ne devoir lui faire que des compliments. Oui, à ce moment même, au milieu de beaucoup de personnes qui l'entendirent, Pie VI élevant une voix terrible, adressa ces foudroyantes paroles : « Vous êtes indigne et vous le serez toujours. La « religion, l'État, l'Église ne pourront jamais attendre « rien d'un homme tel que vous ; mais vous en serez le

---

1. Ce n'est pas au pape qu'il faut imputer ce choix. C'est au premier Consul, seul. Seul il a désigné le négociateur avec lequel il voulait traiter. Il a choisi Caprara pour exécuter le concordat, comme il avait choisi Consalvi pour le signer.
Pour la conscience de Caprara, on peut en juger par la première liaison qu'il ait formée à Paris, mais liaison intime. Je veux parler de Talleyrand l'apostat, celui qui, des trente-six millions de français actuels, est l'individu chez lequel la conscience est la plus morte. Sur son front est écrit *perversité*.   (*Note de Lucien.*)

« fléau, la ruine, vous qui avez donné tant de preuves
« d'irréligion[1]. »

Mais à Paris, en l'an 1802, on n'y regardait pas de si près. L'arrivée d'un cardinal-légat était chose toute nouvelle. Le prélat fut bien accueilli et comblé de faveurs. Caprara avait alors soixante-huit ans. Fort bien conservé, il comptait passer la centaine.

Entre autres qualités essentielles, le cardinal était un fin gourmet, particulièrement appréciateur des champignons. Un matin, il en mangea qui n'avaient pas été suffisamment contrôlés, paraît-il, car il faillit en mourir. L'accident était d'autant plus fâcheux, qu'il se passait à Paris et que l'opinion publique pouvait lui donner une origine différente de celle de la réalité. Lucien particulièrement s'en montra tout marri.

« Ne vous inquiétez pas pour moi, cher sénateur, lui répondait le prélat, je dois vivre jusqu'à cent vingt-cinq ans au moins. C'est un legs qui m'a été fait par le bon Adam de Marseille, qui, arrivé à cet âge-là et s'étant blessé fort grièvement, me dit pour me récompenser des soins que je m'étais empressé de lui donner, qu'étant pauvre et ne pouvant rien m'offrir de digne de moi, il m'avait légué de vivre le nombre de ses années[2]. »

---

[1]. La religione, la chiesa, lo stato non potranno mai aspettare da loi cosa alcuna di buono, anzi danno, Plovina, avendoli dato tante prove da... etc...

[2]. Nous n'en sommes encore ici qu'aux souvenirs de ce qui nous a été raconté par Lucien.

Un prélat de la suite du cardinal *à Latere*, prélat dont le nom nous échappe, mais qui était original dans sa simplicité superstitieuse, apporta un jour en triomphe au conseil réuni pour s'occuper de l'affaire du concordat, un vieux bouquin qu'il avait déterré dans un couvent d'Italie, espèce de Nostradamus où étaient

Tel était l'homme qui venait prêter serment entre les mains du premier Consul. « Or, ce serment a été dénaturé dans les papiers publiés. On en a ôté, probablement par ordre du légat lui-même, ce qui pouvait et devait déplaire à sa cour. » Le voici littéralement, tel qu'il a été proféré :

« Moi, Jean-Baptiste Caprara, prêtre de la sainte Église Romaine, nommé légat *à Latere* du Saint-Siège apostolique, près Napoléon Bonaparte, premier Consul de la République de France, et près la nation française, je jure et promets parole de cardinal, par mes ordres sacrés et la main sur la poitrine, au premier Consul de la République de France que je m'acquitterai des fonctions de légat et n'userai des facultés que m'a accordées le Saint-Siège que durant le temps que je serai dans la République et auquel il plaira au premier Consul de la République de France ; de sorte que dès qu'il m'aura fait connaître sa volonté, je déposerai tout de suite entre ses mains le nom et le droit de légat, et en même temps, ma légation prise, je remettrai le registre de tous mes actes en telles mains que voudra le premier Consul ; en outre que j'observerai *la Constitution, les lois, statuts et usages de la République*, et que je ne dérogerai en aucune manière ni à l'autorité du gouvernement, ni à la juridiction, aux droits, *aux libertés et privilèges de*

écrites toutes sortes de prophéties, entre autres celle-ci que nous avons retenue malgré le nombre des années écoulées,

> Quand Capra sous le dos rat aura
> Et qu'en France elle arrivera,
> Du schisme camard le nez d'un pied sera.

Il n'est pas nécessaire d'ajouter que l'excellent prélat

> Trouvait tout cela
> Dans le mot Caprara.

(*Note de la princesse de Canino.*)

l'Église gallicane. En foi de quoi, j'ai signé les présentes de ma propre main et j'y ai fait apposer mon cachet. »

Ainsi rectifiée, cette pièce a une importance capitale. Elle nous montre le dégré de condescendance auquel la cour de Rome sait arriver, lorsque ses intérêts sont en jeu.

Céder, toujours céder, en attendant qu'elle pût retirer de la main gauche ce qu'elle avait donné de la main droite, telle était sa devise. Telle elle devait être toujours. Ce fut en effet uniquement par peur du schisme qu'elle fit tant de concessions.

Ce fait, Lucien l'affirme. Quant au danger du contrat, Lucien le voyait moins dans l'acte concordataire lui-même, que dans le ministère des cultes, dont la création, d'après lui, se trouvait consacrer cet acte et donner à la religion catholique la prééminence par droit d'ancienneté et de nombre, en faisant ainsi implicitement une véritable religion d'État.

C'était, concluait le frère du premier Consul, un pas rétrograde et irréfléchi de la nation qui s'y soumettait.

Il en résultait pour moi la conviction, ajoutait-il, que cette déclaration d'une religion dominante, partie adhérente au complément de notre Concordat avec le Pape était défectueuse et constituait une des principales erreurs du système législatif et de celui qui l'avait provoquée, défendue dans les conseils avec le poids et l'autorité de son nom et sanctionnée en vertu de son droit et de ses attributions de premier Consul, toujours suivant moi trop étendues.

Après le concordat, vint l'affaire de la Légion d'honneur. Lucien prit une part importante à l'adoption du projet de loi.

Sur ce point, l'opposition était considérable au tribunat. « Cette institution était inutile, disait Savoye-Rollin, puisque tous les Français, tous les fonctionnaires, toute l'armée devaient également se dévouer au service de la République, à la conservation de son territoire, à la défense de son gouvernement, de ses lois, de ses propriétés, à repousser toute entreprise tendant à rétablir le régime féodal, les titres et qualités qui en étaient l'attribut. »

« Attaquer les intentions d'une loi en la travestissant d'une manière peu convenable, répondait Lucien, c'est attaquer les intentions de ceux qui la proposent ; c'est attaquer le gouvernement. Si l'indignation que fait naître une telle adresse ne rendait ce sujet trop grave pour défendre toute plaisanterie, je comparerais les efforts de l'un des préopinants à ceux de ce champion de la chevalerie, qui, voyant une armée dans les ailes d'un moulin à vent, déployait contre elle toute la vigueur de son bras...

« La légion, ajoutait-il dans une autre enceinte, établira un centre d'unité entre les citoyens qui remplissent les devoirs civils et militaires ; elle atteindra par ce moyen un but très utile. En effet, chacun des membres de la société prétend avoir des droits de prééminence à la reconnaissance publique. Ces prétentions rivales nourrissent les jalousies secrètes, forment un esprit de corps souvent funeste. La Légion d'honneur tendra à détruire cet esprit de corps et ces prétentions rivales ; elle réunira les militaires, les magistrats, les administrateurs, les artistes, les savants les plus distingués. Revêtus de la même distinction, on verra s'établir entre eux une sorte d'égalité fraternelle, et cet heureux système d'union établi entre les légionnaires se propagera sans doute dans la société.

« Telles sont les vues principales qui doivent mériter

les suffrages du tribunat au projet de loi qui nous occupe.

« ..... Livrez-vous, citoyens législateurs, concluait Lucien, à ces heureux présages; organisez les récompenses militaires et civiles. Unis d'intention et d'esprit avec un gouvernement réparateur, continuez jusqu'à la dernière heure de la session, jusque dans le sein de la nuit, à consolider cette République immortelle qui, depuis six semaines, a vu consacrer des lois favorables au crédit, à l'instruction publique; des traités de paix dignes de la grande nation que vous représentez, et des institutions religieuses, aussi chères aux besoins du peuple qu'à la tolérance et à la philosophie, au-dessus des alarmes vaines ; terminez, comme vous l'avez commencée, la session la plus courte, mais la plus glorieuse, la plus chère à la France ; et, de retour dans vos foyers, entourés des bénédictions universelles, vous direz à vos concitoyens : « Nous avons semé des récompenses pour « recueillir des vertus. »

Le résultat du débat est connu. Cinquante-six voix contre trente-huit donnèrent raison à Lucien. C'était peu.

Quelques mois plus tard, Lucien Bonaparte était fait sénateur et grand officier de cet ordre qu'il avait tant contribué à fonder.

CHAPITRE XI

MADAME DE STAEL

Hostilité des salons de Paris contre le premier Consul. — Quelques détails de famille. — Une conversation entre Joseph, le premier Consul et Lucien. — *Napolion* et Napoléon. — L'île de Corse. — Jean-Jacques Rousseau. — Madame de Staël. — Idéologie et idéophobie.

L'hostilité latente des salons de Paris avait le don d'irriter le premier Consul, et cette irritation même était habilement exploitée par ses fidèles qui se faisaient un malin plaisir de lui répéter les bons mots de ses adversaires politiques.

Or, dit Lucien, tout ce qui n'entrait pas dans sa tête était de l'idéologie. Des études plus fortes, plus suivies, plus variées, eussent corrigé ce penchant à faire la guerre aux facultés intellectuelles de l'humanité; c'était en contradiction flagrante avec ce qu'on lui a entendu dire depuis, au fort de sa puissance, savoir « que le sabre finissait toujours par être battu par l'idée. »

Dans cette lutte contre l'esprit, l'un des épisodes les plus étranges est sans contredit l'acharnement que le premier Consul montra à l'égard d'une femme, madame de Staël[1]. Lucien en a laissé un curieux et intéressant récit.

1. *Staël (Holstein) Eric-Magnus*, baron, mort à Poligny, le

Il y avait près d'un mois que je n'avais pu me décider à retourner voir le premier Consul, alors établi à Malmaison. Joseph était plus assidu et me témoignait le regret de la rareté de mes visites, qui pouvait produire un mauvais effet pour moi, parmi ceux de mes amis ignorant ce qui s'était passé entre nous dans nos dernières scènes. Je consentis à prendre jour avec lui, pour me rendre à ce qui n'était plus pour moi qu'une corvée et peut-être même un danger, car s'il est et a toujours été dans mon caractère de respecter ce qui a droit à mon respect, je n'ai jamais eu la vertu de supporter de mauvais et injustes traitements, tels que ceux dont le premier Consul s'était assez oublié pour prendre l'initiative vis-à-vis moi, en plus d'une occasion. Joseph me disait bien pour tâcher de me les rendre supportables, qu'il avait pris cette manière plus ou moins repoussante, avec toute la famille, ce qui était vrai ; moi je ne voulais plus m'y exposer que le moins possible.

Sa chère Joséphine se montrait on ne peut plus endurante pour la mauvaise humeur de son mari, et se contentait de pleurnicher bien souvent avec l'un ou l'autre de nous qui n'étions pas tous, il faut en convenir, aussi disposés à la plaindre qu'elle semblait l'espérer, parce que s'il était vrai que notre belle-sœur fût une femme on ne peut plus douce de manière et même ce que l'on

---

9 mai 1802. Ambassadeur de Suède à Paris en 1783; marié à la fille de Necker en 1786 ; rappelé en 1792, renvoyé à Paris en mars 1793, reparti, puis revenu le 22 avril 1795; définitivement rappelé en 1799.

On lit dans les notes de Lucien : « La nécessité de l'exil de madame de Staël mise sérieusement en question. — Méprisable et lâche insolence du tribun Carrion-Nysas, envers madame de Staël, au cercle du consul Cambacérès. — Détestables flatteurs, présent le plus funeste. »

pouvait appeler une véritable câline ; la douceur de ses intentions envers la famille de son mari, ne nous était pas aussi démontrée. Pour ma part, je savais très spécialement à quoi m'en tenir sur le degré d'affection qu'elle voulait bien me montrer, depuis que mon cher frère avait trouvé utile à sa politique de ménage, qui fut toujours raffinée, au moins autant que celle qui depuis lui soumit les gouvernements d'Europe, de me livrer au ressentiment de sa femme, en lui confiant une chose qu'il aurait dû garder pour lui seul.

Cette chose-là n'était rien moins qu'une de mes dépêches diplomatiques qui, vu les délicatesses de la question dont il s'agissait, devait demeurer tellement secrète, qu'aucun des employés de ma légation, ni Talleyrand lui-même, alors ministre des relations extérieures, avec qui seul je correspondais directement, quand ce n'était pas avec mon frère, n'en pouvaient avoir eu le plus léger soupçon.

Dans cette dépêche je rendais compte d'une ouverture assez bien masquée d'abord, mais qui avait bientôt pris la forme et l'importance d'une confidence, que la reine d'Espagne m'avait faite au sujet du mariage de la plus jeune de ses filles, l'infante Marie-Isabelle, « confidence, m'avait dit la reine, qui te prouve toute ma confiance en toi, Bonaparte, puisque le roi, ni Manuel lui-même, n'en savent rien. »

Cette manière de me tutoyer en usage de la part des rois d'Espagne avec les grands, ne m'était point due, et me faisait pourtant beaucoup d'honneur, parce que le roi avait dit un jour au vieux marquis de Santa-C..., son premier chambellan qui, très au fait de l'étiquette du palais, lui avait témoigné de l'étonnement (il n'aurait osé blâmer son maître) de ce tutoyement, dont sans doute le brave homme ne me croyait pas aussi digne que lui : « Que veux-tu, marquis ? le jeune ambassadeur est si aimable, si imposant même, que je ne puis pas me résoudre à le traiter moins bien que vous autres. »

La marquise, sa femme, pour laquelle j'avais beaucoup d'amitié, et qui m'en témoignait elle-même, n'était pas insensible pour moi à ces compliments, et prévoyait bien, me disait-elle, que cela finirait par me valoir la grandesse réelle, ce qu'elle apprit avec chagrin que je n'accepterais pas, si le roi me l'offrait, parce que la République française ne tolérait pas ces sortes de faveurs avec un de ses citoyens, que, du reste, je me croyais au moins l'égal de tous les grands et grandes de toutes les Espagnes, et l'aimable femme eut la politesse, ou, si l'on veut, la sincérité de tomber d'accord sur ce point. Mais pourtant, pourtant..., disait-elle, et elle n'achevait pas la phrase, dont moi j'interprétais ainsi le reste : Née allemande, la marquise était une Walstein, apparentée aux meilleures familles autrichiennes, mariée à un grand d'Espagne ; comment n'aurait-elle pas tenu pour moi à de brillantes distinctions, attributs de tous ses autres amis ?

L'excès de confiance que la reine m'avait témoigné à l'exclusion du roi, et surtout de ce Manuel, dont la coopération amicale ne m'était pas encore assurée, et me semblait si nécessaire au succès de ma négociation, m'avait donc beaucoup plus effrayé que flatté. Ce secret, les secrets de cour sont toujours mal gardés, me semblait périlleux, puisqu'il n'était pas impossible qu'il portât quelque ombrage au premier ministre, si toutefois étant vrai qu'il ne le connut pas, il venait à *le découvrir* ou à le soupçonner.

Don Manuel Godoi, duc d'Alcudia, prince de la Paix, était déjà depuis bien des années et de notoriété publique, maître du cœur et de l'esprit du roi Charles IV; et s'il était vrai, comme cela aussi se disait généralement, que la reine fût sa maîtresse, sous la double acceptation de ce titre, il y avait raisonnablement sujet de craindre de voir s'altérer les premières relations d'amitié et de confiance que j'avais trouvé fort ingénieux d'établir entre moi et le favori tout-puissant du couple royal[1]

Quand j'arrivai en Espagne, le prince de la Paix se trouvait à l'apogée de son pouvoir, en même temps qu'il gravitait chaque jour à celle de la haine nationale qui devait causer la chute et la ruine de ses maîtres.

Revenant à la confiance de la reine, il était dans mon précis devoir d'ambassadeur de la communiquer au premier Consul, et je ne crus pas, en le remplissant, courir le risque d'étonner mon frère par trop désagréablement, puisqu'après son retour d'Égypte, à la suite de scènes plus ou moins violentes entre le mari et la femme, il avait été très sérieusement question de divorce. Il est vrai qu'à cet état de choses avait succédé un raccommodement sincère, je crois, de part et d'autre; mais je savais par Joseph, en qui le Consul avait plus d'intimité et de laisser-aller qu'avec moi, que la stérilité déjà reconnue de sa femme, dès le commencement de leur

---

1. En cela je me conformais à l'axiome du célèbre diplomate Wigfort. Pendant le trajet de Paris à Madrid, j'avais spécialement étudié son *Traité des ambassadeurs*, bien persuadé que j'étais, qu'en diplomatie comme en tout, personne n'a la science infuse, et je n'ai pu que m'applaudir d'avoir cherché à ne pas m'éloigner des règles en usage ordinaire, quoique souvent il m'ait paru pénible et quelquefois ridicule de les suivre. (*Note de Lucien.*)

mariage, le préoccupait assez pour s'en plaindre et même se moquer un peu graveleusement de l'inutilité de ses voyages aux différentes eaux minérales en réputation de faire faire des enfants. Plusieurs fois, soit par entraînement ou peut-être pour sonder le terrain, il avait fait envisager à Joseph l'acte de son divorce comme une lointaine nécessité, en tel cas donné, qu'il n'expliquait pas trop clairement et qu'il ne convenait pas non plus à Joseph de paraître deviner, car en ce temps-là, son opinion républicaine, tout à fait d'accord avec la mienne, n'avait pas encore été ébranlée, et je lui dois cette justice que plus tard, quand l'apostasie devint presque générale et pour lui irrésistiblement contagieuse, les deux, trois ou quatre couronnes, qu'il a tour à tour d'abord refusées puis acceptées, auraient été agréées d'emblée par la plupart de nos confrères en opinion, et Bernadotte en fut la preuve, lui qui certainement nous déborda de beaucoup en ce qu'on appelait le jacobinisme.

Malgré le nouvel ascendant que Joséphine avait paru reprendre sur le premier Consul, la possibilité d'un divorce la tourmentait beaucoup, et de temps en temps, par d'adroites suggestions plus ou moins indirectes et d'ailleurs fort légitimes de sa part, ou bien en attaquant tendrement, mais de front, le cœur de son mari, elle témoignait un ardent désir de voir consolider son mariage à la municipalité, par la bénédiction nuptiale reçue à l'église, ce à quoi le Consul s'était toujours obstinément refusé et se refusa jusqu'à l'époque du couronnement, où Joséphine, bien conseillée par le, depuis, célèbre abbé Dupras, archevêque de Malines, et d'accord avec lui, eut l'art d'amener le vénérable Pie VII à déclarer à leurs majestés impériales que, d'après leur mutuelle confession, n'ayant point été unies devant l'Église, Sa Sainteté ne pouvait les sacrer en cet état de concubinage par les saints canons, etc. Qu'à cela ne tienne, avait répondu l'empereur, peu soucieux en ce moment solennel d'un éclat de cette nature. « Qu'à cela ne tienne et que Votre Sainteté nous fasse l'honneur de nous marier. » Le saint pontife, satisfait de cet acte réparatoire, consentit de la meilleure grâce du monde à prêter son auguste ministère. La bénédiction nuptiale et papale fut donc donnée avec le plus de secret possible en pareil cas, en présence du cardinal Fesch et, je crois, de l'abbé Sambulli, ou quelqu'autre abbé de la confiance intime de notre oncle...

Au moment de la répudiation de Joséphine, suivie du mariage de Napoléon avec la jeune archiduchesse d'Autriche, plusieurs de nos lettres confidentielles nous apprirent des détails fort singuliers et peu connus qui trouveront place à leur tour dans ces mémoires et tout ce qu'il ne sera pas inconvenant de reproduire, nous bornant à présent à cette réflexion que les témoins de ladite bénédiction nuptiale, n'auront pas manqué de faire comme nous, c'est-à-dire qu'elle ne fut pas capable de mettre la femme qui en espérait un heureux succès à l'abri de la répudiation dont elle fut frappée, sous son double diadème d'impératrice, reine d'Italie, couronnée, mariée et sacrée par un pape. Oh! mon frère! que devais-tu penser de la docilité de ce peuple, si flexible pour se plier à tes moindres caprices dans les circonstances les plus solennelles?... Ainsi il était toujours prêt à verser le plus pur de son sang partout, et quand il le fallait pour t'assurer ce que malheureusement, toi, tu prenais pour de la gloire ; terrible erreur ! que tu eus l'art ou le bonheur, mais non, plutôt le malheur, de faire partager à ce peuple héroïque, aussi léger que vaillant !

Quand j'étais en Espagne, le lien qui eût pu seul me retenir pour me mêler de la négociation du mariage de la petite Infante, impliquant le divorce du Consul, le religieux, enfin, n'existant pas, je ne me suis jamais reproché la part, fort inutile d'ailleurs, que mon devoir m'avait obligé d'y prendre, et que ne combattant nullement mon affection pour notre belle-sœur, je ne parle ici que du reproche de ma conscience, puisque, sous le rapport de mon intérêt personnel, il est trop vrai que j'ai pu avoir des regrets, si ce ne sont des remords de m'être trouvé dans le cas de me faire une ennemie implacable de Joséphine qui sans cela, serait peut-être demeurée indifférente envers moi, comme elle le fut envers mes autres frères. Joséphine n'était point méchante, ou, pour mieux dire, et l'on a beaucoup dit qu'elle était très bonne ; c'était surtout quand ses actes de bonté ne lui coûtaient aucun sacrifice. Avec assez d'usage du grand monde, où son premier mari l'avait introduite un peu avant la révolution de 89, elle avait peu, fort peu d'esprit ; point du tout de ce que l'on pouvait appeler de la beauté ; mais certains souvenirs créoles dans les souples ondulations de sa taille plutôt petite que moyenne, une figure sans fraîcheur naturelle, il est vrai, à laquelle les apprêts de sa toilette remédiaient assez bien à la clarté des lustres. Tout, enfin, dans sa personne, n'était pas dépourvu de ce quelque reste d'attraits, partage de la première jeunesse, et que le peintre Gérard, cet habile restaurateur de la beauté flétrie des femmes sur le retour, a fort agréablement reproduit dans les portraits qui nous restent de la femme du premier Consul.

Dans les brillantes soirées du Directoire, où Barras m'avait fait l'honneur de m'admettre, à ma première nomination de secrétaire du conseil des Cinq-Cents, c'est sous cet aspect que j'avais rencontré nombre de fois la citoyenne Beauharnais, avant que mon frère l'épousât, et la vérité est que, jusqu'alors, malgré le portrait que j'en fais à présent d'après coup et dont je ne crois pas qu'on puisse contester la ressemblance, elle avait à peine attiré mes regards, tant elle me paraissait peu jeune et inférieure aux autres beautés qui composaient ordinairement la cour du voluptueux directeur, et dont la belle madame Tallien était la véritable Calypso, de laquelle mes vingt-cinq ans auraient bien voulu obtenir un coup d'œil favorable au sentiment qu'elle inspirait assez particulièrement, disait-on, à Barras qui, du reste, ne s'en montrait pas jaloux, et quant à moi, d'ailleurs, j'étais encore trop petit garçon en politique pour qu'on daignât s'occuper de moi, et mon frère, le général Bonaparte, perçait à peine.

Oh ! instabilité capricieuse des choses humaines ! Peu de mois après, le petit général était l'époux de la veuve si insignifiante à mes yeux, et le puissant Barras, du haut de son fauteuil dictatorial, en lui donnant le commandement de l'armée d'Italie, ouvre la première carrière au héros qui va étouffer l'anarchie en France, rétablir la gloire de nos armes, et devenir, enfin, ce qu'on l'a vu depuis. Oh ! mon frère ! pourquoi n'es-tu pas toujours resté le général Bonaparte, membre de l'Institut, premier Consul de la République, son invincible défenseur? Pourquoi ton bouclier sacré se change-t-il en épée conquérante?

Au milieu des persécutions qui furent si longtemps et sont encore mon petit partage, j'ai pu regretter d'avoir pour ennemie la citoyenne Beauharnais, devenue ma belle-sœur; car c'est à cette inimitié pour moi, qu'elle n'eut pas la force, ou la sagesse, ou la volonté de réprimer, que naquit, ou, pour parler plus vrai, que s'accrut l'antipathie de son mari pour moi, du moment où il avait reconnu que je pouvais être un bon frère capable de lui être utile dans l'occasion, mais nullement disposé à me laisser traiter en subalterne; et lui, convenons-en, ne voulait près de lui que des gens de cette étoffe[1]. Notre frère Joseph m'en présenta la seule exception, bien qu'en finissant par faire à peu près tout ce que Napoléon voulait, il conserva toujours son franc parler, même parvenu à son plus............
....

1. Ces manœuvres finirent par lui être fatales à elle-même. Je sais qu'aujourd'hui, dans son fastueux et solitaire exil de Navarre, elle reconnaît, mais un peu trop tard, qu'elle eût mieux agi dans ses intérêts, en employant son influence auprès du Consul pour l'engager à reconnaître mon second mariage, qu'en s'y montrant contraire. Si tels sont, ainsi que me l'assure un de ses amis qui se montre aussi le mien, les regrets de Joséphine, je dois convenir que je les crois très fondés; car enchaînés à elle par les liens de la reconnaissance, sans parler de la politique, moi, ma femme, mes nombreux enfants, tous nos amis, ne lui eussions certainement pas manqué pour tâcher de détourner l'orage. Ce fut un certain M. Desbassins de Richemond, lequel fut chargé, à cette époque de rupture absolue entre la France et l'Angleterre, d'une mission diplomatique non avouée entre les gouvernements, ce fut ledit monsieur dont nous eûmes beaucoup à nous plaindre pour acte de bas espionnage, qui, au milieu de beaucoup d'autres choses dites de la part de ladite reine Hortense, selon cet agent, plus affligée de la répudiation de sa mère, qu'elle n'avait l'air de s'y résoudre, nous parla des regrets que Joséphine éprouvait de

avait aussi obtenu que je l'accompagnerais chez Joséphine ; du reste, il ne l'aimait guère plus que moi, bien que ni l'un ni l'autre lui ayons jamais manqué d'égards.

Ainsi que nous en étions convenus, Joseph vint donc me prendre. Si je ne l'avais pas encore mis dans le secret positif de mon mariage, j'avais eu plus d'une fois la volonté de le lui dire, et plusieurs petites choses me faisaient penser qu'il en serait très médiocrement surpris. Précisément, ce jour-là, quand mon fidèle valet

ne pas avoir employé dans le temps son influence auprès du Consul pour l'engager à reconnaître notre mariage. (*Note de Lucien*.)

Cet ami dont parle ici Lucien est, ou plutôt fut, car il est mort depuis bien des années, un certain monsieur Desbassins, dit de Richemond, dont nous n'avons personnellement que trop de raisons de nous souvenir, lesquelles raisons nous nous réservons de faire connaître plus tard, étant d'une nature toute particulière. Il suffit de dire ici que ledit monsieur qui, à Paris, n'avait été pour nous qu'une simple connaissance, vint nous trouver un jour dans notre asile privé du comté de Worcester où il nous fit de très grandes offres de service qui n'étaient pas de refus, puisque nous ne pouvions recevoir ni écrire aucune lettre qui ne fut lue par les commissaires-surveillants établis près de nous par le gouvernement anglais auquel il était référé de toutes nos démarches et de celles que l'on pouvait faire vis-à-vis de nous.

M. Desbassins de Richemond se présenta à nous sous l'aspect le plus fait pour inspirer la confiance, c'est-à-dire dans une situation malheureuse, non sous le rapport de la fortune, car, nous disait-il, il avait pu s'assurer des moyens de vivre pendant tout le temps que durerait sa persécution .... Il montrait une profonde admiration pour Lucien, et le ressentiment personnel dominait en tout ce qu'il nous disait de la cour des Tuileries, contre le maître, et il avait le projet aussitôt qu'il aurait terminé ses affaires de l'échange, ce qui lui permettrait de revenir à Paris sans danger, de tout mettre en ordre dans ses intérêts particuliers, de réaliser tout ce qu'il possédait en France, et de se fixer aux États-Unis où il espérait bien qu'on nous laisserait aller, ce à quoi il ne désespérait pas de pouvoir coopérer comme appendice de sa mission. Il en eût fallu moins encore pour nous inspirer une confiance sinon illimitée, au moins très affectueuse dans les formes, que nous imposait la prudence en matière politique. Par un hasard assez particulier, M. Desbassins dit de Richemond, de chambre Pédro vint m'avertir que le *Senor frère de Monsiu* était arrivé, j'étais très disposé à le recevoir chez ma femme, où je me trouvais en ce moment. Mais elle me pria de remettre cette visite fraternelle, à ses yeux fort importante, jusqu'à notre retour de Malmaison.

Alors, traversant le petit corridor souterrain conduisant chez ma femme, logée place du Corps-Législatif, à mon hôtel, rue Saint-Dominique, et que nous appelions

ressemblait singulièrement à notre grand ami le général Bernadotte, ce qui, joint à une conversation attrayante et pleine de franchise, nous inspira ce qu'on peut bien appeler de la sympathie. Il nous donna toutes les nouvelles récentes et même déjà anciennes de choses qui n'avaient pu nous parvenir dans un moment où l'Angleterre était fermée à tous les Français, comme la France à tous les Anglais, hormis les familles retenues en représailles de la capture de nos vaisseaux, qui avait précédé la déclaration de guerre de nos voisins.

Au milieu de tout ce que nous contait M. Desbassins de la nouvelle impératrice et de la vieille et de la princesse Pauline qui, disait-il, faisait habituellement les cornes à la première, quand elle marchait derrière elle, et de la reine Hortense beaucoup plus affligée qu'elle ne le paraissait, de la répudiation de la mère et de la plus que diminution de son crédit personnel, le diplomate non avoué, qui se disait grand ami et confident d'Hortense, nous disait que bien des fois elle lui avait dit que sa mère, l'ex-impératrice Joséphine, ne cessait de regretter la fatalité qui avait éloigné d'elle son beau-frère Lucien, qu'elle reconnaissait avoir manqué de politique, etc...

Le résultat de la confiance de notre hôte, car il le fut plusieurs fois pendant trois ou quatre jours, fut tel que Lucien et moi-même lui remîmes une certaine quantité de lettres qui n'arrivèrent jamais à leur adresse par une bonne raison, c'est que cet ennemi persécuté de l'empereur les lui alla remettre en mains propres en Pologne où le conquérant se trouvait alors, s'acheminant vers la Russie.

Quant à la cause de mon ressentiment personnel pour ce lâche agent du despotisme, je lui donnai pour ma part une marque de confiance, dont il n'est pas ici le moment de parler, me contentant seulement ici de l'annoncer sous ce titre : Anecdote vraie, bien qu'incroyable. (*Note de la princesse de Canino.*)

le souterrain conjugal, je me trouvai à la petite porte masquée de ma grande galerie, où nous avions été obligés, par la nécessité du local, de faire aboutir notre communication secrète.

En me voyant entrer par cette petite porte que je refermai aussitôt, Joseph, qui s'en trouvait tout près et la tête en l'air regardant un tableau, fut étonné et me dit : « D'où sors-tu, par-là ? Je croyais que ce mur était intérieur, et trouvais que c'était mauvais pour tes tableaux. » Je lui répondis, ce qui était vrai, qu'ayant des tuyaux de chaleur pour l'hiver, l'humidité n'était point à craindre, ajoutant, ce qui n'était pas fort nécessaire, que j'avais voulu profiter d'un recoin assez profond dans cet endroit du mur pour y pratiquer un petit cabinet particulier. Joseph sourit en me disant que j'avais bien fait, que c'était très commode, et j'eus un instant la pensée qu'il pourrait bien avoir le besoin d'y entrer, mais il n'en fut rien.

Le vide en cet endroit du mur existait bien, puisque c'était le commencement du souterrain pratiqué jusqu'à la petite cour intérieure de la maison de ma femme, et je fus bien tenté de dire à mon cher frère le fin mot de la chose ; mais il m'eût fallu un peu de temps pour la lui développer ; le moment n'était pas opportun. Il était déjà neuf heures du matin, nous voulions aller et être revenu de chez le Consul avant son heure du conseil, et nous prîmes la route de Malmaison.

Nous allâmes directement au cabinet du premier Consul, où Rustan, qui était à son poste accoutumé, ouvrit la porte en baragouinant quelques mots qui devaient se rapporter à nous, car son maître occupé à écrire à son bureau avec toute l'activité qu'il y mettait, et ayant le dos tourné n'avait pu nous voir. Cependant sans se déranger, le Consul nous fit signe de la main de nous asseoir, en nous disant : « Bien venus, citoyens sénateurs, je suis à vous.

Joseph, *à voix basse, à moi*. — Il est de bonne humeur.

Moi, *du même ton*. — Je plains celui qui aura à déchiffrer ce que nous lui voyons écrire.

Joseph. — Il écrit comme un chat; tous les jours plus mal; il n'a jamais su bien écrire; mais enfin on le lisait.

Moi. — Je crois bien et très clairement, et (*très bas*) très tendrement encore. Notre belle-sœur m'a fait lire beaucoup de ses lettres d'amour, c'était presque de la jolie écriture de femme. Vous en a-t-elle fait voir?

Joseph. — Sans doute et fort lisible.

Moi. — Mais certainement.

Joseph. — C'est difficile d'écrire dans toutes les règles de la calligraphie; mais il ne faut pour écrire lisiblement que le vouloir, et un amoureux, quelque grand homme qu'il soit, quand il se donne la peine d'écrire, veut être compris.

Moi. — Sans doute; non seulement un amoureux a cette volonté-là, mais tout ce qui a intérêt a se faire comprendre, et je vous assure que les lettres du général à moi et à maman, au sujet de mes affaires de famille, sont très lisiblement écrites. Maman en a beaucoup conservé.

Le Consul, *se levant de son bureau*. — C'est fini. Qu'est-ce que vous dites donc là de maman?

Joseph. — Oh! rien d'intéressant. Nous parlions de votre écriture d'autrefois.

Moi. — Et nous disions qu'elle était plus lisible qu'à présent.

Le Consul. — Oh! autrefois!... Autrefois, j'avais le

temps de tout faire passablement, comme un autre. A présent, à peine si je puis prendre le temps de respirer.

Joseph. — Il faut vouloir le prendre, et vous le trouverez.

Moi. — Oui ; maman dit que vous vous fatiguez trop ; que vous ne dormez pas assez. Elle a grondé Corvisart de ce qu'il ne vous défend pas de travailler si avant dans la nuit.

Le Consul. — Pauvre Corvisart ! Il ne rabâche que cela. Mais quand je lui ai prouvé comme deux et deux font quatre, qu'il faut bien que je prenne sur la nuit pour faire aller ma boutique, puisque le jour ne suffit pas. il me fait l'honneur en haussant les épaules de me dire : « Eh bien ! rendez-vous malade si vous voulez, après cela vous ne pourrez plus vous occuper ni la nuit, ni le jour ; et la République ira à tous les diables, d'où vous l'avez heureusement tirée. » Il est passablement brusque, le bon citoyen Corvisart.

Joseph, *assez malignement*. — Pas flatteur, surtout.

Le Consul. — Mais pas trop, je vous assure.

Moi. — Oui ses formes ne le sont pas, mais le fond l'est d'autant plus qu'il est bien vrai. On voit que le docteur connaît l'art de bien louer ; louanges fines d'un ton bourru.

Le Consul. — Est-ce qu'il est aussi bourru avec vous autres?

Joseph. — Ah ! pas du tout ; il est très poli, presque même cérémonieux. Et avec toi, Lucien ?

Moi. — Avec moi aussi, hélas !

Joseph. — Et pourquoi ! cet hélas ! Ah ! j'entends, tu veux dire qu'il n'y a pas d'étoffe assez ample en nous, pour qu'il se montre bourru.

Moi. — Vous m'épargnez la peine de le dire.

Le Consul. — Eh bien, qu'est-ce que c'est que ça? Est-ce que vous êtes venu pour faire assaut de modestie devant moi? Je n'en suis pas la dupe, savez-vous. Vous êtes deux compères fort orgueilleux.

Joseph et Moi, *l'interrompant en riant.* — Orgueilleux; oh non...

Le Consul. — Oh oui! Mais qui du reste avez bien le droit de l'être. Et si vous vouliez travailler comme moi, vous feriez mieux que je ne fais. Lucien, surtout, a une facilité pour écrire, parler, discuter. Moi le travail me coûte; j'aimerais plus de repos; mais le bœuf est attelé, il faut qu'il laboure. Ah! tout n'est pas rose, Messieurs.

Joseph. — Parbleu! Nous le savons bien. Et vous n'êtes pas de fer.

Moi. — C'est bien pour cela que maman a raison, ainsi que nous, quand nous vous conseillons de prendre plus de repos.

Le Consul. — A propos de maman, Joseph devrait bien lui dire de ne pas continuer à m'appeler *Napolion*. C'est un nom qui sonne mal en français. D'abord c'est un nom italien. Que maman m'appelle comme tout le monde, *Bonaparte;* non *Buonaparte*, surtout; ce serait encore pire que Napolion. Mais non, qu'elle dise le premier Consul, ou le Consul tout court. Oui, j'aime mieux cela. Mais *Napolion, toujours ce Napolion*, cela m'impatiente.

Moi. — Cependant, Napolion, en français Napoléon, est un très beau nom, à mon gré, du moins. Il a quelque chose de grand.

Le Consul. — Trouvez-vous?

Moi. — Quelque chose d'imposant.

Le Consul. — Vous trouvez?

Moi. — Même de majestueux.

Joseph. — En effet.

Le Consul, *à Joseph*. — Vous aussi, vous trouvez? Cela pourrait bien être. Enfin, c'est mon nom. Je conviens qu'il a plus de solennité que Bonaparte, qui, cependant... Mais je ne le porte pas tout seul, et dans ce genre-là, Napoléon a même l'avantage d'être nouveau.

Moi. — Oui, je ne sache pas du moins, qu'il y ait encore quelque personnage illustre de ce nom.

Joseph. — A propos de nom, on dit qu'une des faiblesses de Robespierre était de se glorifier assez ridiculement de son nom de Maximilien.

Le Consul. — Il est certain qu'un nom n'est pas indifférent.

Moi. — Je suis de cet avis. Aussi permettez-moi de vous le dire; je tiens pour le nom de Napoléon. Nouveau grand homme, nouveau grand nom.

Le Consul, *me souriant assez gracieusement*. — Flatteur...

Moi. — Ce n'est pas mon fort que la flatterie, ni mon faible pourtant. C'est la vérité que je dis, et quant au nom de Napoléon, en lui-même grand, comme je le disais tout à l'heure, imposant, je pense qu'il me produit peut-être cet effet, parce qu'il rappelle un peu les noms de dynasties du Bas-Empire, les Paléologue, les Nepomucène, et autres.

Le Consul. — Oui, le nom est beau; et peut-être uniquement porté par moi en France. En Italie, il n'est pas si rare. Il y a même un certain tyran milanais, je crois bien que ce fut un Visconti, ou peut-être un Stozzi, qui s'appelait Napoléon, ou même Napi, ou plutôt Napia, par diminutif, à la manière des Italiens. Quel qu'il fût, il a très mal fini, ce monsieur mon homonyme, comme il faudrait au reste que finissent tous les vrais tyrans. Battu et fait prisonnier, il fut enfermé dans une cage de fer où il mourut.

Joseph. — Ah mon Dieu! quelle destinée! je ne connaissais pas ce fait-là

Moi. — Ni moi non plus, ou, du moins, il a échappé à ma mémoire.

Le Consul. — C'est en effet de l'histoire. Le nom français, Napoléon, n'en reste pas moins un très beau nom.

Moi. — Alors pourquoi ne voulez-vous pas que maman continue à vous le donner?

Le Consul. — Mais, d'abord, parce qu'elle le prononce à l'italienne. C'est désagréable. Et quelque effort qu'elle fît pour le franciser, elle n'y pourrait parvenir. Entre nous, notre mère n'a jamais su parler l'italien ni le français. C'est désagréable.

Joseph et moi, *ensemble*. — Mais notre mère parle l'italien qu'on parle en Corse.

Le Consul. — Et c'est précisément ce que je vous dis. Croyez-vous que je doive être très flatté que M. de Lucchesini, par exemple, le premier diplomate, beau parleur par excellence, en toutes langues, que nous recevons aux Tuileries, entende ma mère lui répondre en patois à une phrase en pur toscan?

Joseph et Moi. — Patois!... mais... mais en Corse...

Le Consul, *nous interrompant*. — Mais... mais pourtant... convenez que c'est très désagréable.

Moi. — Je ne trouve à cela rien de désagréable.

Joseph. — Nous y sommes. Oui, nous y voilà, tout le désagréable de cela, c'est que vous n'aimez pas qu'on se rappelle à Paris que notre famille est corse.

Le Consul. — C'est la vérité, à un certain point, et vous devriez penser de même, car cela est raisonnable : En France, surtout, le ridicule est à éviter ; et notre mère avec son baragouin corse... corse, je le veux bien.

Joseph, *d'un ton un peu élevé, et le rouge montant à sa belle et noble figure.* — Vous le voulez bien ! Mais cela est, mais cela doit être.

Moi. — Sans doute. La mère du premier Consul de la République française, n'est pas plus obligée de bien parler français, que le fut Marie de Médicis par exemple. Avant elle, il est fort douteux, que sa douce compatriote Catherine parlât parfaitement le français, toute philologue qu'elle fût, nous disent les chroniques du temps. Et Henri IV, je parie qu'il parlait absolument le français que parlent et peut-être moins bien Bernadotte, Lannes, ou Murat, qui sont de son pays, ou à peu près, et tous les trois aussi vaillants que lui.

Le Consul. — Ainsi donc vous êtes d'avis que Henri IV gasconnait ?

Moi. — Sans doute, puisqu'il était Béarnais. Soyez sûr qu'il avait au moins l'accent, ou pour parler comme eux, *l'acqueccent.*

Joseph. — Ah ! ah ! *(en riant d'un air de triomphe)* l'acqueccent est joli. Bravo, Lucien ! Si cela ne fait pas plus de mal à notre mère qu'à Henri IV, il n'y aura pas grand mal de fait.

Le Consul, *d'un ton d'impatience.* — Vous ne me comprenez pas, ou vous ne voulez pas m'entendre ; trêve de plaisanteries, citoyen Lucien.

Joseph. — Vous verrez qu'il ne nous sera plus permis de plaisanter. Si l'on doit compter ainsi, mesurer ou peser toutes ses paroles avec vous, il vaut mieux ne pas parler du tout, ou bien s'en aller.

Le Consul. — Allons, mon frère, ne vous fâchez pas, et parlons raison ! C'est précisément, parce que tout ce monde-là était de race royale, qu'on ne trouvait pas ridicule leurs manières de parler, quelle qu'elle fût. Vous citez les princesses de la maison de Médicis ; mais le florentin, qui était leur langue, est au moins une langue pure.

Joseph. — Oui ; mais dont l'accent est détestable, guttural à l'excès. Aussi les Florentins ne parlent-ils pas, ils croassent, et leurs puristes mêmes n'ont pas décidé pour rien et ainsi la question : « *Lingua toscana in bocca romana.* »

Moi. — Et puis sans parler, ou en admettant le plus ou moins de ridicule que la frivolité française puisse trouver à ceux qui ont gardé l'accent de leur pays, n'est-il pas de fait, que presque toutes les provinces de France ont un accent particulier, que les plus grands orateurs ne perdent pas entièrement.

Joseph. — Sans doute et toutes les reines de France, par la raison qu'elles étaient choisies parmi les princesses étrangères, étaient comme eux dans le même cas aussi bien que notre mère.

Moi. — Et cela ne les empêche pas de réussir à se faire respecter ou craindre, car si les Français tournent facilement en ridicule les gens haut placés, cela ne les empêche pas de se soumettre et surtout de courtiser ceux dont ils se moquent le plus, quand ils leur ont reconnu du talent. Mazarin en est la preuve. On le chansonnait, on se moquait de son français italianisé ;

mais tout le monde lui obéissait. J'ai entendu dire que l'infortunée Marie-Antoinette avait mis son accent allemand de mode à la cour. Aussi, pour ma part, je crois sincèrement que M. de Lucchesini ne sera pas étonné de la conversation de notre mère, accoutumé qu'il est sans doute à entendre les petites souveraines très nombreuses des cercles de l'Allemagne, ne pas toutes parler le plus pur saxon, mais ce qu'on appelle, par exemple, l'allemand du Rhin, ou autre moins estimé peut-être que l'accent italien de notre mère.

Le Consul. — Dites donc l'accent corse.

Moi. — Eh bien, oui, l'accent corse, si vous voulez ! Notre mère est née corse, c'est tout simple, et nous aussi; il faut en prendre son parti.

Le Consul. — Il faut bien le prendre, mais il n'y a pas de quoi se vanter, une petite île de rien du tout, moitié italienne, moitié française.

Joseph, *appuyant sur chacune de ses phrases avec un rire amer*, — C'est bien, très bien ; courage, continuez.

Le Consul. — Mais sans doute je continuerai, et je le répète, parce que c'est une vérité physique, une petite île de rien du tout.

Moi. — Une petite île de rien du tout !... dont cependant Jean-Jacques avait deviné et proclamé les instincts généreux, par rapport à la liberté.

Le Consul. — Bah ! Jean-Jacques ! puisque vous me le citez, moi je vous dis qu'il n'est à mes yeux qu'un bavard; ou, si vous l'aimez mieux, un assez éloquent idéologue. Je ne l'ai jamais aimé, ni surtout bien compris. Il est vrai que je n'ai pas eu le courage de tout lire, parce qu'il m'a semblé généralement ennuyeux.

Joseph. — Quel sacrilège littéraire. Ce sont vos mathématiques qui vous ont desséché le cœur.

Le Consul, *toujours debout et continuant à se balancer sur le dossier de son fauteuil.* — Vous avez beau vous fâcher, mon cher Joseph, la Corse n'en restera pas moins ce qu'elle est. Je l'ai dit et je vous le répète, une petite île de rien du tout, moitié africaine, moitié française, une lilipulienne superfétation de l'un ou l'autre continent.

Moi. — Qui revendiquera cependant toujours, et à laquelle on ne contestera pas l'avantage d'avoir produit le grand général Bonaparte, premier Consul de la République française.

Le Consul. — Bah! bah! j'aurais pu naître autre part, et vous autres aussi. Et c'eût été tant mieux pour tous.

Moi. — Ah! par exemple, c'est un peu fort. Mais vous riez mon frère?

Le Consul, *souriant, me fait un petit signe de l'œil que Joseph ne peut voir.* — Oui, c'est vrai, je riais et je ris encore, mais comme Arlequin, je dis la vérité en riant. C'est-à-dire que je suis très fâché d'être né Corse.

Joseph, *que la fin de ce dialogue avait comme immobilisé d'indignation, ne peut plus la contenir, et, s'écrie du ton le plus impétueux :* — C'est un fratricide national!...

Le Consul répond à cette tragique exclamation en riant aux grands éclats, et je crois de très bon cœur, car moi-même, qui me sentais fort scandalisé de cette façon de traiter la Corse, je ne pouvais m'empêcher de rire aussi malgré tous mes efforts pour me contenir, ce qui fit que Joseph s'arrêta tout court, devant moi, me regardant d'un air irrité, et me dit très vivement : « Et toi aussi tu ris? Ah! Dieu! où en sommes-nous? Jean-Jacques un bavard!... La Corse, notre patrie, insultée! bafouée! reniée!

Le Consul, *riant toujours.* — Et vous n'avez pas le courage d'ajouter calomniée. En effet, je n'ai dit que la vérité ; ce n'est pas ma faute si notre pauvre île de Corse réalise le proverbe « que toute vérité n'est pas bonne à dire. »

Moi, *m'apercevant que Joseph toujours fort courroucé intérieurement semble prêt à vouloir quitter le champ de bataille, j'essaye de faire diversion en m'écriant comme Tancrède, qui était un de mes rôles favoris :* — « A tous les cœurs bien nés que la patrie est chère! » sans réfléchir que je ne faisais pas un trop beau compliment au Consul d'après ce qu'il venait de dire de la sienne, et que j'avais parfaitement compris, un peu plus tôt que Joseph, n'être surtout en dernier lieu, qu'une exagération tendant à affaiblir le mépris réel qu'il a toujours eu pour la Corse. J'ajoutai du même ton un peu solennellement burlesque :

« Pour ma part je serai toujours fier d'être Corse, et quant à Jean-Jacques, je crois que le premier Consul, plaisanterie à part, lui accorde la justice de le reconnaître pour le plus éloquent des prosateurs français. »

Joseph. — C'est bien heureux.

Le Consul. — Allons, calmez-vous, mon frère ; j'ai voulu un peu badiner. Il faut que ce ne soit pas dans ma nature, puisque mon bon Joseph a pris la chose au grand sérieux. Le fait est que vous avez raison tous les deux contre moi en ce moment, s'il est vrai qu'on l'a, quand on est du parti du plus grand nombre qui est, il faut bien que j'en convienne, d'estimer Jean-Jacques et d'aimer sa patrie. Mais moi, ce que j'aime par-dessus tout c'est la France.

Moi. — Ah! je ne vous dis pas que je sois fâché que la Corse soit devenue un département français ; non, au contraire, c'est ce qui pouvait lui arriver de mieux puisqu'elle devait cesser d'être indépendante ; mais tout en étant bon français dans le cœur, je chéris toujours mon pays, la Corse. Est-ce que les Bretons, les Normands, les Picards, les Gascons et autres, ne sont pas de bons Français, parce qu'ils préfèrent à tous les autres, le ciel de la province où ils sont nés.

Et certes! notre beau ciel cirnésien vaut mieux que tout cela. N'est-il pas vrai, mes frères ?

Le Consul. — Oui, c'est assez bien résumer la question. (*A Joseph*). Es-tu content, Coucy ?

Joseph. — Oui ; Lucien fait à la Corse et à Jean-Jacques la part que je leur fais moi-même et je vois avec plaisir que notre frère, pour parler comme Lucien, le grand général Bonaparte...

Moi. — Dites donc mon frère pour parler comme tout le monde.

Joseph. — Oui, oui, cela va sans dire ; je vois avec plaisir, dis-je, pour parler comme Lucien et comme tout le monde, que le grand général Bonaparte, premier Consul de la République française, pense comme nous.

Le Consul, *avec une très grande bonhomie*. — Eh bien, oui ; vous avez raison. Je ne dis plus non. J'ai d'abord parlé sérieusement et puis j'ai voulu voir si vous n'aviez pas encore perdu quelques parcelles de cette énergie de discussion que les esprits mal faits de notre famille, car nous en avons, ont quelquefois traduite en explosion de colère.

Joseph. — Ah! vous voilà revenu à votre vieille marotte.

Pour l'intelligence de ceci, il est utile de rappeler ce que l'on a déjà eu l'occasion de remarquer sans doute, c'est que le premier Consul malgré ses picoteries assez fréquentes avec Joseph, eut toujours pour lui une déférence marquée, laquelle prenait sa source dans l'extrême respect qu'en général les familles insulaires portent au droit d'aînesse, et dont la nôtre ne s'était jamais écartée; ainsi, par exemple, entre mes frères et sœurs indistinctement les aînés tutoyaient les cadets et ceux-ci n'ont jamais eu l'idée de leur répondre sur le même ton. A l'époque où j'en suis de cette conversation que je me plais à rapporter dans les plus petits détails, et qui me prouve que ma mémoire à moi-même est encore fort bonne, il y avait très peu de temps que Joseph avait cessé de donner le *tu* au premier Consul, plus par respect pour sa haute magistrature que par révérence pour sa personne, et le Consul ne cessa pas de lui donner le *vous*, dont il avait une telle habitude qu'il lui eût été, je crois, impossible de lui parler autrement. Il est plus difficile d'arriver à traiter familièrement les personnes avec lesquelles on a toujours agi avec une retenue plus ou moins motivée par les circonstances, que de passer du familier au cérémonial. L'histoire de l'élévation extraordinaire de notre famille en offre particulièrement la preuve. Les républicains les plus sans façon avec nous eurent bientôt pris le ton et la souplesse des courtisans. Je n'en excepte pas leurs femmes qui s'empressèrent, en général d'être admises à la cour de nos sœurs et de nos belles-sœurs.

Ne pas tutoyer Joseph était donc de la part du premier Consul une habitude invétérée ; mais ce *vous* était toujours donné d'un ton dégagé et amical, qui ne ressemblait pas du tout au *vous* qu'il lui avait plu me donner à moi, à qui jusqu'à Brumaire il avait toujours donné le *tu*, et cette différence devait exister, puisque le *vous* adressé à Joseph lui était naturel, et que le mien en qualité de son cadet, ne l'était pas du tout, mais plutôt l'effet du refroidissement de ses sentiments pour moi. Pourtant j'atteste le ciel que je n'avais rien fait pour le mériter, et que j'en supportais très philosophiquement les marques, excepté dans les occasions que j'ai déjà signalées, de quelques mauvais traitements en paroles offensantes ou menaçantes que le propre respect de ma dignité personnelle, m'imposait la loi de ne pas subir.

Le Consul était donc avec Joseph sur le terrain des égards et de l'amitié, bien que quelquefois asticoteur, en quoi Joseph, comme je viens de dire, ne se laissait jamais battre, lui ripostant finement et en toute douceur, à moins que le Consul, par un motif d'entraînement quelconque, dans son intérêt du moment, se permît d'oublier assez le droit d'aînesse, pour que Joseph lui répondît de la même manière, c'est-à-dire sans mesure. Car il faut convenir que mon bien-aimé Joseph, d'un commerce à la fois si doux et si aimable dans les relations de la vie intime et habituelle, ne se rend pas toujours maître de modérer l'expression de sa colère, heureusement encore plus passagère que violente, à l'attouchement de certaines *précordes* de son cœur extrêmement sensible et généreux. Les détails de quelques unes de ces scènes, auxquels le Consul venait assez mal à propos de faire allusion, sont trop intimes pour trouver place ici; mais pour les justifier, comme c'est mon devoir, en les indiquant aussi vaguement, il me suffit, à propos des causes qui ont le pouvoir d'exaspérer le meilleur et le plus noble des hommes, de citer ces paroles de la Sainte Écriture : « Il est des saintes colères, qui sont agréables à Dieu. » Je crois avoir dit quelque part que Joseph avait six ans de plus que Napoléon et neuf de plus que moi. Mes autres frères et sœurs avaient des enfants, quand nous devînmes orphelins de notre père enlevé si jeune à sa nombreuse famille.

Notre excellente mère, demeurée veuve à trente-deux ans, trouva dès lors en Joseph l'appui dont elle avait besoin, ainsi que nous. Elle l'avait eu à peine âgée de treize ans, et il ne fut même que son second enfant; une première fille étant morte, peu de jours après sa naissance : fécondité précoce très rare, même en Corse, où les femmes arrivent de bonne heure à l'état de maternité.

Notre mère vit donc toujours dans Joseph le chef de la famille, jusqu'au moment où le génie et la fortune de son second fils Napoléon, le mirent, au-dessus de tout. Cependant comme je devins bientôt étranger à la politique, laquelle avait établi de fait le droit d'aînesse dans la puissante individualité du premier Consul et de l'Empereur, je ne cessai jamais de reconnaître et respecter Joseph comme le chef de notre famille.

Ce n'est pas cependant que, dès ma première enfance, je n'eusse été accoutumé à honorer Napoléon. La supériorité de son âge suffisait seule, et la haute opinion qu'en avait et qu'en exprimait souvent le vieil archidiacre Lucien, notre oncle et mon parrain, infaillible oracle de notre famille et de toute l'île, et que presque tous les montagnards appelaient leur bon père, parce qu'il réglait et terminait tous leurs différends à l'amiable, à titre d'arbitre, un tel suffrage n'avait pu qu'accroître ma vénération. Joignez-y la manière toujours pleine d'éloges dont j'entendais ma mère parler de son fils, l'officier d'artillerie, tout cela devait et m'avait singulièrement prévenu et entretenu dans l'idée de son éclatant mérite. Mais alors que les avancements, les succès, les honneurs de sa carrière militaire retentirent de toutes parts, et surtout lorsque je le vis moi-même à Milan pour la première fois depuis tant d'années, entouré des hommages rendus au général en chef, mon respect pour lui n'eut presque plus de bornes, mais ce respect n'était pas celui que m'inspirait Joseph. Il était craintif et, je dois convenir que le général ne fit rien pour s'attirer ma confiance, et m'élever un peu à mes propres yeux. Il décida tout d'abord qu'étant myope, je l'étais en effet, je n'étais pas propre au métier de la guerre, et ne tarda pas à me faire nommer commissaire des guerres.

J'aurais bien préféré entrer dans l'état-major de mon frère; il me semblait qu'avec mes lunettes j'y voyais assez pour me battre, par la raison que j'étais assez habile chasseur. Mais le général ayant affirmé le contraire, et la chose étant à prendre ou à laisser, je revêtis en toute humilité et reconnaissance l'uniforme de mon nouveau grade qui ne me déplaisait pas, avec lequel je me trouvais meilleure mine qu'avant et, dont mon frère acquitta le mémoire du tailleur, car ma bourse était presque vide. En cela comme en tout je me trouvais si petit garçon par rapport à lui, qu'il ne me fallût rien moins que l'honneur d'être porté à la candidature et à l'élection de représentant du peuple pour que j'osasse reprendre des opinions à moi, avec lesquelles j'avais commencé à me faire connaître dans la petite ville de Saint-Maximin, où je m'étais marié. Mon frère avait d'abord été contrarié de ce mariage ; toutes les angéliques qualités de ma chère Christine avaient fini par gagner son estime et son amitié comme maman et le reste de la famille n'avaient pu lui refuser la leur.

Du reste il est trop vrai que j'eus à déplorer, pour ma part, la brillante déviation du droit d'aînesse, dont Joseph m'avait rendu le joug si doux à porter, ayant toujours été avec une véritable tendresse paternelle le le guide éclairé et indulgent de mon adolescence, et de mon côté l'amitié fraternelle a conservé pour lui le caractère de l'amour filial ; voilà pourquoi mon frère Napoléon ne m'inspira point, malgré l'élévation où il parvint, cette espèce, le dirais-je? de considération personnelle, et surtout de reconnaissance naturelle en moi pour Joseph. S'il lit jamais ces lignes, je le prie de les agréer en faible tribut de tous les sentiments qui m'animeront pour lui jusqu'au tombeau.

J'ai aussi développé dans un autre chapitre quelques-unes de mes sensations de très jeune homme, par suite de l'opinion que j'avais dû me faire du caractère de mes deux aînés, et ne me suis laissé aller à cette digression, que pour motiver la nullité de la part que j'ai prise et prenais ordinairement aux conversations du genre de celle-ci, à moins, comme avait dit quelquefois le premier Consul, que je ne fusse piqué par quelque mouche, c'est-à-dire quand ses quolibets ne se trouvaient pas de mon goût.

D'ailleurs notre entretien avait été interrompu par l'arrivée du déjeuner du Consul qu'il nous offrit de partager, bien qu'il n'y eut qu'une tasse de café et un verre de limonade; il trempa ses lèvres dans la première, et but seulement la limonade, après quoi, il nous fit quelques questions sur les théâtres, sur la société, et tout à coup dit à Joseph :

« A propos, mon frère, que devient votre grande et particulière amie, madame de Staël? Mon ennemie, dit-on? »

Joseph, *d'abord très calme et s'animant par degrés.* — Mon amie : je m'en honore; ma particulière amie, c'est exagéré; mon intime amie, nous ne nous voyons ni assez souvent, ni d'assez près pour que cela soit; et votre ennemie, dit-on, c'est un mensonge.

Le Consul. — Peste! comme vous y allez! là, là, là c'est un mensonge? tant mieux, je le veux bien. Il n'y a pas de petits ennemis; et Lucien aussi est-il d'avis qu'elle n'est pas mon ennemie? Il doit le savoir, car lui aussi en tient pour madame de Staël.

Moi. — Je ne sais pas précisément ce que vous appelez en tenir, citoyen Consul, mais la vérité est que, comme Joseph, je m'honore de l'amitié de cette illustre femme, et c'est la meilleure preuve que je puisse vous donner, que je ne la crois pas votre ennemie.

Le Consul. — C'est très courtois assurément. Vous me réduisez au silence. Comment donc, rien de plus péremptoire?

Moi. — Et qu'il me soit permis d'ajouter que si vous montriez pour elle, seulement un peu de bienveillance, elle vous adorerait au lieu de vous admirer simplement, mais grandement, comme elle en fait profession.

Le Consul. — Ah! c'est trop; c'est trop; je ne me soucie pas de ces adorations-là. Elle est trop laide.

Moi, *du ton le plus gracieux que je puisse prendre.* — Il nous est donc permis de penser que vous ne lui eussiez pas répondu en la trouvant moins laide, ou pour mieux dire plus jolie : « Madame, j'aime ma femme, » quand elle vous demanda s'il était vrai que vous n'aimiez pas les femmes?

Le Consul. — Eh mais, j'en conviens; une jolie femme m'eût inspiré plus d'indulgence pour cette inconvenante interpellation.

Joseph. — Ah! là, mon frère, vous avez raison. C'était très inconvenant devant tant de monde, surtout. Je n'ai pas osé le lui dire, mais je le lui ai fait sentir par mon silence, quand elle me l'a raconté.

Moi. — Je vous avoue, que j'ai voulu le lui dire aussi clairement que possible.

Le Consul. — Eh bien, qu'est-ce qu'elle vous a dit?

Moi. — Elle a dit, suivant ma façon de penser, une chose très belle, très juste, très vraie.

Le Consul. — Ah! ah! c'est bon à savoir, quelque épigramme sans doute?

Moi. — Est-ce que je me permettrais d'en faire l'éloge?

Le Consul. — Qui sait? Voyons donc.

Moi. — J'avoue que ma sévérité s'est trouvée désarmée par l'espèce de candeur...

Le Consul, *interrompant*. — Ah! candeur est bon; la candeur de madame de Staël!

Moi. — Je ne m'en dédis pas. Au contraire, je dis même la véritable candeur avec laquelle elle m'a dit presqu'en pleurant : « Que voulez-vous, Lucien, je deviens bête devant votre frère, à force d'avoir envie de lui plaire. Je ne sais plus, et je veux lui parler, je cherche, modifie mes tours de phrase; je veux le forcer à s'occuper de moi, enfin je me trouve et deviens en effet bête comme une oie. »

ANNÉE 1803.

Le Consul, *moitié sérieusement, moitié riant.* — J'entends. C'est à dire que son génie étonné tremble devant le mien. Il y a, certes, de quoi me rengorger. Et c'est cela que vous trouvez si bien !

Moi. — Ce n'est pas cela, bien que je trouve un certain mérite à convenir d'un tort, et en même temps à proclamer que votre réponse à la question fut admirable.

Le Consul. — Parlez-vous sérieusement ?

Moi. — Très sérieusement. « Cette répartie qu'il m'a faite, m'a-t-elle ajouté avec son air de véritable enthousiasme, est tout bonnement sublime. C'est l'émanation d'une de ces âmes d'élite, à l'antique. Épaminondas m'aurait ainsi répondu. »

Le Consul, *riant fortement.* — Ah ! quel pathos !

Joseph. — Je ne trouve pas là de pathos, et vous êtes aussi d'une sévérité que je trouve mal placée pour une femme si célèbre par son esprit.

Le Consul. — C'est pour cela que je suis sévère ; mais, cependant, puisqu'elle a trouvé ma réponse si belle, et qu'elle le dit, bien que je l'aie faite dans l'idée de ne pas lui plaire, je ne suis pas éloigné de lui pardonner. Et pourtant voyez quelle différence dans les jugements : Joséphine m'a reproché cette réponse. Elle m'a dit que les Parisiens m'accuseraient de faire le capucin.

Moi. — Je suis fâché de ne pas me trouver d'accord avec ma belle-sœur ; et puis le fait est là, pour appuyer l'éloge qu'en a fait madame de Staël ; la réponse a été citée et admirée dans tout Paris. Elle court toute la France, ira sans doute beaucoup plus loin et sera aussi consignée dans l'histoire.

Le Consul. — Oh ! oh ! mon cher Lucien, qu'est-ce

que vous dites donc là? Est-ce que j'aurais fait de la prose sans le savoir? Qu'en dit Joseph?

Joseph. — Oh que si ; vous avez bien su ce que vous avez dit. Vous avez voulu, et vous avez tranché du Scipion. Et voilà pourtant comme on écrit l'histoire! car je suis de l'avis de Lucien. Cette réponse, hypocrite entre nous, faite surtout à madame de Staël, qui elle aussi, ira à la postérité, sera remémorée dans votre vie, qui ne manquera pas d'historiens, je vous en réponds, et Scipion ne passera peut-être pas pour aussi chaste que vous. Cependant... Dieu sait et nous savons...

Le Consul, *interrompant.* — Mauvais sujet! Si un autre que vous me parlait ainsi!... il aurait à faire à moi ; mais le droit d'aînesse...

Joseph, *interrompant à son tour.* — Ah! le droit d'aînesse. Ne parlons pas de lui ; vous me l'avez joliment escamoté.

Moi, *à part, très à part.* — Un petit peu.

Joseph. — Qu'est-ce que tu as dit?

Moi. — Je disais ou plutôt je cherchais à me rappeler *un petit peu* ce que madame de Staël m'avait dit encore de remarquable à ce sujet. J'ai trouvé qu'il y avait au moins beaucoup d'esprit de bon goût de sa part, puisque vous ne voulez pas admettre sa candeur, à rendre justice à votre réponse, très belle pour tout le monde, mais enfin hostile pour elle-même.

Le Consul. — Sans doute, c'était bien mon intention. N'en suis-je pas convenu? Tâchez donc de vous rappeler ce qu'elle a dit de plus.

Joseph. — Il paraît que votre méchante disposition envers elle ne vous empêche pas de tenir à son opinion sur votre compte.

Le Consul. — Je la connais fort bien. Quelqu'un devant qui elle l'a dit en assez nombreuse société, m'a répété qu'elle avait déclaré que, puisque je ne voulais pas l'aimer, et là elle a bien raison, ni qu'elle m'aimât, il fallait qu'elle me haît, parce qu'elle ne pouvait pas rester indifférente pour moi. Quelle virago !

Joseph. — Et ce quelqu'un qui vous a répété cela, a-t-il voulu vous dire une chose agréable ou non ? Il me semble que ce n'est pas le propos d'une ennemie.

Moi. — Au contraire ; moi, j'en serais flatté.

Le Consul. — Tous ces fameux jeux de mots, ces traits d'esprit pour ou contre mon gouvernement, me sont fort indifférents. Ce qui ne me l'est pas, ce sont les intrigues de votre illustre femme, comme vous dites, vous autres, lesquelles m'obligeraient à les punir, si je ne les réprimais à temps. Ah ! je la connais, accoutumée qu'elle fut à fronder ou à entendre fronder les gouvernements qui m'ont précédé. D'abord dans les salons de monsieur son père où l'on a commencé le procès de Louis XVI, car voyez-vous, monsieur Necker fut le premier bourreau du malheureux roi. Ensuite intrigaillant occultement après le 9 thermidor, et puis figurant en sous-ordre, c'est-à-dire par la parole dans les orgies du Directoire, et puis enfin, tout récemment, régentant le Tribunal qu'elle m'oblige à épurer des membres ses amis, comme vous savez, ce qu'elle eut l'impertinence d'appeler, non *épurer*, mais *écrémer* le Tribunal.

Joseph. — Oh ! convenez que le mot est joli, n'est-ce pas, Lucien ?

Moi. — Je ne puis en disconvenir.

Le Consul. — Ah ! que vous êtes drôles tous les deux avec votre engouement pour cette femme !

Joseph. — Vous l'avez admiré le premier, ce mot.

Le Consul. — Admiré! non, j'en ai ri, parce que cela faisait enrager les restants.

Moi, *riant*. — Quelle bonté d'âme !

Le Consul. — Oui, voilà comme je suis bon. Aussi, messieurs, avertissez bien cette femme, *son illustration*, que je ne suis ni un Louis XVI, ni un Réveillère-Lepeaux, ni un Barras. Conseillez-lui de ne pas prétendre à barrer le chemin, quel qu'il soit, où il me plaira de m'engager, sinon, je la romprai... je la briserai, je... mais que je suis simple de m'échauffer ainsi... dites-lui... dites-lui enfin qu'elle reste tranquille. C'est le parti le plus prudent.

Joseph. — Je vois avec plaisir, mon cher frère, que vous êtes toujours si réellement bon, que vous ne savez pas même faire le méchant.

Le Consul. — Ah! votre madame aurait tort de s'y fier. N'allez pas lui faire croire, au moins, que je suis bon. Croyez bien qu'il faut qu'elle me craigne, sauf à vous à la rassurer contre ma tyrannie en herbe, car on m'a dit aussi que c'est sa manière d'entrevoir mon avenir.

Joseph. — Je ne puis m'empêcher de mépriser et de haïr ceux qui viennent vous étourdir de ces balivernes empoisonnées qui ne peuvent que finir mal pour une pauvre femme qui ne demande qu'à vous aimer, et qui, sachant que vous la détestez à ce point, pourrait à son tour... vous l'avez dit vous-même, et c'est une vérité reconnue : « Il n'y a pas de petits ennemis. »

Le Consul. — Aussi je vous dis de la rassurer plutôt que de l'alarmer. Je ne lui ferais jamais de mal inutilement, ne fût-ce que par égard pour vous. Moi, au bout du compte, je suis bon homme; mais, voyez-vous, c'est plus fort que moi, j'ai toujours détesté les femmes prétendus beaux esprits, ses pareilles.

Moi. — Permettez-moi de dire que madame de Staël, en fait d'esprit, n'a point de pareille dans son sexe, et à peine dans le nôtre.

Joseph. — C'est aussi mon opinion.

Le Consul. — Et c'est vous aussi, Lucien, qui dites cela? J'ai cru jusqu'à présent qu'il n'y avait que les sots, ou les hommes d'esprit médiocre qui se prosternaient ainsi devant le génie féminin. Mais vous; ah! cela m'étonne.

Joseph. — Et de moi, cela ne vous étonne pas? Voilà ce qui s'appelle tirer à bout portant sur le pauvre droit d'ainesse. Soit ainsi fait! En quelle catégorie, me rangez-vous? dans les sots? ou dans les gens de sens médiocre? En ce dernier cas, je vous préviens que je trouverai que vous me faites encore beaucoup d'honneur.

Le Consul. — Vous me faites là une querelle très injuste. Je vous ai toujours reconnu beaucoup d'esprit et d'amabilité et de bon sens surtout, dans l'acception la plus honorable de ce mot bon sens.

Joseph. — C'est bien honnête, grand merci; mais ne parlons plus de moi, car Lucien pourrait à son tour revendiquer pour lui la plus grande partie des éloges que vous voulez bien m'adresser.

Moi. — Non pas, s'il vous plait; à tout seigneur, tout honneur.

Le Consul. — Le citoyen Lucien sait bien ce que je pense de lui, et il n'a pas lieu d'en être fâché. Mais vraiment, je ne le croyais pas aussi entiché que vous de madame de Staël. Il me paraît qu'il vous passe.

Moi. — Il est bien certain que j'admire son esprit, et que...

Le Consul, *interrompant et d'un ton d'impatience.* — Mais enfin qu'a-t-elle fait de si beau, de si remarquable?

Joseph. — J'avoue que c'est surtout sa conversation qui me charme, et je ne suis pas le seul. Nos hommes d'esprit les plus marquants conviennent qu'ils se sentent comme électrisés par les étincelles de son génie; et notez bien qu'elle n'exerce pas, qu'elle peut exercer sur ses auditeurs le pouvoir de la beauté qu'elle n'a pas. C'est à parler vrai, une jouissance morale de l'écouter.

Le Consul. — Quant à moi, mon cher, elle n'a pas jugé à propos, ou elle n'a pas pu m'électriser, je n'ai rien trouvé de particulier dans sa conversation.

Joseph. — Je le crois bien, vous lui en imposez trop. Outre qu'elle me l'a dit comme à Lucien, il faut avouer que vous avez en général l'air fort austère, et qu'avec elle vous semblez prendre à cœur de le paraître encore davantage.

Moi. — Et cependant elle vous admire tant! de si bonne foi! Est-ce que son suffrage n'en vaut pas un autre?

Le Consul. — Allons, je vois bien qu'il faut en revenir sur son compte sous peine de passer pour trop cruel à vos yeux. Vous pouvez, puisque vous êtes si bien tous les deux avec elle, l'encourager à revenir voir Joséphine, chez laquelle elle ne vient plus depuis quelque temps; la vérité est que Joséphine l'a un peu évincée en la recevant froidement, à cause de ce que je lui avais dit. Mais si elle revient ce sera autre chose. D'abord ma femme l'aime au fond; ce sont de vieilles connaissances.

Joseph. — Je suis bien aise de ce rapprochement.

Le Consul. — De puissance à puissance, n'est-ce pas?

Joseph. — Eh mais! ne me pressez pas trop là-dessus, car je suis de son avis : « Le génie est aussi une puissance. »

Le Consul. — Oui, je sais qu'elle a dit cela, savez-vous à quelle occasion?

Joseph. — Je ne m'en souviens pas.

Le Consul, *à Lucien*. — Et vous?

Moi. — Moi non plus.

Le Consul. — Eh bien! je vous le dirai, moi; c'est dernièrement qu'elle l'a dit à Talleyrand, son ancien... comme vous savez... en réponse aux exhortations qu'il lui faisait d'être plus prudente dans ses discours au sujet de mon gouvernement.

Joseph. — Et Talleyrand vous l'a redit?

Moi. — Le brave homme! quelle générosité!...

Le Consul. — Ah çà! n'allez pas lui redire que je vous ai dit cela. Je lui ai promis le secret. Du reste ce n'est pas son métier d'être généreux. C'est le plus fin politique de l'Europe, et c'est tout dire.

Joseph. — Certainement, je ne lui en témoignerai rien. Je savais que c'était un ambitieux intrigant, mais je ne l'aurais pas cru capable de cette lâcheté. Un ancien... comme vous dites, livrer son ancienne... Ah! c'est infâme!

Le Consul. — Je ne vous ai pas dit que je trouve cela beau de la part de Talleyrand. Je ne l'aime pas beaucoup plus que vous. Mais il me sert bien, il m'est utile. Voilà comme nous sommes nous autres... gouvernants, nous n'aimons pas les traîtres, mais nous aimons la trahison. C'est un roi qui a dit cela le premier. Je crois que c'est Henri VIII. Ah çà ! surtout, *motus* à l'ancienne de Talleyrand. Vous me compromettriez.

Joseph. — Je ne lui en dirai, certes ! rien. Mais c'est dommage, cela donnerait une matière piquante, flamboyante à sa conversation.

Moi, *dans l'intention de détourner un peu cette question qui me semble redevenir épineuse, et qui ne peut pas le faire trop brusquement en ne continuant pas à parler de madame de Staël, je me hasarde à dire.* — Joseph vante beaucoup, avec tout le monde, la conversation de madame de Staël, et je pense comme lui. Mais ce n'est pas cela qui a fait sa réputation, ce sont ses écrits, très estimés des métaphysiciens, outre des romans fort intéressants, ce que vous savez aussi bien que moi.

Le Consul. — Oui, je le sais ; mais, d'abord, je ne lis pas de romans depuis bien des années, et quant à ses œuvres métaphysiques, faut-il vous avouer à ma honte, qu'en les feuilletant par-ci par-là, je n'ai rien vu qui m'attachât à continuer de les lire, par la raison, hélas ! que je n'y ai rien compris du tout.

Moi. — Cela vous plaît à dire. Il est vrai que ce ne sont pas des livres à lire en les feuilletant.

Joseph. — Non, car cela s'appelle alors lire avec le pouce.

Le Consul. — Il est certain que je n'y ai pas perdu beaucoup de temps. Cependant un soir après avoir entendu Rœderer, Pictet, Diedati, Benjamin Constant et d'autres esprits de ce calibre exalter un traité sur la perfectibilité humaine, ou quelque chose comme ça. Oui, je crois que c'était là le titre du livre extatique, je me suis mis à l'étude, au moins un quart d'heure pour tâcher d'y comprendre quelque chose. Le diable m'emporte si j'ai pu déchiffrer, je ne dirai pas des mots, il n'en manquait pas et de grands mots encore, mais toute l'attention de mon intelligence n'a pas réussi à trouver un sens à une seule de ces idées réputées si profondes.

Moi. — Madame de Staël ne résolverait pas un problème de trigonométrie aussi bien que vous.

Le Consul. — Vous voulez dire par là que je n'entends rien en métaphysique. Eh bien, vous avez raison, aussi les métaphysiciens sont mes bêtes noires. J'ai rangé tout ce monde-là sous la dénomination d'idéologues, qui, d'ailleurs, est celle qui leur convient spécialement et littéralement, *chercheurs d'idées* (idées creuses en général); eh bien, l'application juste, à leur égard de ce mot *idéologie*, les a fait tourner en ridicule encore plus que je ne m'y attendais. Le mot a fait fortune, je crois parce qu'il venait de moi. Il n'y a pas de mal à cela. On fera moins d'idéologie; car c'est le vrai mot : *idéologie, science des idées*. A tout prendre, et j'y ai bien réfléchi, ces pauvres savants-là ne se comprennent pas eux-mêmes. Comment pourrais-je m'entendre avec eux pour gouverner ainsi qu'ils le prétendent? Oui, ils ont la rage de se mêler de mon gouvernement; les bavards! Mon aversion va jusqu'à l'horreur pour cette race d'idéologues. Je ne suis pas fâché qu'on le sache.

Joseph. — Alors vous ne devez pas être étonné qu'à leur tour ils vous traitent d'idéophobe.

Le Consul, *d'un air à la fois étonné et indigné*. — C'est ainsi qu'ils me qualifient, dites-vous? Je suis bien aise de l'apprendre, les insolents! Ils me le revaudront. Mais savez-vous la valeur et la conséquence de cette appellation, un *idéophobe*.

Joseph. — Écoutez donc. Il n'y a pas de quoi se fâcher. C'est la conséquence naturelle de votre aversion connue pour les idéologues. C'est on ne peut plus logique. Idéologues : chercheurs d'idées. Idéologie : science des idées, n'est-il pas vrai? N'est-ce pas la définition scolastique que vous venez de faire vous-même? Eh bien, horreur des idées, idéophobie.

Le Consul. — Assez, assez, beaucoup trop; vous voilà de l'école. C'est l'effet du contact. Vous sentez votre madame de Staël d'une lieue. Idéophobe! C'est gentil. Ah! elle veut la guerre!

Moi, *qui depuis un instant ai gardé un silence absolu et vois à regret le rapprochement de madame de Staël et du Consul, qui parait arrangé, se gâter beaucoup par cette discussion, et qui sais, d'ailleurs, que le mot est de Rœderer, je me décide à dire.* — Le mot ne vient pas de madame de Staël.

Le Consul. — Et de qui donc?

Moi. — Puisqu'il vous déplaît si fort, vous n'attendez pas sans doute que je vous en nomme l'auteur? d'autant plus que l'épithète d'idéophobe, bien qu'elle puisse être technique, comme vient très bien de l'expliquer Joseph, est un peu mordante.

Le Consul. — Oui parbleu! c'est le mot propre, et c'est bien pour cela que je l'attribue à madame de Staël.

Moi. — Eh bien, je vous jure sur l'honneur qu'il n'est pas d'elle.

Le Consul. — Et vous aussi Joseph, vous pouvez l'affirmer?

Joseph. — Certainement j'en sais là-dessus autant que Lucien, et je pense que vous n'attendez pas de moi plus de complaisance que de lui.

Moi. — Je dirai aussi que, loin d'être l'auteur de ce malheureux mot, elle a témoigné du regret quand on le lui a dit, parce qu'elle craignait qu'il fût attribué à quelqu'un de ses amis, peut-être à elle, qui aurait voulu caractériser ainsi le dégoût chez vous des idées lumineuses et philosophiques, dont le despotisme ne s'accommode pas.

Le Consul. — Idéophobe! Ah c'est ainsi! Oui c'est bien cela c'est assez clair. Canon de gros calibre en riposte à mon feu de mousqueterie. C'est bon, c'est bon. Qu'ils tiennent bien leurs rangs, messieurs vos amis les idéologues et vos maîtres, à ce qu'il me semble, je ne leur en passerai pas une de leurs idées dont, ils ont d'ailleurs bien raison, j'ai autant d'horreur que les enragés en montrent de l'eau. Idéophobe! on ne peut pas gouverner avec ces gens-là, surtout quand ils trouvent des admirateurs, dans mes frères, encore!

Joseph. — Je n'aurais jamais cru que vous attachiez tant d'importance à l'application d'une vérité défendue par moi. Une autre fois je serai plus circonspect. Je ne vous croyais pas aujourd'hui en si méchante humeur.

Le Consul. — A votre tour, daignez trouver bon vous-même, mon frère, que je ressente les choses à ma manière. Idéophobe! C'est gracieux; pourquoi pas hydrophobe?

Moi. — Par la raison que ce n'est pas la même chose, il faut en convenir. »

Plus ma réponse me paraît péremptoire et plus ce fut une raison pour l'accentuer presque timidement, car on a vu suffisamment que je n'avais pas avec le Consul mon franc parler comme Joseph, et je remarque avec plaisir que ma solution de non-identité des deux mots *idéophobe* et *hydrophobe* et surtout de leurs significations était passée comme inaperçue au milieu du colloque plus aigre que doux qui s'était établi entre nos deux interlocuteurs. Je me trouvai si heureux de pouvoir convenablement n'y pas prendre part, en m'emparant machinalement d'un journal à ma portée, que je me mis à le feuilleter par contenance.

C'est dans cette position neutre, mais assez gênante, pour que je désirasse ne pas la voir se prolonger, que j'entendis avec satisfaction une voix partant de la porte fermée du cabinet, donner le signal de ma très prochaine délivrance en disant : « Citoyen premier Consul, il est midi, et les citoyens Consuls viennent d'arriver. »

Joseph ne dit pas, mais sa physionomie m'exprima qu'il trouvait aussi que c'était bien heureux d'en finir, et le Consul, dont le visage brilla en même temps d'un rayon de meilleure humeur, nous dit en regardant sa pendule :

« C'est pourtant vrai, déjà midi. Comme le temps passe ! Babillards que nous sommes. Adieu, messieurs, allez-vous-en ; et vous, citoyen Lucien, ne soyez donc plus si longtemps sans venir me voir. »

Je l'assurai que je me procurerais plus souvent ce plaisir et cet honneur, si je ne craignais de le déranger. Il ne me répondit pas, mais en s'adressant à Joseph comme à moi, il nous dit : « Ne passez-vous pas chez ma femme? »

Je me hâtai un peu trop de répondre que c'était notre intention, et nous sortîmes de ce cabinet, sanctuaire ou laboratoire de la politique, qui déjà commençait à préoccuper sérieusement l'Europe ; et cependant nous venions là de passer près de trois heures, à beaucoup parler sans dire grand'chose, comme on a pu en juger. Entretien, en effet, des plus insignifiants dans le fond, sans l'importance du principal interlocuteur et dont peu ou point d'auteurs ont pu donner une idée précise.

J'ai toujours trouvé que les conversations familières des personnages historiques, outre qu'elles peignent leur caractère, renferment bien souvent le germe des événements auxquels ils ont pris part ou qu'ils méditent dans le secret de leur conscience. Napoléon a eu beaucoup de ces entraînements de conversation, lesquels aussi, assez souvent, étaient prémédités, surtout quand il parlait à des gens qui ne lui inspiraient pas une grande confiance. Combien de fois Joseph et moi ne nous sommes-nous pas dit : « Te souviens-tu quand il nous a dit telle ou telle chose ? C'était le germe de ce qu'il a développé aujourd'hui. »

C'est par cette raison que dans mes *Mémoires* je me suis évertué à reproduire ainsi à l'occasion un certain nombre de ces entretiens familiers, et parce que moi-même je trouve qu'à la distance où nous sommes aujourd'hui de la République consulaire, et après tant d'événements, le rapprochement à en faire avec tout ce qui se passe et tout ce qui s'est passé d'extraordinaire, n'est pas dépouvu d'intérêt.

Nous n'entrâmes pas chez Joséphine. Joseph ne s'y trouvait plus disposé. Il m'engagea à prendre l'air dans les allées du parc de Malmaison, où, tout en promenant, il m'avoua qu'en rendant justice au grand mérite du Consul, il le trouvait les trois quarts du temps très peu aimable de caractère et même quelquefois repoussant par ses manières ; qu'en un mot il aimait, estimait et admirait sa personne, mais pas du tout le ton qu'il voulait souvent prendre avec lui, parce qu'enfin, ajouta Joseph, sa vie politique et vraiment historique le met au-dessus de moi; mais, dans l'intimité, je suis et je prétends rester son aîné.

Cela m'expliqua pour la première fois, c'est-à-dire qu'alors seulement je me rendis compte de l'espèce de ton hostile que Joseph, ordinairement si affable et d'humeur si égale, et si indulgent envers nous tous, se permettait avec le Consul, suivant moi, un peu trop fréquemment. Je dois en conclure que c'étaient les armes du combat de ce pauvre droit d'aînesse expirant, ou plutôt expiré vis-à-vis un frère qui le lui avait joliment escamoté, pour me servir de la propre expression de Joseph.

J'insistai encore pour qu'il vînt chez Joséphine avec moi; il ne voulut pas, disant qu'il avait besoin de repos, et, comme j'avais dit au Consul que j'irais, je ne pus m'en dispenser, et Joseph s'en retourna seul à Paris, ce qui remit à un autre jour les choses que j'avais projetées de lui dire sur ma position en famille.

CHAPITRE XII

LA COUR CONSULAIRE

La société consulaire en 1802. — Épuration de cette société. — Madame de Montesson. — Introduction des règles de l'étiquette dans la famille consulaire. — Un dîner à Morfontaine. — Les Beauharnais et les Bonapartes. — Projets de fuite en Amérique. — L'aventure du peintre Isabey. — M. de Lucchesini, ambassadeur du roi de Prusse. — Envoi de robes à la reine de Prusse. — Luxe de la société consulaire. — Les dettes qui s'ensuivent. — Talleyrand (*Courtalon*) à Auteuil. — Ses soupers et ses nymphes à la grecque.
La comédie à la Malmaison. — Hortense, Caroline, Élisa, Murat, Junot et Lannes sont les principaux acteurs. — Leur médiocrité comme acteurs. La tragédie à Plessis-Chamans. — Dugazon, professeur. — Arnauld et Fontanes. — Le vieux Larive. — Lucien Bonaparte, acteur. — Les jeux innocents. — M. et madame Desportes. — Flutteau-Miaou. — Ramolini. — Chasses dans la forêt de Chantilly. — Retour de Lucien à Paris. Le premier Consul à Saint-Cloud. — Un attelage mal conduit. — Les représentations officielles à Saint-Cloud. — Madame Duchesnois. — Mademoiselle Georges. — Mademoiselle Contat. — Mademoiselle Mézerai. — Mademoiselle Lavienne. — Mademoiselle Bourgoing. — Mademoiselle Volney. — Mademoiselle Mars. — Talma. — Lafond. — Madame Branchu. — Manque de tact de la famille consulaire. — La porte d'honneur et l'écurie. — Fin des représentations. — Retour à Paris. — L'expédition de Saint-Domingue. — Asservissement de la nation. — Le faux militarisme. — Le tribunat évincé. — Le Sénat. — Lanjuinais.

Elle était curieuse cette société consulaire sur laquelle Lucien donne des aperçus intéressants, pour les années 1802 et 1803.

Sur l'ordre du premier Consul, qui avait horreur des

femmes galantes, dit-il, madame Bonaparte était en train d'*épurer* sa *société*.

Elle en pleurait, elle en rougissait même, ajoute Lucien, réduite qu'elle était aux femmes des grands employés du gouvernement qui n'ont pas de grâce et qui se mettent fort mal. Fi donc !

Au milieu de cette cohue se glissent déjà quelques illustrations nobiliaires, ralliées par l'espérance.

Dans le nombre, Lucien cite une dame de Montesson[1], alors fort en faveur auprès du premier Consul. C'était la veuve du duc d'Orléans, le père de Philippe-Égalité. Non reconnue par la cour de Louis XVI, elle avait été fort bien accueillie par le nouveau chef de la République.

Sa connaissance supposée des usages et de l'étiquette de l'ancienne cour en faisait un oracle du génie.

Mais, d'après Lucien, le véritable motif de son crédit tenait à ce mot qu'elle avait dit à Joséphine : « N'oubliez pas que vous êtes la femme d'un grand homme. »

La flatterie était délicate; elle fut répétée, elle plut, elle devait plaire.

Bonaparte était en effet tout à son idée de rétablir les préséances au sein même de sa famille. Madame de Rémusat a raconté finement l'un des épisodes du nouveau cérémonial :

« C'était en 1802. Toute la famille se trouvait ce jour-là à Morfontaine, chez Joseph.

« On avait employé la matinée à parcourir les jardins qui sont fort beaux. A l'heure du dîner, il fut question du céré-

---

1. *Madame de Montesson*, mariée morganatiquement, en 1773, avec M. le duc d'Orléans. Née en 1737, elle mourut le 5 février 1806. Ce mariage avait été autorisé, à la condition que la femme du duc, ne changerait pas de nom, ne s'attribuerait aucune prérogative, ne déclarerait pas son mariage et ne paraîtrait pas à la cour.

Le premier Consul lui rendit les 6,000 livres que lui avait léguées le duc d'Orléans et qui avaient été confisquées.

monial des places. La mère des Bonapartes était aussi à Morfontaine. Joseph prévint son frère que, pour passer dans la salle à manger, il allait donner la main à sa mère, la mettre à sa droite et que madame Bonaparte n'aurait que sa gauche : le Consul se blessa de ce cérémonial qui mettait sa femme à la seconde place et crut devoir ordonner à son frère de mettre leur mère en seconde ligne. Joseph résista et rien ne put le faire consentir à céder. Lorsqu'on vint annoncer qu'on avait servi, Joseph prit la main de sa mère et Lucien conduisit madame Bonaparte. Le Consul irrité de la résistance, traversa le salon brusquement, prit le bras de sa femme, passa devant tout le monde, la mit à ses côtés et se retournant vers moi, il m'appela hautement et m'ordonna de m'asseoir près de lui.

« L'assemblée demeura interdite ; moi je l'étais encore plus que tous, et madame Joseph Bonaparte à qui l'on devait tout naturellement une politesse, se trouva au bout de la table, comme si elle n'eût point fait partie de la famille. On pense bien que cet arrangement jeta de la gêne au milieu du repas. Les frères étaient mécontents, madame Bonaparte attristée et moi très embarrassée de mon évidence. Pendant le dîner, Bonaparte n'adressa la parole à personne de sa famille [1]... »

---

1. Le couvert de la princesse Élisa, l'aînée de ses sœurs, avait été mis au-dessous de celui de Caroline, reine de Naples ; Élisa n'était que princesse de Lucques. L'empereur, tout à coup, se levant de table et plaçant par une conversion à droite de ces deux dames, la princesse Élisa au-dessus de la reine. « Allons donc ! dit-il, n'oubliez pas qu'il n'y a que moi de roi dans la famille impériale. »

Nous ajouterons à ce propos qu'un jour à Rome, chez madame Mère, le cardinal Fesch, voulant peut-être complaire à quelques membres de la famille non couronnés et racontant des anecdotes de préséance et d'étiquette, semblait approuver cette décision de l'empereur, peut-être parce qu'il comptait en partager le puéril bénéfice. Caroline, partie intéressée, lui dit de sa place avec vivacité :

« Savez-vous bien, mon oncle, que ce n'est pas ce que l'empereur a fait de mieux.

— Ni de pire, répondit sa belle-sœur la princesse de Canino. »

(Note de Lucien.)

L'incident ne devait pas en rester là. Tout le clan des Bonapartes prit fait et cause pour leur mère, qu'on avait froissée, disaient-ils. Celle-ci, Lucien, Joseph, Élisa, son mari et Fontanes ne parlèrent même de rien moins que d'aller se fixer en Amérique.

Bernadotte, blessé dans ses opinions républicaines et peu satisfait du premier Consul qui ne rendait pas ou ne voulait pas paraître rendre justice à ses talents militaires, avait, lui aussi, des velléités très vives de devenir Américain.

Plusieurs autres amis de Bernadotte, comme lui peu favorisés du gouvernement consulaire à cause de leurs opinions, se montraient alors également désireux de respirer l'air de la liberté véritable.

Il est vrai, ajoute Lucien, que plusieurs d'entre eux finirent par s'accommoder assez bien de ce qu'ils appelaient d'abord l'air de la tyrannie. Des chaînes dorées ont en général ce pouvoir-là. Hélas! hélas! il y a déjà longtemps que la plupart de ces pauvres vrais braves ont vu tomber leurs chaînes à coups de canon. Salut aux plus heureux qui restent encore.

Au fond, notre mère, moi et le vieux général Casabianca, notre compatriote corse, sont seuls un peu affermis dans ce projet d'émigration pour le nouveau monde.

Huit jours plus tard, en effet, personne ne soufflait plus mot du fameux projet. Un dîner offert à propos par le premier Consul, quelques bonnes paroles, quelques sourires, avaient suffi pour calmer des gens qui ne demandaient qu'à être apaisés.

Ce fut, par parenthèse, au moment de se mettre à table qu'eut lieu la malencontreuse réminiscence du cheval fondu, faite par le peintre Isabey.

Les invités, tous jeunes et parfois un peu écoliers dans leurs amusements, avaient entrepris une partie *de saute-mouton*. Chacun à son tour sautait par-dessus ceux qui le précédaient. La chaîne s'en allait ainsi, courant, courbant l'échine sous les allées ombreuses. Isabey venait de franchir tous ces obstacles humains et en dernier lieu l'aide de camp Lauriston, lorsqu'il se trouva en présence du dos d'un promeneur de petite taille, qu'il franchit comme les autres.

Or, ce dos était celui du premier Consul qui se contenta de regarder froidement le malheureux peintre, tout abasourdi par son étourderie.

Au dîner qui suivit et où, par parenthèse, le jeune professeur ne fut plus admis par la raison qu'il ne reçut plus d'invitation, la gêne fut extrême. Nous plaignions tous silencieusement le pauvre peintre, ajoute Lucien, quoiqu'au fond chacun eut grand'peine à réprimer son envie de rire à propos de la plaisante aventure. Le sérieux de l'amphytrion provoquait et éteignait en même temps toute manifestation de gaieté. L'histoire de Georges[1], du grand Turenne, traversait toutes nos imaginations. Je m'aperçus qu'Élisa était au moment de le citer. Je lui fis signe de n'en rien faire.

---

1. C'était en été, sur les bords du Rhin. Au retour d'une tournée aux avant-postes, Turenne s'était mis à l'aise et vêtu tout de blanc. Il se trouvait à la fenêtre de l'une des croisées du château où il avait établi son quartier général. Tout à ses réflexions, il regardait au loin, comme pour y chercher la solution d'une de ces opérations merveilleuses qui en ont fait le second stratégiste de France. A ce moment, son valet de chambre entra. Voyant dans l'embrasure d'une fenêtre une surface arrondie et blanche qu'il crut appartenir à son camarade, le maître-queue, il appliqua de toutes ses forces une tape magistrale. Le maréchal se retourna. Ahuri en reconnaissant son maître, le malheureux serviteur tomba à genoux. « Je croyais que c'était X..., balbutia-t-il. — Ce n'est pas une raison pour taper si fort, » se contenta de répondre le maréchal, en se frottant la partie lésée.

A la suite de ce dîner, eut lieu la réception de l'ambassadeur du roi de Prusse, M. de Lucchesini, dont on se défiait, par parenthèse, à cause de sa réputation de finesse, expression fort adoucie, grâce à la politesse des salons diplomatiques. Les gens ordinaires diraient tout bonnement fourberie. La visite était réglée d'avance. Il n'y avait pas encore d'introduction des ambassadeurs. La matière créée fait défaut. Cela ne tardera pas. Aujourd'hui la matière créée est fort gracieuse ; ce sont des robes de Paris envoyées à la reine de Prusse par le premier Consul. Ma belle-sœur s'est chargée de cette importante commission. Elle y est dans son centre de frivolité. Je pense et garde pour moi l'observation critique sur un cadeau de cette nature, envoyé par le suprême magistrat de la République à une reine. Cela me paraît un anachronisme. N'avais-je pas été obligé de me trouver moi-même à pareille fête en Espagne? Alors comme alors, je crois me rappeler avoir pensé qu'il était douteux que Titus, lequel n'osa pas épouser publiquement la reine Bérénice, eût osé publiquement, au nom de la reine, lui faire un tel cadeau.

Toute critique à part, les robes *de* premier Consul français *à* reine de Prusse sont fort belles. J'observe que le premier Consul jette un coup d'œil plus approbateur que connaisseur sur celles destinées à la souveraine de M. Lucchesini, qui lui se confond en éloges de bon goût, de précision, de richesse, d'élégance, éloges qui ne paraissent pas déplaire au puissant donateur et qui font dire à ma belle-sœur d'un ton de professeur émérite en cette matière, qu'on voit bien que M. de Lucchesini s'entend merveilleusement en toilette de femme, comme si un parfait diplomate ne devait pas savoir et connaître tout à l'occasion, sauf à douter de tout ou à en avoir l'air, quand cela convient aux différents incidents de sa mission. Quant à moi, je me sens peu digne de donner mon avis sur toutes ces babioles. Je n'y vois que du bleu, du rose, du jaune et du vert. La sublimité des détails échappe à la grossièreté de mes organes.

Or, ces babioles étaient alors fort à la mode à la cour consulaire. Joséphine prêchait d'exemple, aux dépens de ses fournisseurs dont elle ne payait pas les mémoires. Le premier Consul en savait quelque chose. Plus d'une fois, il dut régler ses dettes au rabais. Du reste, ses sœurs, comme toutes les femmes, des employés du gouvernement rivalisaient de diamants et de toilettes. De là des déficits que leurs maris comblaient à l'aide de *gratifications opportunes*.

Talleyrand était l'un des plus prodigues. On eût dit qu'il eût soif de vivre, dans l'incertitude où il se trouvait du lendemain. Fort lié alors avec une madame Grand, il donnait à Auteuil des soupers fins, dont la renommée s'étendait au loin.

Le service, dit Lucien, s'y faisait à la grecque. Des nymphes, à noms mythologiques, servaient le café dans des aiguières d'or; les parfums brûlaient dans des cassolettes d'argent. Au milieu de tout cela, *Courtalon* triomphait... Le scandale eut pourtant une fin. Un beau jour, le premier Consul ordonna à son ministre de se marier ou de se démettre. *Courtalon* épousa; huit jours après, il présentait madame Talleyrand à madame Bonaparte.

Mais ce n'était pas seulement à Auteuil qu'on menait joyeuse vie. Il en était ainsi partout en ce bel été de l'année 1802. On chassait à Morfontaine, chez le bon Joseph; on jouait la comédie à la Malmaison et la tragédie à Plessis-Chamans.

Hortense et Caroline remplissaient les principaux rôles.

Elles étaient extrêmement médiocres, ajoute Lucien[1]. En cela elles ne dérogeaient pas à l'infortunée Marie-Antoinette et à ses compagnes.

Louis XVI, peu galant de sa nature, avait dit en les voyant jouer que c'était *royalement mal joué*. Le Consul a dit de sa troupe que c'était *souverainement mal joué*. « Jus vert et vert jus. » L'un et l'autre avaient même trouvé plaisant de siffler. En tant, la troupe de la Malmaison, non plus que celle du château de Versailles ou de Saint-Cloud, ne brillera dans les annales de la comédie de société.

Murat, Lannes et même Caroline gasconnent. Élisa, qui, élevée à Saint-Cyr, parle purement et sans accent, refuse de jouer... Junot joue bien les rôles d'ivrogne et même assez bien ce dont il se charge. Le reste est décidément mauvais, pire que mauvais, ridicule.

Au Plessis-Chamans, il y avait également nombreuse société : la gouvernante, mademoiselle Anay[2], Fontanes, Arnauld et sa femme, Laborde, Sapey, le petit Châtillon, Duquesnoy, maire du Xe arrondissement, la jolie madame Félix Desportes et son mari...

Si l'on jouait la comédie chez Joséphine, on s'adonnait à la tragédie chez Lucien.

Élisa était une bonne actrice tragique, surtout dans Chimène : c'était son triomphe.

Notre maître en déclamation était Dugazon, l'acteur

---

1. Lucien passa vingt jours à la Malmaison. Il refusa de jouer.
2. Mademoiselle Anay avait succédé à madame Leroux, la nourrice

comique. C'était le plus drôle en donnant ses leçons.

« Lâchez tout, messieurs, disait-il. Lâchez tout, mesdames. Plus fort : Lâchez donc tout, vous dis-je, sinon, j'aurai beau faire, vous ne serez jamais que des mijaurées et des mirliflores. » Le moyen de ne pas se rendre à cette éloquence !

Arnault et Fontanes étaient nos deux plus mauvais acteurs, le premier, par sa prononciation pesante et saccadée ; Fontanes, par principe d'aristocratie sociale. Il prétend qu'un amateur ne doit pas jouer comme un histrion.

Notre salle de spectacle contient près de trois cents spectateurs, presque tous de la petite ville voisine de Senlis. Joseph, Murat, Caroline et leurs amis viennent autant qu'ils peuvent à nos représentations. Ma nouvelle belle-sœur Hortense a bien envie de venir, mais on ne le lui permet pas. Louis vient tout seul.

Talma et Lafond se rendent de Paris à notre invitation... Le vieux Larive me fait demander si je ne veux pas lui faire le même honneur qu'à ses camarades. Charmé que je suis de cette avance de la part du successeur de Lekain, duquel on m'a dit que *Lekain en mourant déposa ses talents sur Larive*, j'accepte avec empressement l'invitation de l'invitation. Le patriarche revient exprès de sa petite campagne. Je ne sais si nous aurions mieux reçu Voltaire ou même Corneille.

Il nous voit jouer *Zaïre*, nous donne des conseils pour cette pièce qui est le triomphe de Fontanes. Il nous donne des règles de sa façon pour paraître passionné sans l'être. Talma sourit un peu dédaigneusement. Lafond, acteur aussi en dehors que Talma en dedans, défend la queue de Tancrède, d'Orosmane et d'Achille avec sa vivacité gasconne. Le patriarche en sourit à son tour, répétant ou fredonnant de sa voix encore belle et très grave : « *Si calmerà quel fuoco.* »

Je reprends une partie du goût passionné que j'ai eu de très bonne heure pour jouer la tragédie... Nous jouons successivement, en six semaines de temps, le *Cid*, *Philoctète*, *Mithridate*, *Alzire*, *Zaïre*, *Bajazet*, et, pour secondes pièces, plusieurs comédies de Molière et de Reynaud. J'étudie et je n'ose jouer le rôle du misanthrope. Élisa trouve et me persuade même assez bien, que je prends, même malgré moi, le rôle trop au tragique. Je prends ma revanche dans le rôle du tuteur des *Folies amoureuses* et dans le pauvre père du *Malade imaginaire*.

Ce double succès dans la comédie ne me raccommode pas avec les rôles comiques. Je n'en veux plus jouer et m'en tiens à ma Melpomène. Je joue Orosmane deux fois. Lafond et Talma m'en complimentent. Mais, hélas! ma Zaïre, avec son véritable talent dans Chimène, Alzire et Roxane, ne vaut rien dans *Zaïre* et me dégoûte de jouer Orosmane.

On s'amuse, dit-on, beaucoup au Plessis, moins à Morfontaine où les hommes sont trop sérieusement occupés de la chasse. A la Malmaison, l'étiquette a commencé à prendre la place de la gaieté. Au Plessis, c'est tout le contraire. On rit, on danse, on fait de la musique, on joue aux petits jeux et autres.

Et quels jeux!
Comme le ménage Desportes était peu d'accord, Lucien avait trouvé plaisant de ne donner au mari et à la jeune femme qu'une chambre à un lit, ce qui obligeait son ancien secrétaire à dormir sur une chaise.

Pour varier les distractions, on glissait un renard dans le lit de Fontanes, du jalap dans la soupe d'un petit musicien surnommé Flutteau-Miaou.

A cause de son double talent pour jouer de la flûte et pour imiter les miaulements amoureux du chat.

Avant Flutteau-Miaou, notre parent Ramolini avait eu si peur d'une autre attrape qu'on lui avait fait préparer, qu'il en avait été malade pendant trois jours.

La chasse n'est qu'un but de promenade. Les dames suivent en calèche dans la forêt de Chantilly, biens alors nationaux qui avoisinent le château. Mon parc a trop peu d'étendue pour y établir des chasses en règle[1].

Et l'automne arrivait. Lucien, devenu amoureux et sérieux, était retourné à Paris avec la joyeuse bande. Seul, Fontanes restait à Plessis pour écrire son poème de Pélopidas.

De son côté, le premier Consul était allé s'installer à Saint-Cloud, pour se trouver plus à proximité de Paris, où il avait à se rendre journellement pour les affaires de l'État. A ce sujet, il fit l'acquisition d'un attelage bien dressé, qu'il voulut conduire lui-même. L'essai fut mauvais, car à la première sortie, la voiture heurta la porte cochère et se renversa avec le grand conducteur et ceux qui se trouvaient dedans, Joséphine, Hortense et Caroline.

Furieux, le général, pour se venger, donna l'ordre d'élargir la porte.

. Mais non, ce n'est pas la peine, disent tous les vieux automédons, il n'arrivera rien. Il n'est jamais rien arrivé.

Les butors! ils ne comprennent pas. Il faut bien que

---

1. Un petit souvenir au pauvre d'Affreville, vieux gentilhomme divertissant par l'excès de ridicule de ses vers, dont il est lui-même ravi. Je lui fais une petite pension. (*Note de Lucien.*)

la porte soit trop étroite, puisque le général l'aurait cassée, si la voiture n'avait eu la politesse d'en prendre la peine pour elle-même.

Voyez-vous les malins !

Quoi qu'il en soit, la porte fut mise à bas et réédifiée plus large. Cette fois, le Consul la passa sans l'effondrer.

Vous voyez bien que c'était nécessaire. Du reste, chacun son métier.

A Saint-Cloud, les représentations officielles remplacèrent les comédies de société. Les acteurs en renom reçurent l'ordre de venir jouer devant le nouveau chef de l'État.

Lucien a laissé des notes sur chacune de ces étoiles.

Madame Duchesnois, tragédienne d'un grand mérite et d'une extrême laideur hors de scène, supportable sur le théâtre où elle est sublime, surtout dans *Phèdre*.

Mademoiselle Georges, superbe femme ! médiocre tragédienne, élève de mademoiselle Raucourt, laquelle, avec un mauvais organe, a pourtant une belle diction ;

Beaucoup de cothurne dans la taille et le maintien ;

En tout, bonne et belle grande reine, si ce n'est que rarement, peut-être jamais, sublime.

Je me félicite encore aujourd'hui d'avoir eu la bonne fortune de voir jouer en représentation à son bénéfice la vieille mademoiselle Sainval, dans le rôle d'Iphigénie en Tauride. Déjà retirée du théâtre depuis longtemps, bien qu'elle en dût être rouillée, j'ai cru reconnaître en elle les étincelles du feu sacré, du véritable talent que je n'ai retrouvé en aucune autre actrice.

La comédie déclinait.

ANNÉE 1802.   261

Mademoiselle Contat était mariée, disait-on, au chevalier de Parny.

Les rôles de grandes coquettes, bien que toujours profondément sentis, n'allaient plus à son individu physique. *La Mère coupable*, de Beaumarchais, lui convenait encore. *La Madame Évrard* du *Vieux célibataire*, était son triomphe.

Mademoiselle Mézerai[1], très jolie femme, essayait vainement de marcher sur ses traces. Elle n'étudiait pas assez, et dans certains rôles de petite maîtresse, comme dans *les Rivaux d'eux-mêmes*, de Pigault-Lebrun et autres petites coquettes de Marivaux, laissait cependant peu de chose à désirer. Elle n'a jamais pu atteindre l'idéal du rôle des *Fausses Confidences*, l'un des triomphes de mademoiselle Contat, dans son beau temps.

Mademoiselle Levienne, excellente et spirituelle soubrette. Mesdemoiselles *Bourgoin* et *Volney*, celle-ci jolie, mais sans talent ; la première, jolie femme aussi, comédienne agréable, presque célèbre par ses bons mots grivois, un peu à la façon de mademoiselle Arnould. Elle avait un grand nombre d'adorateurs, rarement malheureux.

Un seul astre naissant, *mademoiselle Mars*, apparaissait dans les rôles d'ingénue.

Talma... De séjour à Paris, Élisa ne manqua pas une

---

1. *Mézerai* (Marie-Antoinette-Joséphine), née à Paris en 1774, morte à Charenton en 1823, à la suite d'abus de liqueurs. Entrée à la Comédie-Française en 1800.

« Madame de Vienne tenait un salon... Quelqu'un disait en parlant de Lucien qu'il était fort versé dans la littérature, la géographie, l'histoire. Un quidam riposta que cela était vrai, mais qu'il savait que l'histoire de France préférée par Lucien était celle de Mézerai. »   (*Note de Lucien*.)

de ses représentations et se flatte de déterminer le grand acteur à venir en Italie. Elle a un théâtre particulier à Lucques, où elle joue quelquefois elle-même la tragédie.

On me le dit fort avant dans la faveur de mon frère Napoléon. J'ai appris avec plaisir qu'il pense à moi, et qu'il a parlé à son grand empereur du talent de son frère Lucien, pour la tragédie. Grâce! Talma! mais tu ne fais pas ta cour en parlant ainsi.

Lafond, autre acteur tragique que j'ai fait, pour ainsi dire, débuter de force aux Français.

... J'entends dire qu'il est devenu un riche négociant de Bordeaux.

Madame Branchu, fort laide, mais délicieuse cantatrice, a l'honneur, ou le malheur, d'inspirer de la jalousie à la Consulesse [1].

Avec de tels acteurs et de tels hôtes, les représentations devaient être suivies. Elles le furent, mais peu de temps, par suite de manque de tact de la part de la famille consulaire.

Au théâtre de Saint-Cloud, le premier Consul et ses proches entraient par la porte d'honneur, les invités par celle de l'écurie.

Le public privilégié, ajoute Lucien, les hauts fonctionnaires, les dames présentées de la nouvelle cour, car nous en sommes déjà là, auront l'honneur de passer par l'écurie, appropriée au mieux. Pourquoi pas? Le prince de Condé donnait bien à souper aux dames de l'ancien régime dans ses écuries de Chantilly. Va donc

---

1. Ces notes furent écrites en 1806.
(*Note de la princesse de Canino.*)

pour l'écurie. On peut bien faire par nécessité ce qu'un prince du sang faisait par caprice.

Et pendant ce temps, la France s'acheminait sans bruit vers la tyrannie.

L'expédition de Saint-Domingue n'avait été qu'une diversion à l'esprit révolutionnaire de l'armée, pour laquelle tant de braves devaient périr. 20 officiers généraux, 1,500 officiers, 740 officiers de santé, 35,000 soldats, 8,000 matelots, et 2,000 employés civils succombèrent en effet loin de la France, et, de ce nombre, 4,000 seulement périrent par le feu.

A l'intérieur, les derniers vestiges de l'indépendance des caractères disparaissaient, grâce à la suprématie de ce qu'on appelle *le faux militarisme*[1].

Le tribunat, épuré ou écrémé, comme disait madame de Staël, perdait toute initiative. Au Sénat, l'affaissement était le même.

Tout le monde a soif de voir rétablir le pouvoir absolu. Chacun porte sa pierre pour la construction du nouvel et fatal édifice.

Au Sénat, Lanjuinais, que je considère comme le dernier des Grecs, défend courageusement la liberté mourante. Pauvre liberté! à quoi cela sert-il? Sainte liberté! ah! pourquoi suis-je frère de celui qui, je le vois trop, est encore plus poussé à la détruire par nos faux frères les républicains que par son propre penchant. Ils veulent tous le faire arriver à ce matricide national. C'est décidé. Je le vois et suis obligé de répé-

---

1. Madame de Rémusat dit dans ses *Mémoires*, à propos de l'attitude des officiers, pendant cette période de transition : « La plupart des militaires, pour éviter de parler, je crois, s'abstenaient de penser. »

ter avec conviction ce que Sieyès dit le lendemain du 18 brumaire : « Citoyens, nous avons un maître. »

Un maître, après tant de sacrifices ! tant de nobles et pures victimes ! oui, ils le veulent tous, ou presque tous ! Honneur ! hommage à Lanjuinais !

CHAPITRE XIII

HORTENSE BEAUHARNAIS ET LA CITOYENNE JOUBERTHON

Jalousie de Joséphine Bonaparte. — Ses craintes. — Auguste et Livie. — Projet de mariage de Lucien avec Hortense Beauharnais. — Un déjeuner préparatoire. — Refus motivé de Lucien.
Nouveau projet d'union avec Louis Bonaparte. — Demandes de conseils faites par Louis. — Réponse de Lucien. — L'amour est aveugle. — Mariage de Louis Bonaparte et d'Hortense Beauharnais.
Seconde proposition de mariage faite à Lucien. — La reine d'Étrurie. — Refus de Lucien. — Causes de ce refus. — Sa rencontre avec la citoyenne Jouberthon, née de Bleschamps. — Leur liaison. — Leur mariage secret.

Mais il est une comédie plus puissante et plus éternelle que celle jouée sur les scènes improvisées de la Malmaison, du Plessis et de Saint-Cloud, ou dans les salons diplomatiques de *Courtalon*, c'est celle de l'amour. Et celle-ci régnait en maîtresse au milieu de cette cour nouvelle, composée de jeunes hommes et de jeunes femmes, avides de jouir d'une existence qui se présentait si étrange et si brillante devant eux.

On roucoulait partout, à Auteuil, à la Malmaison, à Morfontaine, à Sceaux, à Saint-Chamans, à Neuilly. Au milieu de cette volée de pigeons, cette pauvre créole, qui s'appelait Joséphine, déjà mise en éveil par les projets matrimoniaux de son époux, s'en allait affolée, s'alarmant à chaque nouvelle algarade du seigneur et maître qui finissait par regarder sa propre famille et celle de ses fonctionnaires comme un sérail dans lequel il avait le droit de prise à toute heure, au gré de ses caprices de quelques minutes[1].

Parfois elle se plaignait à son volage époux.

« Imitez Livie et vous me trouverez Auguste, » répondait Bonaparte à sa femme.

« Que veut-il dire avec Livie ? » demandait la pauvre femme éplorée à Joseph et à Lucien.

« Imitez Livie, » répétaient les deux frères.

On dit qu'elle a suivi notre avis, ajoute philosophiquement Lucien. C'était ce qu'elle avait de mieux à faire.

Aussi, pour se consoler et échapper à cette idée de divorce qui la poursuivait, Joséphine voulait marier tout le monde autour d'elle, de manière à éviter les concurrences et à augmenter les liens qui rattachaient la famille Beauharnais à celle du premier Consul.

Son premier objectif fut Lucien. Des frères de Bonaparte, aucun n'avait de fils. Or, Lucien était veuf, il était de beaucoup le plus riche de tous. Elle songea à en faire son gendre.

Lucien avait alors vingt-sept ans, Hortense, vingt-deux.

A cette époque, celle-ci n'était ni bien ni mal, dit

---

[1] Madame de Rémusat dit dans ses *Mémoires :*

« Bonaparte n'avait aucun principe de morale ; il dissimulait alors le vice de ses penchants, parce qu'il craignait qu'ils ne lui fissent du tort... N'avait-il pas séduit ses sœurs les unes après les autres ? Ne se croyait-il pas placé dans le monde de manière à satisfaire toutes ses fantaisies ?... »

« Bonaparte, ajoutait-elle, était dur, violent, sans pitié pour sa femme, dès qu'il avait une maîtresse. *Il ne tardait pas à le lui apprendre* et à lui montrer une surprise sauvage de ce qu'elle n'approuvât pas qu'il se livrât à des distractions qu'il démontrait, pour ainsi dire, mathématiquement lui être permises.. « Je ne suis pas un homme comme un autre, disait-il, et les lois de morale et de convenance ne peuvent être faites pour moi. »

Lucien. Elle avait de beaux bras, de belles mains, un teint ravissant, de très mauvaises dents, comme sa mère. Élevée chez madame Campan, dansant à ravir, chantant médiocrement, elle jouait de la harpe et dessinait correctement, grâce aux leçons d'Isabey et de d'Alvimare [1].

En somme, son esprit était cultivé. Bienveillante et gracieuse dans son ensemble, elle avait un caractère plus solide que celui de sa mère.

C'était donc cette aimable personne, fort avancée pour son âge dans la connaissance des choses d'ici-bas, dont Joséphine souhaitait l'union avec l'ex-ambassadeur Lucien. Un beau matin, celui-ci fut retenu à déjeuner en tête à tête par la veuve et par la fille. L'invite était transparente, la rougeur de la jeune Hortense, toute de circonstance.

Les projets, dit Lucien, me sont sinon exposés tout à fait sans voile, du moins assez indiqués, pour que je n'en doute pas; cependant, pas assez clairement, pour que, sans blesser la politesse, je puisse y répondre évasivement. Les motifs qui m'éloignent de ce mariage sont d'ailleurs trop intimes pour que je puisse les développer dans le texte de mes *Mémoires*. Disons seulement

---

1. *D'Alvimare* (Martin-Pierre), 1772-1839. Émigré. Maître de musique de Joséphine et d'Hortense.

« La reine Hortense avait de jolies mains; elle les soignait avec une coquetterie bien naturelle et laissait pousser ses ongles dont la longueur l'incommodait fort, quand elle se se mettait à sa harpe.

« Couper mes ongles, monsieur, oh! non; je n'en aurais pas le courage.

« Puis se ravisant, un peu triste, elle prit des ciseaux et les présenta à Alvimare et sans ajouter un mot, tendit ses deux belles mains à son maître, qui consomma le sacrifice. »

(*Dictionnaire de Jal.*)

qu'ils furent d'une grande influence sur les événements de ma vie.

Joséphine n'insista pas. Mon refus d'ailleurs n'était pas plus positif que sa proposition. Je tenais seulement à faire comprendre que je n'avais pas l'intention de me remarier. La conversation entre Joséphine et moi s'en ressentit naturellement et il fallut l'arrivée du premier Consul pour mettre fin à un embarras devenu gênant.

Mais désir de femme est un ordre. A défaut de Lucien, Joséphine se rabattit sur l'autre frère, sur Louis, l'ex-malade de l'armée d'Égypte.

Quelque peu surpris de l'ouverture, celui-ci vint demander conseil à Lucien.

Je l'engage à attendre une autre occasion, lui confie mon refus ou à peu près, sans pourtant le lui motiver. *C'est trop délicat.* Il me semble qu'il a suffisamment entrevu ce dont, je crois, moi, avoir la certitude.

A la suite d'une nouvelle sollicitation de conseil, je cède à son désir d'être mieux renseigné dans l'espoir qu'il profitera de l'avis qu'il me force pour ainsi dire à lui donner, si peu fondé qu'il puisse être.

Il convient qu'il a le même soupçon, que son amie madame de F... lui a dit de se tenir en garde, qu'il y va du bonheur de toute sa vie, surtout de sa liberté, de son autorité de chef de sa propre et personnelle famille, de son honneur. Bref, il jure qu'il n'épousera pas, et j'avoue que j'en suis enchanté pour le pauvre frère.

Mais rien ne devait y faire.

Louis revient une troisième fois à la charge. Je réponds de façon embarrassée.

« Que veux-tu ? répliqua Louis. Mais... C'est que... Parce que... Enfin, je suis amoureux.

— Tu es amoureux? Eh que diable viens-tu me demander des conseils? Alors oublie ce qu'on t'a dit, ce que je t'ai conseillé. Épouse et que Dieu te bénisse!

Huit jours plus tard, Louis était marié[1]. Le cas était urgent.

Notre mère, ajoute Lucien, se montra fort contrariée de cette union.

Elle croyait y voir le triomphe d'une famille étrangère sur la sienne. Avait-elle tort ou raison? Tort, si elle entendait la famille en général, que l'empereur éleva sur les trônes tombés à sa disposition; raison : considérant les persécutions dont a été l'objet, cette branche de sa famille, dont je suis le chef.

Une deuxième tentative pour marier Lucien, celle-là plus directe, fut faite par le premier Consul. Il s'agissait de lui faire épouser la veuve du jeune roi d'Étrurie.[2]

Ce projet n'eut pas plus de succès que le précédent, mais cette fois par excellente raison : Lucien s'était marié tout seul, sans consulter personne.

Dans les premiers temps qui suivirent son retour à Paris, Lucien était resté fidèle au souvenir de l'*aimable femme* « la belle Vénus en mantille » qui avait été si pleine d'attentions pour lui pendant son séjour à Madrid. Il lui écrivait alors deux fois par semaine et désirait ardemment son arrivée.

Mais, Lucien l'avoue lui-même, peu à peu le désir même

---

1. Voir aux pièces à l'appui la copie de l'acte authentique du mariage (6 janvier 1802).
2. La Toscane avait été après le traité de Lunéville érigée en royaume d'Étrurie et donnée au fils du duc de Parme. Le roi étant mort en 1803, sa veuve, Marie-Louise, fille de Charles IV, roi d'Espagne, lui succéda jusqu'en 1807, époque où ce royaume fut incorporé à l'empire, pour en être distrait en 1809, en faveur de madame Bacciochi, qui prit le titre de grande duchesse de Toscane.

devient languissant. Suis-je blasé? Suis-je malade? Non, je suis ou je me crois désillusionné, comme devait bientôt me le dire et qu'eut bientôt le bonheur de détromper cet autre ange de consolation dans les adversités qui m'attendaient et qui ne se faisaient alors que pressentir.

En effet, Lucien était amoureux, mais amoureux fou. Dans l'une de ses parties fines, il avait rencontré chez son ami Laborde une gracieuse et jolie femme, la citoyenne Jouberthon.

De son nom de famille, elle s'appelait Marie-Laurence-Charlotte-Louise-Alexandrine de Bleschamp [1]. Elle était fille d'un sieur Charles-Jacob de Bleschamp, avocat au parlement et receveur de l'entrepôt des tabacs à Calais, et de dame Philiberte-Jeanne-Louise Bonvet. Née le 18 février 1778, à Calais, elle avait vingt-quatre ans au moment où elle se lia avec Lucien.

Mariée en 1797, à dix-neuf ans, avec une sorte d'aventurier, le citoyen Jouberthon, parti tout à coup pour les Indes à la recherche d'une fortune qui ne venait pas, elle s'était trouvée seule à Paris, à vingt et un ans, sans fortune et sans appuis, avec une petite fille d'un an.

D'une taille élevée, avec de belles formes, une figure expressive, de beaux yeux, une attache de cou merveilleuse, des cheveux abondants, la tête bien faite, la citoyenne Jouberthon produisait un effet d'autant plus saisissant sur les natures sensibles qu'on était à une époque où les modes permettaient aux femmes de faire valoir tous leurs avantages.

Avec ses goûts d'artiste, Lucien devait s'éprendre de cette beauté. Il n'y manqua pas, mais ne sut pas cacher l'impression produite sur lui par la jeune femme. Celle-ci s'en aperçut, accueillit les hommages de l'ex-ambassadeur et le domina vite par un procédé fort habile, celui de paraître

---

1. Voir aux pièces à l'appui l'acte de naissance de mademoiselle de Bleschamp.

remettre son sort entre ses mains. Elle exalta ainsi chez son amant le côté réellement honnête et chevaleresque de son caractère versatile.

C'était au printemps de l'année 1802 que la liaison avait eu lieu. En été, la citoyenne Jouberthon était déjà la reine autorisée du Plessis. En automne, elle était installée dans l'hôtel de la place du Palais législatif que lui avait acheté son ardent amoureux. Quelques semaines après, elle mettait au monde un fils.

Deux mois plus tard, le mariage, qui n'avait pu se faire à Paris, à cause des empêchements suscités par le premier Consul, s'accomplissait sans bruit au Plessis, à la suite de péripéties que Lucien a retracées d'une façon humoristique dans une série de fragments : *la Reine d'Étrurie, le citoyen général Murat, le citoyen Cambacérès,* etc.

CHAPITRE XIV

LA REINE D'ETRURIE

Les murs ont des oreilles. — Ce qu'on doit aux écouteurs aux portes. — Cochons à l'engrais. — Fredaines conjugales. — Le tort de ne faire que des filles. — Inutilité des alliances de famille en politique. — Les beaux yeux de madame Jo... Jon... — Le plus beau parti de l'Europe. — Ce qu'on révère en monarchie porte ombrage en république. — Tic de tirer l'oreille. — La reine veuve d'Etrurie, Marie-Louise de Bourbon, infante d'Espagne. — Communication de la reine. — Joséphine sans plus de fiel qu'un pigeon. — Il n'est pas nécessaire que nos femmes soient belles, nos maîtresses, c'est assez. — Enumération galante. — Mademoiselle Georges. — *De gustibus non est disputandum.* — Fameuse réponse du premier Consul à madame de Staël. — Calomnies. Leur origine officielle. — Hésitation de Napoléon au dix-huit brumaire. — Indignation de ma mère contre Fouché. — Bruits qui avaient cours contre Joséphine. — Une femme très propre. — Sommation — Possibilité de la durée d'une République en France. — Les époux conjoints. — Arlequin ou Othello. — Mauvais vouloir de Napoléon envers Lucien. — Républicain comme Louis XIV. — Cauchemar de Napoléon. — Hostilité de Bernadotte. — Bienveillance des Bourbons pour la famille Bonaparte. — Chaptal, successeur de Lucien au ministère de l'intérieur. — La laideur de la reine d'Etrurie. — Une nièce de Talleyrand; mademoiselle de Lafayette; partis proposés à Lucien. — Déclaration du mariage de Lucien. — Un curé maire. — Attitude fraternelle de Joseph. — Considérations rétrospectives. — Attitude menaçante du premier Consul. — Perspective d'exil pour Lucien.

... Il y avait près d'une demi-heure que nous étions à table, mon frère Joseph et moi, quand nous entendîmes un peu de bruit, dans le cabinet du Consul, ce qui nous fit supposer qu'il allait venir nous rejoindre. Nous n'entendîmes bientôt plus rien, et je dis à Joseph :

« Ce n'est pas encore lui. »

Joseph. — Et c'est parce que tu n'entends plus rien que tu crois que ce n'est pas lui qui a fait le bruit? Moi, par la même raison, je crois tout le contraire. Je parie qu'il est à nous écouter.

Moi. — Bah !

Joseph. — Oui, c'est son habitude. Sa femme surtout, il l'espionne continuellement, non par jalousie, mais pour savoir ce qu'on lui dit, ce qu'elle répond. Et ses aides de camp donc ! Aussi, ils ne se fient pas aux murailles, en causant entre eux. Duroc est le premier à leur rappeler, à l'occasion, que les murs ont des oreilles. Cette certitude a fait révolution dans l'Œil-de-bœuf consulaire. On ne parle plus que tout bas.

Moi, *à voix basse*. — Savez-vous que vous devriez faire de même, en ce moment, puisque vous le croyez à portée de nous entendre.

Joseph. — Moi? point du tout. Au contraire, je suis bien tenté de lui dire, ou plutôt de lui prouver par mes paroles, en lui disant quelques-unes de ses vérités, que les écouteurs aux portes n'y trouvent pas toujours leur compte.

Moi. — On voit bien que vous êtes de très mauvaise humeur, d'avoir manqué votre partie de chasse. »

A peine avais-je dit cela que la porte s'ouvrit. Le Consul parut inopinément. Nous n'avions plus entendu aucun bruit. Il me parut clair que Napoléon était réellement à la porte, depuis l'instant où nous avions perçu quelque mouvement. Aussi, Joseph me dit tout de suite :

« Vois-tu? Je te l'avais bien dit. »

Je ne répondis rien. Le fait est que le Consul ou n'avait pas entendu ou n'avait peut-être pas même cherché à entendre, car il vint à nous, d'un air assez jovial. Il était frais rasé, tout habillé comme pour sortir, et je lui trouvai beaucoup meilleure mine qu'avant sa toilette.

« Eh bien! nous dit-il, messieurs les gourmands, vous n'avez pas encore fini? Non, non, restez donc. Finissez, afin que vous ne puissiez pas dire, avec tout le monde qui mange chez moi, qu'on y meurt de faim. »

Joseph et moi, nous levant de table, lui dîmes que nous avions terminé, depuis un moment. Joseph ajouta que le premier Consul ne se rappelait pas assez souvent qu'on ne vieillit pas à table.

Le Consul. — Bah! bah! propos de gourmand! bon à faire partie du code des rois constitutionnels que je me suis permis de qualifier, vous savez comment.

Joseph et moi, *ensemble*. — Oui, de cochons à l'engrais.

Le Consul. — Précisément. Eh bien! Est-ce que j'ai tort?

Joseph. — Mais pas trop, ce me semble.

Moi. — C'est aux Anglais à décider cette question, car nous autres Français, nous n'avons pas encore tâté d'un roi constitutionnel pour de bon.

Le Consul. — Que ce soit un bien ou un mal, je vous réponds que vous n'en tâterez jamais, si cela dépend de moi. C'est cela qui est une idée creuse, un non-sens, une bêtise. Mais rentrons chez moi.

Nous le suivîmes et, sans autre préambule :

Le Consul. — Asseyons-nous. J'ai été bien aise de vous réunir ici, tous les deux, ce matin, parce que j'ai à vous communiquer un projet de famille, de quelque importance. Il m'occupe, depuis plusieurs jours, relativement à Lucien. Il lui prouvera qu'avec moi au moins, les absents n'ont pas toujours tort.

Moi, *d'un air fort étonné et assez vivement.* — Relativement à moi, citoyen Consul? mais... bien obligé, d'abord... mais... je m'en réjouis pourtant, car j'aime à me flatter que vous ne vous occupez de moi que pour mon avantage.

Le Consul. — Certainement, vous allez en juger. Ce dont il s'agit, reviendrait de droit à Joseph s'il était en état d'en profiter; mais comme il n'est pas veuf, je ne dirai pas malheureusement...

Joseph, *interrompant avec vivacité.* — Je crois bien. Non, heureusement, je ne suis pas veuf. Ma femme, ma petite Julie, est la meilleure, peut-être, qui soit au monde.

Le Consul. — C'est beaucoup dire, en général. Il est vrai qu'en particulier, pour vous, nous savons qu'outre sa bonté reconnue, elle est aussi de la plus grande indulgence pour vos petites fredaines conjugales. Dieu sait que sur ce point-là...

Joseph, *interrompant.* — Ah! sur ce point-là... je crois que tous les maris sont, à peu près dans le même cas, et quelquefois aussi les femmes; mais ce n'est pas la mienne.

Le Consul. — C'est fort bien. Tant mieux pour vous. Vous conviendrez, au moins, que madame Julie tolère bien des choses de votre part qu'un grand nombre de femmes de ma connaissance ne souffriraient pas. Je n'en excepte pas ma douce Joséphine.

Joseph. — Allons! Dites-nous bien vite ce que vous

avez à nous dire. Mais sachez bien, pourtant, que j'aime ma femme, et que je l'aime et l'estime beaucoup, mais beaucoup, comprenez-vous bien? et que celui qui en médirait, fût-il...

Le Consul. — Nous savons cela, nous le comprenons. Vous l'aimez, vous l'estimez, elle le mérite, bien que madame Julie ait, à mes yeux, le grand tort que je vous ai signalé cent fois, à votre grand dépit. Mais vous ne vous imaginez pas me faire peur, maintenant?

Joseph, *très sèchement*. — Il ne faudrait pas, cependant, que vous recommenciez à lui en parler comme vous n'avez pas craint de le faire, de ce prétendu tort.

Le Consul. — Enfin, si elle ne fait que des filles?

Joseph. — Que cela ne vous tourmente pas. Moi qui suis le principal intéressé, je vous déclare que non seulement cela m'est égal, mais que je préfère les filles aux garçons.

Le Consul. — Les filles ne sont bonnes qu'à faire contracter des alliances.

Moi. — Encore, n'est-ce un avantage que pour des maisons souveraines; et même l'histoire prouve qu'elles ne servent à rien ou pas à grand'chose. Tous les rois détrônés en sont un exemple. Il y a bien longtemps que les quelques familles qui règnent sur le monde entier, ne se marient plus qu'entre elles.

Le Consul. — C'est possible, mais vous savez bien, vous autres Corses jusqu'au bout des ongles, que chez nous, nous ne faisons guère cas que des garçons.

Joseph. — C'est exagéré. On préfère un premier-né mâle, parce que l'on a beaucoup d'esprit de famille, et que plus une race est assurée plus on a de considération.

Le Consul. — En attendant, aucun de nous n'a encore de garçon.

Joseph. — Ce qui prouve que c'est autant ma faute que celle de Julie.

Le Consul. — Cela peut bien être. Moi, si je n'en ai pas encore, je ne puis en accuser Joséphine. Elle a fait ses preuves par Eugène et Hortense. C'est donc ma faute. »

Ici, Joseph et moi, nous nous regardons sans rien dire. Depuis, nous sommes convenus que nous n'avions pensé que ce n'était pas tant la faute de notre frère qu'il semblait le croire, sans considérer l'âge que Joséphine avait de plus que lui.

Le Consul. — Oui, ce doit être ma faute. Au reste j'aime autant n'avoir pas d'enfants que de n'avoir que des filles.

Joseph. — Et moi je suis bien content d'avoir les miennes.

Le Consul. — C'est comme Lucien. Il n'a non plus que des filles, mais il est veuf et il peut encore espérer qu'en se remariant, une autre femme lui donnera des garçons. C'est pour cela que j'ai résolu de le marier. J'espère qu'il ne se plaindra pas de mon choix.

Moi, *en riant*. — Vous avez résolu ! Vous avez fait un choix ! Merci, citoyen Consul, mais je pense que c'est moi qui dois le faire, ce choix, puisqu'il me regarde de si près. Enfin, pour me marier, il faudra bien que je le veuille un peu.

Le Consul. — C'est bien comme cela que je l'entends. J'ajoute qu'il est impossible que vous ne vouliez pas, quand vous saurez avec qui. Joseph jugera.

Joseph. — Je veux bien en juger, mais d'après mes

idées à moi. Au surplus, c'est, avant tout, Lucien qui doit juger d'après les siennes.

Moi. — Sans doute. Et puis, citoyen Consul, avec toute la reconnaissance que je vous dois, je vous fais observer que je suis en âge et en position de me marier tout seul. Je n'aimerai jamais que la femme choisie par moi. »

Cette manière de parler en général constatait, en ce qui me regardait individuellement, un fait accompli. Je savais qu'il était à la connaissance du premier Consul. Aussi, me parut-il, un moment, quelque peu déconcerté, Joseph ne disait rien. A son air, il me semblait qu'il me comprenait et qu'il ne me désapprouvait pas. Après une minute de ce trio silencieux, le Consul dit :

« Allons, Joseph, aidez-moi donc un peu à lui faire entendre raison, dans son intérêt.

Moi. — Mon intérêt ! Il est tout à fait satisfait, et je m'en tiens, citoyen Consul, à la profession de foi matrimoniale que je viens de vous faire.

Le Consul. — Je vois ce que c'est. On m'a dit vrai. Ce ne serait peut-être pas l'instant de vous parler de mon projet. Pour parler, pour raisonner surtout, il faut de la raison, et les amoureux n'en ont plus, s'ils en avaient avant de le devenir. Pourtant, je ne veux pas avoir à me reprocher de ne pas faire le possible, dans une circonstance des plus favorables pour vous et qui, bien certainement, ne se représentera pas.

Joseph, *avec impatience*. — Voyons donc ce que c'est.

Moi. — Mon Dieu ! c'est inutile, mon cher Joseph. Vous ne voyez donc pas que le Consul badine. De grâce, parlons d'autre chose.

Le Consul. — Soit, n'en parlons plus. Cependant,

je ne puis m'empêcher de vous dire encore une chose. C'est que je crains beaucoup qu'ils ne vous coûtent fort cher, citoyen Lucien, les beaux yeux de votre dame. Comment l'appelez-vous?... *Mame* Jo... *Mame*... Jou... *Mame* Joubert..., un diable de nom baroque, qu'on ne peut jamais se rappeler.

Moi. — Si je savais qui vous voulez dire, je vous aiderais à le prononcer.

Le Consul. — Je veux bien croire que vous ne le savez pas. Je le sais, moi. Une belle femme, ma foi! je n'en disconviens pas. Je crois vous en avoir parlé dans le temps, avec éloge même. Eh bien! je ne m'en dédis pas, c'est une belle personne. Joseph la connaît-il?

Joseph. — Je ne sais de qui vous voulez parler, mon frère.

Le Consul. — Ne faites pas le réservé. Vous savez bien qui je veux dire et Lucien encore mieux que vous. Eh bien! qu'il l'aime cette dame, c'est juste, c'est naturel. Qu'il l'idolâtre, s'il l'en trouve digne; mais non à ce point d'aveuglement, disons mieux, d'enfantillage, de laisser échapper le plus beau parti de l'Europe.

Joseph. — Mais qu'est-ce donc?

Le Consul. — C'est un parti sur lequel tous les princes à marier ont jeté leur dévolu; un parti qu'ils ajustent, pour ainsi dire, comme fait le chasseur d'une belle proie, avec leurs fusils diplomatiques.

Moi. — Eh bien! ces pauvres princes, pourquoi vouloir chasser leur gibier? moi surtout qui ne suis pas à marier.

Le Consul. — Et pourquoi cela?

Moi. — Je ne suis pas à marier, parce que, précisément, je n'en ai ni le désir ni la volonté, et que cela me paraît quelque peu nécessaire pour faire quoi que ce soit, particulièrement pour prendre femme.

Le Consul. — Voilà bien mon rhéteur ! Quel sophisme ! Mais je ne me décourage pas. Vous avez trop d'esprit pour ne pas entendre raison et trop de cœur pour ne pas être touché de ce que je veux faire pour vous. Car, moi aussi, je me suis fait chasseur à votre intention. Je ne veux pas manquer ce beau coup-là, dont, au bout du compte, il ne me reviendra autre chose que de vous voir entrer en ligne avec les familles souveraines. Vous ne trouvez pas cela superbe?... Ah ! vraiment on vous dirait au-dessus de tout.

Moi. — Je pourrais le croire, comme frère du vainqueur de Marengo.

Le Consul. — C'est bon ! mais ne nous enflons pas tant ; et demandez, si vous voulez, à notre aîné Joseph, n'est-il pas vrai qu'il s'agit d'une occasion qu'il ne faut pas manquer ?

Joseph. — Que les temps sont changés ! Des républicains comme vous et moi, citoyen Consul, proposer, presser l'alliance d'un républicain comme Lucien, avec les familles souveraines ! Oh ! que diraient les Jacobins !

Le Consul. — Vos coquins ! Ils en verront bien d'autres, j'espère. Leur règne est passé. Le temps est venu de réorganiser la société.

Moi. — Grâce à vous, mon frère, la société se trouve réorganisée, et je ne vois pas que des alliances dynastiques de citoyens français soient bien faites pour consolider notre république qui, comme toutes les républiques, n'aime pas ce que les peuples asservis révèrent dans les monarchies.

Le Consul. — Voilà des phrases ronflantes qui ne sont ni vraies ni de saison, dans le cas dont il s'agit. Il me suffira de vous dire le choix que j'ai fait, et Joseph et vous, vous tomberez d'accord avec moi que c'est une chose inouïe qui nous arrive.

Joseph. — Il est probable que je serai du même avis que vous, puisque vous trouvez que c'est si beau ; mais pourquoi nous tenir si longtemps le bec dans l'eau?

Moi. — Vous ne voyez donc pas que le premier Consul s'amuse à nous intriguer?

Joseph, *au Consul.* — Enfin, voulez-vous nous dire ce dont il s'agit !

Le Consul, *d'un air railleur que je ne lui avais pas encore vu prendre.* — Rien, presque rien. »

Ici, par un mouvement qui lui était devenu familier avec ses subalternes, ou même ses inférieurs militaires, qui voulaient bien le souffrir, il éleva sa main dans la direction de mon oreille, pour me la tirer. Je me mis, sans trop de brusquerie, hors de sa portée, à quelques pas. Alors, sa main n'atteignant plus que mon épaule, il me la tapa légèrement, en disant :

« Vous êtes, mon cher Lucien, un bien heureux coquin, d'être libre de disposer de votre main. Je vous l'ai dit et je vous le répète, combien de hauts et puissants seigneurs voudraient être à votre place !

Moi. — Je m'estime autant et plus que tout haut et puissant seigneur. Il est probable que ce qui serait si beau pour un autre ne le paraîtrait pas assez à mes yeux.

Le Consul. — En tout cas, vous ne péchez pas par trop de modestie.

Joseph, *excédé d'impatience.* — Avec toutes ces paroles inutiles, nous n'arrivons pas à connaître le fameux choix. Vous nous le faites tant désirer que, si ce n'était pas Lucien, mais moi que cela regardât, je ne voudrais plus le savoir.

Moi, *feignant d'être un peu piqué.*—Patience! jusqu'à ce qu'il vous plaise de finir de vous amuser à mes dépens, citoyen Consul.

Le Consul. — Ah çà! une fois pour toutes, citoyen Lucien, apprenez que je ne plaisante pas. Le cas est sérieux. Vous ne devinez pas? Vous ne vous doutez même pas? Eh bien, messieurs, c'est tout simplement une fille des rois, dont je puis disposer et qui ne veut même recevoir d'époux que de ma main. Oh! ne riez pas, il n'y a pas de quoi, car il s'agit de la reine d'Étrurie.

Joseph. — Le vrai peut quelquefois n'être pas vraisemblable.

Ne vous fâchez pas, mais avouez que c'est une chose bien inattendue. L'an passé quand elle est venue à Paris avec son mari, je ne soupçonnais guère, pour mon compte, qu'elle pût devenir ma belle-sœur.

Le Consul, *à moi.* — Eh quoi! vous vous taisez?

Joseph. — C'est que cela est bien fait pour le surprendre autant que moi, et même l'émouvoir un peu plus, puisque c'est lui que cette singulière nouvelle regarde directement.

Moi. — Je vous prie de croire que si je suis étonné comme vous, je ne suis nullement ému; par une très bonne raison, c'est que je ne me crois pas du tout exposé à courir cette chance, et que je persiste à croire que le Consul badine.

Le Consul. — Si j'avais pour le badinage le goût que vous me supposez, vous ne sauriez jamais ce que je vais, enfin, vous dire, puisqu'il faut vous raconter tout ce qui en est. Apprenez, et Talleyrand vous le confirmera officiellement quand nous serons d'accord sur tous les points, que la reine veuve lui a transmis, par un agent de sa confiance intime, actuellement à Paris, les paroles précises que je vous répétais tout à l'heure ; à savoir que sa souveraine ne se remariera point, si je ne lui choisis moi-même un époux.

Moi. — Eh! mon cher frère, permettez donc à un de vos anciens diplomates de dire ce qu'il pense de cette ouverture.

Le Consul. — Allez.

Moi. — C'est clair ; et Joseph, j'en suis certain, doit avoir eu la même idée que moi.

Joseph. — Il est vrai qu'il m'en est passé une assez grivoise par la tête... mais voyons la tienne.

Moi. — La mienne? C'est que je serais dupe, en supposant un seul instant que le premier Consul ait l'extrême modestie de ne pas comprendre que c'est lui, lui-même, qu'on voudrait avoir.

Joseph. — C'est ça...

Le Consul, *d'un air visiblement moins contrarié qu'il ne veut le paraître.* — Mais taisez-vous donc, farceurs ! Ne suis-je pas marié?

Joseph. — On a bien souvent parlé de votre divorce.

Moi. — Rappelez-vous aussi les ouvertures que la reine d'Espagne m'a faites, au sujet du mariage de sa plus jeune fille, l'infante Isabelle. Alors, n'étiez-vous pas comme à présent? et la petite infante n'est-elle pas la propre sœur de la reine d'Étrurie? Il me semble qu'il n'y a guère à se récrier sur nos conjectures.

Le Consul, *me regardant de travers.* — Quelle plate

réminiscence! Vous aviez fait là un beau chef-d'œuvre, en vous mêlant à cette intrigue. Un peu plus, Joséphine devenait, pour de bon, votre ennemie mortelle. Il est vrai qu'elle n'a pas plus de fiel qu'un pigeon. »

Ici, je garde pour moi ce que je pensais de tant de mansuétude. Je me contentai de répondre :

« Pourquoi le lui avez-vous dit? Ma belle-sœur était en droit d'en être chagrine, ce qui n'empêche pas que je remplissais mon devoir d'ambassadeur, en vous rendant un compte exact de la conversation de la reine.

Le Consul. — Ce n'est pas moi qui le lui ai dit, c'est Fouché qui l'a su par sa police de Madrid.

Moi. — Hélas! je pourrais vous rappeler que j'étais seul avec la reine, quand elle m'a parlé de son projet.

Le Consul, *impérativement*. — Finissons-en! »

Le silence succéda à cette injonction péremptoire. Joseph se décida le premier à le rompre, en remettant Napoléon sur la voie perdue par sa malencontreuse objection ; mais celui-ci ne reprit pas encore l'air de bonne humeur, ou plutôt de bonhomie qu'il lui avait plu de garder jusque-là. Suivant la mode du temps, il se promenait, de long en large, dans son cabinet. Enfin, il fit halte, les bras croisés, et recommença en ces termes :

« Je disais, ou plutôt j'allais dire, quand vous m'avez interloqué par votre souvenir déplacé, que ce n'est point à ma main que la reine prétend. Entendez-vous, citoyen? Le fait est qu'en recevant sa communication, je me suis dit de suite que Lucien est à marier, et j'ai chargé Talleyrand de négocier l'affaire, en faisant pressentir la reine à son sujet.

Moi. — Permettez que je vous dise sans biais que c'est moi que l'on devait pressentir d'abord. Cela vous eût épargné le reste de la négociation, puisque je vous aurais déclaré sans hésiter ce que je viens de vous répéter tout à l'heure, que je n'épouserai jamais qu'une femme choisie par moi.

Le Consul. — On aurait pu la proposer à votre choix, monsieur. Au surplus, ce n'est pas ainsi qu'on traite des affaires de cette importance. J'ai suivi l'usage adopté en pareil cas. La réponse de la reine a été aussi flatteuse qu'on pouvait l'espérer. Elle a dit, et ce sont ses propres paroles, que le sénateur Lucien Bonaparte est un des plus aimables cavaliers qu'elle connaît; pour lequel, même, elle nourrit des sentiments très vifs...

Moi, *interrompant*. — Mais voyez donc quelle folie! Des sentiments très vifs!

Joseph. — Pourquoi pas? du moment qu'elle te connaît.

Moi. — C'est bien honnête de votre part, monsieur mon frère, comme on disait à la cour; mais...

Le Consul, *impatienté*. — Laissez-moi donc achever! Si vous daignez me le permettre, vous verrez, messisurs, que ces sentiments très vifs de la reine pour le sénateur Lucien, ne sont que des sentiments de reconnaissance. C'est lui qui a conclu le traité créateur d'un royaume pour son mari, et, par conséquent, pour son fils. Le résultat de sa reconnaissance, c'est que son cœur et sa main doivent être et sont plus que jamais, à la disposition du premier Consul. Est-ce clair?

Moi. — Très clair, citoyen Consul, au point que je vois mieux encore ce que je n'avais qu'entrevu, c'est-à-dire que sa reconnaissance, sans aucun doute, est et doit être plus vive pour le fondateur direct et suprême de son royaume que pour son représentant.

Le Consul. — Vous êtes bien le plus opiniâtre sophiste de France et de Navarre.

Joseph, *à moi*. — Je suis d'avis que tu ne dois pas traiter légèrement cette affaire. Il faut en peser froidement tout ce qui en est avantageux et ce qui ne l'est pas, et puis se résoudre à accepter ou à refuser, après mûre réflexion. Par exemple, moi, je trouve, et le Consul en conviendra, que la circonstance du fils de cette reine, déjà roi d'Étrurie, n'est pas ce que l'on peut considérer de plus heureux pour les fils qui pourraient naître d'elle et de Lucien.

Moi. — Qu'à cela ne tienne! Je vous réponds bien qu'il ne me naîtra jamais de fils de cette femme-là.

Joseph. — Pourquoi dis-tu cela? Est-ce parce qu'elle n'est pas jolie? Et qu'est-ce que cela fait?

Le Consul, *clignant de l'œil à Joseph, et semblant croire ne pas être aperçu de moi*. — Sans doute! Qu'est-ce que cela fait? Il y a tant d'autres avantages. Je conviens que le petit roi est ce qui me plaît le moins dans cette union; mais tant d'événements peuvent survenir, et puis, on ne peut tout avoir en ce monde.

Moi. — Ah! mes frères, que je vous admire! Comment? vous me connaissez assez peu, pour penser que je voudrais jamais épouser une femme laide?

Joseph. — Une femme laide, non; mais une reine.

Moi. — C'est encore pire.

Le Consul, *d'un air si aimable qu'il était presque caressant*. — Et puis, Lucien, crois-moi : il n'est pas nécessaire que nos femmes soient belles. Nos maîtresses, c'est différent. Une maîtresse laide, c'est monstrueux. Elle manquerait essentiellement à son premier, disons mieux, à son unique devoir.

Joseph. — Et nous rendrait encore plus coupables aux yeux des sages, puisqu'elle n'en fournirait pas l'excuse en se montrant.

Le Consul. — C'est très juste. Êtes-vous de cet avis, Lucien?

Moi. — Complètement, et c'est pour cela qu'il faut, suivant moi, qu'une femme soit belle, afin qu'elle puisse toujours demeurer la maîtresse de son mari.

Le Consul. — On ne peut raisonner plus moralement. Si j'ai bonne mémoire, vous n'avez pas toujours dit cela.

Moi. — Je n'ai jamais varié, quant à cela; et maintenant, moins que jamais.

Le Consul, *chantonnant une fanfare*. — Ta, ta, ta! Ta, ta, ta!... Depuis quand êtes-vous si exemplaire? Il fut un temps où vous auriez été bien fâché de l'être, et surtout de le paraître.

Moi. — Il est certain que si vous ajoutiez foi à tout ce que nos ennemis communs ont débité sur moi, à certaine époque, je ne serais rien moins qu'un fieffé libertin. Cependant, il est très vrai que je ne le suis pas plus que d'autres, et peut-être beaucoup moins.

Le Consul, *gaiement*. — A qui cela s'adresse-t il? A Joseph ou à moi?

Moi, *du même ton*. — Ni à l'un, ni à l'autre. Remarquez que j'ai dit d'autres au pluriel.

Joseph. — Je comprends. A tous deux.

Moi, *toujours riant*. — Peut-être; mais je me garde bien, en tout cas, de blâmer mes vénérables aînés.

Le Consul, *à Joseph*. — Qui nous verrait, qui nous entendrait, le prendrait certainement pour le plus sage de nous trois, comme il en est le plus jeune.

JOSEPH, *avec une aimable ironie :*

> Chez les âmes bien nées,
> La vertu n'attend pas le nombre des années.

Ce n'est pas pour rien que le grand Corneille l'a dit. »

Le Consul, devenu tout à fait gai et pas trop piquant, se mit à citer les noms d'une douzaine de jolies femmes qu'il prétendait avoir eu des bontés pour moi.

Sans parler, dit-il à Joseph, de la plus belle de toutes, dont il ne veut convenir avec personne, tant elle lui tient au cœur... et dont, ajouta-t-il avec l'apparente intention d'un véritable aparté, je crois qu'il est jaloux comme un tigre.

Cette dernière remarque fut faite à voix assez basse, pour que je pusse faire semblant de ne l'avoir pas entendue. D'ailleurs, immédiatement après l'avoir faite, comme pour échapper à une de mes saillies, ainsi qu'il voulait bien traiter certaines de mes réponses qui ne le choquaient pas trop ouvertement, il se mit à agacer Joseph, sur le même chapitre de la galanterie. Il semble qu'il savait tout ce qu'il faisait, ou tout ce qu'on disait qu'il faisait, ce qui n'est certes pas la même chose.

Ainsi, il passa en revue tout ce qu'il qualifiait de fredaines de Joseph. Celui-ci riait, en haussant les épaules et se contentait de répondre :

« Calomnie ! »

A quoi le Consul, toujours de plus belle humeur, répliquait chaque fois :

« Qui nie tout, prouve tout. »

Axiome de jurisprudence qui n'est pas exact du tout.

Quoi qu'il en fût, la belle madame Regnauld de Saint-Jean d'Angely ne fut pas épargnée, mademoiselle Gros, des Français, non plus, et beaucoup d'autres. Joseph répondait fort cavalièrement par une assez longue énumération du même genre des bonnes-fortunes consulaires. Il jugea à propos d'y comprendre les noms de mesdames Branchu et Grassini, dont la première, fit-il, manquait à ses yeux de ce que le Consul venait d'appeler le premier devoir. En effet, cette pauvre madame Branchu chantait divinement, mais elle était diablement laide.

Enfin, ce fut par la déjà célèbre mademoiselle Georges, laquelle, en ce moment-là, passait pour avoir les honneurs du mouchoir consulaire, que Joseph voulut bien clore la liste de tous les caprices amoureux de notre frère.

A tous les noms premièrement cités, le Consul avait presque toujours répondu avec une nonchalance plus que dédaigneuse :

« Mais non! Fi donc! »

Au nom de mademoiselle Georges, il prit la peine de s'en défendre... faiblement, ce qui me parut une confirmation du bruit répandu, surtout quand il ajouta du ton le plus enjoué :

« Quoi qu'il en soit, on ne pourrait m'accuser de mauvais goût. J'espère qu'elle est assez belle, celle-là! »

Je ne pouvais en disconvenir; mais Joseph exprima seul, d'abord, son assentiment. J'allais sans doute l'imiter, lorsque, avec un jeu de physionomie étrange et malicieux, le Consul me demanda, comme pour s'assurer de l'effet produit sur moi par sa désignation de *celle-là*, ce que j'en pensais, à titre d'amateur, *réputé bon connaisseur du beau sexe*. Je répondis, et c'était bien ce que je pensais, que mademoiselle Georges était, à mes yeux, une des plus belles femmes d'Europe. A quoi il répartit :

« Je crois que, sans crainte de vous tromper, vous auriez pu dire la plus belle.

— Au reste, répliquai-je négligemment, cela dépend des goûts. »

Joseph s'interposa dans cette discussion aigre-douce, et dit avec une gravité scolastique qu'il réussit à rendre bouffonne et diversive, si cela eut dépendu de moi :

De gustibus non est disputandum.

Mais le Consul ne voulut pas changer d'entretien. Il vanta fort en détail les appâts de mademoiselle Georges, au point que, pour atténuer l'exagération de ses éloges, fondés sans doute, mais ayant trop l'air de réminiscences, il ajouta :

« C'est pourtant dommage que cette charmante actrice n'ait pas un talent proportionné à sa beauté. »

J'étais de cet avis ; mais comme je lui trouvais passablement d'étoffe pour les grands rôles tragiques, ce fut moi qui devins son champion sous ce rapport, et nous ne parlâmes plus de sa beauté vraiment extraordinaire.

Quand mademoiselle Georges débuta au Théâtre-Français, je m'occupais beaucoup de tragédie et, en ma qualité d'auteur dramatique, quoique peu connu, elle m'avait demandé des conseils. Je les lui avais donnés avec d'autant plus de plaisir qu'elle paraissait en profiter. Je lui avais fait cadeau d'un très beau costume pour son rôle de Sémiramis ou de Clitemnestre. C'était dans le but de donner le change à l'opinion d'un certain monde qui daignait s'occuper de moi, sur mes vraies et secrètes amours. J'eus la satisfaction de voir que mon stratagème avait réussi.

Le Consul et Joseph se remirent à causer presque eux deux seuls, pendant un bon quart d'heure encore, tandis que moi, assez occupé de ce qui m'avait été dit du mariage projeté pour moi, je ne mêlai, par-ci par-là, que des mots insignifiants à leurs récits imagés et grivois.

La nature élevée du projet présageait des obstacles sérieux à la publicité de mon union, jusqu'ici secrète, quand je serais à même de la déclarer.

Quant au premier Consul, j'en vins à conclure qu'il y avait bien loin du moment présent au temps d'austérité, feinte ou réelle, qu'il affichait à son retour d'Égypte. Le soir même du Dix-huit brumaire, il fit à madame de Staël, qui lui demandait s'il était vrai qu'il n'aimât pas les femmes, cette fameuse réponse : « J'aime la mienne, » réponse que je trouvai fort belle et que madame de Staël, qui se l'était attirée, eut l'esprit et le bon goût de beaucoup admirer. Je lui en parlai le premier, un peu disposé à lui reprocher la légèreté et même l'inconvenance de la question, en présence de nombreux témoins; mais elle me ferma la bouche, en me disant avec l'enthousiasme qu'elle savait bien simuler :

« La réponse qu'il m'a faite est l'émanation d'une âme d'élite, à l'antique. Épaminondas aurait ainsi parlé. »

Épaminondas ! l'intention de la célèbre femme auteur était évidemment que ce rapprochement revînt au Consul. Elle n'avait pas encore entrevu que c'était à la renommée d'Alexandre, ou de Gengis-Khan, Nadir-Sha ou Tamerlan, qu'on eût été flatté d'atteindre. Épaminondas ! fi donc ! c'est de la petite monnaie de grand homme. Les batailles de Leuctres et de Mantinée gagnées et, par suite, sa patrie affranchie du joug de l'étranger, c'est trop peu de chose. Napoléon, parvenu au faîte de la gloire militaire et de la puissance européenne, ne disait-il pas ?

« J'ai manqué ma fortune à Saint-Jean-d'Acre. »

Pendant que mes vénérables frères, ainsi que je venais de les qualifier, continuaient à s'entretenir non sur le plus ou moins de mérite d'un de mes héros favoris, Épaminondas, mais qu'ils controversaient, à qui mieux mieux, en véritables professeurs émérites du galant savoir, je ne pouvais m'empêcher de réfléchir, à part moi, que le Consul avait eu raison en disant que j'aurais paru le plus sage de nous trois à qui nous aurait écoutés.

Or, je n'avais nullement l'ambition d'être ainsi jugé, tout en pouvant y avoir intérêt, car, c'est ici le cas de le dire, j'étais resté profondément blessé des calomnies répandues à mon détriment. Assaisonnées des plus crapuleux détails sur l'article de mes mœurs, ces infamies auxquelles je n'avais pu me défendre de faire allusion, en répondant aux plaisanteries du Consul, avaient, malheureusement, une origine semi-officielle. Elles avaient pris tout leur développement à une époque où la magistrature consulaire encore élective, pour un an seulement, avait beaucoup occupé les esprits. Le choix éventuel d'un successeur à Napoléon avait, pour mon malheur, attiré sur moi l'attention de certains cercles politiques et ce fut ce qui m'aliéna le cœur de mon frère. Du reste, je n'avais été désigné que concurremment avec Joseph et le général Moreau.

J'ai toujours refusé de croire que le Consul fût directement l'auteur de ces attentats à la réputation d'un frère qui, homme d'État à vingt-cinq ans, par le fait de l'estime de ses compatriotes, avait eu le bonheur de lui être utile dans les plus périlleuses circonstances. Il faut, pourtant, le dire, dans l'intérêt historique de la vérité : Napoléon fut extrêmement irrité de l'appréciation généralement acceptée qu'au Dix-huit brumaire, malgré l'éclat glorieux dont il brillait déjà avant cette époque, mon concours lui avait valu beaucoup plus que sa propre action, non exempte d'hésitation.

Quoi qu'il en fût, le débordement de la haine d'ennemis qui ne m'étaient pas connus et que je suis encore à deviner, fut poussé si loin, que notre mère, indignée d'un acharnement qu'elle savait aussi peu mérité et dont elle croyait pouvoir imputer l'origine à la police, vint, un jour, demander justice contre Fouché au premier Consul, en présence de sa femme qui passait pour protéger le ministre, moyennant, disait-on, une redevance de trente à quarante mille francs par mois, sur le produit des maisons de jeu. Cette démarche, énergiquement maternelle, occasionna une scène très vive où madame Bonaparte pleura beaucoup et dans laquelle on dit, mais ce n'était pas la vérité, que le Consul, en prenant le parti de sa femme, aurait manqué de respect pour sa mère.

Notre mère, d'ailleurs, se serait donné garde d'outrager sa belle-fille. Elle lui avait seulement dit, en se retirant, qu'elle la priait d'avertir son ami Fouché (voilà où pouvait être la blessure) qu'elle se croyait les bras assez longs, pour faire repentir qui que ce fût qui calomnierait ses fils. A quoi le Consul avait répondu, en l'accompagnant jusqu'à sa voiture, qu'il s'apercevait qu'en fait de calomnies contre ses fils, elle ne lisait pas les journaux anglais, lesquels ne disaient pas seulement du mal de son cher Lucien, mais de lui et de toute la famille.

« C'est possible, avait répondu notre mère, mais je ne puis rien contre les Anglais, au lieu que pour le citoyen Fouché c'est tout différent. »

Voilà ce qui fut véritablement dit de plus piquant. Il est vrai, et le premier Consul le lui a reproché assez souvent, que notre mère ne parlait pas bien français ni italien, et qu'on a pu lui attribuer, même innocemment, des expressions très sévères pour sa bru, mais qui, en réalité, n'étaient qu'équivoques. Pour être sincère, il faut convenir qu'une grande bienveillance ne pouvait les avoir dictées ; mais, quant aux bruits qui couraient d'une rétribution provenant des maisons de jeu, payée à ma belle-sœur par Fouché, j'ai été trop calomnié moi-même, pour ne pas me défier de ces sortes d'inculpations, même quand il s'agit de mes ennemis. Aussi, je n'insinue rien ; mais je ne puis infirmer ni confirmer la médisance dont Joséphine fut l'objet, à cet égard, et que les organes de la presse officielle et officieuse ne combattirent pas plus que les absurdités débitées contre moi.

Au surplus, comment tenter ou espérer de répondre avec avantage à des injures atroces, répandues pour ainsi dire, en l'air, par un souffle empoisonné, ou produites dans d'ignobles pamphlets, dont la source, soigneusement cachée, assurait l'impunité d'un lâche anonyme ?

Constatons, toutefois, que depuis l'algarade de notre

mère, ainsi l'appelèrent les amis de Joséphine, le torrent d'infamies, attentatoires à ma réputation, cessa de nous attrister.

J'ai interrompu par cette digression le fil de la conversation qui m'avait ramené, plus ou moins amèrement, *au venticello de Basile*, et je me hâte d'y rentrer.

Les occupations du premier Consul, graves et incessantes, car il tenait lui-même, sans métaphore, le timon du vaisseau de l'État, avaient pour conséquence de le priver parfois d'un sommeil nécessaire. En revanche, les deux collègues qu'on lui avait donnés, en qualité de second et de troisième consul, prenaient leur ample part réparatrice des bienfaits de Morphée. Cependant, malgré le prix que Napoléon attachait au temps si utilement employé par son génie militaire et administratif, il semble qu'entraîné par un entretien qui n'avait cessé de dévier plus ou moins du but qu'il s'était proposé, il ne nous eût pas encore congédiés, si ses yeux ne s'étaient machinalement portés vers la pendule, qui marquait l'heure du conseil d'État.

« Peut-on s'absorber, s'écria-t-il, dans de pareils bavardages? Comment? Déjà deux heures! Ce n'est pas que la besogne nous manque! Adieu donc. »

Puis se tournant vers moi :

« A propos, citoyen Lucien, quelles instructions faut-il que je donne à Talleyrand pour la reine Marie-Louise?

Moi. — Faites-moi la grâce, citoyen Consul, de ne donner aucune suite à cette affaire.

Le Consul. — Comment? Vous voulez me faire faire cette pantalonnade? Après avoir reçu son ouverture et y avoir répondu comme je l'ai fait!... mais vous êtes fou.

Moi. — Je le serais effectivement, si je prenais la balle au bond, pour une chose en l'air, dont il vous a plu vous amuser.

Le Consul. — Avez-vous résolu de m'impatienter, à la fin? Cependant, je ne me fâcherai pas. Vous réfléchirez. La nuit porte conseil. Je compte sur Joseph, pour vous faire entendre raison. Vous vous aimez trop l'un l'autre, lui pour vous épargner les bons avis, et vous pour ne pas les suivre, venant de sa part. Adieu. (*A Joseph.*) Je compte sur vous. »

A ces mots, il retourna à son bureau, où il se mit à classer quelques papiers.

Joseph. — Je vous promets de faire tout ce que je pourrai; d'autant plus, Lucien, je te le dis très sérieusement, que c'est une chose qui mérite bien qu'on la médite un peu. Songes-y, il s'agit d'une reine.

Moi. — Mon Dieu! vous savez bien que je suis républicain et qu'à ce seul titre, une reine n'est pas mon fait... et une reine laide encore! Le beau métier!

Joseph, *d'un ton persifleur.* — Quel dommage que tu ne te sois pas arrêté à temps! Ta réponse était vraiment romaine.

Le Consul, *encore à son bureau, d'un air plus amer que railleur.* — Oui, c'était fier, mais c'était beau. Malheureusement, nous sommes loin de Rome, à présent.

Moi. — Oui, mais je n'ai pas changé d'opinion, moi, ni même abdiqué, aussi solennellement que je l'ai pris, mon surnom de Brutus.

Le Consul, *fermant un tiroir de son bureau, dont il*

prend la clef, et parlant à Joseph. — Concevez-vous cette lubie?

JOSEPH. — Vraie lubie!

MOI. — Point du tout! C'est un souvenir... assez récent, pour que je me rappelle, en même temps, que, lorsque j'étais fier de m'appeler Brutus, Joseph aspirait au nom de Mucius Scœvola.

JOSEPH, *presqu'en colère.* — Mauvaise plaisanterie.

LE CONSUL. — Très mauvaise! Il y a de ces choses qui, sans être précisément déshonorantes, sont bonnes à oublier. D'ailleurs, ce fameux héros de vos écoles, votre patron, Brutus, n'était qu'un ambitieux, hypocrite et cruel, sacrifiant son propre fils, non à l'amour de la liberté, mais au bonheur de conserver sa suprématie.

MOI. — Je vous abandonne ce vieux coquin de Brutus le père, car je pense absolument comme vous sur son compte. Mon patron, ce ne fut pas lui, mais bien Brutus le jeune, qui, lui, tout de bon, comme vous, mon frère, détestait les tyrans, et, comme moi, sans doute, n'eût pas voulu épouser une reine, une reine laide encore, car la beauté, en fin de compte, pourrait expier même la royauté.

LE CONSUL, *à Joseph.* — C'est vous qui lui avez mis cette laideur dans la tête.

MOI. — Parbleu! je l'ai bien vue moi-même, et tout le premier encore. Est-ce que ce n'est pas moi qui vous l'ai envoyée ici de Madrid? Elle a, du reste, été toujours fort aimable et engageante avec moi. Aussi, j'insiste, mon cher frère, pour qu'elle ignore que vous m'avez parlé d'elle. Ce sont de ces choses que les femmes ne pardonnent guère, pour ne pas dire jamais. J'ai déjà bien assez d'ennemis... et d'ennemies, s'il est vrai que j'ai été aussi infidèle en amour qu'on l'a dit.

Le Consul, *à Joseph*. — Allons! Il ne veut pas faire de l'*inimicare*, dirait un Italien. C'est assez bon signe et c'est vous, Joseph, qui devez achever de le convaincre. D'ailleurs, mon cher Lucien, il faut en revenir de l'opinion de Joseph sur la laideur de la reine d'Étrurie. Elle n'a rien de difforme, je la connais bien, et j'avais fini par la trouver fort agréable. D'abord c'est une femme très propre...

Moi, *riant aux éclats, la tête renversée sur le dos du fauteuil qui était derrière moi et où je m'étais laissé aller*. — Ah! quelle chute! citoyen Consul, une femme très propre! Ah! Ah! ah!...

Le Consul, *d'un air très piqué et concentré en lui-même*. — Eh bien! oui, très propre, quoi! Je ne vois pas ce qu'il y a de risible à remarquer et à faire cas de cette qualité dans une femme à marier.

Joseph, qui riait aussi, mais qui craignait que le Consul se fâchât tout à fait avec moi, car pour lui-même il ne l'a jamais craint, me dit d'un ton sérieux et presque bourru :

« En vérité, cette princesse n'a rien de difforme. C'est toi qui est dans un jour de lubie.

Moi. — Je veux absolument ce que vous voudrez; mettons qu'elle est belle.

Puis aparté, et à moitié étouffé par l'envie de rire. Ah! une femme très propre! Ah!...

Le Consul, *très calme*. — Allons-nous nous remettre à babiller? Adieu, messieurs, allez-vous-en. Quant à Lucien, je lui donne trois jours pour réfléchir et me dire s'il veut profiter de mon entremise ou la refuser ; mais, dans ce cas, je souhaite qu'il ne s'en repente pas. »

Ainsi finit un entretien qui fut le dernier, tant soit peu fraternel, que j'eus avec le premier Consul. Ceux qui suivirent, précipitèrent ma détermination de me dérober entièrement à sa domination. Déjà, j'avais secoué le joug de son système politique. Il devenait impossible de méconnaître, et je m'étais permis de m'en exprimer sans subterfuge, sa résolution d'organiser la dictature, et, par conséquent, de mettre en tutelle la République. J'entends parler ici de cette république consulaire qui, malgré de nombreux détracteurs, fut une phase glorieuse de notre histoire, non seulement par les lauriers militaires de son chef suprême, mais par les institutions civiles et l'administration des affaires publiques qu'il rapprocha de la perfection. Il les établit, en effet, dans un ordre admirable, et on peut affirmer, sans être taxé d'hyperbole, que la première année du consulat a suffisamment prouvé que, loin d'être une utopie, une constitution républicaine en France serait une réalité salutaire et durable.

En rentrant chez moi, avec Joseph, dans sa voiture, je m'attendais, et cela ne manqua pas, à être grondé et sermonné; grondé pour mon souvenir de Mucius Scœvola, à côté de celui de Brutus qui me fut bientôt pardonné (Joseph a toujours été si bon, si indulgent pour moi), sermonné, fraternellement, au sujet du mariage prétendûment superbe, qui m'était proposé. Je dis prétendûment superbe, sans vouloir faire l'honneur de ce dédain à mon républicanisme; parce que, véritablement, aucun métier ne me paraît plus dégradant que celui de mari d'une reine régnante. Il me semble que pour accepter une telle condition, il faut avoir abdiqué la dignité de son être, car, dans les liens du mariage, le mari étant le protecteur obligé de sa femme, il est difficile, celle-ci étant souveraine, que les rôles ne soient pas intervertis. Le moyen qu'un tel mari ne soit pas toujours, en public surtout, le premier courtisan de sa reine? Quel plaisir son amour-propre personnel peut-il ressentir à se voir l'objet du respect des sujets de sa femme? Et si cette femme, cette reine, bonne d'ailleurs, capable d'aimer passionnément et délicatement, a la faiblesse d'être jalouse, avec ou même sans raison de l'être, quel personnage ridicule que celui d'un jeune homme n'osant parler à de jolies femmes, ni même les regarder, sans être certain de l'affliger! Celle qui, même en ne l'aimant pas, ou en ne l'aimant plus d'amour, reste, cependant sa souveraine, exigera légitimement qu'il ne manque pas de reconnaissance ni de respect. Si cette femme, cette princesse, est jalouse, sans être bonne; ou même si la jalousie l'emporte sur la bonté, qui peut calculer les dangers suscités par un éclat de royale vengeance? D'ailleurs, il n'est certes pas impossible que cette reine ait des caprices blessants pour l'honneur d'un mari. Dans ce cas, quel rôle jouera-t-il? Que sera son choix, entre la résignation d'un personnage de comédie ou le ressentiment d'un Othello couronné?

Telles furent, d'abord, les raisons que j'alléguai, en signifiant à Joseph ma détermination irrévocable de ne pas épouser la jeune veuve. Suivant qu'il avait promis au Consul, ce cher frère employa, pour me persuader, toute son éloquence. Il y dépensa beaucoup d'esprit, mais, au fond, il partageait ma manière de voir, et la cause opposée était scabreuse à plaider. En définitive, il se rangea tout à fait de mon côté, quand je lui représentai sous son véritable point de vue l'apparent bon vouloir du Consul envers moi.

Ne voyez-vous pas, lui disais-je, que Napoléon veut me sacrifier à sa politique ombrageuse, pour ne pas dire envieuse, du peu que je puis valoir comme homme d'État? Vous-même, vous n'avez échappé qu'avec peine aux humiliations qu'il a tâché de vous faire subir, pendant les négociations du traité de Lunéville. C'est au point que le brave Otto ne s'y prêtait qu'en regimbant, bien que l'honneur dût lui en revenir et lui en est revenu, aux yeux de bien des gens qui ne se font pas une idée de pareils dessous de cartes, entre frères. Si je n'ai pas toujours convenu de ce machiavélisme avec vous, c'est, je vous le confesse aujourd'hui, que je ne voulais pas jeter de l'huile sur le feu, tout en reconnaissant combien vous aviez raison de vous plaindre. Songez que trop de juste irascibilité de votre part aurait mis à mal les plus graves intérêts.

Quant à moi, en Espagne, vous n'ignorez pas tout ce que j'ai eu à souffrir des formes acerbes des lettres du premier Consul, et même de son paltoquet de secrétaire, Bourrienne. Celui-ci n'eût jamais osé, de son propre chef, m'écrire comme il le faisait, sur un ton que je n'ai pu souffrir sans m'en plaindre directement à notre frère.

Maintenant, par ce beau projet de mariage, que pensez-vous qu'il espère en ma faveur? Il espère ni plus ni moins que me ravaler ou, tout au moins, m'annuler et m'éloigner à tout jamais! Il ne peut me sentir, et pourquoi? Je n'en vois qu'un motif : c'est que je passe, dans le public, pour lui avoir été fort utile. Dieu sait que je ne l'ai jamais offensé, et que je n'ai fait que me défendre très modérément, contre ses agressions et les perfidies mielleuses de sa femme...

Me faire épouser une Bourbon! Comme cela me classerait honorablement dans l'opinion! Le républicanisme que je professe, sincèrement parce que je l'ai réellement dans le cœur et dans les idées, Napoléon le sait bien, comme il en ferait des gorges chaudes! Vous l'avez entendu parler des patriotes les plus réputés comme tels! Eh bien! le mépris qu'il affecte pour eux, ne serait rien, s'il ne plaçait au rang des Jacobins effrénés tous les adversaires du despotisme auquel il aspire. Pour moi il me trouvera toujours insoumis, autant par conviction que parce qu'il a prêté serment entre mes mains d'être fidèle à la République. J'ai tort peut-être, mais enfin, je suis et je resterai comme ça, tandis que lui, voyez-vous, est républicain, au fond comme Louis XIV et Cobourg.

Si je n'étais pas son frère, je le lui ai dit lors de son projet de vendre la Louisiane, je serais son ennemi, et nous verrions! Vous n'en êtes pas à vous apercevoir que ce n'est plus des royalistes qu'il a peur. Au contraire, il les cajole; et, quant à mon jacobinisme, il en a très fréquemment le cauchemar, et si j'épousais une Bourbon, je vous réponds qu'il ne ferait plus de mauvais rêves à mon endroit.

Alors, pour la première fois, je racontai à Joseph les choses confidentielles dont notre belle-sœur Joséphine avait jugé à propos de m'entretenir plusieurs fois. Il s'agissait de rêves terribles qu'avait le premier Consul, depuis qu'il s'était installé aux Tuileries. Ce n'était rien moins que Lucien, toujours Lucien, venant, à la tête d'affreux sans-culottes, ses amis, le chasser, le traîner violemment hors du palais des rois. Et tout cela avec des détails dignes de figurer parmi les actes des plus frénétiques et sanguinaires représentants du peuple en mission, à l'époque de quatre-vingt-treize.

Ma belle-sœur ajoutait que, dans ces charmants rêves, son mari me faisait l'honneur de m'associer Bernadotte dont les sentiments républicains s'étaient montrés fort exaltés et qui l'étaient encore assez, au temps dont je parle. En effet, lui ayant raconté ce délire nocturne, auquel le Consul était devenu sujet, il me répondit qu'au train qu'il le voyait aller, et suivant les projets qu'il lui supposait, il mériterait, peut-être, un jour que de tels rêves devinssent des réalités.

Bernadotte n'a cependant jamais été cruel, mais il était, alors républicain de bonne foi. Le seul soupçon que le Consul voulût confisquer les libertés de son pays, qu'il avait été appelé à affermir, l'avait rendu son ennemi. Napoléon l'avait deviné et le tenait inactif dans l'armée, malgré les sollicitations de Joseph, dont il était devenu le beau-frère. Sa disgrâce était évidente, car il avait des droits incontestables, plus que plusieurs autres généraux, moins rigides que lui sur l'article des austères principes républicains.

J'avais donc très facilement persuadé à Joseph que, sous le simple rapport de ma politique personnelle, il ne me convenait pas d'épouser une Bourbon. Non que je fusse ennemi, tant s'en faut, de cette race royale, dont notre famille n'avait eu qu'à se louer, dans l'obscurité qui était devenue son partage, longtemps avant la Révolution française. Si je dis devenue, c'est que nos ancêtres, d'origine toscane, avaient été puissants et considérés, au temps des républiques italiennes. C'est en invoquant notre ancienne noblesse que Joseph avait été créé chevalier de Saint-Étienne[1], et notre sœur Élisa admise au couvent de Saint-Cyr, en qualité de pensionnaire.

En ce qui me regardait individuellement, j'avais, on l'a vu, des motifs de reconnaissance et d'attachement pour le roi Charles IV, qu'il était impossible d'approcher sans rendre justice à son excellent cœur et à sa probité politique. Ce fut en grande partie, à la droiture de ses principes, qu'en dépit de toutes les machinations, je dus de triompher de l'espèce de guet-apens dont l'insidieux Talleyrand avait donné l'idée au Consul. Les difficultés de toute sorte qu'on m'avait suscitées de Paris, n'avaient eu pour but que de me noyer politiquement dans l'avortement d'un traité, extrêmement épineux, même pour un négociateur qui n'eût pas été, comme moi, tout à fait étranger à la diplomatie. En effet, détruire l'influence anglaise dans la péninsule, pour y substituer la nôtre, était une tâche à dérouter des hommes plus expérimentés que moi. J'eus, cependant, le bonheur de l'accomplir, et d'acquérir en même temps, honorablement, l'indépendance de fortune qui me donna, sans doute, par la suite, moins de mérite à résister à certaines illusions de grandeur. Napoléon, d'ailleurs, ne m'offrit jamais cette grandeur qu'au prix de l'abandon de ma femme et de mes enfants, et, par conséquent, de ce que j'avais de plus précieux au monde, avec mon honneur.

Pour me faire accepter l'ambassade d'Espagne, il n'avait fallu rien moins que les prières de ma mère et

---

[1]. Lucien fait erreur. Son frère Joseph sollicita bien la décoration de Saint-Étienne, mais ne l'obtint pas.

de Joseph. Tout deux redoutaient l'esclandre que j'étais résolu à faire, pour attaquer en calomnie ceux qui avaient parlé d'une manière infamante, non seulement de mes mœurs, mais ce qui était encore plus odieux et moins facile à supporter, de mon prétendu défaut de probité administrative, probité rigoureusement imposée à tout ministre. Or, si quelques-uns des calomniateurs avaient été bientôt convaincus, ma mère, Joseph et le Consul lui-même, n'ignoraient pas que plus d'un de ces misérables, poussés dans leurs derniers retranchements, auraient fini par avouer que c'était, à l'instigation de Fouché, qu'ils avaient tâché de me flétrir dans l'opinion publique. Mon départ arrangeait tout.

Une brillante ambassade ne pouvait paraître une disgrâce, et bien que décidé à ne plus accepter de portefeuille ministériel, je mis pour condition à mon départ que le Consul dirait que je reprendrais un ministère, aussitôt ma mission diplomatique remplie. Ce fut la cause du retard qu'il mit à nommer mon successeur à l'intérieur, Chaptal. Celui-ci, les correspondances de mes amis m'en tenaient au courant, était continuellement sur le qui-vive de mon retour. Il se permettait des critiques de ma manière de gouverner et des réformes importantes que j'avais faites. Il prétendait, à mon détriment, faire admirer les siennes qui étaient bien ce qu'on peut appeler tirées par les cheveux. Ce pauvre Chaptal, n'était qu'un grand chimiste. Il aurait pu, avec des coudées plus franches, faire prospérer les manufactures et le commerce, si la paix avait eu lieu; mais il n'avait pas le moindre sentiment des arts et des sciences, autres que la chimie. Toute la protection qu'à ma connaissance il accorda aux artistes, se borna à mademoiselle Duchesnois, déplorablement laide, mais sublime tragédienne. Elle excellait dans le rôle de Phèdre, par la grâce duquel elle parvint à neutraliser en sa faveur la substance extrêmement alcaline et bilieuse du cœur de son protecteur.

Revenons à la reine d'Étrurie. Le souvenir des bontés de Charles IV pour moi me dominait. J'étais resté dévoué de cœur à cet excellent prince, dont elle était la fille chérie. Tout en refusant sa main, je me serais cru le dernier des ingrats, si j'avais manqué aux plus respectueux égards envers elle. Si j'avais fait chorus avec Joseph, à propos de sa laideur, c'était par esprit de mutinerie contre le Consul dont les intentions ne me paraissaient pas bonnes pour moi. Enfin, il était indubitable que la reine elle-même n'avait jamais eu de prétentions à la beauté, et que je ne lui faisais absolument aucun tort, en convenant qu'elle en était dépourvue.

Joseph avait facilement adhéré à la raison politique de mon refus, mais je fus désagréablement surpris de l'entendre dire qu'il était bien aise que ce ne fût pas à cause de mes relations avec la belle madame Jouberthon. Il ajouta que sans prétendre vouloir épouser des reines ou des princesses, nous devions penser que nous n'étions plus que dans la position où il s'était trouvé lui-même, quand il épousa mademoiselle Clary qui, vu sa grosse dot, était alors un parti qui dépassait toutes nos espérances. Il croyait, par exemple, que la nièce de Talleyrand, mademoiselle Archambaut, dont il avait été question dans le temps où j'étais assez bien avec son oncle, me conviendrait beaucoup. Dans une autre sphère d'alliances, riches et honorables, une demoiselle de Lafayette, disait Joseph, aurait été bien plus mon fait que ma belle veuve. Il est vrai que j'avais pu m'apercevoir que le compagnon et l'ami de Washington ne m'aurait pas refusé pour gendre, si je m'étais présenté.

Afin de couper court à l'énumération de tant de projets de mariage que dictait à mon frère sa tendre préoccupation de mes intérêts, projets dont le moindre inconvénient était d'être utiles, je résolus de lui avouer toute la vérité.

Je trouvai bon, toutefois, de le tenir en suspens encore quelques instants, en lui disant que madame Jouberthon n'était pas un obstacle. Il en parut étonné et content, mais il changea d'expression, quand j'ajoutai :

« Elle est une impossibilité à tout mariage que vous pourriez avoir en vue pour moi, car, mon frère, ce que Napoléon sait et qu'il regarde comme un fait sans conséquence, et dont vous-même vous doutez, sans avoir, je l'espère, aussi mauvaise idée que lui de ma moralité, ce fait est exactement vrai : je ne suis plus libre. Nous sommes mariés secrètement, mais on ne peut plus légitimement devant l'Église, depuis plus d'*un an*...(?) »

Ici, je dois le dire, l'interruption de Joseph me fit mal. Il sembla de l'avis du Consul sur la prétendue insignifiance d'un lien moral et religieux !

« Ah ! mon frère ! mon frère ! » lui dis-je, sans avoir le courage de rien ajouter ; et notez qu'à ma place, il eût pensé et agi comme moi, car c'était et il est toujours un des hommes les plus honnêtes de France et des deux royaumes qu'il fut appelé à gouverner.

Noblement ému de mon exclamation, cet excellent frère n'eut pas de peine à convenir que j'avais raison. Il m'avoua que notre mère l'avait mis dans la confidence et lui avait appris ce que je lui confirmai, que nous n'attendions, pour célébrer et déclarer notre mariage civil, que des documents officiels et légalisés, constatant le décès de M. Jouberthon, à Saint-Domingue. Les subrogés tuteurs des enfants avaient négligé de les envoyer en règle. Le curé, à la fois maire du Plessis-Chamans, à qui nous nous étions adressés, pour plus de secret, n'avait pu, sans ces papiers, nous marier à la petite municipalité. C'était un homme qui m'était très dévoué. Il avait préféré ne pas nous donner lui-même la bénédiction nuptiale qui eût pu, aux termes de la loi civile, le compromettre comme maire, quand nous serions en mesure qu'il nous mariât à la mairie. Le brave homme avait compris que mon mariage ne plaisait pas à tout le monde, puisqu'on voulait le faire clandestinement. En remettant ses pouvoirs de curé à un vénérable abbé, du nom de Perrier, il nous avait dit d'être bien tranquilles, qu'il connaissait sa besogne et que lorsque nous serions prêts pour le mariage civil, il serait prêt aussi à le célébrer. Nous devions seulement penser à nous assurer les témoins nécessaires, sur la discrétion desquels nous pussions compter.

En nous entretenant ainsi, Joseph et moi, nous arrivâmes à mon hôtel. Joseph ne voulut pas partir pour sa villa de Morfontaine, sans que je le présentasse à ma femme, en qualité de beau-frère, car ils se connaissaient déjà pour s'être rencontrés au Plessis.

Ce fut avec une véritable expansion de tendresse fraternelle qu'en embrassant mon petit Charles, Joseph déclara qu'il le considérait comme le futur mari de sa fille aînée. Si la mort prématurée de cette pauvre enfant n'avait détruit ce projet, il se serait indubitablement réalisé par la suite. En effet, la seconde fille qui naquit à Joseph, et qui s'appelle, comme la première, Zénaïde, est devenue la femme de notre fils. Elle est mère d'une charmante famille qui, malgré les éclatantes catastrophes qui ont accablé notre nom, nous donne l'espérance de voir perpétuer honorablement, dans la vie privée, cette branche des Bonapartes dont je suis le chef. Je n'ai pas ceint, je n'ai pas voulu ceindre, le bandeau des rois qui fut le partage de mes quatre frères et de mes trois sœurs ; mais je n'en ai pas moins l'orgueil du nom qui fut, sans conteste, celui d'un des plus grands hommes des temps anciens et modernes.

En nous quittant, Joseph dit à ma femme que la sienne s'empresserait de faire sa connaissance personnelle, et qu'ils reviendraient tous deux, dans quelques jours, pour nous inviter à les aller voir à Morfontaine, où ils espéraient que nous nous trouverions assez agréablement, pour ne pas nous éloigner de longtemps.

Hélas! notre bon frère avait compté sans le ressentiment du premier Consul. L'impossibilité, désormais avérée, de son projet de me marier à la reine d'Étrurie, le rendit sombre et menaçant à mon égard. Des récriminations réciproques, grossies par de détestables intermédiaires, tendirent tellement la situation que je pus concevoir des craintes pour ma femme et pour moi. La cession de la Louisiane, la mort de l'infortuné duc d'Enghien, comblèrent la mesure, et, l'aurais-je cru, le lendemain de Brumaire? la perspective de l'exil s'ouvrit devant moi.

CHAPITRE XV

LE CITOYEN GÉNÉRAL MURAT

Un concert de famille. — Madame Hamelin. — Murat ambassadeur. — A la guerre comme à la guerre. — Un concerto à la cour consulaire. — Le concert interrompu. — Qu'on cesse la musique! qu'on cesse! — Trahison! trahison! c'est une véritable trahison! — Le bataclan. — Colère du premier Consul. — La *coquine* de Lucien. — Les centurions de Cesar. — Despote comme le Grand-Turc. — Mariage nul. — Un f.. poltron. — Ambassadeur ne porte pas peine.

Ma lettre était partie. Précisément il y avait ce soir-là à Malmaison un concert dit de famille, c'est-à-dire que peu de personnes étrangères y avaient été invitées. Le nombre en était pourtant assez grand pour que bien des gens fussent aussi étonnés qu'affligés d'avoir été oubliés. C'était, en fait de femmes surtout, une des premières épurations sociales exigées par le premier Consul dans le salon de sa femme, qui, bon gré, mal gré, avait dû s'y soumettre. De ce nombre était madame Tallien, une certaine madame Hamelin et cinq à six autres femmes divorcées ou séparées de leurs maris, autrefois les intimes de la marquise de Beauharnais, que le général Bonaparte avait souvent rencontrées aux soirées de l'ex-directeur Barras et avec lesquelles il ne s'était pas montré aussi sévère. La réunion était donc plus choisie que nombreuse ; il ne devait pas y avoir de bal, tout devait être fini avant minuit, et je supposais que Duroc, autorisé par moi-même à ne remettre la lettre que le lendemain, attendrait au moins la fin du concert. Il en fut autrement, on va le voir dans l'ordre où j'en fus instruit moi-même.

Un peu fatigué, après avoir envoyé donc cette fameuse lettre de *part*, quand ma femme eut écrit à M. son père au même sujet, nous dormions profondément depuis deux heures, lorsque mon valet de chambre Pédro, qui couchait dans notre antichambre intérieure, frappa assez vivement à notre porte, disant que le général Murat, arrivé en toute hâte de Malmaison, voulait parler tout de suite à *Mousiou* de la part du premier Consul. « Ah ! ah ! voilà du nouveau ! » dis-je à ma femme, qui fut d'abord un peu effrayée, mais que le nom du général Murat avait bientôt rassurée, tout en la laissant étonnée de l'heure choisie pour cette visite.

Il était à peu près trois heures après minuit.

Je me levai, assez curieux de savoir ce qu'avait à me dire mon beau-frère, et voici, autant que je puis et désire me rappeler, ce qui précisément se passa entre nous.

— Eh bien, te voilà ! dis-je à Murat. Qu'est-ce que tu me veux à cette heure ? (Il était en grand uniforme, ce qui contrastait avec ma robe de chambre et mon madras de nuit.) Quelle nouvelle m'apportes-tu ? Bonne, j'espère, puisque tu t'en es chargé. »

A cela Murat fit une drôle de grimace, qui lui était familière quand quelque chose n'était pas de son goût, et me dit en me prenant la main plus affectueusement que de coutume :

— Ce n'est pas une nouvelle que je t'apporte ; c'est la réponse à celle que tu as donnée toi-même au général... Une commission... que te dirai-je ?... Ma foi ! c'est bien désagréable qu'il m'en ait chargé, car je sens bien qu'elle ne vaut rien.

— Bah ! crois-tu ? Voyons donc ça ; mais d'abord asseyons-nous.

— D'abord, me dit Murat, comment se porte ma belle-sœur ? Ah ! méchant ingrat ! tu ne m'as pas jugé digne du secret ! C'est fort mal, moi qui t'ai dit toujours tous les miens. Allons, je te pardonne. D'ailleurs ton secret était depuis longtemps le secret de la comédie et ce n'est certes pas moi qui ne t'en ferai pas compliment ; je veux que ma belle-sœur le sache bien, entends-tu ?

— Oui, oui, je le lui dirai et elle en est d'avance assez persuadée pour que ton nom seul ait pu ne pas l'inquiéter d'une visite comme celle-ci, au milieu de la nuit. Mais dépêchons-nous. Quel est donc le grave sujet qui t'amène ?

— Puisqu'il faut bien que je te le dise, tu sauras donc que le général... ce que c'est que l'habitude ! le premier Consul, veux-je dire, en fait de compliment, ne te fait pas le sien. Comprends-tu ?

— Pas trop, si tu ne t'expliques pas plus clairement. Allons, courage ! Parle donc.

— Eh bien ! mon cher Lucien, il veut que je te dise qu'il ne reconnaît pas ton mariage.

— Eh bien ! mon cher Joachim, qu'est-ce que tu penses que je doive lui répondre ?

— Parbleu ! tu as assez d'esprit pour n'avoir pas besoin que je te dicte ta réponse. J'ai peur d'en avoir assez et plus que trop à la porter. Aussi de quoi diable va-t-il se mêler et quelle idée lui a-t-il pris de s'adresser à moi? Il faut pourtant que je remplisse ma commission. Qu'est-ce que tu veux que je te dise?

— Eh! mais, mon cher, est-ce que tu ne trouves pas que c'est très compliqué? Voyons pourtant. Comment t'a-t-il dit de me dire? Répète-moi un peu cela.

— Tu badines, toi! mais pour moi, mon ami, je t'assure très sérieusement que c'est fort désagréable. Ce que tu me demandes là, je te l'ai déjà dit. Et puisque tu veux que je te le répète, il veut donc, lui, que tu saches bien qu'il ne reconnaît pas ton mariage.

— Voilà qui est tout aussi clair que la première fois et à quoi, mon cher Joachim, je te réponds, non moins clairement, que je me passerai de sa reconnaissance comme je me suis trouvé en droit de me passer de sa permission.

Ici Murat faisant sa grimace :

— Aïe! aïe! ce serait un peu dur pour moi d'articuler ainsi. Ce diable d'homme-là, vois-tu, je n'en ai pas peur, mais il m'en impose terriblement. Aussi je n'ai pas osé me refuser à cette commission, et si tu savais pourtant ce qu'il m'en coûte...

— Console-toi, mon bon Joachim, car j'aime bien mieux qu'il t'ai choisi que quelque autre que je n'aurais pas aussi bien reçu que toi. C'eût été injuste de ma part, car enfin, vous autres militaires, votre premier, votre unique devoir est d'obéir.

— C'est parbleu! vrai. Et ce n'est pas le plus beau du métier. Sur le champ de bataille, passe. A la guerre comme à la guerre, va. Mais comme ça, en famille. Car enfin, Lucien, tu es mon frère aussi bien que lui... toujours mon bon frère, toi. Oh! c'est très pénible à penser.

— Allons ! allons ! ne te chagrine pas, mon cher Joachim, embrasse-moi plutôt bien, et conte-moi de point en point comment tout cela s'est passé. Était-il bien en colère ?

— Je t'en réponds ; mais commençons par le commencement, pour ne pas nous embrouiller. Je serai sincère, je t'en préviens, et puis tu décideras de ce que je dois dire.

Alors Murat passant deux ou trois fois sa main sur son front comme pour rassembler ses souvenirs, me dit :

— Figure-toi que le concert était dans son plus beau. Le premier Consul, qui jusqu'à ce moment avait paru prendre peu de part à la musique et même qui, je crois, avait dormi comme un sabot (c'est tout simple, il ne dort jamais avec les autres, il faut bien que le sommeil reprenne ses droits quand il en a envie tout de bon), avait fini par s'éveiller à l'allegro du concerto de cor et de harpe exécuté par Frédéric et Dalvimare, et ma foi ! il y avait de quoi, car c'est un superbe morceau, quand Duroc, qui se tenait à la porte, prit des mains de Rustan, qui vint à paraître, une lettre qu'il ouvrit de suite et vint présenter au Consul assis à côté de sa femme. Ma chaise était placée entre eux par derrière. Je pus voir que la lettre ouverte et remise à Duroc en contenait une autre que le Consul décacheta. A peine eut-il lu la première ligne, qu'à mon grand étonnement et à celui de tout le monde, mais surtout à celui de sa femme, le voilà qui se lève brusquement de son fauteuil en s'écriant d'une voix de commandement, à être entendue de toutes les légions : *Qu'on cesse la musique ! qu'on cesse !*

Le silence des musiciens avait précédé la fin de la

phrase antimusicale et tous, tant que nous étions, sommes restés, comme tu penses bien, *de stuc*. Entre nous, mon cher, le général avait l'air d'un fou. Il s'était mis à marcher dans la chambre, agitant ses bras, ce qu'il ne fait jamais, en façon de télégraphe, répétant, d'un ton plus bas, il est vrai : *Trahison! trahison! c'est une véritable trahison!*

La scène devenait tout à fait tragique à force d'être comique ; madame Bonaparte, pâle malgré son rouge et son blanc, car tu sais qu'à présent elle met du blanc et même du bleu, aussi sa figure s'était plutôt contractée péniblement qu'elle n'avait pu pâlir, s'approcha de son mari et lui dit: « Mon Dieu! Bonaparte, qu'est-ce qui est donc arrivé? » Moi, comme tout le monde, j'étais resté debout, immobile. Toute la famille, c'est-à-dire nos femmes, car madame Bonaparte la mère n'y était pas, s'étant fait excuser, étaient assises des deux côtés du Consul et de sa femme, sans oser remuer pieds ni pattes, ni même lever les yeux. Dix à douze autres dames composant le cercle avec leurs maris et les aides de camp semblaient aussi passablement effarées, non moins que quelques autres hommes disséminés dans le salon. Tu ne te fais pas idée de ce *bataclan-là!* Les musiciens surtout étaient à peindre avec leurs instruments restés muets, leurs bouches et leurs yeux gros ouverts, les uns avec leurs lunettes, les autres sans, d'autres les yeux baissés tout à fait, se pinçant les lèvres pour ne pas rire, suivant leurs différentes manières d'interpréter ce qui se passait. Te figures-tu bien tout cela? Mon cher, c'est impossible, et cependant ce n'est pas encore le plus beau... ou le plus laid, comme tu vas voir.

— Jusqu'ici, dis-je à Murat, je vois là-dedans plus de ridicule que de beau ou de laid. Je remarque surtout, mon cher Joachim, que tu narres merveilleusement bien et qu'un peintre n'aurait qu'à copier tout de suite ce que tu viens de me dire pour faire un tableau de genre très bien composé.

— Tu ris, toi ; mais moi je l'affirme sérieusement, mon cher Lucien, qu'il n'y avait pas de quoi rire, excepté pour les ennemis du gouvernement. Il y a de quoi en faire des gorges chaudes, des moqueries et des caricatures à l'infini, sans compter les rapports de la diplomatie, qui est très hostile à tout ce qui se passe aux Tuileries.

— Heureusement, repris-je, il n'y avait que demi-cercle et par conséquent pas d'ambassadeurs. N'est-ce pas ?

— Il n'y en avait point; mais tu sais bien que ces gens-là ont le secret de tout savoir.

— Oh ! là, mon bon Joachim, tu as parfaitement raison. Je ne te dirai pas non. Aussi, quand je fus en Espagne avec le titre pompeux et si honoré d'ambassadeur, j'appris là des choses qui diminuèrent beaucoup vis-à-vis de moi-même la considération que j'avais attachée jusque-là à ce titre d'ambassadeur. Moi qui jouais bon jeu et bon argent en traitant les intérêts de la République, je répugnais beaucoup à me plier aux exigences de l'étiquette de cette cour et à un tas de rapports qu'il fallait faire à Paris, et cependant je dus m'y soumettre sous peine de ne pas réussir. Je m'en vengeai à l'occasion, en disant un jour, moitié riant, moitié sérieusement, à plusieurs de mes collègues qui racontaient certaines billevesées auxquelles on les assujettissait : *Allons, messieurs, tant vous que moi, et moi que vous, convenons que les ambassadeurs, s'ils sont obligés de se soumettre à tout cela, ne sont que des espions, taillés, il est vrai, sur un plus grand patron.* Je ne sais, mon cher Joachim, qui a dit cela avant moi, et même si cela a été dit ; mais mon opinion n'a point changé.

Nous devisâmes quelques moments encore sur ce chapitre, car même vis-à-vis de ce bon Murat je mettais une certaine diplomatie à n'avoir pas l'air d'attacher une importance majeure à tout ce qui lui restait encore à me dire de cette extravagante scène, et je me souviens que, parlant toujours d'ambassade et d'ambassadeur, il finit par me dire, comme pour couper court à cette matière et rentrer dans la sienne, car lui aussi avait de la diplomatie à sa manière :

— Oh ! oui sans doute, c'est un sot métier pour un homme comme moi qui ai le cœur sur la main. Aussi je te le déclare ici, Lucien, le Consul peut me faire battre et tuer tant qu'il voudra ; mais d'ambassade et d'antichambre, jamais. Moi et Lannes nous y sommes bien résolus, et cependant aujourd'hui, tu le vois, je me trouve *enfourné* dans une bien sotte espèce d'ambassade pour toi. Je pense que tu veux savoir le reste.

— Je crois bien ; dépêche-toi, nous n'avons que trop *lanterné*.

Murat reprit donc ainsi son récit :

— Nous en étions tous à conjecturer en silence ce qu'il pouvait y avoir d'extraordinaire, pendant que nos femmes, toujours à l'unisson de Joséphine, ne cessaient de répéter à qui mieux mieux, mais à voix assez basse : « Mais, mon Dieu ! qu'est-ce que c'est ? qu'est-il donc arrivé ? de quoi s'agit-il ? » quand le Consul, lui, toujours debout, dit en froissant violemment la lettre dans sa main et d'un ton saccadé par l'excès de la colère, et assez haut pour être entendu de tout le monde : « Ce qui est arrivé? ce dont il s'agit? Eh bien !... *Sachez que Lucien a épousé sa... sa maîtresse!* »

J'ai su par un autre témoin de ce charmant épisode, qui ne pouvait avoir rien de caché pour moi, que mon excellent beau-frère avait cru devoir épargner à mon oreille le véritable mot employé par mon aimable frère, qui était tout simplement *sa coquine!*... parole qui, du reste, dut faire plus de tort à celui qui s'en rendit coupable dans l'égarement de sa haine contre la femme qu'il voulait outrager, puisque des gens là présents, notamment mesdames Sémonville, de la Grange, de Vienne, peut-être bien ma belle-sœur Joséphine elle-même, sans compter Élisa, et surtout les généraux Davoust, Savary et plusieurs autres, savaient bien que si le Consul s'oubliait au point d'appeler sa nouvelle belle-sœur *coquine*, c'était par la raison qu'elle n'avait point voulu devenir la sienne. Il lui donnait ainsi par le fait un brevet d'honnêteté, dont heureusement mon Alexandrine n'avait jamais eu besoin.

Je ne me trouvai pas dans le cas de faire cette remarque à Murat, puisque, comme je l'ai dit, il avait jugé à propos, sinon d'éviter tout à fait une expression méprisante, au moins de la modifier ; encore n'avait-il osé prononcer l'épithète de *maîtresse* qu'avec beaucoup d'hésitation. On sent bien qu'à mon tour je ne ménageai pas trop mon cher frère, et le bon Murat ne cessait de me dire :

— Oui, tu as raison ; tu as raison.

Et puis, tout en se promenant dans la chambre

d'une manière fort agitée, je l'entendais répéter, le brave homme! qu'il donnerait ce qu'il avait de plus précieux pour que cela ne fût pas arrivé.

— Vraiment, répétait-il, le général a joué là un mauvais rôle. Et le pire est que je ne sais comment tout cela finira entre vous deux.

— Ne t'embarrasse pas de moi, lui dis-je, s'il prétend me persécuter, je suis en état et je saurai lui tenir tête. Nous n'en sommes pas encore venus aux centurions de César.

Mon brave beau-frère n'était pas alors plus rusé en histoire ancienne qu'il ne se montra depuis en architecture ; aussi je n'étendis pas plus loin mes comparaisons ou citations classiques et lui racontai seulement en abrégé toutes les terreurs qu'on avait tâché d'inspirer à ma femme depuis que nos relations avaient été soupçonnées, les lettres anonymes menaçantes, les espionnages continuels, et même cette dernière tentative d'enlèvement qu'il nous était permis de supposer d'après la rencontre de maman dans le souterrain, et l'on sent bien que l'indiscret éperon ne fut pas oublié, non plus que les lettres qui y étaient gravées. Cet honnête et honorable Murat ne revenait pas d'une telle hardiesse, et, du reste, son jugement sur le véritable propriétaire de l'éperon ne pouvait différer de celui que nous avions porté. Il en était indigné, et toutefois me promit le secret, que je lui demandai.

— Je ne fais pas le tort au premier Consul de l'accuser de toutes ces petites abominations ténébreuses, trouvais-je à propos d'ajouter à Murat ; je pense même que peut-être il sévirait contre elles s'il les connaissait, et j'ai quelquefois été tenté de m'en expliquer franchement avec lui ; mais j'en ai été détourné par des considérations de famille.

— De famille!... tu m'étonnes. Comment donc cela ?

— Hélas! oui, mon cher, de famille.

— Ah! je comprends... Ce serait abominable. Et puis, outre cela, il y a les amis, et puis les amis des amis, et le premier Consul, outre le chevalier de l'éperon, a autour de lui quelques autres méchants drôles que je connais bien, moi, qui pour parvenir sont prêts à l'aider à tyranniser, si la fantaisie venait à lui en prendre. Comprends-tu, à ton tour ?

— Oui, sans doute, je comprends ; mais je suis tranquille, car, seuls, ils n'oseraient rien tenter de trop éclatant contre moi. Et réellement je crois que le premier Consul, s'il est au fond despote comme son ami le Grand-Turc, n'est pas méchant.

— C'est vrai, répondit Murat ; il n'est pas méchant, sans sujet surtout. En attendant, crois-moi, tiens-toi sur tes gardes ; ne te fie à personne pour n'en pas bien parler, car, vois-tu, malgré sa bonté, moi, je sais quelque chose : il est capable, même sans colère, mais avec ce qui lui paraît nécessité, de faire ce que toi et moi pourrions imaginer dans nos plus grandes fureurs.

Nous rîmes de cette naïveté, Murat tout le premier, avec sa bonne et franche gaieté, comme s'il ne pensait plus à l'embarras où il se trouvait. Il y revint bientôt, déplorant toujours d'avoir été choisi pour un tel message ; et moi, toujours de le consoler de mon mieux.

Il lui restait à me raconter l'impression particulière produite sur Joséphine par la nouvelle de mon mariage.

— Tu dois savoir, me dit-il, que ta belle veuve n'était

pas la femme qu'elle te destinait, elle s'en était assez expliquée, n'ayant aucune raison qu'elle pût avouer de son aversion. Mais elle a eu tellement peur que son mari eût eu un événement bien autrement tragique à annoncer, que, quand elle eut entendu ce dont il s'agissait, peu s'en est fallu que sa bouche exclamât tout haut ce que sa figure exprimait. « Quoi! ce n'est que ça, et tu nous as fait cette peur?... »

Toutes les autres femmes et nous-mêmes, tu t'imagines bien, nous ne pensions pas différemment. Je ne sais si le général s'en aperçut; mais non. Il n'eut pas le temps de juger de l'effet général, car tout de suite, après avoir donné son magnifique et colérique éclaircissement, il me dit de venir avec lui et je le suivis dans son cabinet.

Alors, sans me dire un mot, le général se jeta sur la chaise de son bureau, où il se mit à griffonner avec une précipitation telle qu'il formait autant de pâtés que de lettres sur son papier. Il avait déjà écrit quelques lignes qu'il jugea probablement illisibles, car tu sais comme il écrit... Tout à coup il les déchire en disant :

— Non, pas de lettre!

Et s'adressant à moi :

— J'aime mieux vous envoyer; mais dites-lui de ma part...

— A qui, général? Citoyen Consul, veux-je dire?

— Eh morbleu! vous m'impatientez. A qui? à qui? C'est tout simple; au citoyen Lucien, mon cher frère et votre ami (tu sens bien que je n'ai pas dit non); c'est pour cela que je vous ai choisi. Allez donc lui dire de ma part...

Et alors il me répéta plusieurs fois, ce qu'il est inutile que je te redise, en m'enjoignant de lui apporter la réponse. Je lui fis observer qu'il était bien tard, que tu serais certainement au lit.

— Tant mieux, tant mieux! m'a-t-il dit, vous le ferez éveiller et vous lui direz bien tout ce que je viens de vous dire.

— Et il ne t'a pas dit autre chose que ce que tu m'as rapporté jusqu'à présent?

— Il m'en a dit bien d'autres, t'accusant de trahison, de mensonge, d'ingratitude, que sais-je! insistant surtout beaucoup pour que je te dise que ton mariage était nul, qu'il te le prouverait, qu'il avait de bonnes raisons pour en être certain. « Oui, répétez-lui bien cela : son mariage est de toute nullité. » Je ne l'ai jamais vu endiablé comme ça. Ma foi! je suis parti sans lui rien dire de plus, car, en vérité, je ne savais que lui répondre.

— Tu as mal fait. Tu pouvais lui demander pour quelle raison mon mariage serait nul.

— Tu es drôle, toi, Lucien. Est-ce qu'on peut entrer avec lui en quelque apparence de contradiction? Il aurait bien compris, si je le lui avais dit : « Mais en quoi son mariage est-il nul? » que je n'en croyais pas un mot, moi. Et toi, sans doute, tu en es encore plus persuadé que moi. Mais enfin, je t'en préviens, il s'est mis à califourchon sur cette prétendue nullité de manière à ce qu'il sera difficile de l'en faire démonter.

— En ce cas... Mais à présent, j'y pense et je comprends. Il pourrait bien avoir, et même il a certainement compté sans son hôte.

Alors je contai à Murat l'idée qui, en effet, venait tout à coup de m'assaillir à propos de la certitude si absolue que mon frère avait ou croyait avoir de cette nullité de mon mariage, qui était simplement que, supposant (ce qu'on a vu que j'hésitais à croire) que le premier Consul fût pour quelque chose dans l'indigne retenue qui m'était faite des papiers du défunt M. Jouberthon, et que par hasard il ne sût pas être entre mes mains même en duplicata, comme cela m'était heureusement arrivé, il fondait ainsi son opinion d'empêchement réel à mon mariage à la municipalité.

Murat jugea que ce pouvait être là l'idée du Consul. A propos de ce qu'il appelait trahison, mensonge et ingratitude de ma part, je trouvai opportun d'expliquer en détail à mon beau-frère ce qui devait avoir donné lieu à toutes ces belles qualifications de ma conduite.

— C'est une chose connue de toi, lui dis-je, comme de toute la famille, que le premier Consul se mit un beau jour en tête de me marier avec cette bonne reine d'Étrurie. Une petite femme très propre, m'a-t-il dit, ce qui est très séduisant sans doute, mais ne me convenait pas du tout en ma qualité de républicain, ce qui, pour lui, n'est pas du tout la raison suffisante pour refuser un tel parti. J'aurais pu lui répondre tout simplement que je n'étais plus libre de me marier, par la raison que je l'étais déjà, ce qu'il savait très bien ; mais, comme je ne l'étais qu'à l'église, tout bon catholique qu'il est, témoin le Concordat qu'il m'a fait faire et qu'au reste j'ai fait très volontiers, il n'a pas pris ma bénédiction nuptiale au sérieux, se flattant que moi-même je ne l'avais envisagée que comme un moyen de séduction avec celle que j'appelle ma séductrice. Du reste, vis-à-vis de moi, il feignait d'ignorer ce qu'à présent il appelle un coup de tête. Sous ce dernier rapport, nous avons joué tous les deux au plus fin : lui, feignant d'ignorer ce qu'il savait, et moi faisant semblant de croire qu'en effet il ne savait rien, puisque je me contentai de l'assurer, en réponse à ses instances, pour moi insupportables, de ce mariage impossible, que *je n'aurais jamais pour femme que celle choisie par moi*. Ce furent mes propres expressions. Joseph était présent à cette conversation, et, comme il n'était pas encore dans mon secret, il fut un peu mystifié lui-même, et pourtant, bien que notre aîné, il ne s'en fâcha pas, parce qu'il est juste et raisonnable.

Ainsi te voilà instruit de ce qui constitue ma trahison. Je lui disais réellement la vérité, avec l'intention, il est vrai, qu'il prendrait le change, ainsi que cela est arrivé, parce qu'en effet il a bien voulu prendre au futur ce que je lui disais au passé : *Je n'aurai jamais d'autre femme que celle choisie par moi*. Si j'avais trouvé prudent de lui dire positivement que j'étais marié, je n'avais pas autre chose à ajouter qu'un *déjà* à cette phrase : *celle déjà choisie par moi*. Mais comme j'avais de bonnes raisons pour le tenir dans l'incertitude, je m'en suis bien gardé et je me suis servi de cette phrase ambiguë pour être délivré au moins pour quelque temps de ses ennuyeuses instances. Ma phrase était donc plus qu'ambiguë : elle était à double entente et même préméditée, j'en conviens. C'était en toute règle de vérité non trahie, mais seulement éludée, ce qu'on est convenu d'appeler une restriction jésuitique, que l'abbé Grégoire, tout janséniste qu'il est resté à travers la révolution, ne trouvait pas même un péché véniel.

Quelque dépit que puisse en avoir le premier Consul, il sait aussi bien que moi que je n'ai fait, en répondant ainsi à ses instances récidivées, qu'user très innocemment en légitime défense des armes les plus faibles vis-à-vis du plus fort que l'on sait être disposé à abuser de sa force. Puisque tu connais son entourage, que moi aussi je connais bien, et que tu sais à présent par toi-même combien il est mal disposé dans cette affaire, n'avais-je pas raison de me mettre en garde?

« Oui, oui, tu as mille fois raison, » disait toujours Murat, je crois autant par lassitude et envie d'arriver à une conclusion définitive que par conviction. Mais je ne l'en tenais pas quitte à si bon marché, et, malgré son impatience d'avoir ma réponse, comme il se flattait de m'y avoir amené, je lui ajoutai encore, afin de l'endoctriner le plus possible et surtout de me justifier du reproche de trahison :

— J'aurais dû, n'est-ce pas? dire ou écrire à mon cher frère que je n'acceptais pas sa proposition d'alliance royale, non seulement parce que j'étais déjà profondément républicain, mais aussi parce que j'étais secrètement marié à l'église, et qu'il ne me manquait que les papiers nécessaires pour la légalisation de ce mariage avec une femme qu'il avait l'injustice de haïr et de paraître mépriser, bien qu'il sût mieux que personne, mieux que personne, entends-tu? combien elle était estimable. Et je devais le lui dire pour que sa police me la fasse persécuter ou disparaître dans quelque obscure carmagnole à la Fouché ou tout autre attentat de même genre? Aussi, crois bien que ce qui fâche le plus ton général, mon cher Murat, dans l'annonce positive de mon mariage à la municipalité, qui est le seul qui assure des droits civils aux enfants et à la femme, c'est qu'il sait bien que les iniquités dont, à son insu ou autrement, on nous a menacés tant de fois, ne sont pas si faciles à exécuter contre la femme qui porte publiquement le nom, je ne dirai pas seulement le nom de *Bonaparte*, mais d'un *Bonaparte* qui, je le dis avec orgueil, s'appelle *Lucien*, déjà honoré des premiers emplois de la République, qui ne peut à aucun titre être envisagé comme un fils de famille soustrait à la puissance paternelle. Sous ce rapport même, notre mère, le véritable chef de notre famille, par son entière approbation et son estime particulière pour sa belle-fille que je lui ai présentée, suffit à donner tort à ceux de ses enfants affichant des sentiments contraires.

Pendant tout le temps que je parlais ainsi et encore plus longuement, le bon Murat ne faisait que répéter :

— Certainement, tu as raison, et le général a tort. Tout le monde, au fond, le lui donnera ; mais, en face, personne n'osera le lui dire. Moi-même, vois-tu, qui trouve sa conduite envers toi de la plus grande ingratitude, tu peux être sûr que je ne lui en dirai pas un mot, à moins pourtant qu'il ne m'interroge. Oh ! alors... Car, comme tu le dis fort bien, mon métier est de me battre sous ses ordres quand il le faut ou quand il le veut, ce qui est la même chose, et cela en toute occasion, avant ou après coup.

— Cette morale, ne pus-je m'empêcher de répondre à Murat en l'interrompant assez vivement, et c'était bien le moins que je puisse lui dire, n'est pas trop dans mes principes. Et puis, réfléchissant tout de suite à l'inutilité de mes prédications et ne voulant pas l'humilier, je me hâtai d'ajouter :

— Il est vrai que je ne suis pas militaire, moi...

Ah ! méchant garçon, me dis-je parlant à moi et de

moi, ainsi tu transiges tout de suite, par respect humain amical, avec tes principes, au lieu d'insister pour détourner de cette mauvaise route l'honnête homme que voilà qui s'y laisse entraîner !

Murat, semblant répondre à ma pensée intérieure, m'ajouta presque immédiatement :

— Je ne dis pas qu'au fait et à prendre d'un mauvais coup tout de bon, il me trouve aussi docile que tu as l'air de penser...

— Sois tranquille, mon brave général, je ne te croirai jamais de trempe à venir me *centurioniser*.

— C'est bien heureux. Prends donc garde de me flatter. Ah ! mon Dieu ! c'est pourtant terrible que cet homme-là veuille despotiser tout le monde et même sa propre famille à tort et à travers. Et cependant, tu verras, Lucien, il n'y a que toi qui lui résisteras. Joseph fait bien quelquefois le mutin ; mais cela ne dure pas. Que veux-tu que nous fassions, nous autres ? Aussi je voudrais... Je te supplie, mon bon Lucien, d'arranger sur cette base de la soumission due au général et au premier Consul la réponse que je dois lui porter. Rédige-moi cela, de manière qu'elle ne lui paraisse pas si sèche que tu me le disais tout à l'heure. Arrange-moi bien cette réponse-là.

— En vérité, Joachim, lui dis-je en lui frappant doucement sur l'épaule, tu me fais pitié.

— Parbleu ! je crois bien, il y a de quoi. Si tu savais combien j'enrage au fond contre moi-même ! Car, vois-tu et c'est drôle ça pourtant : cet homme-là, à qui j'ai prouvé le plus souvent que je suis, ma foi ! aussi brave que lui pour le moins, eh bien ! cet homme-là, le premier Consul enfin, est celui devant qui je me sens presque toujours, tranchons le mot, un *f.... poltron*. Tu comprends, n'est-ce pas?

— Hélas! oui, je comprends, mon pauvre Joachim!

— Ainsi, à présent, tu vois bien que tu ne peux me refuser de m'arranger cette réponse-là. Voyons. Car, encore une fois, tu sens bien que je ne peux pas lui dire tout crûment: « Vous m'avez enjoint de dire à votre « frère Lucien que vous ne reconnaîtrez pas son ma- « riage; il me charge de vous répondre qu'il se passera « de votre reconnaissance. »

— C'est bien pourtant ce que je ferai. Toi comme lui, lui comme toi, vous pouvez en être bien certains.

— Qu'à cela ne tienne! Fais tout ce que tu voudras; mais ne me dis pas de lui dire une chose pareille. Que d'abord, vois-tu et je t'en préviens, que je ne retourne pas sans rien dire! Allons, je t'en supplie, laisse-toi toucher. Lâche-moi quelque chose d'adoucissant, comme, par exemple, que tu es peiné... que... que... enfin tu sais bien? tu comprends bien?

— Sans doute que je comprends! c'est assez clair. Tu veux enfin que je dore la pilule le plus possible. Pourquoi se met-il dans le cas d'en recevoir de pareilles?

— Oui, sans doute, il a tort. Je te le dirai si tu veux jusqu'à demain; mais je ne puis pas le lui dire même une seule fois; et peut-être bien même, s'il me pressait trop le bouton, malheureux que je suis, avec cet homme-là!... finirai-je par lui dire qu'il a raison!

— Vraiment? Alors, tout de bon, mon brave poltron, j'ai pitié de toi. Ainsi donc réponds de ma part à mon cher frère le premier Consul que j'éprouve un déplaisir sincère...

Murat m'interrompant :

— Bien! très bien! Après.

— Que j'éprouve un déplaisir sincère qu'un mariage que j'ai jugé nécessaire au bonheur de ma vie n'ait pas son agrément.

— Oh! très bien; très bien; merci, merci.

— N'ait pas son agrément; mais...

— Pas de mais! pas de mais! je t'en prie, Lucien.

— Laisse-moi donc achever. Mais que ma femme et moi..,

— Aïe! aïe! *avec grimace renforcée.*

— Écoute donc : mais ma femme et moi n'en demeurerons pas moins pour lui dans les sentiments de la plus tendre et dévouée fraternité. Es-tu content, Coucy?

— Pas mal, pas mal. Tendre et dévouée, c'est bien. Mais s'il me demande ce que tu as dit au sujet de la nullité de ton mariage, que faudra-t-il que je lui réponde?

— A cela, mon cher, tu lui diras que je ne crois pas qu'il y ait des causes de nullité dans mon mariage par la raison d'abord que j'ai bien eu le temps d'y penser, vu la bonne volonté de sa police.

— Mais, Lucien, je ne puis pas lui dire cela.

— Comme tu voudras; mais ce que tu ne peux pas omettre de lui dire, car c'est le principal, c'est que si par hasard il cherchait et trouvait en effet quelque cause de nullité, par manque de formalité, par exemple... que sais-je?... alors je m'empresserais de me remarier, sans qu'il manque rien à la cérémonie.

— Aïe! aïe! aïe! » cria encore plus fort qu'il n'avait encore fait celui que j'ai dit et maintiens être ce qu'il est réellement, brave parmi les braves, et le plus poltron des braves, car je ne pourrais pas dire le plus brave entre les poltrons, n'étant pas bien persuadé qu'en cette circonstance et surtout vis-à-vis de son (pour lui) terrorifiant général, il ne fut pas au dernier rang de ces derniers.

— Voilà, me dit-il, que tu gâtes de nouveau mon ambassade (il n'avait pas encore fait sa grimace d'une manière plus solennellement appréhensive); tu sens bien sérieusement parlant, que je ne puis pas lui dire la chose comme ça.

— Mais tu sens bien toi-même que je ne puis pas lui répondre autrement. Allons ! prends ton parti. *Ambassadeur ne porte pas peine.*

— C'est pourtant vrai, me dit enfin Murat, comme de guerre lasse, en haussant les épaules, je crois bien autant de pitié que d'impatience contre nous deux, je veux dire le premier Consul et moi. C'est pourtant vrai, de fait : *Ambassadeur ne porte pas peine.* Je m'en vais. Sacredié ! j'aimerais mieux affronter une charge de cavalerie de toutes les forces coalisées contre la République. De quoi diantre a-t-il été me charger là ! Ah çà ! tu ne m'en veux pas, au moins, mon bon Lucien ?

— Non, non ; je t'assure.

— Mais tu me plains, n'est-ce pas ! Tu as bien raison. Et ma belle-sœur ne m'en voudra pas non plus, j'espère ; présente lui mes respects et qu'elle sache bien que ce n'est pas ma faute. Adieu donc.

« *Ambassadeur ne porte pas peine,* » répétait-il encore en s'en allant.

Cette contradiction dans le caractère d'un tel homme ne prouve qu'une fois de plus que le courage moral n'est pas le courage physique. A vrai dire, il ne faut pas trop fouiller au fond du cœur humain. C'est, en général, un ami ou un ennemi qu'il faut prendre comme il est, en se réservant de le traiter en conséquence et, dans tous les cas, avec indulgence, autant que cela se peut.

CHAPITRE XVI

LE CITOYEN CONSUL CAMBACÉRÈS

Visite du consul Cambacérès à Lucien Bonaparte. — Sa vanité. — D'Aigrefeuil. — De Montferrier. — Le consul Lebrun. — Sa modestie. — Portalis — Cambacérès, majestueux mannequin. — Sa table. — Des égaux ! Mahomet n'en a plus. — Le cardinal Cambacérès. — Ses saluts. — Sa proposition pour la nullité du mariage de Lucien. — Réponse de Lucien. — Crainte de Cambacérès. — Un accommodement. — Le portefeuille de satin vert brodé. — La discussion. — Serpent bronzé. — Insipide pathos. — *Rababi* et *Rababoua*. — Coup de sonnette final.

Ma conversation avec Murat avait duré près de deux heures, pendant lesquelles ma femme, d'ailleurs fort tranquille sur le compte de mon excellent beau-frère, qui s'était toujours montré son respectueux admirateur, n'avait pas quitté son lit. D'après ce que je lui racontai, elle comprit bien vite qu'il nous faudrait renoncer désormais, au moins à l'apparence de notre paisible ménage, rien ne me convenant moins que de paraître malheureux par suite de l'injuste colère du premier Consul. Nous passions une partie du reste de la nuit à nous entretenir de la nouvelle attitude que nous allions devoir prendre dans le monde et de celle que nous supposions n'être pas également prise vis-à-vis de nous, par tous les membres de la famille, surtout de ceux qui auraient aussi peur du mécontentement du Consul que m'en avait témoigné mon brave poltron de Murat.

Il n'était pas encore midi, quand on nous annonça la visite du second consul, le citoyen Cambacérès, avec lequel j'étais en fort bons termes, mais sans aucune intimité; aussi je le reçus tout seul pendant que ma femme se rendait chez mes petites filles, dont elle prit dès ce moment à tâche de surveiller l'éducation, soin dont elle ne s'est jamais départie jusqu'à l'époque de leur mariage, avec la surveillance et les attentions d'une mère tendre et éclairée.

Je fus au devant du second Consul, comme cela devait être et sans dissimuler un peu de surprise, je me félicitai du motif qui me procurait le plaisir pour moi, toujours trop rare, ajoutai-je, de voir aujourd'hui le citoyen Consul. En même temps, lui faisant signe de vouloir bien s'asseoir, je me plaçai à côté de lui, attendant ce qu'il avait à me dire, que je supposais assez confusément, sans pourtant que mes prévisions atteignissent à ce que j'étais réservé à entendre..

Il faut avoir connu le second consul Cambacérès pour se faire une idée du compassé de ses manières et de la tenue vaniteuse de toute sa personne. Magnifiquement revêtu de son grand uniforme ou costume de second Consul, on le voyait tous les soirs promener pendant deux heures dans les grandes galeries éclairées à jour du Palais-Royal, sa superbe personne avec une gravité que je me permettrai d'appeler *indégravitable*. Alors il était symétriquement flanqué, lui le chapeau sur la tête, de deux humbles et pourtant nobles acolytes, lesquels l'épée au côté, leurs claques sous le bras, bien que marchant de front avec lui, étaient si bien dressés qu'à l'aide sans doute de savantes combinaisons gymnastiques courtisanesques, ils marchaient à distance assez bien calculée, sans être trop affichée, pour laisser toujours leur imposant patron légèrement protubérer au milieu d'eux. Les acolytes étaient le gros petit M. d'Aigrefeuil et le long M. de Montferrier, trio de gourmets célèbres, mais invulnérables, disait-on, à tous les traits les plus séduisants décochés contre eux par les nouvelles Laïs des galeries de bois.

L'orgueil du maintien de Cambacérès était d'autant plus remarquable, qu'il se montrait ainsi sans transition au milieu du laisser-aller général de la société désorganisée au moins dans les formes extérieures ; que de son côté le troisième consul Lebrun était demeuré le plus modeste des hommes et que le premier Consul, lui-même n'affectait alors aucune pompe personnelle, à ces ridicules près, qui en imposaient aux uns et faisaient sourire les plus sérieux. Le premier Consul tenait Cambacérès en assez particulière estime ; il lui témoignait des égards qu'il devait surtout à la profession antécédente à sa carrière parlementaire et politique, qui était celle d'avocat distingué. On disait que lui, Siméon et le bon aveugle, sans vouloir absolument que d'autres que lui, le sachent, l'excellent Portalis, étaient les plus savants jurisconsultes dont mon frère eût pu faire choix, pour l'aider à la compilation et revision des anciens codes civils et à la formation du code qui porte son nom.

Quant à moi, sans prétendre autrement contester la suprématie judiciaire, assez généralement accordée au second consul Cambacérès, m'étant trouvé assez fréquemment avec lui en relations d'office et même de société, j'avoue que je m'étais permis, à part moi, de mettre à nu ce majestueux mannequin, dans lequel j'avais cru découvrir plus d'instruction que d'esprit naturel, plus d'amour du pouvoir, même secondaire, et d'ostentation fastueuse que de véritable patriotisme. En fait de prétentions, la plus évidente à mes yeux, était de rappeler en sa personne le souvenir des Atticus, des Minutius, des Lucullus et jusqu'à celui de Cicéron. Pourquoi pas?

On ne peut disconvenir qu'il était assez beau parleur. Il avait de la magnificence pour le temps; sa table était surtout citée, ses vins, aussi prisés des fins gourmets que de lui-même. Il était bien aise qu'on les savourât chez lui, toujours avec réserve et la subornation que sa présence lui paraissait faite pour inspirer. Je dois ajouter pour être juste envers lui, qu'il aimait à protéger ses amis, je ne dirai pas ses égaux. Dès longtemps, c'est-à-dire depuis qu'il était parvenu au degré d'élévation où il se trouvait, il pensait, ou du moins on l'accusait de dire avec ingénuité, comme Mahomet: « Des égaux! Mahomet n'en a plus. »

Je ne veux pas oublier de dire qu'en toutes les occasions qui se présentèrent entre lui et moi de parler de l'infortuné Louis, il se montra autant qu'un pareil homme peut être susceptible de sincères épanchements, très affligé et même repentant de la part qu'il avait prise au procès régicide. Je dirai plus; des gens bien instruits m'ont assuré que le cardinal Cambacérès, son frère, archevêque de Rouen, a jusqu'au dernier jour de sa vie, dit et fait dire à tous les ecclésiastiques de son diocèse, des messes à l'intention de son frère, en expiation du vote de condamnation à mort du roi et que de nombreuses et abondantes aumônes étaient faites dans le même but expiatoire, dont le second Consul devenu archichancelier de l'empire fait constamment les frais ; mais, bah ! il s'agissait bien de ces choses-là, entre nous, au moment de la visite que je recevais de *M ons* Cambacérès.

Assis que nous fûmes, sur le même sopha et sans autre préambule, « je viens, *me* dit le second Consul avec un mouvement de tête exceptionnel qui constituait d'ordinaire la première partie du salut qu'il accordait *dignitosamente*, je viens, citoyen sénateur, chargé d'une commission assez importante de notre premier Consul, pour qu'il ait jugé nécessaire de la confier à moi très particulièrement. »

Ici un mouvement de tête du haut en bas complétait la seconde et totale partie du salut, que je lui rendis très poliment, à quoi il daigna répondre par un nouveau, qui me parut sentir ce qu'on appelle son embarras. Il se remit pourtant et, sans plus hésiter, comme quelqu'un qui a pris son parti d'avaler un mauvais breuvage, il reprit : « Il s'agit d'un mariage... qui, permettez-moi de vous le dire, n'a pas l'approbation du premier Consul. »

Je crois devoir faire observer au citoyen second Consul que déjà mon frère m'a fait la grâce de me faire éveiller cette nuit précisément pour me donner cette aimable réponse à la communication que j'avais cru devoir lui faire de mon mariage et que le général Murat...

« Je le sais, interrompit le nouvel ambassadeur ; mais le citoyen premier Consul a pensé qu'en ma qualité de jurisconsulte et surtout considérant mon dévouement particulier à lui et à tous les membres de sa famille, je pourrais lui indiquer... les moyens, non, je me trompe, les causes de nullité d'un acte que, par des raisons de haute politique, il est désirable que vous puissiez consentir à regarder comme non avenu. »

Mon premier mouvement d'indignation réprimé, en entendant ce langage, je me mis à rire assez dédaigneusement en regardant mon homme et lui demandai, si par hasard, il croyait parler à quelque fils de famille, enfant prodigue, ayant besoin de l'indulgence paternelle? « Je serais désolé, me répondit-il, en avançant sa main, comme pour prendre la mienne que je retirai, oui, je serais désolé, citoyen sénateur, d'avoir accepté cette mission du premier Consul, gage infiniment précieux pour moi de sa confiance, si en m'acquittant, je pouvais m'exposer à vous faire douter des sentiments d'estime que je professe pour vous.

— J'en suis très reconnaissant et, puisque vous m'estimez, ne trouvez pas étonnant que je vous demande comment vous avez pu vous résoudre à devenir l'instrument d'une telle négociation? Il faut que l'exercice du suprême pouvoir, tant au premier qu'au second degré, inspire parfois de bizarres idées, en même temps que l'irréflexion du mal qui peut en résulter. Aussi, croyez bien, citoyen Consul, que si j'avais pu prévoir que mon frère s'adressât à vous, magistrat éclairé et respecté, pour venir me parler en son nom, comme vous venez de le faire, j'aurais agi de manière à vous épargner l'embarras, disons plus vrai, la honte de votre démarche. Car enfin, répondez franchement, ne me trouvez-vous pas modéré à l'excès de souffrir un pareil langage? Comment le supporteriez-vous et que feriez-vous à ma place?

Ici le messager consulaire me parut perdre une partie

de son superbe aplomb et ce ne fut pas sans rire intérieurement bien entendu de pitié et de mépris, que je le vis regarder obliquement à droite et à gauche, comme quelqu'un qui se croirait exposé à un guet-apens au moins possible. Il fut apparemment rassuré par la réflexion, car reprenant la parole, sans toutefois me regarder en face, il me dit : « Je serais désolé, citoyen sénateur, que vous prissiez la chose en sinistre part. Dieu m'est témoin de la bonne volonté que j'apporte pour vous dans tout ceci, mais puisque vous me faites la grâce de me demander ce que je ferais à votre place, j'ose vous dire, encouragé que j'y suis par ces mêmes bonnes intentions, qu'à votre place, je ferais tout ce qui dépendrait de moi pour ne point affliger aussi profondément que je viens d'en être témoin, il y a quelques heures, le grand homme sur lequel reposent les destinées de la France.

— C'est on ne peut plus sentimental et patriotique de votre part, citoyen Consul, répondis-je. Je dois me trouver honteux de rester à une telle distance d'une aussi héroïque manière de sentir, mais hélas! telle est l'imperfection de ma nature. Ainsi, veuillez bien vous charger de dire à mon frère ce que d'ailleurs le général Murat a déjà dû faire, le sincère déplaisir que je sens de ne pouvoir être heureux, sans qu'il s'en trouve malheureux. Voilà, citoyen, le *nec plus ultrà* de toutes les concessions que je puis lui faire sur ce qu'il désire si vivement. J'ai bien l'honneur de vous saluer. »

Je prenais en disant cela le cordon de la sonnette de la cheminée, dont, se trouvant plus voisin que moi, Cambacérès eut le temps de suspendre le mouvement, en me prenant doucement et même assez révérencieusement le bras pour m'empêcher de sonner. « Permettez! me dit-il, citoyen sénateur; la vivacité, avec laquelle vous avez reçu mes premières paroles, ne m'a pas encore permis de mettre sous vos yeux le projet que j'avais fait agréer au premier Consul, qui s'était flatté qu'à ma persuasion vous voudriez bien entrer en accommodement.

— Accommodement! Que voulez-vous dire? De quel accommodement peut-il être question?

— Un peu plus de patience, je vous en supplie. »

En disant cela mon interlocuteur se leva et tira de sa poche un petit portefeuille de satin vert brodé et doublé de rose. Pendant qu'il cherchait dans les différents compartiments l'écrit qu'il voulait me présenter, moi, toujours plus étonné que le premier Consul eût pris le parti de me faire ainsi braver, connaissant la fierté de mon caractère, qu'il avait qualifiée plus d'une fois de susceptibilité ou d'irascibilité dangereuse, j'étais resté assis, froidement indigné que je me sentais de voir ce même Cambacérès, qui la veille encore me paraissait non précisément un sage, mais un homme d'État, politique d'assez haute portée, rompu qu'il devait être aux orages de la révolution qui l'avait souvent menacé sans l'atteindre, ce qui supposait alors pour moi un esprit de conduite assez supérieur, se compromettre tout à coup à mes yeux, sans respect pour l'estime dont il prétendait m'honorer et qu'entre nous je croyais mériter, au point de devenir ainsi de gaieté de cœur l'ennemi d'un jeune homme ayant par devers lui un avenir indépendant, au moins égal à celui qu'il pouvait entrevoir pour lui-même, car à tort ou à raison, je me croyais apte à rendre encore à l'occasion quelques services. Mais, me disais-je en le regardant, cet homme se dégrade ainsi volontairement, sans nécessité, pour ses intérêts personnels, car, quelle que soit son ambition, à quelle plus haute et honorable fonction peut-il espérer parvenir, que je ne puisse moi-même y prétendre? Pourquoi ne craint-il pas de provoquer cette haine et ce mépris qu'il m'inspire? Comment a-t-il pu accepter une telle ambassade? Mille idées singulières me passaient par la tête, qu'aujourd'hui je ne réussirais peut-être pas à résumer à ma satisfaction.

J'étais resté plongé dans ces réflexions quand, après avoir enfin trouvé l'écrit qu'il craignit un moment de n'avoir pas apporté avec lui, il se souvint qu'il l'avait enfermé tout seul dans un autre petit portefeuille et me demandant pardon de m'avoir fait attendre, il me demanda si j'étais disposé à l'écouter.

— Oui, lui dis-je. Parlez!

Alors il reprit son air solennel, et toujours, sans oser me regarder en face, commença un discours en style d'avocasserie de palais, mêlé de quelques flagorneries sur le patriotisme ardent dont j'avais déjà donné des preuves éclatantes et la nécessité de rester ainsi de cœur et d'action avec celui qui s'était placé par son génie militaire et ses grands talents administratifs au-dessus de tous les souverains (tant mieux pour lui, pensai-je, comme cela vous n'arriverez peut-être pas à lui couper la tête, ainsi que vous l'avez fait à ce pauvre innocent agneau pascal de Louis XVI). « Enfin, continua le régicide, croyez, mon cher sénateur, que ni vous, ni moi, ni personne, ne pouvons désormais tenter de résister aux volontés d'un homme, qui non seulement n'a pas d'égal en génie de tous les genres, mais dont la puissance, je vous le prédis, s'accroîtra chaque jour davantage à la confusion et même à la perte de ses ennemis.

Que ne m'aurait point encore dit ce véritable ou faux enthousiaste du premier Consul, si je n'eusse enfin arrêté le flux et le reflux de sa basse et baroque improvisation, en disant tout simplement que malgré l'éloquence qu'il déployait pour me persuader, il pouvait être certain que je n'en restais pas moins déterminé à combattre tout caprice tyrannique de quelque part qu'il vînt, surtout quand il s'agirait de vouloir me contraindre dans mes affections les plus légitimes.

— Alors, mon cher sénateur, je vous plaindrais, car votre situation, je ne vous le cache pas, deviendrait à la fois pénible et dangereuse. Je pourrais m'étonner, citoyen, qu'un républicain de votre calibre, c'est-à-dire qui sait ce qu'il en a coûté pour le devenir, ne s'appitoyât pas plus sur sa position, en se voyant menacé de retomber sous le régime du bon plaisir.

— Ah! permettez! permettez, nous n'en sommes certainement pas au retour de ces choses-là. Telles ne sont pas les intentions du premier Consul.

— Une certaine subordination de famille, voilà toute l'exigence que je me suis permis de supposer dans le premier Consul, et j'ose le répéter, si vous vous y refusiez absolument, votre position deviendrait dangereuse, ou du moins inconvenante.

— Vous me forcez à vous dire que c'est votre position en ce moment vis-à-vis de moi qui pourrait devenir telle ; aussi je vous prie de changer de langage, j'en ai trop entendu.

— Excusez, citoyen sénateur, mais convenez pourtant

que je n'ai pu me refuser à la confiance du premier Consul et à ses interpellations.

— J'en conviens; mais convenez aussi vous-même qu'il était de votre dignité, citoyen second Consul, disons mieux, de votre devoir, de vous refuser à me faire ce message.

— J'atteste le ciel, mon cher sénateur, que j'ai cru, oui, je me suis flatté de pouvoir mieux qu'un autre intermédiaire, ainsi que me l'a dit le premier Consul, remédier à ce qu'il y a réellement de très fâcheux dans cette affaire, car je ne vous cache pas que votre grand frère, ordinairement si calme, se montre fort irrité. Il m'a dit que vous l'aviez insolemment trompé; pardonnez, ce sont ses propres expressions.

— Mon frère eût été plus dans le vrai, s'il avait dit qu'il s'était trompé lui-même.

Ici, malgré le mépris allant toujours en augmentant jusqu'au dégoût que m'inspirait le haut et puissant fonctionnaire d'une république dont certainement dès lors il prévoyait la courte durée, je trouvai bon, pour ma propre satisfaction, non pas d'entreprendre de me justifier de ma tromperie envers mon frère, car j'étais dans mon droit de légitime défense, en employant ruse contre ruse contre ce frère plus puissant que moi, usant ou abusant de cette puissance qui ne lui avait pas été confiée par la nation, pour satisfaire des ressentiments particuliers sur une jeune femme qui n'avait eu envers lui d'autre tort que celui d'être devenue ma femme, quand il lui aurait convenu d'en faire sa maîtresse. Ainsi donc, non pour m'en justifier, je le répète, je dis au triste négociateur tout ce que j'avais fait connaître à Murat de mes réponses à double sens, au sujet du projet de mariage avec la reine d'Étrurie, mots équivoques que j'avais cru nécessaire d'employer pour laisser au moins en doute la réalité de mon mariage à l'Élysée, jusqu'au jour où j'aurais surmonté les obstacles qui s'opposaient à sa célébration légale à la municipalité, obstacles consistant dans la soustraction frauduleuse des papiers indispensables.

A cette dernière phrase, le citoyen Cambacérès parut être frappé d'une nouvelle idée et me dit :

— Êtes-vous bien sûr de ce point, citoyen sénateur ?

— Mais à peu près, citoyen second Consul, puisque je vous le dis.

— Alors, je comprends, se dit-il (comme parlant à lui-même, d'un air, significatif pour lui plus que pour pour moi, car je ne démêlai pas bien sa pensée), oui, je comprends ; phrase à double entente, restriction jésuitique, équivoque, rusée et subreptice.

Ici, j'interrompis la nomenclature de l'auguste interprète des lois et bien que, comme je l'ai dit, il ne m'adressât pas directement ces paroles, je lui répondis en me levant comme pour abréger cette conférence :
— Appelez cela comme il vous plaira, pour moi je m'applaudis d'avoir ainsi pu altérer la vérité et donner le change sur mes intentions. Je m'en applaudis, comme on a le droit de le faire, quand on a agi avec assez de prudence pour triompher dans une circonstance difficile d'un adversaire injuste et dénaturé qui ne craint pas de s'essayer à la tyrannie sur un frère qui ne lui doit rien et auquel lui, doit beaucoup. Encore ne vous parlai-je pas de toutes les sourdes persécutions, des espionnages de tout genre, des menaces à l'aide desquelles on cherchait à tourmenter l'existence même de la femme que

j'ai choisie pour compagne de ma vie, ce qui m'a fait un devoir de la protéger par tous les moyens en mon pouvoir, contre les ennemis qui ont la police à leurs ordres, soit directement, soit indirectement.

— Toutes ces choses sont fâcheuses sans doute, mon cher sénateur, et je suis persuadé que le premier Consul y est tout à fait étranger; un si grand homme a bien d'autres soins en tête que des tracasseries de femme.

— Il y paraît avec le charmant message que vous me faites aujourd'hui de sa part. Quelle absurde prétention! oser espérer qu'il pourra me faire abandonner ma femme!!... femme qu'on ne m'a pas imposée, à moi; qui ne m'a apporté, ni dot, ni commandement d'armée...

— Oh! paix! paix! mon cher sénateur, ne parlez pas ainsi. Il est vrai que je n'abuserai pas, soyez-en sûr.

— Je vous rends grâce; mais moi je vous déclare que je le chanterai sur les toits, avec bien d'autres choses, si on prétend continuer à diffamer madame Lucien Bonaparte, et que je suis disposé à attaquer en calomnie tout ce qui, à cet égard, ne se cachera pas sous le vil manteau d'un lâche anonyme.

— Je vous assure, citoyen sénateur, que je me suis permis de faire entendre au premier Consul, qu'il serait fâcheux de faire retentir le tribunal de l'opinion publique ou tout autre de ces sortes d'attaques et de défenses, et je suis heureux de vous dire que j'ai pu l'amener à promettre qu'il ne manifesterait pas son désir de la dissolution de votre mariage, avant que je vous aie soumis ce petit projet (il tenait à la main l'écrit du petit portefeuille), qui vous mettrait à même d'en venir là sans blesser les lois de cet honneur social, auquel nous devons tout sacrifier.

ANNÉE 1803.   345

— Il y paraît, ne puis-je m'empêcher de murmurer tout bas, comme en aparté avec moi-même. Que mon homme m'ait ou non entendu, il continua du même ton :

— Je dois confesser qu'il m'a fallu travailler de là (ce qui fut dit en posant la main sur son front), pour trouver un moyen à la fois légal et honorable...

— Ah ! parbleu, exclamai-je cette fois, si vous avez trouvé un moyen de me démarier, autrement que par ma mort ou celle de ma femme, je le vois, vous êtes fait pour trouver aussi tout ce qui passe pour impossible, la quadrature du cercle, par exemple.

— Vous badinez; mais je n'ai pas eu besoin de résoudre aucun problème de ce genre ; c'est ce qui me reste à vous dire et qui, peut-être, ne vous déplaira pas. Daignez me prêter encore un moment d'attention.

A cette espèce de nouvelle ouverture, je daignai, en effet, accorder un signe d'adhésion, où dominaient l'ironie, l'incrédulité et surtout la fatigue d'en avoir beaucoup trop écouté.

— J'ai donc proposé, reprit le profond négociateur, au premier Consul, qui m'en a exprimé sa satisfaction, la simple adoption d'une loi établissant que, considérant la haute dignité du suprême magistrat de la République, tout mariage contracté par un membre de la famille consulaire...

— Je vous arrête ici. Qu'est-ce que la famille consulaire? Depuis quand une telle famille existe-t-elle en France? En vertu de quelle loi? Répondez.

— M'y voilà; mais d'abord, je désirais que tout mariage de la famille du premier Consul, puisque l'autre expression vous choque, suivant moi mal à propos, fût frappé de nullité par cela seul qu'il n'eût pas au préalable obtenu l'autorisation de son chef.

— Très bien, très bien ; de mieux en mieux. Parlant sérieusement, il reste pourtant à savoir, si le premier Consul, bien réellement le chef de la République, doit être pour cela de droit le chef de sa famille. Pour ma part, moi, jusqu'ici, je n'ai reconnu que mon frère aîné Joseph pour chef de ma famille et m'en suis trop bien trouvé pour vouloir en changer.

— Mais, cependant, des circonstances si extraordinaires, si nouvelles ! un si grand homme !...

— Un si grand homme, tant que vous voudrez ; mais certainement ce n'est pas au moment où il prétend me faire fouler aux pieds les plus tendres, les plus sacrés devoirs de ma propre famille particulière, que je voudrais apostasier le droit d'aînesse de mon bien-aimé frère Joseph. Allons, allons, mon cher second Consul, cette nouveauté-là ne prendra pas généralement dans notre famille ; au moins ce ne sera pas moi qui me conformerai à la nouveauté de votre système.

— Mais, mon cher sénateur, je vous ferai observer qu'il n'y a rien de nouveau dans ce que vous appelez mon système. Sous les anciens rois de France, les choses de cette nature étaient ainsi établies.

— Eh bien ! en concluez-vous, par exemple, que ce soit une raison pour moi, jeune sénateur de la République qui a remplacé les anciens rois de France, pour que je ne me marie pas à mon goût d'abord et ensuite pour que je me démarie ?

— En posant ainsi la question, citoyen sénateur, vous avez trop beau jeu avec moi. On ne répond pas à un raisonnement sérieux par une plaisanterie.

— Mais, c'est vous, mon cher second Consul, qui, à ce qu'il me semble, avez toujours plaisanté depuis que nous parlons. Il ne vous manque plus que d'établir parité entre les actes de petit bon plaisir des rois, que vous rappelez avec tant de plaisir, je ne sais trop pourquoi, et un magistrat suprême, mais populaire, investi pour dix ans de l'autorité gouvernementale, sous le titre de premier Consul. Est-ce là votre idée, citoyen?

— Mais, pourquoi pas? N'en a-t-il pas l'autorité, la force, la majesté?

— Oui, citoyen second Consul, et avec tout cela les flatteurs, les traîtres, les pusillanimes et tout ce qui est fait pour aplanir à la puissance la route de la tyrannie.

— Mais, citoyen sénateur, permettez...

— Je n'ai pas fini. Sachez donc et vous ne devriez pas avoir besoin que je vous le dise, que je ne reconnais pas, moi, de famille consulaire, ni dans les charges, ni dans les bénéfices que vous voudriez, à ce qu'il me semble, lui imposer, ou lui accorder; qu'enfin il n'y a eu jusqu'à présent de famille consulaire que dans votre tête et que tant qu'elle ne sera pas parlementairement décrétée, les parents du premier Consul, surtout ceux qui lui ont frayé le chemin du pouvoir, qui, par conséquent, ne sont pas des enfants et n'ont d'autres devoirs envers lui que ceux qui sont imposés aux familles particulières.

— Je suis désolé, citoyen sénateur, de continuer à vous déplaire, mais cette dernière assertion m'oblige, en vertu de mes instructions desquelles je ne puis m'éloigner, à vous déclarer que l'opinion du premier Consul est absolument opposée à cette liberté à laquelle vous croyez avoir des droits, consistant à faire entrer dans sa famille les individus tant mâles que femelles, qui n'auraient pas son approbation et je ne puis vous cacher que personne ne lui donnera tort dans la haute position où il se trouve de vouloir diriger, ou du moins surveiller les alliances de cette même famille à qui la politique...

— Vous n'avez pas, je pense, la prétention, citoyen Consul, de me faire croire que la politique, c'est-à-dire l'intérêt de la République, ait rien à faire avec mon mariage, ou celui-ci avec la République; en un mot, je vous jure que je crois, moi, que vous ne pensez pas un mot de tout ce que vous me dites.

— Mais, je vous assure, citoyen sénateur, que...

Ici un moment de silence, effet d'un reste de pudeur de l'ancien homme de loi, qui, bientôt, reprenant courage et buvant tout à fait sa honte, reprit ainsi la parole :

— Il est vrai qu'en indiquant le moyen d'arriver à une honorable nullité de mariage...

— Honorable! oh! c'est aussi par trop fort.

— Permettez, permettez; encore un peu de patience. En proposant donc la nullité... du fait dont il s'agit, je n'ai pas entendu qu'on doive soumettre à la nouvelle loi purement civile, dont je vous ai apporté le projet, approuvé par le premier Consul, le fait du lien religieux qui s'appelle sacrement.

— Vraiment? vous voulez bien avoir égard à cette bagatelle!

— Bagatelle, en effet, mon cher sénateur, puisque vous savez bien qu'elle ne donne aucun droit civil à la femme et aux enfants.

— Parbleu! je le sais bien et c'est pour cela que je

ne m'en suis pas contenté, et qu'il a bien fallu que je m'en contente jusqu'à ce que j'aie pu triompher des intrigues de nos ennemis. Mais enfin, à présent, ma femme est bien ma femme, tant civilement que moralement et religieusement ; sa position, qui n'a jamais été douteuse pour ma mère, nos parents et amis les plus intimes ne pouvant l'être aujourd'hui pour personne, il est à croire, ou du moins à espérer, qu'en qualité, non pas d'épouse du premier Consul, mais d'un sénateur, ex-ministre, grand'croix de la Légion d'honneur, on ne tentera plus de l'enlever et peut-être pire... car l'impunité serait plus difficile à obtenir.

Je dis encore beaucoup d'autres choses dont, avec mon expérience d'aujourd'hui, je trouverais au moins inutile d'entretenir cette espèce de serpent bronzé, pour tout ce qui ne cadrait pas avec la folle prétention qu'il s'était mise en tête de me persuader ; serpent rampant du reste, quand le terrain n'était pas praticable autrement, redevenant quelquefois assez hostilement admonesteur pour que je crusse quelquefois de ma dignité de le mettre à la porte moi-même, m'écoutant cependant avec une certaine déférence factice, qui dans le moment me ramenait à ma bonhomie, naturelle surtout à l'âge que j'avais alors (vingt-sept ans). Ainsi donc, cette fois, après m'avoir écouté avec une attention apparente, qui au fond ne devait être que de la méditation de ce qui lui restait à me dire, il revint ainsi à la charge :

Je crains beaucoup, mon cher sénateur, que vous ayez en effet sujet de vous plaindre de certaines choses, telles par exemple que celles dont vous venez de m'entretenir. Moi je crois pouvoir vous affirmer avec vérité, comme je l'ai déjà fait, que notre grand premier Consul est absolument étranger à ces sortes de sourdes persécutions, et je vous dirais donc, même à ce sujet, que d'accord avec moi, il pense que cette dissolution du mariage civil n'impliquerait en rien votre union religieuse. D'ailleurs les canons de l'Église...

— Mais, dispensez-vous donc de me catéchiser et venons, s'il vous plaît, au fait positif de votre mission : car, je ne crains pas de vous l'avouer, à force d'extravaguer avec moi, vous avez fini par exciter ma curiosité.

— Vous m'encouragez, d'autant plus. Comme je vous disais, il ne s'agirait aujourd'hui que du mariage civil, le premier Consul étant, vous le savez, aussi bon catholique que vous et moi ; mais comme il n'a pas donné son consentement à votre mariage civil, cet acte-là, d'après la nouvelle loi, resterait dans la catégorie de ceux qui... » Il me débita alors d'un ton bref et sentencieux un ou deux axiomes, en barbare latin du temps d'Alaric, où le grand jurisconsulte républicain me paraissait se croire heureusement revenu. Il paraît que la lettre ou l'esprit de ce qu'il me citait, se trouvait à l'appui de la loi dont il avait conçu l'heureuse idée.

« Ainsi, lui dis-je, en me plaçant les bras croisés en face de son imposante personne, ainsi donc, le second consul de la République, l'illustre avocat Cambacérès, légiste jusqu'ici respecté, en est arrivé à vouloir me faire croire que l'adoption d'une pareille loi suffirait pour que je ne fusse pas marié ?

— Non, citoyen sénateur, je ne dis pas cela ; je dis, j'entendais dire que le premier Consul, n'ayant pas donné son consentement à votre mariage, ainsi que la loi projetée l'exigerait, ce mariage rentrerait dans cette catégorie des faits qui viennent ou se trouvent placés d'eux-mêmes dans le domaine du passé.

— Ah! j'entends; vous aspirez même pour votre belle nouvelle loi, au moins dans l'application que vous voulez m'en faire, au privilège de la rétroactivité! Je vous en fais mon sincère compliment. Vous devenez sublime: vous ne manquerez sans doute pas de consacrer ce beau principe-là en tête du nouveau code civil dont mon frère s'occupe avec vous et vos savants collègues, les légistes.

— Je crois pouvoir faire observer au citoyen sénateur que le second consul Cambacérès n'a de collègues que le premier et le troisième consuls.

Ces superbes paroles dont le ridicule me déconcerta au point que je crus avoir mal entendu, étaient accompagnées du sourire nécessaire à me prouver que, malgré l'innocuité dont je m'étais rendu coupable avec mon majestueux interlocuteur, on ne se fâcherait, comme on dit, tout rouge que dans le cas d'une récidive qui eût en effet été désobligeante de ma part. Je me contentai de sourire d'un air presque... faut-il le dire? oui, à l'honneur de la courtoisie que je n'aurais probablement pas aujourd'hui, presque approbateur à cette risible prétention, en pensant toutefois en moi-même que si je pouvais féliciter les jurisconsultes de n'avoir plus un collègue dans le second consul Cambacérès, je ne pouvais pas faire mon compliment, soit à mon frère, soit au brave troisième consul Lebrun, d'avoir un collègue aussi ridicule que l'ex-avocat Cambacérès.

Notre colloque ne devait pas en rester là, et j'avoue que moi-même, après avoir supporté les odieux débordements que j'ai rapportés, j'étais bien aise d'approfondir entièrement l'abîme de turpitudes de cette âme déchue à mes yeux de toute la dignité personnelle dont j'avais cru entrevoir quelques traces. Mon présomptueux personnage, relevé sans doute à ses propres yeux et croyant l'être devant moi, par la définition ou déclaration qu'il avait faite des seuls collègues qu'il se reconnaissait, reprenant son ton tout à la fois doucereux, pédagogique et emphatique, me dit :

— Il est certain que j'aurais encore bien des choses à vous dire, citoyen sénateur, sur la nécessité de rester toujours d'accord avec le premier Consul, pénétré comme je le suis de la sagesse de toutes ses conceptions ; je voudrais que vous-même, qui, je le sais, lui rendez toute la justice qu'il mérite, n'eussiez plus avec lui qu'une seule et même volonté. En parlant ainsi, si j'ai encore le malheur de vous déplaire, je vous prie de réfléchir que je n'ai d'autre intérêt que celui qui m'attache à tous les membres d'une famille qui se doit à la France, par suite du dévouement, de l'amour, de l'admiration qu'elle porte à son chef et qui...

Mon ex-avocat semblait alors se croire à l'audience ; il fit encore une infinité d'autres phrases arrondies du même genre, que je me permettais à part moi de gratifier d'insipide pathos, mais que j'écoutais froidement, toujours les bras croisés, comme pour attendre une conclusion qui s'égarait toujours de plus en plus, dans les ondulations de cette intempestive et singulière éloquence, laquelle n'était cependant qu'une plate circonvallation pour revenir au but de sa visite qu'il voyait trop clairement manqué. Aussi, finit-il par me dire :
« supposant justement, mon cher sénateur, votre extrême

susceptibilité de principes, j'ai désiré surtout vous persuader que, si la politique éclairée du premier Consul vous tenait assez à cœur pour vous rendre à ses désirs, en contractant un mariage qui coïncidât avec elle (la politique, entendons-nous bien), vous ne blesseriez pas les lois de l'honneur ou que du moins personne ne pourrait vous en accuser, puisque vous n'auriez fait que profiter du bénéfice d'une loi, qu'après tout vous n'eussiez pas sollicité et que...

— Voilà, citoyen, ce que vous m'auriez encore dit de plus outrageant, si je pouvais croire que vous me supposiez capable de vouloir profiter d'un tel bénéfice. C'est assez, brisons là-dessus.

— Mais, me répliqua tout de suite cet inextricable serpent, si vous aviez eu la complaisance de me laisser achever ma phrase, je vous aurais dit qu'après tout vous étiez toujours le maître d'accepter ou de refuser d'entrer dans cette idée qui ne m'est venue que par le zèle que j'apporte à réussir à quelque heureux accommodement. Ladite loi, d'ailleurs, devant redevenir tôt ou tard une loi de l'État...

— Redevenir! redevenir! Ah! le mot est joli dans la bouche d'un républicain.

Un peu étourdi de mon exclamation et croyant atténuer l'effet de son redevenir, il se hâta d'ajouter :

— Loi de l'État pour toutes les familles des chefs appelés à gouverner à quelque titre que ce soit.

— Ne vous flattez-vous pas d'en venir là avec toutes les familles présidentielles de la République des États-Unis? lui dis-je assez ironiquement, pour qu'il m'en parût plus blessé que je ne m'y attendais, car je le vis rougir pour la première fois sans avoir pu jusqu'à ce jour démêler quelle était la corde sensible en lui, que j'avais pu toucher pour motiver cette espèce d'émotion. En moins de temps que je viens d'en mettre à en rendre compte, il m'avait pourtant répondu « que notre République n'était pas du genre de celle des Américains qui les tenait isolés de toute alliance monarchique, parce que, d'abord, ils les redoutaient plus qu'ils n'en sentaient le besoin ; mais que le génie du premier Consul avait déjà compris qu'une République comme la nôtre, constituée au cœur de l'Europe monarchique, s'isolerait trop des autres nations... (*Rababi et rababoua*)... et que par conséquent... et qu'enfin... et qu'ainsi... c'était pourquoi le premier Consul avait d'abord si bien traité en France l'infant de Parme, devenu le roi Louis Ier d'Étrurie, que précisément moi-même j'avais le mérite, aux yeux de son auguste veuve, d'avoir négocié le traité d'investiture et qu'il n'en fallait pas tant pour que le Consul trouvât politique... »

Je n'eus pas la patience d'attendre la péroraison de ce discours, dernière batterie, à ce qu'il me parut, de l'insidieux, mais disons-le, maladroit boa qui tâchait vainement de m'envelopper dans les replis de sa méprisable dialectique.

— La politique, lui dis-je, allons donc ! citoyen second Consul, ne profanez pas ce mot politique qui, dans sa véritable et morale acception, n'est que l'exercice de la justice ; cette émanation divine qui enseigne à bien gouverner les hommes, ne la confondez pas, cette vertu, cet art de régir et de rendre un État heureux et florissant, avec la satisfaction des passions personnelles de ses gouvernants. Serait-ce à moi qu'il appartiendrait de vous rappeler à de tels principes ? Non, car vous avez, par-dessus moi, l'expérience de savoir jusqu'où peut mener l'abandon des principes...

Je m'arrêtai... peut-être même un peu tard, car je vis sur son visage écrit visiblement que cette fois j'avais fortement fait vibrer la corde du conventionnel régicide, ce qui me fit une certaine pitié, dont je cessai bientôt de me sentir ému en sa faveur, quand, après avoir balbutié à propos de l'oubli des principes, quelques phrases inintelligibles, il m'ajouta très clairement et d'un ton d'assurance qu'il n'avait pas encore pris positivement : « qu'il était de son devoir, en terminant cette conférence plus pénible pour lui que pour moi, de me signifier qu'après tous les avertissements et conseils que mon frère l'avait chargé de me donner, si je ne voulais pas profiter de la nouvelle loi pour la dissolution d'un mariage réprouvé par la politique, le premier Consul était décidé à le faire annuler légalement, d'après les renseignements qu'il avait recueillis et fait réunir sous les yeux de légistes éclairés et impartiaux, d'où il résultait que des formalités essentielles aux yeux de la loi n'avaient pas été remplies.

— Voilà qui est clair, m'écriai-je; eh bien! à cela moi je réponds et vous pouvez et vous devez le dire de ma part au premier Consul, je crois mon mariage aussi valide que possible. La police a mis assez de soins à me retenir les papiers nécessaires à sa célébration, pour me donner celui de tout mettre parfaitement en règle, aussi suis-je convaincu qu'il n'y manque aucune formalité. Mais si cependant, mon frère, ne comptant que son ressentiment contre une femme, la mienne, qu'il sait mieux que personne avoir des droits à être respectée, persistait à vouloir m'intenter un procès tel que celui dont vous me menacez, c'est moi, moi seul, qu'il trouvera au banc de la défense. Je le lui ai déjà fait dire par Murat ; je n'ai pas besoin, citoyen, de m'expliquer davantage, m'en référant à tout ce que je vous ai déjà dit, et sur ce, citoyen second Consul, souffrez que je vous quitte et ne vous exposez pas à faire plus longtemps attendre ma réponse à votre collègue, le citoyen premier Consul. J'ai l'honneur de vous saluer.

Cette fois, après un coup de sonnette retentissant, je dis, en me retirant, au valet qui parut :

— Avertissez les gens du citoyen second Consul.

Ainsi finit cette entrevue dont je fus quelques minutes à me rendre compte. Je crus devoir n'en pas parler à ma femme, qui se serait peut-être affligée plus que moi. Ma mère fut de cet avis et nous convînmes qu'elle paraîtrait aussi n'en être pas instruite devant le premier Consul.

Ce jour-là, je ne me préoccupai pas davantage à ce sujet. Nous reçûmes les visites de compliment de tous nos amis, et nous fûmes au théâtre, comme nous l'avions projeté, moi, plus décidé que jamais à ne pas m'en laisser imposer par un frère qui n'avait aucun droit sur moi et qui, je dois en convenir, bien que cela n'eût rien changé à ma résolution, ne me paraissait pas alors assez puissant ni même pouvant le devenir jamais assez pour me persécuter tout de bon.

La suite m'a prouvé que je n'avais pas été infaillible dans les prévisions de mon avenir. Heureusement, puis-je dire qu'avec la conscience de mes devoirs remplis, j'ai été, ou du moins je me suis trouvé aussi heureux dans ma vie privée que mes quatre autres frères, dont les propres chagrins sur leur trône, surtout ceux de mon frère Louis, dont il tâchait de se consoler avec moi dans sa correspondance, m'auraient convaincu, si je ne l'avais pas été, que l'indépendance de caractère est nécessaire à la dignité et au bonheur de la vie.

CHAPITRE XVII

UNE REPRÉSENTATION AUX FRANÇAIS

Bruit fait par la disgrâce de Lucien. — Promenade aux Prés-Saint-Gervais. — Propos populaires. — Ovation faite à Lucien. — Elle est rapportée au premier Consul. — Celui-ci s'en offusque. — *Le Journal des Débats*. — Visite de madame Lætitia. — Ses conseils. — Tout pour Lucien non marié ; rien pour Lucien marié. — Hostilité de madame Lætitia vis-à-vis de Joséphine. — Seconde visite de Cambacérès. — Une première représentation à la Comédie-Française. — *L'orphelin de la Chine*. — Mademoiselle Georges dans le rôle d'Idamé. — La toilette de la femme de Lucien — Effet produit en entrant dans la loge. — Le général Casabianca. — David. — Les merveilleuses. — Les incroyables. — Mousseline et satin. — Désespoir de Joséphine. — Les costumes à la grecque sont abandonnés. — Ovation faite à Lucien et à sa femme, à la sortie du théâtre.

Le bruit de ma disgrâce, d'abord parti des salons des Tuileries, avait retenti tout de suite dans ceux de la haute classe et s'était propagé, avec plus ou moins de variation, dans ceux des boutiquiers et autres gens, parmi lesquels j'avais comme une espèce de clientèle par suite des travaux entrepris pendant mon ministère. Tout ce monde, chacun à sa manière, n'avait pas manqué de s'intéresser à cette espèce de roman politique, devenu de telle couleur par l'opposition singulière et fort inattendue du chef de l'État, au mariage d'un de ses frères avec une compatriote jeune, belle, bien née et honorée de tous ceux qui la connaissaient.

Le premier Consul, de son côté, et naturellement à un degré beaucoup plus exalté et plus glorieusement fondé que moi, jouissait à cette époque de la plus haute popularité à laquelle il ait jamais atteint. Je dois convenir qu'elle me parut recevoir un petit contre-coup assez fâcheux de cette fantaisie passablement despotique envers son frère Lucien, qui, disait-on, il faut bien que j'en convienne encore, lui avait été si utile à Saint-Cloud. Cette révolution de Brumaire dont tout le monde avait joui, à l'exception de ceux dont elle avait renversé le pouvoir, et qui, par parenthèse, n'avait pas coûté une goutte de sang, chose sans exemple, pour une révolution d'une aussi grande portée, tout en n'étant pas généralement connue et appréciée dans plusieurs de ses détails antécédents, avait cependant jusqu'ici satisfait la majorité de la nation dans ses principaux résultats.

L'espèce d'altération de la haute opinion que l'on avait alors de la sagesse du premier Consul, fut surtout frappante pour moi, de la part de cette classe de citoyens, bons et honnêtes habitants de Paris, qui n'ont rien à espérer ni à attendre en leur particulier de quelque gouvernement que ce soit, et pour qui les biens de famille sont ce qu'il y a au monde de plus respectable et généralement aussi de plus respecté.

Je me souviens d'une espèce d'ovation qui nous fut faite un jour que nous allâmes, ma femme, moi, et nos trois petites filles nous promener dans ces charmants environs de Paris qu'on nomme les Prés-Saint-Gervais; la bonne compagnie, au moins celle qu'on est convenu d'appeler ainsi, ne se rend guère là, pour la raison je crois, que trop voisine de la grande ville, cette promenade est surtout fréquentée par des gens qui sont loin d'avoir équipage, et que ceux qui possèdent l'avantage de se promener sans fatiguer leurs jambes, n'aiment point à se trouver confondus avec ce que, toujours à mon grand scandale et même à mon indignation, manifestée à l'occasion à qui je croyais en avoir le droit, j'entends qualifier de canaille ou de populace.

Il est naturel que la classe pauvre, obligée de travailler pour vivre, et à laquelle il est défendu de rien gagner le dimanche, choisisse surtout ce jour-là pour respirer l'air des champs. Aussi n'y manque-t-elle pas.

C'était donc un dimanche que nous étions à nous promener à pied comme tout ce qui était là, les voitures n'entrant pas dans les petits enclos des Prés-Saint-Gervais tout plantés de cerisiers et de groseilliers, surtout de ces derniers, dont je n'ai jamais vu nulle part une aussi grande quantité, même en Angleterre et en Allemagne où ils abondent. La figure et la tournure de ma femme, la gentillesse de nos petites filles, et je crois aussi ma ressemblance alors très grande avec mon frère le premier Consul, nous attirèrent d'abord quelque attention; et quand il arriva que je ne sais qui, m'ayant reconnu tout de bon, put affirmer qui nous étions, nous nous trouvâmes en un instant entourés d'une foule de ces bonnes gens, plus ou moins endimanchés, qui d'abord se bornèrent à nous regarder d'un air on ne peut plus bienveillant, mais qui bientôt, se mettant à marcher dans la même direction que nous, ne crurent pas devoir le faire silencieusement. Ainsi la première chose qui frappa nos oreilles fut cette exclamation, en réponse à la phrase que nous n'entendîmes pas :

— Ah ! bien oui, je t'en donne ! croyez donc ça, vous autres, que le frère de notre premier Consul, qui lui ressemble comme une goutte d'eau, le cher homme, voudra jamais quitter une femme comme ça : je t'en moque, par exemple.

— Il la gardera, disait une autre femme, et il fera bien. Pas si dupe, ma commère, que de s'en priver. Où est-ce qu'il trouverait mieux que ça donc?

A ces compliments on en ajouta bien d'autres que la modestie maritale me fait taire. Quelques propos d'une portée plus élevée nous décidèrent à rejoindre plus tôt notre voiture que nous ne l'eussions fait sans ce trop favorable accueil de gens si bien intentionnés et dont pas un ne nous était connu.

Cette rencontre bien innocente, et que nous eussions évitée si nous l'avions prévue, donna lieu à un rapport de police au premier Consul. Il dit à notre mère « de me prévenir de sa part de ne pas chercher à produire plus d'effet que lui. »

Il m'avait dit quelque chose de semblable, il y avait quelque temps déjà, au sujet de mes audiences trop nombreuses du mercredi au ministère de l'intérieur. Assurément cette affluence je ne la provoquais point : elle était due au besoin qu'avaient du ministre un très grand nombre de personnes ayant des réclamations à faire ou à attendre, des secours dans nos attributions réelles ou supposées. Cette algarade, l'une des premières que mon frère me fit dans ce temps-là, avait eu lieu, en présence de ma mère et de Joséphine dans le salon de celle-ci. Elle m'en témoigna du regret, ce qui, dans la suite, amena de sa part les confidences dont j'ai parlé. Elles n'étaient point du tout de mon goût et je me reproche quelquefois de les avoir mal interprétées.

Ma mère refusa net au premier Consul de me faire la commission dont il voulait la charger pour moi, ce qui n'empêcha pas qu'elle m'en rendit compte pour ma règle. Comme j'insistais pour savoir ce qu'elle lui avait dit, en accompagnement de son refus, elle me dit que, sans autre forme de procès et à moitié riant, elle lui demanda si, parce que Lucien avait pris une femme plus à son goût que celle qu'il voulait lui donner (elle entendait parler de la reine d'Étrurie) il devait ne pas se montrer en public avec la femme qu'il avait préférée et qui, suivant elle, lui convenait sous tous les rapports.

« A quoi, m'ajouta maman, madame Joséphine avait fait un signe d'approbation, en riant elle-même, à ce qu'il me parut, du bout des lèvres. »

La scène des Prés-Saint-Gervais arriva quinze jours environ après l'esclandre du concert de la Malmaison. Dans ce temps, on ne mettait pas encore tant de puérilités dans les journaux, et les censures occultes de la presse n'auraient pas laissé passer celle-ci. Je me souviens que, dès cette époque, le *Journal des Débats* se montrait beaucoup plus disposé à devenir le flatteur du pouvoir qu'à satisfaire la curiosité de ses lecteurs.

Maman était venue nous voir dès le lendemain de la visite nocturne de Murat. Elle entra chez nous au moment où j'allais moi-même lui en rendre compte. Elle s'égaya pendant quelques instants de la brave poltronnerie de son gendre. Puis elle me dit qu'elle était sans doute affligée de cette opposition publique que le premier Consul s'était laissé aller à faire à mon mariage, mais que, l'ayant prévue à certain point, elle me conseillait d'en prendre mon parti avec indifférence, sans en témoigner de rancune à personne. Avec cette modération, disait-elle, le Consul reviendra de lui-même à des sentiments fraternels, de toute justice d'abord, car au point où vous en êtes l'un vis-à-vis l'autre, le Consul sait bien qu'il n'a pas le droit d'exiger que tu te maries à son goût, plus qu'il ne s'est marié au tien « ni même au mien, » ajouta maman. Il n'a rien à dire à ta femme sous les rapports de naissance, d'éducation et de conduite qui puisse motiver son mauvais vouloir, et avec de la prudence, avec le soin qu'il doit avoir de sa réputation, sans compter les efforts que j'y ferai, vous verrez que nous l'emporterons sur ceux qui croient avoir intérêt à cette rupture entre vous.

Ma femme quelquefois s'affligeait en pensant qu'elle était l'objet de la haine de son beau-frère, de ce grand homme dont les actions lui inspiraient alors de l'enthousiasme et dont elle conservait le buste à Méréville lorsque j'eus le bonheur de l'y rencontrer, au point que ma ressemblance avec le Consul fut peut-être (soit dit sans reproche) pour quelque chose dans l'estime que j'eus, je crois, l'honneur de lui inspirer et le mérite que je pouvais avoir à ses yeux. J'ajouterai même que je fus un peu jaloux de ce buste, sans pourtant avoir acquis le droit de l'être, non plus que le premier Consul n'avait celui de l'être de moi.

« Consolez-vous, disait alors notre mère à Alexandrine, quand il vous connaîtra, il vous aimera. Lucien a fait son devoir; il lui a fait part de son mariage, c'est le premier pas pour que je puisse me mêler de cette affaire ; je l'arrangerai bientôt pour le mieux. »

Hélas! ce fut un des chagrins de sa vie, à notre bonne mère, que cette irréconciliable rupture entre deux de ses fils. Elle me répéta souvent qu'elle ne serait pas retournée à Paris durant tout l'Empire, si elle n'avait eu l'espoir de rappeler, par sa présence, au premier Consul, son injustice envers moi et ma famille. N'y pas réussir fut pour elle une cruelle déception, surtout durant une maladie presque mortelle qu'elle fit et où elle demanda que je vinsse à Paris sur l'invitation qu'elle le pria de m'en faire. Corvisart, médecin de maman et du premier Consul, qu'il sauva d'une maladie grave, osa se mêler de ce raccommodement, disant qu'il ferait plus de bien à sa malade que tous les remèdes de son art. Le Consul, sans se fâcher, répétait constamment : « Tout pour Lucien non marié, rien pour Lucien marié. » C'était dès lors son mot favori avec tous les membres de la famille qui lui parlaient à ce sujet. Joseph, le cardinal, notre charmante Paulette, qui trouvait alors dans sa tendresse pour moi, la hardiesse d'importuner le puissant frère.

Au sujet de cette expression de maman : « à son goût ni même au mien, » pour la comprendre, il faut savoir qu'en effet notre mère n'avait pas été très contente du mariage de son fils le général avec l'ex-marquise de Beauharnais. Sa principale raison et même la seule dont elle convint avec nous, était qu'elle était trop âgée pour son fils, qu'elle ne lui donnerait pas d'enfants, espérance à laquelle il paraît qu'alors n'avaient renoncé ni le mari ni la femme, et qui a motivé, pendant plusieurs années, les voyages de celle-ci aux eaux de Plombières ou à d'autres eaux minérales passant pour favoriser la fécondité des femmes. Vers la fin de ces voyages, au commencement de l'Empire, mon frère pensant sérieusement au divorce, il se permettait d'assez grivoises plaisanteries sur l'inutilité de ces tentatives.

La visite de notre mère fut interrompue par celle que l'on nous annonça du second Consul Cambacérès. Nous nous doutâmes que c'était un second message qu'il nous apportait du premier Consul, et maman ne voulant pas rencontrer ce personnage, qui n'était pas de sa société intime, supposant d'ailleurs qu'il serait moins libre en parlant devant elle, emmena vite ma femme. D'ailleurs elle voulait voir les apprêts de toilette d'Alexandrine pour son apparition, le soir, au théâtre, non plus en loge grillée, mais aux premières des Français. On annonçait, depuis quelques jours, une représentation où la foule accourrait ; j'en dirai la raison. En attendant, on trouvera tout naturel que je fusse sensible à l'intérêt que prenait maman à ce que sa belle-fille maintint, en se montrant, sa réputation de beauté. Elle eût bien voulu nous accompagner, à quoi il nous convenait beaucoup de l'encourager ; mais elle résista à son désir, ne voulant pas avoir l'air de protéger, même justement, l'un de ses fils contre l'autre ; il fut décidé qu'elle s'abstiendrait, et en nous quittant, elle nous dit qu'elle ferait aller aux Français le général Casabianca, pour qu'il vînt lui rendre compte, avant son coucher, de l'effet que nous aurions produit.

J'en ai dit assez pour prouver à quel point notre mère, qui a toujours été la raison même, se montra favorable pour nous, à l'occasion de la déclaration de notre mariage. C'était, au reste, la conséquence naturelle de sa conduite, tout le temps où nous dûmes le tenir secret.

Je fus donc recevoir, comme cela se devait, le citoyen Cambacérès, second Consul de la République française.

Pour en revenir à notre partie de spectacle en grande loge, la circonstance assez frivole, quoique très digne d'occuper la très frivole société parisienne, qui formait le principal intérêt de la représentation annoncée, pour laquelle toutes les loges étaient retenues à l'avance et la queue des curieux pour entrer au parterre formée depuis midi, cette circonstance décisive aussi pour nous, était que la belle mademoiselle Georges jouait ce jour-là pour la première fois, dans l'*Orphelin de la Chine*, le rôle d'Idamé, et qu'il s'agissait de décider si la tragédienne, après avoir eu beaucoup de peine à se soumettre au costume chinois, de peur qu'il ne lui convînt pas, avait tort ou raison. Disons d'abord qu'elle y fut plus belle que jamais. Mademoiselle Georges passait alors pour être richement protégée par le premier Consul : il n'affichait point cette protection, mais on en parlait en haut lieu.

Il devait donc y avoir beaucoup de monde aux Français. Je désirai que ma femme mît un soin particulier à sa toilette. Je pensais alors, comme à présent, que si un mari raisonnable ne croit pas à la beauté dans sa femme la plus essentielle des qualités, et que si moi-même je ne l'ai jamais considérée que comme un accessoire brillant et sympathique, il n'en est pas moins vrai que la grâce et l'élégance d'une toilette relève singulièrement ce don malheureusement trop passager, mais qui prévient à première vue en faveur de celles qui le possèdent. Il me paraissait donc important que la première apparition en public de ma chère femme sous mon nom, fût tout à son avantage. Fut-ce faiblesse, enfantillage de jeune mari que j'étais, ou bonne politique sociale ? A la distance où nous sommes, je serais porté à croire qu'en général, il eût mieux valu que mon Alexandrine fût trouvée moins belle : elle aurait eu de moins contre elle les traits décochés par l'envie non seulement des puissants ennemis que mon amour lui a suscités, mais encore des vils courtisans de la puissance que je ne citerai point et qui, pendant nombre d'années, ont eu l'impudence en parlant devant le Consul et sa femme, de madame Lucien Bonaparte, de la désigner sous le nom de son premier mari, méchant et méprisable exemple d'ailleurs, que n'a cessé de donner mon frère Napoléon jusqu'à l'époque de sa première abdication qui l'a mené à l'île d'Elbe.

Je remarque en passant, et par rapprochement assez étrange, le rapport commercial que j'eus avec le souverain de l'île d'Elbe, à cause de mon haut fourneau de Canino, alimenté uniquement par le minerai de cette île. J'aurais dû m'en passer si le maître de l'île eût persévéré dans son adage. « Tout pour Lucien non marié : rien pour Lucien marié. » Mais en me refusant son minerai, il diminuait ses rentes, le haut fourneau de Canino étant alors le seul en activité des États du pape.

Nous fîmes donc nécessairement une certaine impression aux Français. Le général Casabianca n'était pas le seul à attendre notre entrée dans sa loge. Nos amis les plus assidus et trois ou quatre personnes de ma maison s'étaient rendus de très bonne heure au parterre dans le même but que le général. Ils ne prévinrent certainement pas leurs voisins de l'attente où ils étaient. David, de son côté, avec l'intention toujours de bien étudier comme il disait les flagrants délits ou mouvements involontaires de ses modèles et qui alors pensait à faire le portrait de ma femme, s'était placé à l'orchestre avec plusieurs de ses élèves favoris. Ceux-ci avaient dit à d'autres que nous devions venir, si bien qu'on avait à peu près toute l'école de peinture de Paris, de plus quelques étudiants du quartier latin. En attendant que nous parussions, ces jeunes gens se livraient à leurs commentaires sur nous. Notre ouvreuse de loges, qui se croyait faire partie de la représentation, fit, en nous ouvrant, un bruit certes très superflu. En un clin d'œil, toutes les lorgnettes des loges et du parterre se braquent de notre côté. Cette démonstration n'ayant rien de malveillant, ma femme se remit promptement d'une première émotion. Sa toilette à la grecque excluait tout à fait les diamants. Ceux-ci abondaient dans les loges, portés par les femmes élégantes, appelées *merveilleuses*, tandis que les dandys de nos jours étaient alors qualifiés d'*incroyables*. La simplicité de la toilette fit peut-être ressortir, au milieu des autres femmes, celle en apparence assez sûre de sa beauté pour dédaigner les accessoires étrangers.

On commençait à reporter des étoffes de soie de couleur. Mon frère encourageait à bon droit ces produits de nos manufactures, auxquelles moi-même, étant à l'intérieur, j'avais tâché de rendre le mouvement qu'elles avaient perdu depuis 89. Je ne supposais pas que quelques femmes de plus ou de moins costumées à la-grecque pussent influer sensiblement sur la prospérité de nos ateliers. Je dois confesser que dans la région où nous étions placés, l'exemple était bon à donner et peut-être avais-je tort. Le premier Consul s'étant prononcé, dans les cercles présidés par sa femme, en faveur des vêtements de soie, et contre la simplicité grecque consistant surtout en tissus de mousseline, il ne se présenta plus guère chez madame Bonaparte de femmes habillées à la grecque. Je me souviens qu'elle-même à ce sujet, eut, je ne dis pas une altercation vive avec son mari, cela n'était pas dans son tempérament de créole, aussi souple de caractère que de taille, mais une discussion où le Consul commença à exiger que sa femme ne gardât point la toilette qu'elle portait, je crois, pour la première réception des ambassadeurs présents à Paris. C'était une malheureuse robe de mousseline des Indes à laquelle mon frère voulait que Joséphine en substituât une de satin. Fort contrariée, elle ne répondit qu'en se jetant sur son canapé, le mouchoir sur ses yeux pour cacher ses larmes. Le Consul peu touché s'impatienta jusqu'à lui dire brusquement en la quittant : « Allons, fais ce que tu voudras; mais souviens-toi que tu n'as plus quinze ni même trente ans pour faire ainsi l'enfant. » Cela fut dit en présence de Pauline, fort jeune alors, qui nous le raconta. Hortense survint et consola sa mère de son mieux. Les rôles étaient intervertis, la fille était la plus raisonnable. Cependant Joséphine garda sa robe; mais je crois que ce fut la dernière fois, excepté quand elle était censée être à la campagne, à la Malmaison. Là même, l'étiquette de cour régnait déjà. Pour ceux qui attachent du prix à ces sortes de traditions, rien de plus grand que mon frère Napoléon, si ce n'est peut-être (soit dit en passant et sans reproche, chacun ayant son goût) mon cher petit frère Jérôme. La faveur des modes antigrecques auprès du premier Consul tenait aussi en partie à son éloignement pour madame Tallien qu'il encensait à la cour du Directore, de sorte que, dès 1803, les vêtements grecs ne se conservaient que parmi le petit nombre de femmes vraiment belles n'allant pas aux Tuileries. Le faubourg Saint-Germain, non encore rallié, tint bon pendant quelque temps, au moins pour les beautés les plus marquantes; car tout ce qui n'était que joli, mignon, capricieux, et surtout maigre, s'empressait d'adopter les satins, blondes, plumes et autres affiquets qui ont le mérite de cacher les défauts.

David surtout, dont le beau talent faisait oublier les erreurs politiques (et si je dis erreurs, c'est qu'en effet, à part le vote contre Louis XVI, dont il s'était persuadé la nécessité, il ne se souilla d'aucun des crimes de la sanguinaire république de 93, qu'il s'est contenté de revêtir des innocents lambeaux grecs et romains), David, assidu à mes réunions d'artistes, se montrait outré de l'abandon des modes qu'il appelait classiques. Se préparant alors à faire le portrait de madame Lucien Bonaparte, dont avec plus de candeur que de politique adroite il vantait souvent au premier Consul la beauté, il ne cessait d'encourager ma femme à garder le peplum et la tunique grecque ou romaine. Mon goût, assez semblable à celui de David, fit que ma femme se soumit le plus tard possible aux modes colifichets. Nous n'en étions point encore à cette grave période de notre vie.

A notre sortie du théâtre, nous eûmes beau guetter le moment pour éviter la foule, le parterre, nous voyant nous retirer au milieu d'une scène, se vida presqu'au complet et nous trouvâmes les curieux sur notre passage. Il en fut presque de même à tous les spectacles où nous assistâmes, et ces regards du public, cette persévérance de la curiosité, bien qu'en un sens flatteur pour nous, furent pourtant une des raisons qui nous déterminèrent à un premier voyage d'Italie, pendant lequel se découvrit la conspiration réelle ou prétendue du général Moreau, dont je compte parler en détail.

CHAPITRE XVIII

LE SÉNAT CONSERVATEUR

Le premier Consul désire que Joseph et Lucien acceptent la candidature aux deux places de chancelier et de trésorier du Sénat. — Leur refus. — Joseph refuse également un appartement aux Tuileries. — Conjectures à propos de l'opposition des deux frères. — Bourrienne. — Les cadeaux faits en Espagne. — Indépendance de fortune de Lucien. — Madame Lætitia soutient Lucien. — Louis Bonaparte et Hortense font mauvais ménage. — Jérôme voyage. — Le bon abbé Perrier. — L'ami Briot. — Fouché. — Élisa et Bacciochi à l'hôtel de la rue Saint-Dominique. — Leurs réceptions. — Fontanes. — De Chateaubriand. — Le poète Esmenard. — Andrieux. — Arnaud. — Le Sénat conservateur. — Leur prompte servitude a fatigué Tibère. — Le docteur Corvisart. — Le chirurgien Paroisse. — La grippe indienne. — Élisa. — Le souterrain. — Les lettres anonymes. — Le reversis. — Éducation de la femme de Lucien. — Nécessité de quitter Paris. — Recherche d'un lieu de retraite agréable. — La rivière Thibouville. — Une scène de ménage. — Visite à notre mère. — Désappointement de Joseph pour une partie de chasse. — Projet de départ retardé. — Encore une conversation du premier Consul avec Joseph et moi. — Le pouvoir absolu, en fait de gouvernement. — L'opposition nécessaire au maintien de la liberté. — Le cheval de Caligula et les sénateurs. — Le déjeuner à la Malmaison sans le maître et la maîtresse. — Le bon pâté aux truffes et les mauvais vins.

Le premier Consul était depuis près d'un mois d'une extrême froideur avec Joseph et moi. Il ne pouvait avaler la pilule du triomphe que nous avions remporté sur lui par le refus, si bien concerté entre nous et nos collègues, d'être inscrits sur la liste de candidature aux deux places de chancelier et de trésorier du Sénat. Ce n'était pas autant notre refus qui l'avait blessé vivement, que la preuve de condescendance que nous avaient donnée les sénateurs auxquels il avait pris la peine d'exprimer lui-même en particulier, au moins à un certain nombre d'entre eux, son désir de nous voir figurer sur la liste de présentation.

Je suis encore à me rendre un compte exact du vrai motif qui lui faisait attacher tant d'importance à nous voir sur cette liste[1]. Les bonnes gens parmi les sénateurs croyaient tout simplement que c'était pour s'assurer de la soumission de ce corps, déjà si peu récalcitrant à des volontés qu'il avait commencé à manifester plus d'une fois, d'une manière assez et même trop absolue pour le chef temporaire d'un gouvernement républicain ; mais ceux-là ne nous connaissaient pas, surtout moi, s'ils nous croyaient plus disposés qu'eux à river nos fers, et même en cette circonstance je dois dire que Joseph m'avait dépassé de beaucoup, dans la forme au moins de son opposition. Il y avait singulièrement manqué de mesure et d'aplomb, puisque d'un ton plus grognon que résolu, il avait dit séance tenante, à propos d'un logement au Luxembourg que devait occuper l'archichancelier, qu'il ne voulait pas aller jouer dans ce palais le rôle du comte d'Artois, si le premier Consul, avait-il ajouté, *en aparté*, s'était emparé de celui de Louis XVI aux Tuileries.

---

1 Le premier Consul avait, à ce propos, écrit à Joseph :
« Je vous assure qu'il est utile à l'État et à moi que vous acceptiez la place de chancelier, si le Sénat vous y présente. Je jugerai le cas que je dois faire de votre attachement et de vous, par la conduite que vous tiendrez... » (*Octobre* 1803.)

Cet *aparté*, comme ceux de la comédie, avait été entendu de tout le monde, très clairement et plus ou moins critiqué ou approuvé, suivant l'opinion des auditeurs. Le Consul n'avait pas tardé à l'apprendre et à s'en montrer souverainement irrité contre son auteur, auquel il porta rancune, à sa manière ordinaire avec Joseph, c'est-à-dire en lui parlant peu ou pas du tout, pendant quelque temps et même ne le recevant pas toujours quand il venait le voir, ce dont Joseph se consolait fort bien dans sa retraite chérie de Morfontaine, en attendant un retour de faveur immanquable. Si j'eusse été, moi, capable ou coupable d'un tel *aparté*, le Consul ne me l'eût jamais pardonné ; j'ai déjà fait connaître qu'il eut toujours pour Joseph une extrême indulgence, et même une déférence qui prenait sa source dans le droit d'aînesse, dont Joseph, après le malheur que nous avions eu de perdre notre père, qui en mourant lui avait légué son autorité, s'était toujours montré si digne.

Revenant à notre fameuse candidature projetée et poursuivie malgré nous, si je m'expliquai plus froidement que Joseph, pendant la discussion à laquelle elle donna lieu avec les sénateurs en nombre, le diable n'y perdit rien, en particulier, et j'endoctrinai et persuadai assez bien, convenons-en, ceux qui avaient résisté d'abord. En sorte que le jour où l'on devait procéder à la formation de la liste des candidats, bien que le Consul nous ait fait la gracieuseté de nous inviter à déjeuner avec lui et qu'il nous eût retenus à dîner, espérant ainsi annuler notre influence sur nos collègues, nos mesures avaient été si bien prises, que nous échappâmes à ce qui nous paraissait un caprice de despotisme naissant.

ANNÉE 1803.

Ce fut à notre tour d'endurer toutes les conjectures sur les causes de notre refus. La plus accréditée, et elle l'était surtout par la police, fut qu'en qualité de frères du premier Consul, nous nous trouvions trop grands seigneurs pour accepter des places de cette nature. C'était une malveillante sottise. Pour Joseph, il n'y avait d'autre cause que son amour d'indépendance et l'idée qu'il avait de n'être aucunement nécessaire au premier Consul. Quant à moi, j'avais la même pensée sur l'inutilité dont j'étais devenu et par-dessus cela le ressentiment, au moins le souvenir assez vif, de ce que j'avais eu à souffrir de l'humeur du premier Consul, dans mes rapports de ministre de l'Intérieur, en tous mes projets. Même ceux qu'il finissait par adopter, étaient accueillis par lui avec cette espèce d'ironie désapprobatrice, dont mon amour-propre s'irritait, et je l'avoue, il n'était pas dans ma nature de souffrir patiemment en aucun cas. On a vu qu'il m'avait même de loin, comme dans l'ambassade d'Espagne, presque constamment picoté, quand il ne me heurtait pas de front, et que je lui écrivis pour me plaindre de Bourrienne[1], qui, je feignais de le croire,

---

[1]. *Bourrienne* (Louis-Antoine *Fauvelet* de), né à Sens, le 9 juillet 1769, mort fou à Caen, en 1834, le 7 février.

Élève de Brienne, secrétaire d'ambassade, secrétaire de Bonaparte, associé commanditaire de la maison Coulon frères qui avait la fourniture de l'équipement de la cavalerie. — Cette maison fit une faillite de trois millions. Coulon disparut. Bourrienne faillit être arrêté. Bourrienne envoyé à Hambourg en 1802. — Ses exactions. Son renvoi. — Nommé administrateur général des postes, en 1814, à la place de Lavalette. — Révoqué et mis à la police. — Rayé de la liste d'amnistie par l'empereur, le 13 mars 1815. — Suivit Louis XVIII à Gand; ministre d'État en 1815, député à la Chambre introuvable, ardent royaliste, poursuivi par ses créanciers, obligé de fuir en Belgique chez la duchesse de Brancas, à Fontaine-l'Evêque.

Ses mémoires rédigés par *Villemarest*. On lui a imputé : l'*His-*

prenait un ton dans ses lettres qui ne convenait point à un secrétaire, et qu'il ne pouvait avoir écrit sous l'exacte et précise dictée du Consul à son frère, au moins, c'est ainsi que je m'en plaignis[1] ; tant est donc, que soit de loin, soit de près, j'avais pris la résolution de ne plus me trouver à pareille fête et de vivre paisiblement et agréablement au sein de ma petite famille, composée des deux filles que m'avait laissées ma chère femme Christine, et auxquelles, alors, ma sœur Élisa voulait bien tenir lieu de mère.

La manière dont la cour d'Espagne en avait usé à mon

---

toire de Bonaparte par un homme qui ne l'a pas quitté depuis quinze ans.

Ce Bourrienne, secrétaire intime, fut d'abord grand favori et même ami, autant que quelqu'un ait pu jamais se flatter d'être ainsi considéré du premier Consul ; car les Duroc, les Lannes et même Bertrand et Las Cazes, quoique sans doute faits pour être aimés par lui, en ont été plutôt estimés et appréciés selon le dégré et la qualité de leur mérite personnel et vis-à-vis de lui dans les différentes positions, sociales, civiles et militaires, où il les a trouvés et où il s'en est servi. L'amitié commande la confiance presque exclusive et surtout l'égalité. Bourrienne, quel qu'il fut, et il semble que l'auteur des *Mémoires* n'était pas émerveillé de sa supériorité, a réellement traité d'égal à égal avec Napoléon pendant une partie de sa brillante carrière politique. Cela ne dura pas assez au gré de Bourrienne, et il s'en est un peu vengé dans ses *Mémoires*, comme font certains amants qui ont à se plaindre de leurs maîtresses et qui révèlent ce qu'ils connaissent de leurs défauts. A tout prendre, les *Mémoires* de Bourrienne nous semblent donner une idée assez juste du jeune officier d'artillerie, du grand général et du premier Consul. Il n'a pas été à même de juger l'empereur ; il était trop dans la remise.

1. Lucien Bonaparte écrivait à son frère, le premier Consul, de Talaveira de la Reyna, le 5 prairial an IX (24 mai 1801).

« ... J'ai reçu un billet de Bourrienne qui me demande de votre part des renseignements sur les mémoires du duc d'Albe, de don Juan d'Autriche... Je ferai les démarches nécessaires à Madrid. Je ne réponds pas à Bourrienne. Il est étonnant qu'il ait assez peu de tact pour m'écrire avec un ton de supériorité... »

(Mss. A. E.

égard, dans les cadeaux qu'il est d'usage de faire aux ambassadeurs après la ratification d'un traité qu'ils ont négocié, avait tellement dépassé les bornes de la libéralité ordinaire des souverains en pareille occasion, que je ne crus pas devoir accepter sans en avoir demandé conseil au premier Consul.

Il m'avait répondu d'accepter sans hésitation et sans trop m'enorgueillir de la magnificence dont on usait envers moi, car le plus ou moins de valeur des cadeaux qu'on fait aux ambassadeurs est fondé, moins, sur leur considération personnelle, que sur celle qu'on a pour le gouvernement qui les a accrédités, « ainsi acceptez; mais, m'ajouta-t-il obligeamment, ne vous flattez pas que ce soit seulement pour vos beaux yeux qu'on vous jette les diamants à *millions*, et soyez bien persuadé qu'un autre que mon frère n'aurait pas été aussi bien traité que vous, surtout pour la négociation d'un traité beaucoup plus avantageux à la France qu'à l'Espagne. »

C'est ainsi que j'acquis cette indépendance de fortune qui jusqu'à l'avènement à l'empire du premier Consul, me rendit le plus riche de ma famille, et me mit à même de protéger les arts et les sciences, ainsi que j'avais tâché de faire pendant mon ministère à l'intérieur.

J'ai oublié de mentionner qu'en vertu de l'autorisation du premier Consul, M. Félix Desportes, mon premier secrétaire d'ambassade, reçut les cadeaux qui se donnaient aux ambassadeurs, mes prédécesseurs, et que les autres employés de ma légation reçurent ceux des premiers secrétaires.

Notre mère avait pris parti pour nous dans la lutte que l'obstination du Consul à vouloir nous imposer des places que nous étions décidés à ne point accepter avait fait naître entre ses enfants ; elle trouvait juste, raisonnable, nécessaire même que nous eussions les plus grands égards pour ce fils, qu'elle-même, sans doute, trouvait au-dessus des autres, bien qu'elle n'en convint autrement que pour l'élévation de sa suprême magistrature. Mais Joseph enfin étant son aîné, et moi, bien que son cadet, lui ayant rendu, disait-elle, et pouvant lui rendre d'importants services, dont elle s'exagérait peut-être le mérite, elle ne pouvait souffrir cette prétention du Consul de ne pas nous laisser vivre à notre guise. Elle n'était pas non plus contente du mariage de Louis avec Hortense qui, suivant les prévisions maternelles, ne faisait ni le bonheur du mari, ni celui de la femme. Jérôme, encore adolescent, voyageait sur mer, où les dangers qu'il pouvait courir, attristaient notre mère, qui eût préféré le voir comme Eugène, destiné à l'état militaire, et je dois convenir qu'avec la même prévoyance, elle considérait avec une certaine amertume que l'élévation de la famille Beauharnais ne pouvait avoir lieu qu'aux dépens des Bonapartes. Cependant on doit reconnaître que notre bonne mère se trompa sur ce point et qu'à l'exception de moi, celui de ses fils, qu'une façon de penser différente de celle des autres, et peut-être une susceptibilité exagérée pour ce qu'il y avait de repoussant dans l'humeur et les manières d'un grand homme, qui n'a pas toujours le temps de mesurer ses expressions, l'empereur Napoléon éleva sur les trônes à sa disposition, tous ses frères et sœurs, de préférence aux Beauharnais.

Telle était donc, à l'époque où j'en suis, la position de ce qu'on appelait la famille consulaire.

Quant à moi particulièrement, mon mariage secret, plutôt supposé qu'affirmé par le plus grand nombre, avait été connu du premier Consul dès le lendemain de sa célébration à l'autel, grâce à l'espionnage dont nous étions entourés et peu s'en fallut que le bon abbé Perrier, qui nous avait donné la bénédiction nuptiale, ne fut secrètement et arbitrairement arrêté [1]. Fouché a trouvé le moyen de nous faire savoir par l'ami Briot, que c'était à lui que le vénérable ecclésiastique avait dû de n'être pas privé de sa liberté.

J'aurai souvent occasion de parler de Briot, surtout à propos des services qu'il me rendit peu de temps après et qui lui ont donné des droits à ma reconnaissance et à celle de ma femme.

Ce fut par lui que je sus qu'à la nouvelle que Fouché lui donna de notre mariage secret, le Consul qui s'en montra d'abord fort en colère, se calma presque aussitôt, en réfléchissant qu'un tel mariage n'était pas valable aux yeux de la loi et ne donnait aucun droit, ni civil, ni politique aux enfants qui pouvaient en naître, et comme Fouché, d'après ce qu'il avait dit à Briot, n'avait pas pu s'empêcher de sourire assez malicieusement à cette mise en avant de droit politique, qui lui semblait pré-

---

1. Le curé, maire de Plessis-Chamans, fut appelé chez le Consul et fut fort mal reçu.

« Ne voyez-vous pas, dit le Consul à Joseph qui intercédait pour lui, que ce gaillard n'attend que cette explosion de ma colère pour se poser en martyr de ma tyrannie. Qu'il aille au diable, lui et tous les calotins, mais je n'en aurai pas le dessous. Je ferai casser le mariage. Il doit y avoir défaut de formalités.

— Quand cela serait, dit Joseph, Lucien n'a-t-il pas dit qu'il se remarierait sans qu'il y manquât rien?

— C'est vrai, qu'il aille au diable aussi! Mais je ne reconnaîtrai jamais sa femme. (*Note de Lucien.*)

maturé au moins, le Consul, c'est toujours Fouché qui parle, s'en montra décontenancé, comme s'il lui avait dit, qu'il laissait pénétrer ses desseins futurs; mais il se remit bientôt et ajouta, que son frère Lucien n'était ni assez religieux, ni même assez moralement scrupuleux, pour respecter un tel engagement, quand il serait fatigué ou ennuyé de la possession de sa *séductrice actuelle*.

Ce furent ses propres expressions et je me flatte de lui avoir suffisamment prouvé la fausseté du bon jugement qu'il avait porté sur mon caractère.

Il y avait ainsi près d'un an que nous étions mariés. Ma sœur Élisa et son mari, le général Bacciochi étaient installés à mon hôtel, rue Saint-Dominique, où ils recevaient habituellement leurs amis et les miens. Élisa avait su conserver, comme elle me l'écrivait en Espagne, ses bonnes relations du ministère et se plaisait plus que jamais à voir affluer dans son salon les littérateurs renommés du temps. A ce titre notre ami Fontanes y dominait encore de toute l'autorité de sa brillante auréole poétique, que la politique suffisamment ambitieuse qui vint bientôt s'emparer de lui, éteignit tout à coup, semblable à ces étoiles filantes attirant justement les regards et retombant tout à coup dans la plus complète obscurité. Son poème de Pélopidas ou Léonidas, dont le commencement était très beau, de l'aveu de ceux qui l'avaient entendu lire, et il l'avait lu à beaucoup de monde, ou ne fut pas achevé, ou la trace en fut totalement perdue comme celle de l'astre éphémère auquel nous venons de le comparer.

M. de Chateaubriand qui ne faisait plus de romans que dans un genre bien autrement sérieux, je veux parler de son *Génie du Christianisme;* le poète Esmenard, qui mourut si malheureusement sur la route de Rome à Naples, à ce que je crois me rappeler ; Arnaud, l'auteur tragique, Andrieux et quelques autres poètes, étaient fort assidus chez ma sœur. Je paraissais peu dans le cercle, ne dinant jamais ni chez elle, ni chez moi, et passant enfin tout mon temps chez ma femme, excepté mes courtes absences de chaque jour pour assister au diner de mes petites filles, aller les embrasser dans leur lit, avant qu'elles s'endormissent et pour assister, le moins souvent et le moins longtemps possible aux séances du Sénat, qui ne me plaisaient nullement, parce qu'elles me paraissaient prendre la tournure du Sénat romain à sa plus méprisable période, puisque nous pouvions déjà rendre grâce à Dieu que mon frère ne fût pas capable de suivre les traces odieuses de certains empereurs, car mes chers collègues, en général, auraient déjà pu se faire la honteuse application du vers de Racine en parlant des sénateurs romains :

Leur prompte servitude a fatigué Tibère.

Les boules noires devenaient chaque jour aussi rares que les mouches blanches, et rien ne faisait plus de peine que le spectacle de ces hommes en grande partie doués de talent et d'énergie, qui naguère en avaient donné des preuves plus ou moins remarquables, réduits, sans en paraître révoltés, à ce silencieux état d'abjection. Aussi je m'épargnais le plus que je pouvais cette véritable souffrance morale et je me souviens que j'eus à ce triste sujet une sorte d'obligation à la grippe, qui me servit de prétexte pour rester chez moi, pendant quelques semaines.

J'étais en effet alité depuis quelques jours et le docteur Corvisart à la deuxième ou à la troisième visite, m'avait trouvé assez malade, pour que le Consul envoyât demander de mes nouvelles, lesquelles, au dire de Corvisart étaient toujours très médiocrement bonnes, bien que réellement j'allasse beaucoup mieux et que je fusse même tout à fait guéri. J'en demande pardon à l'ombre de Corvisart; mais cette mystification que je lui fis, ou pour parler plus juste, que je fis à son art, m'épargna beaucoup de ces, pour moi... insupportables séances du Sénat. Il me fut impossible de résister à la tentation qui se présenta de m'en dispenser convenablement; voici ce qui était arrivé.

Corvisart avait dit la vérité au Consul et à toute la famille, en me disant malade assez grièvement; il avait cru devoir qualifier mon mal, de grippe de la plus mauvaise apparence, de cette grippe indienne, importée et naturalisée en France, a-t-on dit, par les ambassadeurs de Tippo Saïb à Louis XVI, maladie dont beaucoup de personnes se trouvaient atteintes, et qui en moururent pour la plupart, en cette même année 1803, qui fut celle où j'en étais attaqué. Ma mère et ma sœur Élisa l'avaient en même temps que moi, mais à un degré beaucoup plus bénin que le mien. Tous les remèdes que me prescrivait Corvisart, alors réputé pour le premier des princes de la science médicale, parce qu'il avait eu le bonheur ou l'habileté de guérir le premier Consul, n'avaient point sur moi le même résultat, par la raison que je ne les prenais pas, autant, parce que je n'y avais pas confiance, que par une presque invincible répugnance à avaler aucun médicament, ce qui me rend le plus mauvais malade du monde.

Cependant comme ma grippe indienne ou européenne me faisait beaucoup souffrir, surtout de crampes très douloureuses, avec des courbatures dans tous les membres, au point de me donner une grosse fièvre, je consentis à essayer d'un remède qui, au dire de mon chirurgien Paroisse, non seulement ne pouvait pas me faire du mal, mais calmerait indubitablement tous les fâcheux incidents auxquels j'étais en proie depuis trois jours. Ce Paroisse était attaché à ma maison ; il était d'un caractère souple, me paraissait affectionné, je crois même qu'il me l'était assez sincèrement ; d'un naturel très gai, parfois agréable bouffon, et je l'admettais dans notre intimité autant à ce dernier titre qu'à celui de docteur, car plus adroit opérateur que savant théoricien en chirurgie, je n'avais pas la moindre confiance en lui comme médecin ; mais comme il m'assurait que son médicament avait radicalement guéri et presque subitement plusieurs personnes de ma connaissance, entre autres M. Félix Desportes, qui l'avait dit à ma femme dont elle était l'amie, je me résolus tout d'un coup, comme par inspiration, à prendre la potion qu'il me présenta, ce que je fis avec beaucoup de simagrées ; mais enfin j'avalai. Oh ! pour cette fois, puissance réelle de la médecine ! après quelques secondes, moins peut-être, en un clin d'œil devrais-je dire, je me sentis soulagé de toutes mes douleurs, et je m'endormis profondément pendant six heures. En m'éveillant j'étais guéri.

Le divin, le puissant fils d'Esculape, Corvisart, était venu et reparti, voyant que je dormais, en disant qu'il reviendrait bientôt. Paroisse s'était bien gardé de lui dire qu'il m'avait administré un autre remède, qui n'était pas des siens, dans la peur de s'en faire un ennemi mortel, et nous convînmes d'abord de lui laisser tout l'honneur de ma guérison; en réfléchissant je changeai d'avis, et au lieu de me montrer tout à fait guéri à Corvisart, je résolus d'affecter les apparences d'une convalescence pénible. Paroisse me secondait fort bien; ainsi je n'avais plus de fièvre, disait Corvisart à qui lui demandait de mes nouvelles, mais je toussais encore fréquemment; il est vrai que ce n'était qu'en la présence du savant docteur, mais il parlait de ce dont il était témoin. L'appétit ne revenait pas, lui disait Paroisse; il m'avait même trouvé la veille au soir, un peu de fièvre. Corvisart alors me tâtait le pouls en disant que cela devait être, car il me restait encore une *larve* de fièvre, etc. C'était une véritable comédie qui nous amusait beaucoup entre nous et dont le but, qui était d'éviter les séances du Sénat, se trouvait ainsi rempli.

Il fallut pourtant bien, pour ne pas inquiéter maman et les autres personnes de la famille, reprendre ma vie ordinaire. Je n'avais pas cessé depuis ma convalescence d'aller voir mes petites filles en passant par le souterrain, et ce fut pour Élisa une occasion de le découvrir. Alors elle me reprocha de lui avoir fait ce secret, me dit qu'elle voulait aller trouver Alexandrine, qu'elle n'avait cessé de voir que parce que je ne l'avais pas invitée à y aller; mais qu'elle se passerait de mon invitation, qu'elle l'avait toujours beaucoup aimée, qu'elle était sûre qu'Alexandrine l'aimait aussi et qu'elle saurait d'elle bien certainement la vérité sur notre mariage, que plusieurs personnes l'avaient assuré être fait à l'église, que c'était bien mal à moi de n'avoir pas confiance en elle, que j'étais un méchant qu'elle aimait bien pourtant. Je ne finirais pas si je me mettais à rappeler toutes les cajoleries qu'il lui plût de me faire, dont malheureusement, au moins par rapport à l'amitié dont elle se prévalait pour mon Alexandrine, j'avais de fortes raisons de douter[1].

Aussi malgré toutes ses démonstrations amicales je tins bon, éludant ses instances réitérées jusqu'à l'importunité. Je finis par lui dire positivement que je ne voulais pas qu'elle vît Alexandrine, avant la célébration de notre mariage, ce qui etait comme l'assurer qu'il n'était pas fait, tout en disant pourtant la vérité, car j'entendais parler du contrat civil et de la célébration à la municipalité, qui n'avait pu avoir lieu à cause des troubles de Saint-Domingue, lesquels avaient retardé l'expédition des papiers nécessaires, dont le plus important était celui de l'extrait mortuaire en règle de M. Jouberthon. J'appris bientôt, à ma grande et juste indignation, que le retard de l'envoi du document dont nous ne pouvions nous passer, ne provenait pas seulement des troubles de Saint-Domingue, mais qu'il nous avaient été soustraits par une intrigue occulte, et dont je parlerai dans son temps avec un certain développement. Pour à présent il me suffit de dire que j'eus l'obligation à mon ami Briot, de connaitre et d'annuler les manœuvres d'une malveillance à laquelle j'ai de fortes raisons

1. Lucien faisait allusion aux sentiments pénibles à rappeler qui succédèrent à ceux de la tendresse fraternelle entre Élisa et Lucien, quand des individus de la famille Bonaparte furent obligés, pour complaire à Napoléon, d'éviter ou de paraître entrer dans les idées de ce frère devenu assez puissant pour les contraindre d'oublier les obligations de tout genre qu'ils avaient à leur frère Lucien. (*Note de Lucien.*)

de penser que mon frère le premier Consul demeura tout à fait étranger, mais qui n'en fut pas moins puissante à nous tourmenter.

Retournons à notre position dans la petite maison de la place du Corps législatif, laquelle, on se le rappelle, était devenue pour moi le principal appendice de mon hôtel de la rue Saint-Dominique. Cela dit, que je me hâte de faire connaître, dans la peur de l'oublier, le remède qui m'avait si vite guéri; c'était tout simplement une forte dose d'opium. Il n'est donc pas si étonnant que son premier effet ait été celui de m'endormir; mais me guérir si soudainement et si radicalement, j'en ai toujours été émerveillé.

Nous étions depuis plus d'un an dans la situation dont je me suis éloigné par cette digression. Or, malgré les charmes de notre union conjugale, cet état de choses ne laissait pas de nous gêner assez souvent, et le cœur commençait à me dire qu'il pouvait même devenir périlleux. Ma femme, je le voyais bien, partageait quelquefois cette idée, sans me la communiquer et je découvris enfin qu'elle y était entretenue par des lettres anonymes à la fois outrageantes et menaçantes, venant, alors, je ne savais de qui; mes soupçons se portaient naturellement sur les personnes que je croyais intéressées, soit par vengeance ou par intérêt quelconque, à épouvanter ou à chagriner cette chère moitié de moi-même. Plusieurs de ces infâmes lettres tombèrent entre mes mains et je pus en épargner la lecture à celle à qui elles étaient adressées. J'étais adroitement secondé dans cette soustraction de déplaisir à sa maîtresse, par la fidèle femme de chambre Nanette Royer, espèce de perle domestique, dont je ne puis mieux comparer le zèle et le dévouement qu'à une certaine femme de notre bonne mère, appelée Saveria qui nous a tous élevés, au sortir du berceau et pour laquelle toute la famille et même jusqu'à l'empereur, avaient une affection réelle.

Cette espèce de domestique n'est point si rare en Corse qu'en France, et sous ce rapport Nanette Royer était digne d'être corse.

Elle faisait le guet presque constamment à la porte de la maison pour saisir toutes lettres au passage, elle me les remettait et je jugeais celles que je pouvais remettre à leur adresse.

Cette active surveillance qui n'avait pu échapper aux autres domestiques, me faisait passer à leur yeux pour être très jaloux, et la pauvre Royer était considérée comme mon espion ; d'un autre côté, comme on voyait bien que sa maîtresse l'aimait beaucoup, elle se trouvait avoir beaucoup d'envieux et même d'ennemis. Ce fut par le mari de Royer que nous connûmes les auteurs des lettres en question: je dis les auteurs, car c'était en effet une réunion de personnes qui se croyaient intéressées à ce que je ne me mariasse pas. Un très mauvais petit sujet, nommé Colonmieu, élu député, je ne sais trop comment ni à quel titre, était le second agent actif de cette communauté, dirigée en ordre supérieur, par quelqu'un que je ne veux pas nommer, que je ne dois pas nommer, par la double raison que cela me serait encore aujourd'hui très pénible, que d'ailleurs, si c'est de la méprisable histoire ancienne qu'on ne puisse oublier, nous lui avons sincèrement pardonné et je dois ajouter, pour éviter les fausses conjectures à ce sujet, que le premier Consul et sa police étaient encore cette fois là, tout à fait étrangers, comme j'en ai la preuve, à cette méchante action.

Le mystère de notre mariage nous imposait la loi de ne pas trop nous montrer en public, nous n'allions au spectacle qu'en loge grillée et encore rarement, bien que ce fût un de nos passetemps favoris. Ma femme ne voulait absolument voir que les personnes dans notre secret, se bornant à sa mère et à madame Arnaud, couple très aimable et très bon avec qui nous faisions à peu près tous les soirs la partie carrée au reversis, ce qui n'est pas trop d'usage aux tables de jeu des salons en général, mais madame Arnaud était comme ma femme, n'aimant à jouer qu'avec son mari, et Arnaud, ainsi que moi, préférait surtout jouer avec sa femme. Aimer le jeu de reversis me semble un véritable goût de famille que nous devions tenir de notre mère qui le préfère à tant d'autres et le joue en perfection, calculant et connaissant toutes les cartes. Je me souviens que notre fameux Paschal Paoli qui aimait et jouait aussi bien que notre mère, par laquelle il était pourtant battu, disait souvent pour se consoler de ses défaites que la signora *Lætitia aveva codetto guiocco nel sangue*. « La signora Lætitia avait ce jeu dans le sang. »

L'abbé Perrier, notre ami Briot, madame Félix Desportes, quelquefois son mari, qui, lui, n'était pas dans le secret positif, car ces époux vivaient mal ensemble ou plutôt n'y vivaient pas du tout et nous tâchions en vain de les raccommoder ; notre esculape Paroisse, lequel je l'ai souvent pensé, avait été plus heureux que sage dans sa presque miraculeuse cure de ma grippe indienne et, de temps en temps, le bon Dejerval, ainsi que parfois le docteur Corvisart, complétaient notre cercle ordinaire, lequel on le voit, était bien restreint. Il n'avait lieu que le soir, parce que pendant le jour, outre mes occupations particulières indispensables, j'avais entrepris de finir l'éducation de ma femme, interrompue comme celle de presque toutes les femmes de son âge, par la révolution de 89. Son éducation, en apparence parfaite au milieu d'une réunion d'élégantes et de jolies femmes, ne me satisfaisait pas entièrement, sous le rapport de l'instruction solide, que je la jugeais capable d'acquérir, car je ne suis pas de ceux qui pensent que les qualités intellectuelles des femmes ne sont pas au niveau des nôtres, et qui trouvent qu'elles perdent leurs charmes en arrivant au point de comprendre, juger et apprécier le mérite de leur mari et de s'y associer dans les occupations littéraires et même scientifiques, ainsi que beaucoup d'illustres femmes en font preuve.

Je ne cherchais point à rendre Alexandrine une savante, tout en étant persuadé qu'elle le serait devenue, si moi-même alors j'eusse préféré l'étude des sciences auxquelles je ne me suis livré que beaucoup plus tard ; mais j'ai désiré la mettre en harmonie avec moi, par la connaissance de ce que je savais moi-même, car, trouve, qui le voudra, bon et gracieux de ne pas être compris de la compagne de sa vie, je n'ai pas l'honneur d'être de ce nombre, et les attraits d'une tarte à la crème en réponse à, *je vous vends mon corbillon, qu'y met-on ?* ne m'ont point encore rendu leur partisan.

Alexandrine ne voulait pas trop étudier, elle disait qu'à vingt-quatre ans une femme était trop vieille pour le faire avec succès. Je finis par lui persuader tout le contraire, et elle profita très bien du cours d'histoire et de littérature que je trouvai moi-même profit et plaisir à lui faire suivre, mais je sentais pour elle le besoin de distractions moins sérieuses, surtout celui de plus de liberté, et quand je l'eus fait convenir qu'elle préférait le séjour de la campagne à Paris, je n'eus plus d'autre désir que de l'y pouvoir installer, au moins pour quelques semaines. Ma campagne de Plessis-Chamans ne nous convenait pas avant que notre mariage fût déclaré à cause de la proximité de la petite ville de Senlis, dont la petite société nous aurait rendus moins libres qu'à Paris.

En cette disposition d'esprit, Alexandrine me dit un jour, en nous éveillant, que puisque je consentais à aller passer quelque temps hors de Paris, elle avait un petit projet dans la tête : c'était celui de nous en aller tous les deux dans une campagne, mais dans une vraie campagne, où nous ne pourrions être connus ni reconnus, où nous n'emmènerions pour nous servir que mon seul Pedro et la fidèle Nanette, que cet incognito absolu était le seul moyen de goûter un peu de la liberté dont nous avions besoin, impossible au milieu de Paris, surveillés comme nous l'étions par des espions de toute espèce et peut-être entourés d'embûches.

Il devint alors évident pour moi que les scélérates lettres anonymes avaient eu l'effet de troubler le repos de ma chère femme et, par conséquent, mon propre bonheur. Je la grondai un peu de n'être pas plus courageuse, et mon estime pour son caractère s'accrut encore de la réponse pleine de justesse qu'elle me fit, qui était que le courage ne consistait pas à braver le danger d'un malheur, mais à supporter ce malheur avec fermeté quand on ne pouvait parer à son atteinte, que chercher à l'éviter n'était que de la prudence, et que si nous étions jamais condamnés à l'adversité, je verrais bien qu'elle ne manquerait pas de courage. Hélas! les événements ont tourné de telle manière que ma femme s'est trouvée bien souvent dans le cas de me tenir cette parole donnée dans un temps où rien encore ne pouvait lui inspirer de craintes sérieuses sur notre avenir : la force d'âme qu'elle déploya, unie à la plus complète abnégation de ses intérêts personnels, sa soumission à tout ce que je devais faire à titre de pilote du vaisseau de notre ménage persécuté, sa douceur et son amour pour moi, sa tendresse maternelle, sa résignation à toutes les privations, les fatigues, dangers, emprisonnements, qui furent les résultats de mon exil, en un mot, toutes ses éminentes qualités m'ont certainement rendu plus heureux que n'ont jamais pu l'être mes quatre frères sur les trônes qu'ils ont occupés, dont plusieurs m'avaient été offerts au prix de l'abandon des devoirs les plus sacrés d'un époux et d'un père, ce qui rend, au reste, ma résistance aux volontés et aux offres de mon frère Napoléon, beaucoup moins méritoire que beaucoup de gens bienveillamment intentionnés pour moi semblent le croire, ce que je n'ai jamais cessé de répéter dans l'occasion, honteux que je serais de recevoir des éloges sur mon grand caractère, quand je n'a été que fidèle à mon bonheur et à mon devoir [1].

1. Ce n'est pas sans beaucoup de difficulté que nous avons pu empêcher l'incendie ou la mutilation de toute la partie de ce chapitre où notre illustre auteur s'est plu à rendre justice à l'amabilité d'esprit et aux vertus de son épouse, parce que la modestie, très estimable sans doute de cette dame, s'était alarmée de voir son éloge dans une œuvre exhumée et publiée sous sa principale direction. Nous avons d'autant plus insisté pour vaincre cette opposition, qu'il nous a paru juste, si ce n'était absolument néces-

Je n'avais pas tardé à tomber d'accord avec ma femme sur l'espèce de nécessité de notre éloignement de Paris pour peu de temps ; mais comme je voyais mieux qu'elle certaines difficultés de petits détails, qui sont ordinairement ce qui fait manquer les grandes choses, parce que ce sont les petites qu'on oublie plus facilement, je lui opposai d'abord une foule de minutieuses difficultés qui, appréciées par elle, devenaient bientôt très faciles à surmonter, et, définitivement, vaincu et même persuadé par ses instances et ses raisonnements, je ne me trouvai plus que dans l'embarras du choix de notre retraite.

Non seulement le pays devait être agréable et sain, mais il ne fallait pas y être connu ou reconnu, suivant la première condition jugée la plus indispensable pour la sûreté de notre incognito ; mais il fallait qu'il ne fût pas trop près de Paris et pourtant pas trop loin, en cas de nécessité urgente pour moi de m'y rendre. J'avoue qu'il ne me vint pas même en idée de demander au Sénat un congé en forme ; je pensai qu'il serait convenable seulement, au moment de mon départ, d'écrire au chancelier, le citoyen Laplace, pour le prévenir que ma santé m'obligeait à aller prendre l'air sain d'une campagne voisine pendant quelques semaines.

Malgré ma fameuse présidence de brumaire, précédée de celle de président de la société populaire, dans la petite vallée de Saint-Maximin, sous le nom de Brutus,

---

saire, de ne pas laisser échapper l'occasion de montrer sous son véritable aspect, celle qui, pendant tant d'années, fut livrée sans défense à la calomnie, suite du malheur qu'elle eut d'avoir un ennemi aussi implacable que puissant dans la personne de son beau frère l'empereur Napoléon. (*Note de Lucien.*)

suivie de mon ambassade d'Espagne, de mon titre de tribun, rapporteur de plusieurs lois importantes, de ma place à l'Institut, de ma dignité de sénateur, de mes titres, à mes yeux les plus sacrés de tous, d'époux et de père de famille, j'étais bien jeune alors ; aussi, combien de fois me suis-je appliqué ce mot de Barnave : « Je suis entré trop jeune aux affaires. » Il m'eût fallu, surtout au 18 brumaire, ces quelques années que mon ami Bernadotte avait de plus que moi. Si je cite Bernadotte, c'est qu'il m'a tenu ce propos bien des fois. « Oh ! oui, j'étais bien jeune alors !!! »

Ma femme, qui l'était plus que moi sous tous les rapports, bien qu'il n'y ait entre nous que trois ans de différence d'âge, moi étant de 1775 et elle de 1778, n'avait pas manqué de trouver mes mesures ainsi prises plus que suffisantes, et avec l'aimable exaltation qui la caractérise et qui sait lui faire peindre en beau tout ce qui sourit à sa bienveillante imagination et le plus souvent encore à la bonté de son cœur, eut bientôt déterminé mon choix de retraite, d'après celui qu'elle m'avait fait elle-même. Il est vrai qu'elle m'en fit un tableau si séduisant que je ne tardai pas à être séduit moi-même, au point d'avoir autant d'envie qu'elle de faire ce pèlerinage, où il nous serait permis de filer avec encore plus de liberté notre parfait amour.

Notre lune de miel, malgré l'année écoulée depuis notre mariage, était toujours à son plus resplendissant apogée, et, grâce au ciel, elle n'est pas à présent et ne descendra jamais, nous l'espérons, au degré fatal de son complet périgée ; une amitié et une estime réciproques ont mis les époux à l'abri de ce danger.

Mais quelle était donc cette délicieuse retraite ? Je ne

veux pas commencer par dire son nom, qui est sa partie poétique, n'en déplaise à ma chère femme, à qui ce souvenir tient encore au cœur, et qui n'a jamais aimé m'entendre me moquer, même un petit peu, de ce charmant petit délire de nos ardentes amours.

En revanche, que de poésie locale y brillait alors à nos yeux, bien qu'aux miens j'aie à déplorer, ainsi que Moïse, à qui il ne fut pas accordé de voir la terre promise, de ne point connaître cette divine rivière Thibouville.

Dans l'amertume de mes regrets, ce nom m'était échappé. Il faut bien convenir que c'est ainsi que se nomme le paradis anticipé que nous nous promettions, et si jusqu'ici je le tenais en réserve, c'est qu'il me paraissait utile de le dorer à l'avance de la riche description de ma femme.

« C'est, me disait-elle, un petit coin du monde qui n'est pas assez connu, bien qu'il soit sur la route de Normandie, où il brille d'un éclat qui lui est particulier, au milieu des magnificences de ces riches campagnes. Non, rien n'égale à mes yeux la beauté de cet endroit-là ; la fraîcheur du paysage, la pureté de l'air, les chants même des oiseaux, m'ont paru incomparables ; les eaux courantes, ce sont celles d'une jolie rivière qui serpente au milieu des prairies émaillées de fleurs, sont d'une limpidité qui permet de distinguer jusqu'aux poissons qui y brillent en sautillant. Il y a des arbres plantés sur ses bords charmants; on peut y pêcher à l'ombre (or, il faut noter que si nous n'aimions pas la chasse, nous aimions beaucoup à pêcher à la ligne) ; « et puis, ajoutait ma charmante et je puis dire candide enthousiaste, les habitants ne m'ont paru que des paysans, c'est vrai ; mais ils ont l'air d'être si bons ! et ils sont si bons ! si prévenants ! Les femmes, qui sont presque toutes jolies, portaient des paniers d'écrevisses qu'elles venaient nous offrir de très bonne grâce ; mon père, car je voyageais avec lui, en était enchanté, à cause des compliments qu'elles me faisaient, ces braves femmes, ainsi qu'à lui-même, entre autres qu'il était un bien bel homme et que ce n'était pas étonnant que je fusse sa fille, que j'avais l'air d'un bel arbre ; et les paysans d'un autre pays n'auraient pas dit cela, ils auraient peut-être dit une fleur ; moi, j'aime mieux l'arbre, c'est moins fade, etc. »

Pardon, pardon, ma petite femme, quand tu vas lire cela, que ce ne soit pas sur un ton moqueur, comme, si tu t'en souviens, j'eus le malheur de m'en faire accuser.

Le fait est que c'est absolument pour mon plaisir que je rappelle ces souvenirs de trente ans de date ; et puisque j'ai entrepris d'écrire ce petit épisode de notre bel âge, il me semble que, pour te justifier de l'orgueil qu'on pouvait te supposer, en nous rapportant les compliments qu'on te faisait, je dois encore dire que tu m'ajoutas modestement : « Il est vrai que je n'avais que quatorze ans ; ainsi, je puis dire que je ne suis plus moi de ce temps-là. Aussi les bonnes gens ne me reconnaîtraient plus, et s'ils se souvenaient de m'avoir vue, sans savoir alors qui j'étais, ils ne le sauraient pas davantage à présent, puisque nous arriverons là tout à fait incognito. Tu verras, tu verras, c'est charmant, c'est au point que mon père qui, tu le sais bien, lui, ne s'enthousiasme pas facilement, disait qu'il voudrait avoir là une petite chaumière, ou du moins y séjourner quelque temps, comme nous allons faire ; mais nous fûmes malheureusement obligés de nous en aller presque tout de suite après notre dîner, que nous avions fait apporter sous les arbres, aux bords de la rivière, parce que le conducteur vint nous avertir que la diligence allait repartir ; elle s'était arrêtée là, comme à l'ordinaire, pour ce qu'on appelle la dînée, ou la *rafraichie* des voyageurs, etc. »

Cette finale, à laquelle j'étais loin de m'attendre après des renseignements si précis et si détaillés fut ce qui amena le petit orage conjugal que je viens de rappeler, car je ne pus m'empêcher d'en rire aux grands éclats ; mais ma femme, loin de partager mon hilarité, se mit à pleurer tout de bon, et c'est ici le cas que je lui répète qu'elle est du petit nombre des femmes qui ne s'enlaidissent point en pleurant. Ce qui la piquait vivement, c'est qu'elle avait deviné la cause de mes rires ; c'était l'idée qu'il pouvait bien y avoir quelque chose à rabattre de l'opinion si admirative qu'une petite demoiselle de quatorze ans s'était formée d'un pays et du caractère de ses habitants, pendant une *rafraichie* de diligence.

Comme Alexandrine n'avait plus quatorze ans, elle se persuada facilement que je n'avais pas tort de trouver la chose assez plaisante, aussi ne tardai-je point à me faire pardonner mon rire olympien ; les larmes des beaux yeux furent essuyées par mes baisers, non moins que par l'assurance que j'étais convaincu de tous les agréments de la rivière Thibouville et la promesse que nous partirions dès qu'elle voudrait pour les nouveaux bords du Lignon.

Il fut décidé que ce serait pour le lendemain ; je me trouvai parfaitement d'accord avec l'idée de ma femme, en ce que, pour assurer la réussite d'un projet utile ou agréable, présentant des difficultés, il faut aller le plus vite possible à l'exécution. Aussi elle voulut s'occuper tout de suite de sa toilette de campagne et de la mienne; elle était enchantée et se trouvait déjà transportée en esprit dans les délicieux parages de cette rivière Thibouville, dont j'avoue à ma honte que le nom, pour la première fois, avait frappé mon oreille. Il est vrai que je n'avais jamais été en Normandie, et je n'affirmerais pas qu'on n'eût l'espérance de substituer un jour aux atours parisiens la houlette et la pannetière, en guidant un joli troupeau, tandis que moi-même, nonchalamment étendu sur le mol et vert gazon, en véritable pasteur toujours plus amoureux, je charmerais ma bergère aux doux sons de ma cornemuse. Oh! la bonne! la douce et malheureusement trop lointaine folie!

Si je n'allais pas jusqu'à désirer ma transformation en berger Céladon, c'était très sérieusement que j'étais décidé à partir dès le lendemain et même tout de suite pour la rivière Thibouville, afin d'échapper à cette méprisable et dangereuse engeance d'espions de police, et plus encore aux mouchards de haute volée dont quelques-uns, il me déplaît de le dire, parce que c'est une triste vérité, portaient les épaulettes qu'ils avaient parbleu! bien gagnées sur le champ de bataille! Comment se fait-il que la vaillance s'allie à une pareille lâcheté? Cela seul servirait à bien établir la différence qu'il y a entre vaillance et valeur, que trop souvent l'on ne distingue pas assez l'une de l'autre.

Je fus chez ma mère pour la prévenir de mon absence et comme je ne lui dis pas où j'allais, ni combien de temps je resterais à la campagne, elle crut que j'allais au Plessis, comme à l'ordinaire, faire une visite de peu de jours à mes ouvriers, et me demanda si cette fois j'emmenais Alexandrine, ajoutant que je ne devais pas la laisser à Paris sans moi. Je lui répondis qu'elle m'accompagnait : ma bonne et judicieuse mère avait entrevu bien des choses.

Je me disposais à la quitter, quand une voiture de poste se fit entendre dans la cour de l'hôtel et bientôt Joseph entra dans le salon. Il arrivait de Morfontaine et me dit qu'il venait de chez moi, où Pedro lui avait dit qu'il me trouverait, où j'étais en effet ; qu'il était venu à Paris à son corps défendant, car il avait une belle partie de chasse liée avec ses amis Girardin et Miot, qu'un goût égal au sien pour cet exercice salutaire à sa santé avait rendus depuis quelque temps ses presque inséparables. Le désagrément de devoir y renoncer avait mis Joseph de bonne humeur ! « Parce que, me dit-il, il a plu au Consul, qui nous reçoit à peine, ou ne nous reçoit pas du tout quand nous allons le voir, de me faire écrire par Duroc qu'il m'attendait mercredi à déjeuner avec toi, Lucien, il faut me priver d'une chasse déjà toute organisée. L'exprès de Malmaison m'arriva pendant la nuit ; on ne savait ce que c'était, et quand j'appris pourquoi, j'ai pesté contre mon valet de chambre pour m'avoir éveillé, et me suis rendormi, pensant que puisque l'invitation était pour mercredi, il n'y avait rien de pressant, que je pouvais prendre le temps de venir aujourd'hui arranger quelques affaires et me trouver prêt à partir demain matin avec toi. As-tu reçu la lettre de Duroc ? » Je lui dis que non ; mais qu'en tout cas, pour faire acte de bonne volonté, je l'accompagnerais.

— Prenez garde, nous dit maman, avec cet air de finesse qui est particulier à l'expression de sa physionomie, et qu'elle conserve encore à l'âge qu'elle a, le Consul a peut-être quelque nouvelle loi à faire passer au Sénat, où il aimerait mieux que vous ne fussiez pas. » Nous rîmes de cette remarque en convenant que cela pouvait bien être.

Maman avait dit dans la conversation que j'allais partir pour le Plessis, et n'ayant ni confirmé ni démenti la chose, Joseph le crut comme elle, et me dit que j'avais tort de ne pas être plus auprès du Consul, qu'il finirait par préférer la famille de sa femme à la nôtre. « Mais vous, mon frère, lui répondis-je, pourquoi êtes-vous presque toujours à Morfontaine? » — « Ah! moi, me dit-il, c'est tout autre chose, je ne suis bon à rien; je ne sais pas parler en public comme toi, et puis, d'ailleurs, moi, je suis déjà ce qu'on peut appeler un vieux jeune homme, et je ne désire que du repos, c'est-à-dire que la seule fatigue de la chasse. »

Mon bon frère Joseph était sincère en me parlant ainsi et offrit depuis la preuve de la vérité du proverbe vulgaire : « L'homme propose et Dieu dispose. » Peu de vies ont été aussi agitées et aussi élevées que la sienne, avec les goûts les plus simples et les plus étrangers à la politique et surtout à l'ambition.

Maman voulait nous retenir tous les deux à dîner; Joseph s'y refusa, ayant promis à notre jeune sœur, madame Murat, d'aller manger sa soupe la première fois qu'il viendrait à Paris. Moi-même, sous prétexte de prendre nos mesures pour partir ensemble le lendemain matin, je n'acceptai pas l'invitation de notre mère.

Bien qu'elle eût dit en plaisantant ce que j'ai rapporté plus haut, elle était assez curieuse de savoir ce que le Consul nous voulait et approuva que je différasse mon départ d'un jour pour répondre au désir qu'il m'avait témoigné de nous réunir chez lui, car elle n'aimait pas que nous prêtassions aux propos de ceux qui n'étaient pas fâchés de pouvoir représenter la famille comme vivant peu en harmonie avec celui de ses fils devenu chef du gouvernement et que l'opinion générale vénérait extrêmement au moins jusqu'à l'époque où j'en suis de sa magistrature populaire.

Joseph opina; je crois que c'était par la peur qu'il avait que ce fût une ambassade que le Consul voulut nous faire accepter, et maman nous répéta que ce n'était pas pour rien que nous avions reçu le message, dont nous étions bien loin de soupçonner l'intention.

Pour moi, bien que désappointé de ce contretemps à notre départ pour la rivière Thibouville, aussi fixé pour le lendemain, ce même mercredi désigné par le Consul pour déjeuner avec nous, résigné pourtant à courir l'aventure de cette invitation, je dus prévenir ma femme que le départ était différé. Pedro me remit alors la lettre de Duroc; Alexandrine en parut un peu alarmée, mais comme elle me voyait dans les mêmes dispositions pour notre petit voyage, je la laissai tout à fait calme, pour aller retrouver Joseph chez notre sœur Caroline, où nous convînmes de partir ensemble le lendemain matin.

En effet, avant neuf heures, nous étions dans la même voiture sur la route de Malmaison. Bientôt après, nous étions arrivés et introduits dans le cabinet du Consul.

Voici la conversation qui s'établit entre nous trois et dont pour moi l'intérêt fut assez marquant, surtout dans sa dernière partie, pour que je pense n'avoir oublié aucun détail qui soit à regretter.

Ainsi le Consul nous voyant entrer se lève du bureau où il était assis, s'avance vers nous d'un air beaucoup plus aimable que je ne l'avais vu depuis longtemps en disant :

« Bonjour, Messieurs. Comment vous portez-vous? »

Et sans attendre notre réponse : « Eh bien, vous voilà enfin! Il a fallu, pour avoir le plaisir de votre visite, vous inviter en cérémonie. Vous ne seriez pas venus, n'est-ce pas? sans mon invitation, n'est-ce pas?

Joseph, *d'un air indifférent.* — Mais si, je comptais venir un de ces jours.

Le Consul. — Et le citoyen Lucien avait-il aussi ce projet?

Moi. — Mais, oui, citoyen Consul, d'autant plus que la dernière fois, quand je suis venu rendre mes devoirs à ma belle-sœur, vous étiez fort occupé avec les ministres et je n'ai pas dû insister dans la crainte de vous déranger.

Le Consul. — Dites que vous vous êtes formalisé comme Joseph de ce que les deux ou trois dernières fois que vous êtes venus, j'ai été obligé de me priver du plaisir de vous recevoir. Ah! moi, je n'ai pas à penser seulement à organiser des parties de chasse ou à jouer la tragédie, ou à faire la cour aux belles, ou à m'amuser enfin ; ma vie est un continuel sacrifice à mes goûts, et voilà pourquoi je ne suis pas toujours visible, même pour vous. Sans cela, vous devez bien croire que vos visites me seraient toujours agréables. »

Ici un silence de quelques instants, pendant lequel je réfléchis qu'il convient cependant de répondre à cette avance fraternelle, tout entortillée qu'elle soit, ou du moins fortement nuancée d'un je ne sais quoi de déplaisant ou d'ironique, qui me paraît frapper Joseph encore plus que moi. Je me décide donc et réponds encore assez à temps : « que le citoyen Consul sait bien que le plaisir serait surtout pour nous, s'il nous recevait chaque fois que nous tentons de le voir. »

Joseph qui ne me semble pas dans l'admiration de ma réponse, ne s'enthousiasme pas non plus de la sienne, qui se borne à dire, encore d'un ton assez bourru : Certainement.

Le Consul, *se frottant les mains*. — Ainsi, d'après cette aimable explication, il m'est donc permis de me flatter que vous ne m'en voulez plus, citoyen Lucien, et que Joseph en particulier, voudra bien me rendre ses bonnes grâces.

Joseph. — Oui; mais à condition, puisque bonne grâce il y a, que vous voudrez bien vous-même être plus gracieux et ne pas, au contraire, vouloir me maîtriser quand je veux être libre, et je crois que Lucien pense comme moi.

Le Consul. — Est-ce que vous avez pensé qu'il n'ose pas me faire lui-même cette belle profession de foi, que vous êtes si pressé de la faire pour lui? »

Je n'avais pas vu Joseph aussi peu conciliant depuis la fameuse scène que j'ai intitulée *le quos ego de la baignoire consulaire*. Il est bien homme à se mettre en colère, comme j'ai déjà eu l'occasion de le dire ; mais sans cette espèce d'orage, heureusement très accidentel et de courte durée chez lui, Joseph est toujours plein d'aménité dans la conversation et je puis même affirmer que je ne lui en ai jamais vu manquer qu'avec mon frère Napoléon. Cela tenait indubitablement, sans même qu'il s'en rendît un compte exact, puisqu'il en parlait sur le ton de la plaisanterie, à ce qu'il appelait, l'héroïque escamotage de son droit d'aînesse, qui voulait de temps en temps reprendre ses droits. En cette circonstance nouvelle, où je me sentais un peu peiné de la tournure qu'il avait voulu prendre, je me gardai bien pourtant de démentir la grande vérité qu'il venait de dire au sujet de mon goût pour la liberté et je me permis de la confirmer par l'exception, en répondant à Joseph, mais beaucoup plus vite que je ne viens de résumer mon idée, qu'il était beau sans doute de jouir de la liberté quand le bien public ne commandait pas d'en faire le sacrifice ; mais que, dans le cas contraire, on ne devait pas hésiter à le faire.

Le Consul. — Voilà qui est bien, très bien. Alors pourquoi n'avoir pas fait ce que vous dites et avoir tant intrigué contre mes projets sur vous au Sénat?

Moi. — Intriguer? citoyen Consul, est-ce bien le mot?

Le Consul. — Non, c'est la chose.

Joseph. — Mais alors, c'est vous-même qui l'avez faite cette chose. Je vous avais dit et redit que je ne voulais pas, moi, devenir votre chancelier au Sénat.

Moi, *d'un ton beaucoup plus bas.* — Et moi que la place de trésorier ne me convenait pas.

Joseph. — C'est une singulière prétention que vous avez là, de faire marcher vos frères où et quand il vous plait, malgré eux. Vous ne le feriez pas, vous ne pourriez le faire à d'autres citoyens, à moins qu'ils soient de la conscription ; ce serait un fâcheux privilège d'être vos frères aux prix de devenir vos esclaves.

Moi, *toujours d'un ton plus bas que Joseph.* — Il est certain que la liberté individuelle me paraît plus nécessaire à la dignité de l'homme, que ce que l'on appelle la liberté nationale.

Le Consul. — C'est fort bien, ainsi donc vous proclamez, tout simplement, mes très chers et honorés frères, que l'intérêt individuel l'emporte sur le national? Et le bien et la prospérité publique, comment les arrangez-vous avec cet égoïsme systématisé?

Moi. — La question est facile à résoudre : nul doute que quand le bien public est en danger, on ne doive sacrifier l'intérêt individuel, si on peut, comme vous, citoyen Consul, se flatter de rétablir et de consolider le bonheur de son pays en faisant abnégation de soi-même ; mais convenez que ce que vous vouliez faire de nous au Sénat, n'aurait rien ajouté au bien public, et je vous réponds qu'il ne suffira pas plus et peut-être beaucoup moins de mon refus d'être le trésorier du Sénat, que, par exemple, le ministère de l'intérieur n'a souffert de la substitution que vous avez cru devoir faire du citoyen Chaptal, comme ministre, à votre frère Lucien.

Le Consul. — Ah! ah! cela vous tient encore au cœur? Il me paraît pourtant que l'ambassade d'Espagne vous fut un assez joli dédommagement.

Moi. — Oui, sous le rapport de l'indépendance de fortune qu'elle m'a procurée, et dont je reconnais que je vous ai l'obligation, car si vous ne l'eussiez pas trouvée à propos, c'est-à-dire convenable, je croyais qu'il était de mon devoir de refuser.

Le Consul. — Je vous ai autorisé à accepter, parce que c'était juste, puisque l'usage est que les têtes couronnées fassent de beaux présents aux ambassadeurs dont ils honorent ainsi, par plus ou moins de magnificence, les gouvernements qu'ils représentent. Je suis d'ailleurs d'avis qu'il est plus honorable d'accepter des millions que des centaines de mille francs, et votre délicatesse n'était alarmée que sur la grande valeur du cadeau, dont je vous l'ai dit et je vous le répète, le plus grand honneur revenait à moi.

Joseph. — En aimant mieux recevoir des millions que des centaines de mille francs, vous me rappelez ce que pensait et disait dans une autre occasion, je ne sais plus quelle reine de France ; n'est-ce pas Marie-Antoinette ? Vous m'en direz tant ! tant et tant que...

Le Consul. — Le mot n'est pas de Marie-Antoinette ; il est attribué à Marie Leczinska, femme de Louis XV. Il est vrai qu'il ne s'agissait pas de récompenser les heureux résultats d'un bon traité diplomatique ; c'était pourtant la plus honnête femme du monde.

Moi. — Aussi ne faisait-elle que plaisanter en disant cela.

Le Consul. — C'est probable, mais ce mot est devenu la pâture des mauvaises langues, des prudes et une espèce de couvre-chef, ou plutôt de couvre-honte de la vénalité de mainte et mainte duchesse.

Moi. — Les duchesses, au moins certaines duchesses du temps de Louis XIV, par exemple, n'avaient pas attendu le mot un peu hasardé de l'estimable femme de Louis XV, pour prouver l'attrait irrésistible des millions pour leurs beaux yeux.

Le Consul. — Marie Leczinska n'en eut pas moins

tort de laisser échapper cette plaisanterie. Cela prouve que les souveraines et même les hommes qui, sans être couronnés, sont appelés à gouverner, ne doivent pas plaisanter légèrement, sur des matières foncièrement graves en elles-mêmes, comme les mœurs, les institutions nationales, la religion et particulièrement l'autorité souveraine.

Joseph. — Citoyen premier Consul, je me prosterne devant votre austérité.

Moi. — Et moi aussi, citoyen Consul, et j'en conclus plus que jamais, qu'il ne faut pas enchaîner sa liberté pour le plaisir, la gloire ou l'honneur de se mêler des affaires des hommes, quand ils n'ont pas un précis besoin qu'on s'en mêle. Ne pas même pouvoir plaisanter sur...

Le Consul, *interrompant*. — Vous m'impatientez ; je n'ai pas dit qu'on ne dût jamais plaisanter quand on était le chef d'un gouvernement. Il me semble qu'en précisant les sujets qui devaient s'en trouver à l'abri, j'ai laissé le champ libre à tous ceux que je n'ai pas exclus du domaine de la plaisanterie.

Moi. — Vous avez parfaitement raison.

Joseph. — Oui, et quant à moi qui ne gouverne pas les hommes, je ne crois pas avoir eu tort de plaisanter un peu sur le chapitre de votre Austérité, d'autant plus que le titre, votre austérité, en vaudrait bien un autre, comme celui d'Excellence, par exemple, attribué à des gens qui n'ont rien d'excellent, à des gens qui n'ont pas la moindre dignité dans leurs personnes, à certains rois enfin. Et le Pape donc, Votre Sainteté ! quel abus de mots ! donner de Votre Sainteté aux mauvais papes, comme aux bons ! à des scélérats tels qu'on en a vu souiller le trône pontifical.

Le Consul. — Tudieu ! comme vous êtes disposé aujourd'hui à critiquer les maîtres de la terre. C'est un métier difficile, savez-vous ; moi je commence à en savoir quelque chose, et quant à plaisanter légèrement sur les choses sérieuses, j'y reviens par un trait qui m'a toujours frappé et qui prouve ce que j'ai avancé. Tenez, je parierais, si cela pouvait se prouver à la distance où nous en sommes, que l'empereur Caligula n'a jamais voulu sérieusement faire son cheval sénateur, il aura pu dire en voyant siéger au Sénat des hommes plus que médiocres, que son cheval, à leur place, aurait été moins bête qu'eux.

Moi. — Je suis fier d'avoir eu, à ce sujet, la même opinion que le citoyen Consul. Par exemple, quel esprit, quel talent, quel génie, pouvons-nous supposer que doivent avoir eu ces sénateurs muets, qui n'opinaient que du pied et que justement pour cela, on désignait sous la qualification de sénateurs pédaires.

Joseph. — Mais cela devait beaucoup ressembler à nous autres, qui ne parlons presque pas, et que bientôt, dit-on, il entre dans vos projets de rendre tout à fait muets.

Le Consul. — Allons taisez-vous, monsieur le frondeur. Lucien ne dit pas cela lui.

Moi, *en aparté*. — Je n'en pense pas moins.

Le Consul. — Il sait bien, Lucien, lui, qui connaît personnellement le pouvoir de la parole sur les masses, que je ne pourrais pas gouverner, si je laissais bavarder tout le monde.

Moi. — Excusez, mon frère, je ne puis tomber d'accord avec vous sur ce point. Je crois, au contraire, qu'une opposition plus ou moins systématique est nécessaire aux gouvernants, je ne dis pas peut-être pour vous qui, élevé au pouvoir suprême par la volonté de la nation, n'aurez sans doute jamais besoin d'être averti, qui ne voudrez jamais essayer du despotisme, encore moins de la tyrannie, enfin rien entreprendre de dangereux à la sûreté contre la République ; mais en général les gouvernements, surtout ceux des rois, sont envahisseurs de leur métier et l'opposition est comme la sentinelle avancée et vigilante, faite pour signaler l'ennemi aux peuples menacés d'oppression et si elle était écoutée à temps, elle sauverait bien des dynasties.

Le Consul. — L'opposition comme en Angleterre, n'est-ce pas? Quant à moi je n'ai pas encore compris les avantages d'une opposition quelconque. Quelle qu'elle soit, elle ne sert qu'à déconsidérer le pouvoir aux yeux du peuple.

Joseph. — On voit bien qu'elle ne vous plaît pas, vous y avez déjà mis bon ordre.

Le Consul. — Qu'un autre vienne gouverner à ma place, et s'il ne fait pas comme moi l'effort d'imposer silence aux bavards, il verra ce qui lui arrivera. Je vous dis, moi, qu'il faut unité absolue de pouvoir pour bien gouverner. Je ne chanterais pas cela sur les toits, pour ne pas effaroucher un tas de gens qui crieraient au despotisme, s'ils pouvaient parler, et en écriraient s'il leur était permis d'écrire, aussi j'ai commencé à y mettre bon ordre.

Joseph. — Moi tout le premier, je vous l'assure, si je n'étais pas votre frère; mais je n'en pense pas moins. Oh! bon Dieu! où en sommes-nous? où allons-nous?

Moi. — Dois-je dire où allons-nous?

Le Consul. — Dites, dites donc.

Moi. — Nous allons droit au despotisme organisé par le génie. Heureusement que notre grand frère n'est pas capable d'en abuser.

Le Consul. — Non, certainement ; mais vous conviendrez que je joue de malheur ; ne pas trouver dans mes frères des auxiliaires à mes projets qui tendent tous au bonheur du peuple. Non, je ne puis vous pardonner de n'avoir pas voulu des deux places au Sénat ; vous pouviez m'y être très utiles.

Joseph. — Mais, mon Dieu, vous n'avez pas besoin de nous pour arriver à réaliser tout ce que vous avez en tête.

Moi. — C'est tout à fait mon opinion : car excepté Lanjuinais et quelques autres, tout sera muet, ou approbateur de tout ce que vous pourrez faire ou dire.

Le Consul. — Je sais bien que Lanjuinais est un de ceux qui ont manigancé contre moi en faveur de votre obstination à vous refuser à ce que je désirais ; mais le cher Lanjuinais ne tardera pas à se taire comme les autres.

Moi. — Il n'y a eu d'autre manigance de la part de Lanjuinais et de nos amis, que de trouver tout naturel que nous ne voulussions pas être mis sur la liste de présentation.

Le Consul. — Eh bien, savez-vous ce que l'on a dit de votre obstination à ne pas vouloir une chose que je considérais comme utile ? On a dit que vous étiez deux orgueilleux, qui avez trouvé les deux places au-dessous de vous.

Moi. — Oui, nous savons qu'on l'a dit.

Joseph. — Et même qui l'a dit.

Moi. — Mais cela n'a pu prendre dans l'opinion. Est-ce que cette nouvelle marque de votre confiance et de celle du Sénat, diminuerait en rien l'honneur que nous avons d'être vos frères ?

Le Consul. — Aucunement, en vous la destinant je croyais, au contraire, vous élever davantage.

Moi. — Pour mon compte, je vous en remercie, mon frère, mais je ne désire pas être plus élevé.

Joseph. — Et moi donc ! une bonne fois pour toutes, je déclare ici à mon cher frère cadet, premier Consul de la République française, que je préfère ma liberté à tout honneur politique et que d'ailleurs, outre mon goût particulier pour la vie obscure et tranquille, j'ai nécessité de repos.

Le Consul. — Et qu'avez-vous donc fait de si fatigant?

Joseph. — Chacun sait les forces qu'il a et nul n'est obligé de dire pourquoi il en a peu, ou point du tout: mais, par exemple, je ne conseille pas encore le repos à Lucien avec son talent d'orateur et son énergie. Lui, n'est pas militaire, mais il n'en est pas moins un homme d'action.

Moi. — Vous me faites beaucoup trop d'honneur, mon frère, et à vous pas assez, mais du reste, citoyen Consul, je pense absolument comme Joseph, en fait d'occupation politique et d'avoir du repos, tant que l'utilité dont je puis être pour la nation, ne me sera pas démontrée.

Le Consul, *d'un ton d'ironie mêlé de quelque amertume*. — Et comme Joseph, sans doute vous aussi Lucien, vous aspirez à vous reposer sur vos lauriers.

Moi. — Cela pourrait bien être, si les lauriers de notre famille n'étaient pas, au moins jusqu'ici, notre conquête exclusive.

Le Consul. — Fausse modestie ! vous savez bien et je suis persuadé que vous n'oublierez jamais que vous avez aussi vos lauriers.

Moi. — Oh ! Joseph et moi nous ne pouvons aspirer qu'à une petite part de la couronne civique dont le chêne est le symbole, et qui vous revient aussi de droit. »

Pendant un instant je fus tenté de lui rappeler que j'avais un jour eu l'espoir de gagner quelques lauriers en le suivant à la guerre, quand, après le 18 brumaire, il partit pour sa brillante campagne d'Italie, qui mit le comble à sa gloire par la bataille de Marengo ; mais je ne voulus pas lui rappeler ce qui s'était alors passé entre nous, au sujet de ma vue basse, dont il me parla d'un ton qui m'avait fort déplu, comme je l'ai raconté dans un autre chapitre.

La conversation continua encore quelques moments sur un ton tout à fait amical de sa part, sans que je puisse me souvenir de rien de bien saillant et je pensais que Joseph devait trouver aussi bien que moi qu'il tardait beaucoup à nous entretenir du sujet, pour lequel nous supposions qu'il nous avait invités à venir déjeuner avec lui. Je commençais même à croire qu'il n'avait voulu que nous rapprocher de lui, après nous avoir tenus éloignés, quand le Mamelouk Rustan précédé de son valet de chambre entra ; il portait un plateau où était le café du Consul. Il nous dit alors, s'attablant à un petit guéridon, que lui, le matin, ne pouvant rien prendre que du café, il ne nous tiendrait pas compagnie à table, non plus que Joséphine, qui avait été malade toute la nuit d'un mal de dents, qu'elle avait très mauvaises, la pauvre femme ! ajouta-t-il. Ainsi, si vous voulez passer à côté, dans mon secrétariat, vous trouverez votre déjeuner préparé ; moi, pendant ce temps-là, je vais m'habiller, puis enfin nous causerons, car jusqu'ici nous n'avons fait que babiller et j'ai quelque chose à vous dire.

Nous allâmes nous mettre à table avec un certain plaisir ; nous avions appétit tous les deux. Il y avait un excellent pâté aux truffes, auquel nous fîmes assez honneur pour ne manger presque autre chose. Joseph trouva le vin mauvais et le fit changer par le valet de chambre qui nous servait, lequel avait été à lui, avant d'être au Consul. Je crois que c'était un nommé Constant. En ma qualité de buveur d'eau, je n'avais pas voix au chapitre pour décider le mérite des vins ; mais Joseph qui en est un fin dégustateur, dit que le dernier même n'était pas meilleur que le premier, que c'était toujours comme cela chez le Consul, que tout le monde s'en plaignait, et qu'il ferait bien de charger ses aides de camp de le lui procurer meilleur.

Tout cela n'était pas bien intéressant à rappeler. Ce qu'il avait à nous dire me semblait devoir l'être davantage ; c'est ce qui fera le sujet principal du chapitre suivant[1].

---

1. Ce chapitre n'a pas été retrouvé dans les pièces manuscrites conservées aux Archives.

CHAPITRE XIX

PAULINE BONAPARTE. — LE DUC D'ENGHIEN

La sénatorerie de Popelsdorf. — Voyage de Lucien sur les bords du Rhin, à Popelsdorf. — Retour à Paris. — Annonce du mariage de Pauline Bonaparte. — Mort du général Leclerc. — Retour de Pauline Leclerc à Paris, en 1803. — Caractère bizarre de la jeune veuve. — Ses folies. — Ses amours avec le prince Borghèse. — Nécessité d'un mariage.
Ce qu'était Borghèse — Une lettre de Paul-Louis Courrier. — Signature du contrat, 19 septembre 1803. — Nature de ce contrat. — Mariage, le 6 novembre.
Fausse situation de Lucien. — Ostracisme prescrit par Napoléon autour de sa femme. — Départ pour l'Italie. — Lucien voyage incognito sous le nom du général Boyer. — Inscription d'Arnaud sur le mont de l'Ermitage au Vésuve. — Retour à Paris. — Séparation définitive des deux frères. — Bernadotte. — Arrestation de Moreau. — Mort du duc d'Enghien. — Motifs de cette mort. — Première lettre du comte de Lille à Bonaparte, 20 février 1800. — Deuxième lettre. — Réponse de Bonaparte, 6 septembre 1800. — Négociations. — Frédéric-Guillaume de Prusse. — Ses instructions au président de la régence de Varsovie. M. Meier. — Réponse catégorique du comte d'Angoulême. 28 février 1803. — Colère de Bonaparte contre les royalistes. — Sa vengeance. — Les complots royalistes. — Les arrestations. — Condamnation du duc d'Enghien. — Lettre de Bonaparte à Talleyrand, 30 mars 1804.
Effet produit par la mort du duc d'Enghien. — Situation fausse de Lucien. — Il se décide à quitter la France avec sa famille.

Au mois de juillet de l'année 1803, Lucien fut fait grand officier de la Légion d'honneur et désigné pour être l'un des sept membres du conseil d'administration de l'ordre, ce qui donnait de droit une place au Sénat conservateur.

Si l'on joint à cette série d'honneurs si galamment acceptés, les fonctions de commissaire du grand conseil et le don de la sénatorerie de Popelsdorf, destinée à rapporter au titulaire trente bonnes mille livres de rente en biens fonds, l'on comprendra que l'ex-ambassadeur n'avait en réalité guère à se plaindre de son tyran de frère.

Ce domaine de Popelsdorf, ancienne propriété de plaisance des électeurs de Trèves, était situé près de Bonn. Il passait pour magnifique. Lucien ne voulut pas tarder d'un jour le moment d'aller en prendre possession. Son brevet en poche, il partit aussitôt en compagnie de ses fidèles Thibault, Le Thiers, Paroisse, Campi et du premier clerc de notaire, Tarbé. Gaspard faisait le service de courrier.

L'expédition fut joyeuse.

On rêvait faire de Popelsdorf quelque magnifique centre artistique, humoristique et poétique. Malheureusement, le fameux château, situé, non en Espagne, mais sur les bords du Rhin, était dans un état de délabrement complet. Pour le remettre en état, l'architecte Poyet demandait au bas mot la somme ronde de cinq cent mille francs. Lucien se refusa naturellement à un pareil sacrifice, pour une propriété exposée aux vicissitudes de la guerre. Il se contenta de prendre ce qui restait encore à glaner, en fait de vieux meubles et de peintures dans les chambres du manoir délabré, puis à disparaître après avoir daigné recevoir les autorités et les femmes de l'endroit, fort jolies, par parenthèse, du moins c'est l'ex-ambassadeur qui l'affirme.

Au mois de septembre, Lucien se trouvait à Paris.

La cour et la ville étaient alors tout aux préparatifs d'un mariage à sensation, celui de sa sœur, la belle Paulette, et aux récits des munificences de la corbeille.

Pauline Bonaparte avait dû accompagner son mari, le général Leclerc, à Saint-Domingue. Et, bizarre ironie du sort, ou plutôt malicieuse intention de son puissant frère, elle avait fait cette longue traversée en compagnie de son époux et de son ex-Roméo, le beau Fréron, dont on s'était débarrassé à peu de frais, moyennant la gratification d'une place administrative lointaine. Du reste, il faut le reconnaître, le destin se montra complaisant pour la jeune femme, car les deux soupirants, le mari et l'ex-ami succombèrent, comme tant d'autres braves républicains, des suites d'une attaque de fièvre jaune.

Au mois de juin 1803, l'intéressante veuve était de retour à Paris, malade et pâle, non de douleur, mais des restes d'un mal qui ne pardonne pas. Toujours belle, toujours coquette, elle était restée femme par excellence, capricieuse et fondante, avide de diamants, de toilette et de distractions. Ce fut au milieu de cette vie de plaisirs qu'elle rencontra Camille Borghèse et qu'elle sut lui inspirer la plus violente des passions. Leur liaison, du reste, devint tellement publique et les deux amoureux s'affichèrent si naïvement partout, qu'un bel et bon mariage restait la seule solution possible au scandale. C'était ce que souhaitait Pauline.

Elle avait alors vingt-deux ans, Camille Borghèse vingt-sept. Elle avait eu un fils du général Leclerc, le jeune Dermide, qui devait mourir l'année suivante à Rome. Quant au prince Borghèse [1], il possédait une immense fortune foncière. Du milieu dans lequel il vivait, de ce qu'était sa famille, l'étincelant officier d'artillerie qui a nom Paul-Louis Courier, a laissé un aperçu curieux dans une lettre à son ami de Toulouse:

« Je voudrais pouvoir vous donner une idée des cercles de Rome ou être sûr que ce tableau vous intéresserait. Mais vous en parler sérieusement, cela vous ennuierait, et pour vous le dépeindre en ridicule, c'est trop dégoûtant. Quelques grands seigneurs d'Italie qui prêtent leurs maisons et qui font, pour vivre avec les Français, des bassesses souvent inutiles, sont des gens ou mécontents des gouvernements que nous avons détruits, ou forcés par les circonstances à paraître aimer les choses qui les remplacent, ou assez ennemis de leur propre pays pour nous aider à le déchirer et se jeter sur les lambeaux que nous leur abandonnons. Tels sont à Milan

---

1. *Borghèse* (Camille), prince de Sulmona et de Rossano, né à Rome, le 19 juillet 1775, mort à Florence, le 10 avril 1832, prince français et grand'croix en 1804, chef d'escadron, puis colonel de la garde, prince de Guastalla en 1806, général en 1807, grand dignitaire de l'Empire en 1808...

les Serbelloni, ici les Borghèse et les Santa-Croce. La princesse de ce nom, *formosissima mulier*, femme connue de tous ceux qui ont voulu la connaître, et beaucoup au-dessous de sa réputation, du moins quant à l'esprit, a lancé son fils dans les troupes françaises. Il s'est fait blesser, et le voilà digne d'être adjudant général. Les deux Borghèse, qui ont acheté moins cher des honneurs à peu près pareils, sont deux polissons incapables d'être jamais des laquais supportables, aussi maladroits que plats et grossiers dans les flatteries qu'ils prodiguent à des gens qui les méprisent.

« Le reste ne vaut pas l'honneur d'être nommé. »

Tel était l'un des personnages qui, le 19 septembre 1803, signait par-devant maître Raguideau, notaire, le contrat suivant[1], dont plusieurs des clauses sont curieuses et témoignent de l'habileté des Bonapartes et de leur situation de fortune à cette époque :

Par-devant Maurice-Jean Raguideau et son collègue, notaires à Paris, furent présents : Camille, prince Borghèse, demeurant ordinairement en son palais à Rome, fils de feu prince Marc-Antoine Borghèse et de madame Anne, duchesse Salviati, son épouse, actuellement sa veuve; ledit prince Borghèse, maintenant à Paris, logé rue et hôtel Grange-Batelière, d'une part, et madame Marie-Paulette Bonaparte, veuve de Victor-Emmanuel Leclerc, général de division, capitaine général, commandant en chef à Saint-Domingue, demeurant à Paris, en son hôtel, rue du faubourg Saint-Honoré, d'autre part.

Art. 1. — Il n'y aura point de communauté de biens entre les futurs époux;

Art. 2. — La dot de la future épouse consiste : 1° en une somme de cinq cent mille francs que son frère Na-

1. Mss. A. E.

poléon[1], premier Consul de la République, lui a donnée et qu'elle a présentement remise en deniers comptants au futur époux qui la reconnaît et s'en charge. — 2° Et en diamants de valeur de trois cent mille francs qu'elle a aussi remise au futur époux qui les reconnaît et s'en charge pareillement.

Art. 3. — Le futur époux touchera les revenus desdits biens constitués en dot.

Art. 4. — Tous les autres biens présents et à venir de la future épouse lui seront paraphernaux.

Art. 5. — Il sera remis par le futur époux à la future épouse chaque année une somme de vingt mille francs pour ses dépenses de toilette.

Art. 6. — Le futur constitue à la future épouse un douaire de cinquante mille francs de rente viagère annuelle, franc de toute retenue pour impositions et charges quelconques.

Duquel douaire le futur époux fait en tant que besoin donation à la future épouse. La future épouse jouira de ce douaire à compter du décès de son mari, sans être tenue de former la demande en justice. Le payement lui en sera fait en quelque pays qu'elle juge à propos d'habiter...

Six semaines plus tard, le 6 novembre, le mariage avait lieu à Notre-Dame. Le tout Paris d'alors y assistait; seuls le le cardinal Fesch, Jérôme et Lucien ne s'y trouvaient pas. Fesch était à Rome, Jérôme aux États-Unis; Lucien venait de partir pour l'Italie avec sa femme.

Froissé des procédés plus que blessants qu'on avait eus à

---

[1]. C'est la première fois que le nom de *Napoléon* paraît dans un acte officiel. 1804 est proche.

l'égard de sa femme, pendant son voyage à Popelsdorf, prévenu que celle-ci ne serait pas invitée aux fêtes du mariage de sa sœur, il avait eu une nouvelle scène avec son frère. Cette fois, la rupture avait été complète. Lucien, furieux, roulant dans sa tête mille projets de révolte plus insensés les uns que les autres, s'était décidé à partir pour éviter un scandale. Il allait en Italie, préparer son lieu de retraite.

Il voyageait sous le nom de général Boyer. Sa femme, le secrétaire Châtillon, Arnaud et le docteur Paroisse l'accompagnaient.

A Rome, il fut bien reçu chez son oncle le cardinal Fesch et chez la nouvelle princesse Borghèse; à Naples, il ne vit personne.

M. de Chateaubriand, orgueilleux et pointilleux, sans juger ou apprécier mes raisons d'en agir ainsi, se formalisa extrêmement de ce que je ne l'avais pas jugé digne d'une exception.

Ce fut dans une de leurs courses au Vésuve qu'Arnaud laissa l'inscription suivante sur les murs du palais de l'ermite du volcan :

> Soldat français, auteur tragique,
> *Ami* du fier *Buonaparte*
> Au sommet du Vésuve, aujourd'hui j'ai porté
> Les couleurs de la *République*.

Le premier mot souligné, l'a été parce qu'à cette époque le premier Consul n'aimait pas Arnaud et que, depuis comme avant, il a prouvé que si par de rares exceptions, il a pu donner le nom d'ami à quelqu'un, ce ne fut pas à Arnaud, et que personne n'a osé prendre ce titre vis-à-vis de celui qui n'a jamais témoigné de goût pour l'égalité.

Le second, parce que cette manière d'écrire son nom lui était singulièrement antipathique, en ce que, à l'exception de l'*e fermé*, elle est italienne et qu'il avait la faiblesse ou l'injustice ou peut-être ce qu'il appelait la politique de rougir de son origine toscane.

Le troisième mot *République*, parce qu'il commençait à nourrir le projet de la traiter comme Néron a traité sa mère et qu'il faisait profession de traiter ceux qui faisaient profession de l'aimer.

De retour à Rome, Lucien fut bien accueilli par le pape, si bien qu'il résolut de se fixer dans la capitale des États pontificaux, si les circonstances l'exigeaient.

De Rome, il se rendit à Venise, et de là à Paris, par le mont Cenis, au mois de janvier 1804.

Sa situation vis-à-vis de son frère n'avait fait que s'aggraver.

Le premier Consul, dit Lucien, déclarait qu'on lui déplaisait en rendant visite à la femme de son frère. Il en résulta une division fâcheuse au sein même de la famille.

Hortense vint une fois avec son mari. Elle ne reparut plus, à la suite d'une injonction du grand chef. Eugène Beauharnais, Élisa, Caroline firent de même. Seuls, Julie et les Bernadotte parurent à l'hôtel de la rue Saint-Dominique.

Le fils de ce dernier, le petit Oscar, enfant délicieux, vient souvent jouer avec Charlotte et Christine.

Sont bien dupes ceux qui croient que mon ami Bernadotte doit son trône à l'empereur Napoléon et par conséquent bien injustes ceux qui l'accusent d'ingratitude envers lui.

Et pendant ce temps, les événements marchaient avec leur rapidité foudroyante. Le général Moreau, le vainqueur de Hohenlinden, venait d'être mis en prison (15 février 1804). Quelques jours après, c'était le tour de Pichegru, de Cadoudal, des frères Polignac, de Rivière et de nombre d'autres. Le mois suivant, le 16 mars, le prince de Condé était arrêté sur le territoire allemand et conduit à Vincennes. Interrogé, jugé et condamné le soir même de son arrivée par une commission militaire, il était fusillé dans la nuit du 21 au 22 mars 1804.

Quinze jours plus tard, Lucien Bonaparte et sa famille quittaient la France.

Quel était le motif de cette mort?

Quel était celui de ce départ précipité?

On se rappelle qu'au moment du coup d'État de brumaire, le conseil royal de Paris faisait tous ses efforts pour gagner à la cause légitime le jeune général, parvenu si rapidement à la tête du gouvernement. Nombre de personnes de l'entourage du premier Consul et de sa femme avaient même été compromises, au point de faire espérer une solution prompte et heureuse. On ne faisait même aucun doute que dans un avenir très prochain le général corse ne se décidât à être le Monck de la situation. Ce fut dans ce sens que, le 20 février 1800, le comte de Lille crut devoir adresser la lettre suivante à Bonaparte :

« Quelle que soit leur conduite apparente, des hommes tels que vous, Monsieur, n'inspirent jamais d'inquiétude. Vous avez accepté une place éminente, et je vous en sais gré. Mieux que personne, vous savez ce qu'il faut de force et de puissance pour faire le bonheur d'une grande nation. Sauvez la France de ses propres fureurs, vous aurez rempli le premier vœu de mon cœur; rendez-lui son roi et les générations futures béniront votre mémoire. Vous serez toujours trop nécessaire à l'État pour que je puisse acquitter par des places importantes la dette de mes aïeux et la mienne.

« Depuis longtemps, général, vous devez savoir que mon estime vous est acquise. Si vous doutiez que je fusse susceptible de reconnaissance, marquez votre place, fixez le sort de vos amis. Quant à mes principes, je suis Français ; clément par caractère, je le serai encore par raison.

« Non, le vainqueur de Lodi, de Castiglione, d'Arcole, le conquérant de l'Italie et de l'Égypte, ne peut pas préférer à la gloire une vaine célébrité. Cependant vous perdez un temps précieux : nous pouvons assurer le repos de la France ; je dis nous, parce que j'ai besoin de Bonaparte et qu'il ne le pourrait sans moi.

« Général, l'Europe vous observe, la gloire vous attend et je suis impatient de rendre la paix à mon peuple [1].

« Louis. »

Bonaparte ne répondit pas.

Plus tard, au lendemain de la victoire de Marengo, de cette bataille qui mettait fin aux intrigues des d'Orléans et de Talleyrand, le prétendant revint à la charge [2]. Cette fois, Bonaparte se sentait maître de la situation et soutenu par l'opinion. Il répliqua nettement [3] :

« J'ai reçu, Monsieur, votre lettre. Je vous remercie des choses honnêtes que vous m'y dites.

« Vous ne devez pas souhaiter votre retour en France, il vous faudrait marcher sur 100,000 cadavres.

« Sacrifiez votre intérêt au repos et au bonheur de la France... l'histoire vous en tiendra compte.

« Je ne suis pas insensible aux malheurs de votre

---

1. Mss. A. E. (Lettre autographe).
2. Août 1800.
3. 20 fructidor an VIII (6 septembre 1800).
Cette minute écrite toute de la main du premier Consul existe aux archives du royaume ; elle porte même sa signature, parce qu'après l'avoir signée pour être envoyée, il a voulu y changer les quelques mots rayés dans les deux dernières lignes.

famille ; je contribuerai avec plaisir à la douceur et à la tranquillité de votre retraite. »

L'affaire en resta là, du moins du côté du comte de Lille et de ses agents. Il n'en fut pas de même pour le premier Consul, qui reprit la négociation pour son compte, mais dans un sens diamétralement opposé.

C'était au commencement de l'année 1802. On était à la veille de la signature de la paix d'Amiens et de l'adoption des grandes mesures d'ordre public, concordat, amnistie, Légion d'honneur, etc. Des partis subsistants encore, un seul était à redouter, celui de la royauté.

Les républicains, relégués au loin, reniés ou exilés, étaient sans cohésion; les constitutionnels, c'est-à-dire les rêveurs du système anglais étaient prêts à toutes les palinodies.

Dans l'armée, où les idées républicaines dominaient encore, les chefs et les officiers susceptibles d'exercer une autorité quelconque, avaient été l'objet d'une sélection rigoureuse par les soins d'un général avide de jouissance et disposé à accomplir cette tâche déloyale, Berthier, l'homme des Bourbons.

Seuls, les royalistes formaient donc un groupe uni, puisant ses ressources à l'étranger et ses points d'appui un peu partout. Or, la paix une fois signée, l'argent anglais une fois supprimé, qu'allait devenir cette nuée d'agents, conscients ou inconscients d'une cause perdue? Quelques-uns d'entre eux avaient pu rentrer ; d'autres désiraient le faire, mais sous bénéfice d'inventaire et par suite d'une sorte d'acquiescement tacite de leur chef. Bonaparte était au courant de leurs démarches. Il ne répugna pas à l'idée de les voir revenir ; tout au contraire, il tenait à les grouper autour de lui et à en faire autant d'appeaux pour les autres et pour la foule. D'ailleurs lui aussi songeait à obtenir cette neutralité bienveillante des Bourbons. Ce fut dans ce but qu'il s'adressa à son voisin le roi de Prusse et qu'il le pria d'être son intermédiaire officieux auprès du comte de Lille.

Le président de la régence de Varsovie, M. Meier, fut chargé par le souverain Berlinois de cette curieuse et délicate négociation[1]. Voici la copie des instructions qui lui furent données :

« ... Le premier Consul de la République française m'a fait une ouverture aussi intéressante que délicate. Tant qu'il a pu croire encore la nouvelle autorité exposée aux chances de la fortune ; tant que la guerre a entretenu les souvenirs et les haines, il n'a pu s'occuper qu'avec beaucoup de peine des victimes de la Révolution. On ne peut disconvenir, cependant, que, même dans des temps moins calmes, il n'ait fait pour les émigrés et pour le clergé tout ce que la prudence ne défendait pas. Mais qu'était-ce que les pertes de quelques particuliers, comparées au sort de cette illustre maison qui, tant de siècles, avait occupé le trône de France, et qu'une destinée inouïe en avait précipitée ? Les Français se devaient sans doute de ne pas oublier jusqu'au bout ce qu'elle leur fut et quoique entraînés d'événements en événements vers un ordre de choses qui ne se détruirait plus sans ramener les mêmes horreurs tôt ou tard, ils ont dû croire leur honneur intéressé à ne pas abandonner toujours à des mains étrangères le sort de leurs anciens chefs. Le premier Consul ne demande pas mieux aujourd'hui que de payer leur dette. S'il n'est plus en son pouvoir de revenir sur le passé, il peut offrir aux princes l'indépendance et des moyens de splendeur ; il peut leur assurer à tous des apanages brillants ; et, en les sanctionnant par des traités et des garanties solennelles, mettre du moins cette famille infortunée à l'abri de nouveaux revers.

1. Berlin, 20 février 1802.

« Voilà ce que veut le premier Consul... La condition de ses offres serait donc la renonciation libre, entière et absolue de tous les princes de la maison de Bourbon à leur prétention au trône, ainsi qu'à toutes les charges, dignités, domaines, apanages, qui seraient fondés sur ce premier titre.

« ... Rendu à Varsovie, vous laisserez passer quelques jours sans voir ni Leurs Altesses Royales ni aucun de leurs entours. Quelque peu vraisemblable qu'il soit qu'aucune personne au monde suppose à votre voyage un objet qui le regarde, vous en serez plus sûr de dérouter les curieux. D'abord après, vous vous occuperez de faire parvenir au comte de Lille l'avis important que je vous confie...

« ... Si, dans l'intérieur, rien n'annonce qu'il reste aux Bourbons un parti et des espérances, la voix des puissances de l'Europe s'est plus fortement prononcée. Toutes l'ont élevée pour cette famille illustre, tant que l'empire irrésistible des choses ne les a pas ramenées à d'autres devoirs. Toutes aujourd'hui ont reconnu la République...

« Frédéric Guillaume. »

La négociation dura longtemps. Elle n'aboutit pas, paraît-il, car Meier écrivait au roi de Prusse, dans les derniers jours de l'année 1802 :

« Je me hâte d'annoncer à Votre Majesté que le comte de Lille a absolument décliné toute négociation tendant à lui assurer un dédommagement de la part de la République française, sous condition de renoncer pour sa famille et pour lui à toutes prétentions au trône...

« ... Le comte n'a point encore écrit à Pétersbourg. Je m'en suis assuré par le directeur des postes, sous prétexte que Votre Majesté voulait plus que jamais qu'on veillât de près la correspondance des princes. Mais ils pensent à envoyer un certain de La Mark au comte d'Artois. C'est par là qu'il serait à craindre qu'il ne s'ébruitât. Si cependant le comte de Lille ne reçoit pas d'Angleterre quelque encouragement qui le confirme dans ses refus, la crainte que le premier Consul ne les publie et n'en tire parti pour lui nuire, l'engagera, je pense, à la discrétion, car c'est là une des observations qui l'ont frappé[1]... »

Le 17 mars 1803, le ministre du roi écrivait à son tour au représentant de la Prusse à Paris, à Lucchesini :

« ... Je vous envoie le rapport du Président, où la réponse par laquelle le comte de Lille a terminé leurs entretiens, se trouve déposée. Il y règne tant de fanatisme encore que du moins le moment de le vaincre ne me paraît pas très prochain.

« .,. Le roi est peiné de voir ses nobles intentions déçues ; mais sous un rapport, il lui restera toujours de cette affaire un souvenir intéressant, celui du tribut payé à sa loyauté, et des preuves qu'il en a pu donner au premier Consul. »

Frédéric Guillaume avait raison. La réponse du prétendant était des plus catégoriques.

Varsovie, 28 février 1803.

« Je ne confonds pas M. Bonaparte avec ceux qui

---

[1] Meier vit d'abord l'abbé d'Eygworth. Plus tard, il eut deux audiences du comte de Lille.

l'ont précédé ; j'estime sa valeur et ses talents militaires ; je lui sais gré de plusieurs actes d'administration ; car le bien que l'on fera à mon peuple me sera toujours cher. Mais il se trompe, s'il croit m'engager à transiger sur mes droits; loin de là, il les établirait lui-même, s'ils pouvaient être litigieux, par la demande qu'il fait dans ce moment.

« J'ignore quels sont les desseins de Dieu sur ma race et sur moi ; mais je connais les obligations qu'il m'a imposées, par le rang dans lequel il lui a plu de me faire naître. Chrétien, je remplirai ces obligations jusqu'à mon dernier soupir ; fils de saint Louis, je saurai, à son exemple, me respecter jusque dans les fers ; successeur de François 1er, je veux du moins pouvoir dire avec lui : nous avons tout perdu, fors l'honneur.

« Louis. »

« Avec la permission du roi mon oncle, j'adhère de cœur et d'âme au contenu de cette note.

« Louis Antoine, duc d'Angoulême. »

A la réception de cette lettre, la colère du premier Consul fut extrême. Sa réponse devait être sanglante.

A cette date, la famille royale était éparpillée un peu partout en Europe. Le comte de Lille (Louis XVIII) et son neveu, le duc d'Angoulême, se trouvaient à Varsovie. Le comte d'Artois, le duc de Berry, les princes de Condé et de Bourbon habitaient Londres. L'un des Condés restait à Ettenheim, dans le duché de Bade.

Tous continuaient leurs intrigues, à l'aide de l'argent étranger, des comités régionaux, du conseil royal de Paris et des représentants officieux du roi auprès des cours d'Europe,

A un moment où les tendances du pouvoir à devenir absolu

s'affirmaient chaque jour davantage, où le mécontentement devenait général, une pareille action présentait plus d'un danger. Or par son étendue même, celle-ci facilitait les recherches de la police, car, on peut dire avec vérité, qu'à la fin de l'année 1803, tout le monde ou à peu près dans les classes dirigeantes conspirait en France contre le pouvoir nerveux et violent, dont l'action absorbante s'accentuait chaque jour davantage.

En peu de temps, Fouché eut donc en main tous les éléments capables de permettre à son maître de frapper un grand coup. Il fallait, en effet, pour le nouveau César, donner un gage au parti révolutionnaire, arrêter les complots monarchiques dans l'armée, et bien démontrer aux émigrés que ce qu'ils avaient de mieux à faire était encore de s'abandonner complètement au vainqueur de Marengo et de suivre sa fortune. Le 15 février, le coup de filet commença par Moreau, il se termina le 15 mars par l'arrestation du duc d'Enghien. Le 21, celui-ci était fusillé. Quelques jours plus tard, le premier Consul envoyait à ses agents diplomatiques une circulaire destinée à leur expliquer les motifs apparents de la mesure prise et à leur permettre de réclamer la livraison des émigrés réfugiés à l'étranger.

La lettre de Bonaparte à Talleyrand à ce sujet est instructive :

Au Ministre des relations extérieures.

« Voici des lettres de Russie. Je vous prie, citoyen Ministre, de faire une réponse à la note du chargé d'affaires de Russie à Rome, laquelle sera adressée au pape par le cardinal Fesch. Vous direz que l'indépendance des puissances de l'Europe est évidemment attaquée par la Russie, puisqu'elle veut se donner une juridiction sur des sujets qui ne sont pas des russes et bouleverser le droit public du monde tout aussi bien que le droit de la nature ; *que les émigrés françois sont des hommes condamnés à mort par les lois de leur pays, et considérés dans tous les pays comme des individus morts civilement; — que des émigrés, cependant, soient employés en Russie, nous n'y avons jamais trouvé à redire; mais ce dont nous nous plaignons, c'est que la Russie prétende les protéger et les accréditer au milieu des intrigues qu'ils trament sur nos frontières;* que jamais la France ne consentira à admettre des principes si erronés. — Pour *M. de Vernègues, cela est d'autant plus extraordinaire, qu'il a été constamment en Italie, chargé de toutes les intrigues, comme soi-disant représentant du comte de Lille,* et c'est là où le ministre russe qui est aujourd'hui à Rome, l'a connu. Puisqu'ils aiment l'idéologie, il faut tourner la question sous tous les points de vue, dire que c'est une conduite imprudente, qu'on ne peut définir, de vouloir inquiéter un gouvernement ami par les intrigues d'hommes qui y ont leur intérêt naturel; qu'on a de la peine à reconnaître dans ce procédé la politique et la générosité d'un grand empire. — Faites une lettre au cardinal Caprara en lui faisant une copie de cette lettre. — Envoyez au cardinal Fesch un courrier pour lui faire connaître qu'il doit absolument exiger qu'on lui livre M. de Vernègues; que les principes de la cour de Russie sont subversifs de nos droits et de notre indépendance, et que nous ne souffrirons jamais d'aucune puissance qu'on se mêle de discuter nos droits intérieurs. — Je désire que vous écriviez à l'ambassadeur de la République à Rome pour que l'abbé Bonnevie retourne en France à son poste [1].

« Je vous salue.

« *Signé :* Bonaparte. »

---

1. Malmaison, 20 germinal an XII (30 mars 1804).

Les instructions de Talleyrand à ses agents sont tout aussi intéressantes. Elles nous montrent ce que peut devenir le droit d'extradition entre les mains d'un chef passionné.

« Le ministre de Sa Majesté l'empereur de Russie avance que Vernègues étant émigré n'est plus Français, que la France l'ayant délié de ses devoirs de Français n'a plus de droits sur lui et que Sa Majesté l'empereur de Russie a celui de le reconnaître pour Russe. Cette théorie et les faits sur lesquels elle s'établit manquent également d'exactitude.

« Les lois de la France ont pu considérer les prévenus d'émigration comme morts civilement; mais tant que l'émigration n'a pas été constatée par une inscription définitivement maintenue, cette mort civile n'est elle-même qu'une présomption morale, qu'une suspension des droits civils et l'existence politique des émigrés ne peut elle-même cesser que par la perte irrévocable de toute perspective de réintégration dans les droits civils.

« Les émigrés sont des hommes qui ont porté les armes contre leur patrie. Ceux qui ne sont pas soumis sont des contumaces, des exilés qui portent partout le poids de leur faute. S'ils en sentent le repentir, ils sont en instance de pardon; s'ils persistent dans leur conduite coupable et hostile, la France les regarde comme des Français rebelles, mais il n'est pas vrai de dire qu'elle ne les regarde pas comme Français.

« Depuis le renouvellement de la guerre, l'Angleterre a pris à son service les restes de l'émigration. Elle donne aux émigrés des agences, des uniformes, une solde. Les agents les plus capables d'intrigue et d'espionnage, elle les envoie partout où elle peut espérer de nuire à la

France. Elle réunissait les autres à Offenbourg, à Manheim, à Fribourg. La France a obtenu leur dispersion et l'Angleterre s'est bien gardée d'en faire un sujet de plainte auprès des princes de l'empire germanique. Comment arrive-t-il que la cour de Russie montre à protéger des Français révoltés plus d'ardeur que n'en a montré la cour de Londres elle-même?

« ... Mais des émigrés tels que d'Entraigues et Vernègues sont loin d'appartenir à cette classe d'individus. Ce n'est pas un asile qu'ils cherchent; ils fuient le repos et sont partout ennemis de l'ordre que les gouvernements cherchent à établir. Partout où ils vivent, ils doivent être surveillés comme des perturbateurs, et quand ils s'éloignent des lieux où ils pourraient vivre tranquilles et ignorés, quand ils s'approchent de la France, quel but peuvent-ils avoir? Et comment les puissances neutres peuvent-elles les considérer, si ce n'est comme des Français rebelles? En voulant naturaliser de tels Français, les puissances neutres ont-elles pour but de couvrir leurs intrigues, ou de les empêcher d'en ourdir? La première supposition n'est pas possible; mais la seconde serait une étrange méprise. Car, peut-on croire que la première passion, que le premier sentiment de ces individus ne soit pas la vengeance contre le gouvernement français? et supposera-t-on que dans la conduite qui leur sera inspirée par ce sentiment de vengeance, ils auront assez de sang-froid, de docilité et de bonne foi, pour prendre conseil de l'opinion et de la volonté du gouvernement qui aura voulu les naturaliser.

« La guerre de la Révolution de France est finie : malheur au monde si elle était remise en question. Mais aujourd'hui tout étant réglé, tous les grands rapports d'État à État étant consacrés par le droit public, on doit rentrer pleinement dans les voies ordinaires de la guerre, de la paix ou de la neutralité... »

Le premier Consul était dans le vrai. Étant donnée la situation fausse où il s'était placé, il importait de couper court à tout prix aux intrigues multiples qui enserraient le gouvernement.

Le procédé avait été violent, mais il avait produit, en France et en Europe, tout l'effet que le premier Consul en attendait, effet bien divers du reste suivant les milieux. Quelques notes de Lucien à ce sujet permettent de l'entrevoir.

Madame Bonaparte dit, en sanglotant, au premier Consul, qui se montrait insensible pour sauver la vie du prince :

« Eh bien ! Bonaparte, si tu fais tuer ton prisonnier, tu seras guillotiné toi-même, comme mon premier mari et moi cette fois, par compagnie avec toi. »

Briot nous répéta avoir entendu lui-même Fouché dire à Réal et probablement à d'autres jouissant de sa confiance intime :

« C'est bien heureux ! ce petit B... là commençait à me faire craindre qu'il voulût jouer le rôle de Monck... »

Pour Bernadotte, Joseph nous a dit plusieurs fois qu'au moment où son beau-frère lui donna ou crut lui donner la fatale nouvelle, il lui dit en se frottant les mains d'un air de triomphe :

« Enfin, le voilà des nôtres [1] ! »

---

1. « Qui donc a pu déterminer le premier Consul à une semblable horreur?

« Ceux-là, répondit Lucien, qui ont, jusqu'à présent, retardé son

Talleyrand, lui, fâché ou content qu'il fût de cet événement, ce qui, nous l'avouons, est resté longtemps pour nous un problème, répondit à ceux de ses amis qui lui disaient que c'était un crime, ces paroles stoïquement politiques : « C'est plus qu'un crime, c'est une faute [1]. »

Quant à Lucien, aussitôt que la cruelle exécution lui fut annoncée, il entra consterné dans la chambre de sa femme, et lui dit : « Alexandrine, allons-nous-en ; il a goûté du sang. »

Quinze jours plus tard, en effet, Lucien et sa famille quittaient la France.

Dans une certaine mesure, Lucien avait peur ; il se sentait compromis. Sous le coup des mauvais procédés de son frère à son égard, il avait écouté d'une oreille trop complaisante

---

élévation et ont voulu la lui faire acheter par un crime. Il est tout-puissant et se soumet aux humiliations dont rougirait sa faiblesse. »
(*Note de la princesse de Canino.*)

1. Nous pouvons attester avoir vu entre les mains de M L... l'un des hauts employés du ministère de la guerre, une lettre de M. de Talleyrand à Bonaparte qui tendait à lui persuader la nécessité de la mise en jugement devant et par un conseil de guerre de M. le duc d'Enghien. Cette lettre qui, par des circonstances dont nous n'avons pas été informé, se trouvait entre les mains de M. L.... fut montrée par lui à M. Thiers, qui refusa d'en faire usage pour son histoire du Consulat et de l'Empire, en disant que ladite lettre compromettante pour M de Talleyrand serait de la part de lui, M. Thiers, une ingratitude envers un personnage auquel il avait l'obligation de sa position politique.

La véracité très souvent en défaut de M. Thiers en sa qualité d'historien n'a pas toujours eu la reconnaissance pour excuse. Il est fâcheux pour sa réputation, à ce même titre d'historien, que l'injustice de ses jugements, sa courtisanerie envers le pouvoir, son insensibilité pour les plus innocentes victimes de la révolution et surtout ses calomnies effrontées en face des démentis de l'opinion politique, soient plus communes que ses omissions indulgentes envers ses amis. (*Note de la princesse de Canino.*)

les insinuations de gens intéressés à amener la désunion dans la famille consulaire. Il avait pris une part indirecte à cette sorte de combinaison, dont l'affaire de Clément de Ris avait été le prologue. Dans le cours de son voyage en Italie, il s'était mis, paraît-il, en rapport avec les adversaires du gouvernement, sans réfléchir que ceux-ci se trouvaient être ceux de la France[1].

« Les personnes, en petit nombre, dit le secrétaire de Lucien, qui ont été informées de ces circonstances, furent étonnées, au moment de la Restauration, du peu d'empressement que montra Lucien à profiter des avantages que sa conduite aurait pu lui donner; mais elles ne connaissaient pas le caractère fier et singulier de cet homme. Sans doute, il avait désiré le rétablissement de la maison de Bourbon, mais opéré par ses propres efforts, et non pas acheté par la ruine de sa famille, et, à ce qu'il pensait, par une contre-révolution.

« Il y a aussi de l'*incohérence* dans une semblable conduite; mais on est cependant forcé d'avouer qu'il y a quelque chose de distingué dans le caractère d'un homme qui, de premier mouvement, se range toujours du côté du plus faible; qui se sacrifie successivement à sa femme, à la liberté, au pape, aux Bourbons, enfin à celui qui l'avait constamment opprimé. »

Ce jugement est curieux; il est fâcheux à tous égards. En

---

1. Les papiers qui auraient pu compromettre l'agent intermédiaire et entre autres le passeport pour Vienne, sous un nom allemand, donné par le comte de Cobentzel, ainsi que les lettres de crédit de M. Doyen, banquier, sur cette ville, échappèrent à la curiosité de Fouché, malgré la visite dont ils furent l'objet à Troyes. La raison en était que, par prévoyance, les papiers compromettants servaient à emballer des joujoux destinés en apparence aux enfants de Lucien et auxquels on ne fit pas attention

(*Note du secrétaire.*)

agissant comme il le faisait, Lucien donnait une preuve de son inconsistance et du manque d'équilibre de ses facultés. Son frère, il est vrai, lui avait donné l'exemple de ces trahisons, en reniant cette Révolution qui lui avait apporté la fortune et la gloire, et ceux qui l'avaient aidé à gravir les marches du pouvoir. Mais ce n'était pas une raison, parce que l'un des siens avait mal agi, pour agir plus mal encore.

Lucien le sentait, du reste, car, en abandonnant la partie, il témoigait par cela même de sa légèreté. C'est du moins ce qu'on est en droit de supposer. En effet, en présence des notes et des récits contradictoires de Lucien, comme on sera à même de le voir ultérieurement, il est encore impossible de bien déterminer, faute de pièces probantes, s'il a obéi à un ordre d'exil ou s'il s'est éloigné volontairement.

CHAPITRE XX

MA DERNIÈRE SOIRÉE A PARIS[1].

Les détails de cette soirée, la dernière que je devais passer en France, sont aussi présents à mon esprit et à mon cœur après quarante ans, que s'ils se fussent passés il y a peu de jours et que même le sommeil ne m'en eût pas produit l'oubli momentané.

Soirée de douleur, de regrets, de résignation, d'amitié, enfin de cruelle séparation et de fatal éloignement d'un pays que moi aussi j'ai tant aimé !... que j'aime encore et aimerai jusqu'à mon dernier jour !

C'est la veille de Pâques, le ... 1804, les berlines de voyage, au nombre de quatre, sont déjà préparées et chargées dans la cour de l'hôtel, rue Saint-Dominique, dont les portes sont fermées, avec l'injonction la plus sévère de ne recevoir personne, si ce n'est une seule, obscur jeune homme jouissant de la confiance de mon frère Joseph et dont il attend l'arrivée sans trop oser l'espérer et pour cause.

Quelques domestiques vont et viennent ; les chevaux

---

1. Ce fragment est de 1837. Il est un des derniers écrits par le prince de Canino.   *(Note de la princesse de Canino.)*

de poste sont commandés ; ils doivent être attelés à la pointe du jour.

Il est dix heures du soir à la pendule de la cheminée. Mon bien-aimé frère Joseph dont la belle et douce figure respire la tristesse, se promène avec moi de long en large dans cette galerie de tableaux dont j'avais alors la passion très vive, et qu'on devait commencer à emballer pour Rome le lendemain de mon départ.

Ma mère et ma femme étaient assises sur une petite causeuse, à gauche de la cheminée. Une grande quantité de chiffons était étalée sur tous les meubles, ainsi que sur les longs et étroits divans qui entouraient la chambre et qui avaient servi de banquettes les jours de concerts ou de bals que je donnais pendant mon ministère de l'Intérieur, à cette nombreuse, élégante et légère société que je ne devais plus revoir, qui me regretterait peut-être en se rappelant mes fêtes. Tous ces chiffons étaient des cadeaux et envois de ma mère, de ma femme et de mes sœurs, à notre sœur Pauline, récemment devenue princesse Borghèse, et qui, nous n'en pouvions douter, car elle nous l'écrivait assez plaisamment, attendait l'arrivée de ces précieux colifichets avec autant d'impatience que la nôtre, et je crois qu'en écrivant cela, elle disait à l'exemple d'Arlequin : *veritas ridendo*.

Je me souviens que ma femme regardait tristement tous ces objets de mode que ma mère, d'un air non moins triste, s'occupait à faire emballer par mademoiselle Sophie, femme de chambre de ma femme ; laquelle demoiselle était désolée de quitter Paris, bien que nous lui eussions dit que nous reviendrions. Elle ne le croyait pas trop, parce qu'un piqueur de madame

Louis Bonaparte avait dit à quelqu'un, qui le lui avait redit, qu'une certaine grosse demoiselle Agathe, femme de chambre de madame Bonaparte, la consulesse, lui avait assuré qu'elle savait bien que le *citoyen Lucien ne reviendrait pas de sitôt.*

Onze heures sonnèrent à la pendule et Joseph me dit :

— Lucien, donne-moi encore cette heure d'espérance.

En ce moment, ma mère, ma noble mère, s'avança vers Joseph et moi, qui nous étions arrêtés au milieu de la chambre, au son de la pendule. Elle prit la main de Joseph avec une espèce de crispation nerveuse très visible et d'un ton trempé de larmes, qu'elle cherchait à contenir, elle dit :

— Allons, mes fils, il faut vous séparer, voici l'heure.

— Non, ma mère, pas encore, dit Joseph, Lucien vient de me permettre d'attendre jusqu'à minuit. J'espère encore qu'*il* le rappellera.

— Non, mon fils, Napoléon ne rappellera pas votre frère. Il ne le veut pas près de lui.

— Pourquoi, ma mère, ne le voudrait-il pas? Si Lucien ne le contrarie plus, notre frère n'est pas méchant.

— Mais, moi, je ne l'ai jamais contrarié que dans mes attributions ministérielles.

Ma mère avait été se rasseoir. A notre intempestive gaieté avait succédé un profond silence, que Joseph interrompit en disant :

— Ma mère, il n'est que onze heures et demie. Le Consul ne se couche pas avant minuit; si je retournais... si j'allais lui demander une autre lettre pour Lucien, qui lui enjoigne...

— Quoi ? mon cher frère, interrompis-je vivement.
— Mais, de ne pas partir.
— Votre bon cœur vous aveugle, mon frère; il veut. il faut que je parte. Voulez-vous qu'il m'arrive comme au duc...

Ici, je m'arrêtai.

— Dois-je aller prier le Consul, ma mère, répéta trois fois, Joseph.

Alors, avec un accent indéfinissable de douleur et de fierté maternelle blessée et se levant de son siège, ma mère dit :

— Oui, mon fils, oui, vous, son aîné, allez le prier pour que Lucien reste, afin qu'il vous réponde en colère, comme à moi et même à sa Joséphine. Que ceux qui sont si chagrins de le voir partir, partent avec lui !

Aussi continua-t-elle d'un ton toujours plus irrité :

— Je partirai, je partirai, non pas avec toi, Lucien, mais après toi. Comme cela, je lui épargnerai l'embarras de mon entêtement.

Après cette exclamation, ma mère était retombée en pleurant et comme suffoquée, dans les bras de mon excellente femme, ma chère Alexandrine, à laquelle je craignais bien que cette scène fît beaucoup de mal dans l'état où elle se trouvait; elle était dans un commencement de grossesse très pénible.

Joseph ne perdait pas l'espoir de voir arriver le messager, qu'il avait résolu d'attendre jusqu'à minuit. Trouvant ma mère plus calme. je lui demandai par forme de conversation. s'il était vrai que madame Bonaparte eût prié son mari de s'opposer à mon départ. « Oui, devant moi, répondit ma mère... »

— Ah! oui, je le crois, devant vous, ma mère?

— Devant moi aussi, répéta Joseph.

Minuit approchait. Joseph paraissait sur les épines. Il marchait dans la chambre; moi, je m'étais assis sur un tabouret qui était aux pieds de ma mère et de ma femme. Tout à coup, Joseph me dit:

— Lucien, si tu m'aimais, tu m'en donnerais une grande preuve.

— Mon bon Joseph, vous savez si je vous aime, c'est presque de l'amour filial que j'ai pour vous. Vous m'avez servi, pour ainsi dire, de père; vous aviez dix-huit ans, que je n'en avais que neuf[1]. Parlez; que dois-je faire? que voulez-vous de moi?

— Eh bien! si toi-même, avant qu'il se couche, allais lui demander à lui parler avant de partir?

— Eh bien! après, mon frère, que lui dirai-je?

— Mais tu lui diras que... que tu es fâché de partir... brouillé avec lui et puis...

Je pris la main de ma mère et la baisant tendrement:

— Faut-il aller lui dire cela, ma bonne mère? dites! dites!

— Non, mon fils, tu ne le dois pas. D'ailleurs, ce serait bien inutile. Je sais bien ce qu'il m'a dit dans sa colère.

— Si ce n'est que cela, moi; je ne crains pas sa colère. Je sais qu'on ne fait pas toujours ce qu'on a pu dire dans un moment d'emportement.

— Oui, c'est vrai, dit ma mère; mais vous êtes vifs tous les deux. Napoléon est puissant... plus que toi,

---

[1] Lucien est né en 1775, Joseph en 1769; il n'y avait que six années de différence.

mon pauvre Lucien. Décidément, j'aime mieux que tu partes sans le revoir.

— Mais enfin, dit Joseph, il n'est pas encore minuit; s'il t'envoyait rappeler, est-ce que tu ne voudrais pas y aller, Lucien? Est-ce que vous ne le voudriez pas, ma mère? Ah! s'il le rappelait lui-même...

Nous causâmes encore un peu de temps, et minuit venant bientôt à sonner, j'allai prendre ma femme par la main, nous nous jetâmes ensemble aux genoux de ma mère... « Au revoir, au revoir... à bientôt, à Rome! » dit-elle.

Telles furent les dernières paroles que prononça ma mère en s'éloignant précipitamment..

Avant d'entrer dans la galerie, elle était montée pour embrasser nos enfants endormis. Lolotte, l'aînée, fut la seule qui se réveilla. Pauvre petite! elle fut fâchée d'apprendre qu'il n'était pas encore jour; car elle était bien contente d'aller faire ce grand voyage. Heureux âge! Elle se réjouissait, et nous... nous avions la mort dans l'âme.

La porte de l'hôtel s'était ouverte pour laisser passer la voiture qui emmenait ma mère et mon frère Joseph; elle venait de se refermer; nous pensâmes à prendre quelque repos.

En sortant de la galerie pour monter dans notre chambre à coucher, nous fûmes arrêtés entre les deux portes par quelqu'un qui se présenta tout à coup et me barra le passage. Je tenais ma femme à mon bras et je la sentis toute tremblante se cramponner vivement à moi.

Le dirais-je? j'eus un moment l'espérance que ce pouvait être le premier Consul lui-même qui venait sinon suspendre mon départ, au moins me dire adieu et m'engager à changer en voyage de courte durée l'exil auquel il me forçait de recourir. Ses mauvais traitements journaliers à mon égard, ses songes mêmes, que sa femme Joséphine avait la simplicité ou la perfidie de me raconter, et les infâmes calomnies de sa police ne pouvaient en effet aboutir qu'à une scène tragique entre nous. Notre mère la prévoyait et la redoutait singulièrement et c'était le motif qui lui faisait désirer que je profitasse de ma lettre de recommandation pour le pape.

J'avais demandé cette lettre au premier Consul après la scène très vive qui avait été suivie d'un raccommodement dû aux sollicitations de maman. Elle m'avait décidé à faire les premiers pas, par la raison, disait-elle, que c'était moi qui avais raison. Cette paix avait été de courte durée.

Chaque fois que je n'étais pas de son avis, c'était une nouvelle querelle, de nouvelles menaces. C'était surtout à notre mère qu'il se plaignait. Il lui répétait que je ferais très bien de me servir de ma lettre pour le pape et que si je restais, il ne repondait pas de lui et *encore moins de moi*.

« Enfin, madame, lui ajouta-t-il un jour, voulez-vous une tragédie entre vos fils? »

Pauvre mère! que n'a-t-elle pas souffert à cette époque? L'un de ses fils dévoré de l'ambition la plus effrénée voyait dans son propre frère un obstacle à sa passion délirante, et il n'était alors que trop certain pour elle que l'on ne me trouverait jamais disposé à composer avec les serments de fidélité à la République consulaire, serments que l'on avait prêtés entre mes mains. Oui, ma mère eut alors beaucoup à souffrir dans la tendresse de son cœur, en même temps que dans sa fierté maternelle que le premier Consul traitait, fort injustement, suivant moi, de vanité puérile. Certes, quand c'eût été réellement de la vanité, cette faiblesse était plus excusable dans une femme que dans un homme, et surtout un homme réputé aussi grand que le général Bonaparte. Or, cette faiblesse qui, à mon avis et au sentiment de Joseph lui-même, n'en était pas une du côté de ma mère, consistait de la part du premier Consul à vouloir que dans nos réunions de famille notre mère cédât le pas à madame Bonaparte, quand madame Julie, femme de Joseph notre aîné, ainsi que ma première femme Christine avaient toujours cru de leur devoir de le céder à notre respectable mère. Cet usage était d'ailleurs général dans toutes les familles particulières, et la magistrature populaire dont mon frère était investi, ne pouvait encore créer ni justifier une exception.

Il faut être juste; Joséphine, sans vouloir ou sans oser se prononcer ouvertement, montrait beaucoup d'égards de ce genre pour la mère de son mari et tâchait par d'adroites précautions d'éviter toutes les occasions, et notre mère n'était ni moins attentive, ni moins prudente.

Ce qui m'indignait, c'est que le premier Consul au contraire semblait prendre plaisir à faire naître ces occasions pour bien établir la suprématie de sa femme. Quoi qu'il en soit, notre mère ne la reconnut et ne voulut s'y soumettre qu'après la constitution de l'Empire, puisque, à tort ou à raison, c'est un usage établi pour les têtes couronnées que lorsque la mère, par un concours de circonstance quelconque, n'a pas été couronnée, elle cède le pas à la femme du souverain.

Revenons à la personne que nous avons laissée entre les deux portes et qui semblait nous y retenir prisonniers. Aux premiers mots, je fus agréablement surpris en reconnaissant la voix de mon ami le général Bernadotte. Il m'avait été en effet impossible de m'y tromper, quand avec son énergique et piquant accent méridional, il m'aborda en me disant : « Comment ! vous m'obligez à forcer votre porte ? vous prétendez m'échapper sans adieux et sans que je vienne encore tenter de vous empêcher de partir ? Partir ? quelle folie ! Résistez, résistez, vous le devez, qui quitte la partie, la perd. Après tout, que craignez-vous ?

— Moi, lui répondis-je, pour moi-même, rien ; mais c'est bien pire !

— Bah ! bah ! les carmagnoles de Fouché ! Parbleu ! nous voudrions bien voir cela ! moi, mon cher Lucien, à votre place, je ne partirais pas.

— Ni moi non plus, si j'étais le général Bernadotte ; car alors je ne risquerais pas la guerre fraternelle et tout ce qui peut s'ensuivre.

— Eh bien ! alors, si vous avez cette crainte, à la bonne heure, partez donc, mais souvenez-vous-en bien, je vous le répète, qui quitte sa place, la perd.

— Non, mon cher ; il n'y a plus ici de partie à gagner pour moi, l'enjeu est trop gros. Et puis... Et puis...

Ma femme fort fatiguée, fort émue, s'était retirée après avoir fait un amical et touchant adieu au général.

Au moins avait-il dit en la voyant s'éloigner, on ne dira pas que le premier Consul n'ait pas choisi un beau prétexte de se brouiller avec vous.

J'étais de son avis et je croyais de plus que si Alexandrine eût été moins belle, et c'était là surtout l'opinion de maman, madame Joséphine aurait insisté davantage et plus sincèrement surtout auprès de son mari, pour qu'il empêchât mon départ. Je crois aussi qu'en cette occasion, madame Bonaparte agit plus en vraie femmelette qu'en femme politique; car, si nous n'eussions pas été exilés à l'instant de son divorce avec l'empereur, et que surtout nous lui eussions eu obligation de nous avoir raccommodés avec le premier Consul, elle trouvait naturellement en nous des auxiliaires puissants contre l'exécution de ce projet de divorce qui n'était pas si fortement enraciné dans l'esprit et surtout dans le cœur de Napoléon qu'il n'eût été victorieusement combattu par nous tous, mère, frères et sœurs réunis et surtout par la présence de nos nombreux enfants. Nous savons que la reine Hortense a dit à plusieurs personnes que sa mère s'était reproché de ne pas nous avoir été favorable; elle aurait pu dire de nous avoir été contraire; car malgré sa grande réputation de bonté, elle nous fit beaucoup de mal dans l'esprit de mon frère, surtout en produisant d'elle-même ou répétant seulement d'indignes calomnies contre ma femme dont elle était jalouse, je ne sais trop pourquoi, car elle aurait pu être la mère d'Alexandrine.

Ma conversation avec le général Bernadotte se prolongea jusqu'à la pointe du jour. C'était l'heure fixée pour notre départ et nous ne nous quittâmes qu'au bruit de sonnettes des chevaux de poste, entrant dans notre cour.

Je vis et j'embrassai dans cette nuit cet illustre ami pour la dernière fois. Emportés depuis, loin l'un de l'autre, nous ne nous sommes point revus et nous ne nous reverrons sans doute jamais.

Si malgré l'intérêt attaché à cette dernière et touchante entrevue, je n'en dis pas davantage, c'est que je dois l'avouer, parce que tout en ne voulant jamais m'écarter de la vérité, il ne me convient pas toujours de la dire tout entière.

D'ailleurs la lettre suivante que je reçus, à Rome avec beaucoup d'autres, quelques semaines après l'installation du gouvernement impérial, me paraît un corollaire suffisant de ce mémorable entretien. J'aime à croire que le roi *Charles-Jean* ne blâmera pas la tardive publicité que je me plais à donner à cette preuve de la sagesse, de la libéralité de principes et de la perspicacité d'esprit qui le distinguaient alors comme à présent,

Le général Bernadotte au citoyen sénateur,
Lucien Bonaparte.

« Je profite, mon cher sénateur, du retour de votre docteur Paroisse pour m'entretenir avec vous à cœur ouvert, sans m'exposer aux chances de la poste que l'ami Fouché rend tous les jours plus indiscrète. Sans cette considération qui n'est pas une crainte, croyez-le bien, car on connaît assez notre conformité de pensées, j'aurais écrit plus tôt, mais j'aime assez que mes lettres arrivent à leur adresse, et je sais que l'on n'envoie pas ce qui déplaît...

« A propos du moment présent, eh bien ! qu'en dites-vous ? Comment trouvez-vous ce qu'on appelle le sénatus-consulte organique ? C'est cela qui est beau ! Votre calotin de Sieyès qui vous avait entiché ainsi que Joseph de sa fameuse constitution n'avait pas prévu ce chef-d'œuvre-là ! Il fallait pourtant qu'il eût craint quelque chose de semblable, puisqu'il avait conçu ce qu'il appelait l'absorption, espèce de forteresse métaphysique dressée contre les tendances et les envahissements de pouvoir que pourrait se permettre un chef populaire. Les Français, qui entendent si bien leurs intérêts, se sont moqués du calotin... Le général Bonaparte, tout le premier, avait de bonnes raisons pour n'en pas vouloir. Il est vrai de dire qu'au lieu d'être absorbé, *lui*, c'est nous, pauvres soldats, qui n'avons rien fait pour la patrie, comme chacun sait, que de verser notre sang pour elle, c'est nous qui sommes absorbés *à la lettre*. Ainsi, il n'y aura plus de gloire que *près de lui*, qu'*avec lui* que *par lui* et malheureusement *pour lui*, puisqu'il est entré dans le bon plaisir du peuple souverain de se dépouiller pour un empereur de sa façon, c'est sans doute à condition qu'on lui donnera la paix à ce pauvre peuple abdicateur, et vous verrez comme il l'aura !...

« Allons, soldats, en avant ! vive l'Empereur, au lieu de vive la République, c'est bien plus beau !

« Vous savez, Lucien, que je vous aime, que j'ai tout fait pour empêcher *votre éloignement sans résistance*, que je vous ai dit la veille encore de votre départ, *qui quitte la partie la perd*, que vous n'aviez qu'un mot à dire au lieu de vous résigner silencieusement à ce départ pour raviver tout ce qu'on aurait pu appeler un parti ; eh bien ! à présent, mes amis et les vôtres vous accusent de faiblesse ou de complicité avec votre frère ; mais je sais bien, moi, que vous n'avez été que bourgeoisement bon frère, quand vous deviez héroïquement mettre aux voix, en votre qualité de président du Conseil, la mise *hors la loi* de ce frère qui violait à main armée l'enceinte de la représentation nationale, au risque d'ailleurs de vous faire écharper tout le premier. Oui, vous avez forfait à votre devoir, à votre conscience républicaine ; car, vous le saviez mieux que qui que ce soit, la mise *hors la loi* était juste. Aussi, malgré votre éloquence, vous n'avez pu alléguer que votre fraternité.

« N'admirez-vous donc point de bonne foi les grands hommes de l'antiquité ? les deux Brutus et Timoléon ? ceux-là étaient aussi père, fils et frère et c'est parce qu'ils étaient tout cela que leur nom restera immortellement célèbre. Le général n'aurait pas eu cette pusillanimité en votre faveur, s'il eût été à votre place. Il vous aurait fallu, en cette occasion, les quelques années que j'ai de plus que vous, mon cher Lucien.

« Mais est-ce bien à moi de vous reprocher de n'avoir pas imité les grands modèles de patriotisme dont l'histoire nous offre les modèles, quand moi-même j'ai pu faillir aussi, grâce aux prières de Joseph ! pourquoi, je le demande ? parce que Joseph est le mari de Julie, sœur de Désirée, ma femme. Voilà pourtant à quoi tiennent les destinées d'un grand empire !

« Vous le savez, le faubourg Antoine était à moi ; nous avions des armes et des hommes qui n'auraient pas été des *jobards* pour s'en servir sous mes ordres. Mais non, tout a été de travers ce jour-là. La faiblesse seule a triomphé grâce à vous dans l'Orangerie, et grâce à moi, en me laissant enjôler par de belles paroles, quand je pouvais tout empêcher peut-être.

« Cependant, si cela avait duré, je commençais à m'accoutumer à la République consulaire, toute conception mutilée qu'elle était de la constitution de votre abbé. Aujourd'hui c'en est fait ; nous voilà tout simplement impérialisés par *adhésion populaire* universelle. Je voudrais savoir ce qu'en pense le chanoine de Chrône. On dit qu'il engraisse en se moquant du qu'en-dira-t-on, de vous, de moi, de tout le monde, excepté de l'empereur Napoléon et de lui-même.

« Au moins si dans ce Sénat, si même en dehors du Sénat, parmi les vieux... de 89 qu'on appelait alors les constitutionnels, quelques-uns s'étaient levés pour obtenir au moins au meilleur marché possible, un souverain absolu ; si *ces bavards-là* avaient dit à la nation enivrée par le prestige d'une gloire à laquelle pourtant nous l'avions un peu accoutumée : Halte-là, mes amis, vous voulez encore goûter de cette royauté que vous avez *fricassée* dans le sang de l'infortuné Louis XVI (votre tartufe d'abbé pouvait dire cela, lui surtout), c'est bien, fort bien, mes amis ; chacun son goût, mais au moins ne vous livrez pas pieds et poings liés à ce qu'on appelle un pouvoir absolu. Voyez nos voisins par exemple, qui s'aimaient comme on s'aime soi-même, c'est juste ça. Eh bien ! ces gens-là, après avoir avant nous donné l'exemple de tuer leur roi, en ont bien repris un autre ; mais celui-là au moins, s'il ne peut pas faire grand bien, ne peut-il faire le mal. La royauté, voyez-vous, c'est un monstre qu'il faut mutiler dans son propre intérêt. Car rien n'est plus dangereux que de tout pouvoir, parce que alors on veut tout ce que l'on peut, et voilà ce qui produit ces bourrasques qu'on appelle des révolutions et dans lesquelles les rois sont ordinairement les premières victimes.

« Sur ce, je finis cette longue lettre ; ne m'en voulez pas de vous avoir trouvé trop jeune, quand vous avez été si énergique et si sublime dans l'élan de votre cœur fraternel, quand surtout vous n'avez recueilli d'autres fruits de votre courage malheureux, que la perte des libertés publiques et des chagrins bien amers pour vous et pour votre famille. Celle-ci pleure ici d'autant plus sincèrement votre exil qu'elle y croit voir la cause de l'élévation d'une famille étrangère. Car on ne reviendra pas sur ce qui a déjà eu lieu, à moins que vous ne consentiez à vous avilir, ce que vous ne ferez certainement pas et ce qu'on ne désire pas non plus vous voir faire, j'en ai la certitude. On vous veut loin, bien loin ; Rome est encore trop près. J'ai tout lieu de croire qu'on vous aimerait assez volontiers là où l'on a envoyé Moreau, où l'on me voudrait peut-être aussi. Je tiens bon pourtant, je voudrais obtenir certain commandement par l'entremise de Joseph, qui conserve, lui, un certain pouvoir sur César. Peut-être qu'étant loin je ne porterai pas ombrage. En tout cas, je ne veux pas végéter à l'ombre des lauriers des autres. Si je ne puis faire autrement, je pense à me retirer en Amérique, en vous attendant peut-être.

« Adieu ! soignez bien votre santé dans le climat fiévreux que vous habitez. Présentez mes hommages à madame Bonaparte. Pour Dieu ! qu'elle ne s'afflige pas, comme le général Lacour m'a dit qu'elle le faisait. Elle est trop belle et trop bonne pour exciter la haine de qui que ce soit et, trop spirituelle surtout, pour ne pas comprendre qu'elle n'est que le prétexte de votre éloignement. Napoléon la remercierait, s'il osait, de le lui avoir fourni.

« Adieu Lucien, au revoir, quand et où il plaira à Dieu. »

FIN DU DEUXIÈME VOLUME.

APPENDICE

PIÈCES A L'APPUI

APPENDICE

PIÈCE N° I.

ÉTAT DES SERVICES DE LOUIS BONAPARTE.

Le 5 décembre 1799.

9ᵉ compagnie d'artillerie sédentaire, cy-devant compagnie Marathon, avant l'incorporation.

Louis Bonaparte, deuxième lieutenant, entré le 25 thermidor an II, compagnie Marathon.

De tout temps adjoint au général Bonaparte.

Pour extrait conforme au registre :
Pillié.

Au bureau du contrôle de la cavalerie, ce 25 nivôse an VIII
(5 décembre 1799).

(Archives de la guerre).

PIÈCE N° II.

NOMINATION DE LOUIS BONAPARTE AU GRADE DE CHEF DE BRIGADE.

Département de la guerre.   LIBERTÉ. ÉGALITÉ.

1ʳᵉ Division.

Paris, le 20 nivôse an VIII (9 janvier 1800).

Le ministre de la guerre nommera le citoyen Louis Bonaparte, chef d'escadron au 5ᵉ régiment de dragons, au grade de chef de brigade de corps, vacant par la promotion du citoyen Milhaud au grade de général de brigade.

Signé : BONAPARTE.

(Archives de la guerre).

PIÈCE N° III.

ÉTAT DES SERVICES DE LOUIS BONAPARTE, NOMMÉ CHEF DE BRIGADE DU 5ᵉ DRAGONS.

Le 21 nivôse an VIII (10 janvier 1800).

LOUIS BONAPARTE, né à Ajaccio, le 25 septembre 1778, deuxième lieutenant dans la 9ᵉ compagnie d'artillerie sédentaire, le 25 thermidor an II (12 août 1794);

Lieutenant d'artillerie, aide de camp du général en chef, le 14 frimaire an IV (24 novembre 1795);

Capitaine, le 4 fructidor an IV (21 août 1796);

Au 5ᵉ hussards, le 22 vendémiaire an V (13 octobre 1796);

Chef d'escadron, le 12 thermidor an VII (30 juillet 1799);

Chef de brigade, le 21 nivôse an VIII (10 janvier 1800);

Campagnes : a fait les premières campagnes avec le général Bonaparte et celles d'Égypte.

(Archives de la guerre.)

PIÈCE N° IV.

CONGÉ ACCORDÉ A LOUIS BONAPARTE.

(4 octobre 1800).

Bureau des troupes à cheval.

Paris, le 13 vendémiaire an IX (4 octobre 1800) de la République une et indivisible.

Le ministre de la guerre, sous l'autorisation du premier Consul, a donné au citoyen LOUIS BONAPARTE, chef de brigade, commandant le 5ᵉ régiment de dragons, un congé indéfini, au moyen duquel il pourra s'absenter et même sortir du territoire de la République[1].

Signé : CARNOT.

(Archives de la guerre).

PIÈCE N° V.

ÉTAT DES BATIMENTS EN PARTANCE A ALEXANDRIE.

(10 vendémiaire an VIII).

Bureau des ports.

Le Muiron, frégate, 28 pièces de 18, 12 de 6 au gaillard, Ganteaume-Delarue, capitaine de frégate;

Le Carrère, frégate, 28 pièces de 12, 10 de 5 1/2 au gaillard, Dumanoir, Lapeley;

L'Indépendante, aviso, 4 pièces de 6, Garaud;

La Revanche, aviso, 4 pièces de 3, Picard.

J'aurais voulu joindre ici une liste exacte des passagers embarqués à bord de ces quatre bâtiments, mais le secret du départ a empêché de les porter sur le rôle du bureau des armements.

PIÈCE N° VI.

DÉPÊCHE D'ALQUIER A TALLEYRAND.

A l'Escurial, le 30 brumaire an IX
(20 décembre 1800).

« Le courrier que vous avez expédié le 18 de ce mois est arrivé hier 29 à l'Escurial. On ne peut lui reprocher la lenteur de sa course, d'après l'ordre que lui donne le citoyen

---

[1]. La rédaction primitive de cet ordre était raturée et ainsi conçue : « A permis au ... de s'absenter de son corps pour affaires de service et jusqu'à ce qu'elles soient terminées. »

(Archives de la guerre).

Bonaparte, lorsqu'il le rencontra, de rester avec lui et de courir devant sa voiture jusqu'à Bordeaux. »

(Archives étrangères).

PIÈCE N° VII.

LE CITOYEN TALLEYRAND A LUCIEN BONAPARTE.

Paris, le 4 nivôse an IX (24 décembre 1800).

« Je vous transmets, citoyen, les journaux du jour. Vous y lirez avec horreur la nouvelle d'un attentat médité contre le premier Consul. Les circonstances du crime vous apprendront quelle vile et exécrable espèce d'homme en ont été les instruments. Le génie de la France a encore une fois sauvé ses jours. Quelles que soient les conjectures qu'on formera sur la première impression, l'Europe, en apprenant que le forfait n'a pas été consommé, se convaincra de plus en plus que la destinée d'un grand homme est sous la sauvegarde même du ciel, qui l'a placé trop au-dessus de la portée d'une poignée de scélérats, pour qu'il leur soit donné de l'atteindre et d'en interrompre le cours.

« L'attentat n'a pas été imprévu ; il a été médité par des hommes qui ont pris une part plus ou moins prédominante dans les horreurs de la révolution et qui toujours ont pris soin d'effrayer d'avance par l'annonce de leurs infernales entreprises. Celle-ci avait été annoncée il y a six semaines. La voix publique réclame hautement un redoublement de précaution. Le premier Consul doit cette déférence à l'enthousiasme dont il est l'objet, de satisfaire la sensibilité nationale en autorisant autour de lui une plus active surveillance. »

PIÈCE N° VIII.

LUCIEN BONAPARTE AU CITOYEN TALLEYRAND.

Madrid, le 9 nivôse an IX (29 décembre 1800).

« Je reçois votre lettre avec le sentiment qui l'a dicté. Il est donc vrai que ces misérables sont incorrigibles. Pour Dieu, ne cessez pas de conjurer le Consul de s'astreindre à des précautions devenues nécessaires pour la tranquillité de tant de familles, mais qu'il cesse d'écouter la clémence, car, à l'étranger, sa clémence est regardée comme faiblesse ou comme la preuve que ces conjurations impunies étaient inventées à plaisir. »

PIÈCE N° IX.

LE GÉNÉRAL LECLERC A LUCIEN BONAPARTE.

Bordeaux, 5 pluviôse an IX (14 janvier 1801).

« Je suis arrivé ici, mon cher Lucien, hier. Sous huit jours, j'aurai ici 7,000 hommes... D'autres sont en route... Paulette se porte assez bien.

« Ta petite fille a gagné chez madame Campan.

« Louis revient à Paris, Joseph y est attendu.

« Je t'embrasse.

« Ton frère, LECLERC. »

PIÈCE N° X.

LUCIEN BONAPARTE AU CITOYEN TALLEYRAND.

Madrid, 24 pluviôse an IX (12 février 1801).

« ... Ce que vous me dites des mécontents du tribunat ne m'étonne pas. Depuis Brumaire mon opinion est faite. Il n'est point de paix possible avec l'exécrable faction qui regrette 93. »

PIÈCE N° XI.

LUCIEN BONAPARTE AU CITOYEN TALLEYRAND.

28 février 1801.

« ... J'apprends avec plaisir l'arrivée de Leclerc... Mais la position de Saint-Cyr devient difficile... En vérité, vouloir qu'il aille avec le prince de la Paix, c'est donner l'air à celui-ci d'un écolier et s'il n'est pas assez fort pour ne pas en avoir besoin, il l'est assez pour s'apercevoir qu'on lui en donne un dont la renommée l'écrase... »

PIÈCE N° XII.

LE GÉNÉRAL LECLERC A LUCIEN BONAPARTE.

Bordeaux, 23 ventôse an IX (13 mars 1801).

« Je reçois un courrier de Berthier... Je ne crois pas que Napoléon ait envie que nous marchions sur le Portugal.

« ... Il n'y a pas d'apparence que je doive marcher sur Lisbonne. Je t'écrirai toujours de manière à y faire croire.

« Julie est grosse de trois mois. Paulette a été malade. Elle se porte mieux. »

PIÈCE N° XIII.

LE CITOYEN TALLEYRAND A LUCIEN BONAPARTE.

27 ventôse an IX (17 mars 1801).

« Voilà, mon cher Lucien, un grand pas de fait vers la paix du monde. Il ne reste plus à pacifier sur le continent que le Portugal. J'ai lieu de croire que la négociation d'Alquier ne rencontrera pas de grands obstacles à Naples. Ceux que vous avez vaincus, ceux que vous allez vaincre termineront l'affaire du Portugal. Vous l'enlèverez à l'Angleterre et vous l'attacherez à notre système. Les ports de Naples sont fermés aux

Anglais, ceux d'Espagne, ceux de Portugal le seront; alors, il faudra bien qu'ils abandonnent cette idée de suprématie sur les mers si déshonorante pour toutes les nations qui ont des côtes... »

PIÈCE Nº XIV.

LÆTITIA BONAPARTE A SON FILS LUCIEN.

Paris, 2 germinal an IX (22 mars 1801).

Elle profite du départ du citoyen... pour lui donner de ses nouvelles. Elle se porte bien et ne soupire qu'après le moment désiré où elle pourra le serrer dans ses bras. Élisa et Charlotte vont à Marseille et s'unissent à Louis pour l'embrasser... Elle finit en l'assurant de sa tendresse maternelle.

Le cardinal Fesch ajoute de sa main sur la même lettre :

« Je désire bien votre retour; je pourrai alors partir de Paris sans le chagrin de laisser ma sœur sans personne qui lui donne des soins particuliers... Berthier a donné hier une belle fête, mais les ambassadeurs trouvent bien étrange qu'un gouvernement si puissant ait si peu de représentation. Ils sont obligés d'aller passer leurs soirées chez les banquiers ou chez les ci-devant, qui sont les ennemis du gouvernement. Pas un ministre ne reçoit. Le public s'aperçoit bien du vide que vous faites. Pas un feu d'artifice pour égayer le peuple ; aussi point d'élans, point de joie... »

PIÈCE Nº XV.

LUCIEN BONAPARTE AU CITOYEN TALLEYRAND.

Aranjuez, le 23 germinal an IX (12 avril 1801).

« Je vous adresse, mon cher Talleyrand, une dépêche intéressante. Défiez-vous d'Azara. J'apprends tous les jours de nouveaux détails sur Alquier. Il a poussé l'infamie jusqu'à compromettre les plus respectables. Il en fera autant à Naples, si vous n'y prenez garde; et, en vérité, c'est dur à souffrir... Je n'écris cela qu'à vous, à Berthier que cela regarde aussi. Tirez-le de Naples si vous pouvez et laissez-le dans la boue où il s'est vautré ici et où il a voulu n'être pas seul. L'affaire n'étant pas de nature à être mise en jugement, c'est le seul parti convenable à l'égard de cet homme.

« Je vous embrasse. »

PIÈCE N° XVI.

LE PREMIER CONSUL A LUCIEN BONAPARTE.

23 germinal an IX (12 avril 1801).

« ... Le ministre des relations extérieures vous aura annoncé la mort de l'empereur de Russie. Il est mort d'une attaque d'apoplexie dans la nuit du 24 au 25 mars. On remarque cependant qu'il était maigre et qu'il avait le cou très long. Il a soupé le 24 avec gaieté et il était en parfaite santé. On l'a trouvé mort le matin. »

PIÈCE N° XVII.

LE CITOYEN TALLEYRAND A LUCIEN BONAPARTE.

29 germinal an IX (18 avril 1801).

« ... Ce que vous m'écrivez d'Alquier me fait de la peine. Servez-vous du grand et commode moyen de l'oubli pour toutes les choses et toutes les personnes, dont vous êtes mécontent. Votre position est excellente. Livrez-vous avec réserve au plaisir que doit vous donner le succès entier et prompt de tout ce dont vous avez été chargé.

« Dans nos pourparlers avec l'Angleterre, il paraît qu'elle tient beaucoup à ne pas rendre la Trinité aux Espagnols.

Assurez bien de toute l'insistance du gouvernement à cet égard. Nous ne laisserons jamais le gouvernement espagnol perdre une aussi belle propriété. »

PIÈCE N° XVIII.

JOSÉPHINE BONAPARTE AU CITOYEN RAGONNEAU.

An IX.

Elle le prie de se charger personnellement de l'affaire d'Alexandre-François de Mun, qui lui tient fort à cœur.

« Il est le gendre de madame Helvétius, à laquelle Bonaparte et moi nous portons un grand intérêt.

« LA PAGERIE BONAPARTE. »

PIÈCE N° XIX.

ÉTAT DES SERVICES DU COMTE DE MENOU.

Comte DE MENOU (Jacques-François), fils de René-François de Menou, chevalier, seigneur de Boussay, Genilly, Chambon et autres lieux, et de Louise-Marie-Charlotte de Menou, né le 3 septembre 1750, à Boussay (Indre-et-Loire).

Volontaire au régiment des carabiniers du comte de Provence, le 1er janvier 1766 ;
Rang de sous-lieutenant sans appointements, le 20 avril 1768 ;
Sous-lieutenant d'infanterie dans la légion de Flandre, le 12 novembre 1770 ;
Sous-lieutenant de dragons, le 17 mai 1773 ;
Rang de capitaine au régiment de Lorraine (dragons), le 19 mai 1774 ;
Employé, le 1er mai 1778, comme aide-maréchal général des logis surnuméraire en Aunis et en Saintonge ;
Aide-maréchal général des logis dans le corps d'état-major de l'armée, avec rang de capitaine, le 13 juin 1783 ;
Rang de major, le 1er janvier 1784 ;

Rang de lieutenant-colonel, le 2 décembre 1787;
Rang de colonel, le 16 novembre 1788;
Député du bailliage de Touraine aux États généraux, le 5 mai 1789;
Secrétaire de l'Assemblée nationale Constituante, le 5 décembre 1789;
Président de l'Assemblée nationale Constituante, le 27 mars 1790;
Réformé avec le corps d'état-major, le 29 octobre 1790;
Adjudant général colonel, le 1er avril 1791;
Colonel du 12e régiment de chasseurs à cheval, le 21 octobre 1791;
Maréchal de camp, le 8 mai 1792;
Employé dans la 12e division militaire, le 11 mai 1792;
Employé à l'armée du Nord, le 16 mai 1792;
Employé dans la 17e division militaire, le 23 juin 1792;
Commandant les volontaires nationaux rassemblés à Soissons, le 17 juillet 1792;
Commandant la 17e division militaire (Paris), le 12 août 1192;
A cessé ces fonctions, le 8 septembre 1792;
Employé à l'armée (devenue armée des côtes de La Rochelle), le 8 mars 1793;
Chef d'état-major général, le 6 mai 1793;
Général de division, le 15 mai 1793;
Mandé à Paris, le 12 septembre 1793;
Autorisé à prendre sa retraite, le 12 septembre 1794;
Employé à l'armée des Alpes, le 5 mars 1795;
Commandant la force armée à Amiens, le 5 avril 1795;
Commandant militaire à Lyon et dans sa banlieue, le 11 mai 1795;
Commandant la 17e division militaire, le 20 mai 1795;
Général en chef de l'armée de l'Intérieur, le 12 juillet 1795;
Destitué, le 5 octobre 1795;
Décrété d'accusation, le 22 octobre 1795;
Acquitté et remis en liberté, le 27 octobre 1795;
Réformé, le 12 mai 1797;
Employé à l'armée d'Orient, le 6 mai 1798;
Commandant les trois provinces d'Alexandrie, Rosette et Bahireh, le 22 août 1799;

Commandant en chef provisoire de l'armée, le 15 juin 1800;
Général en chef de l'armée d'Orient, le 6 septembre 1800;
Rentré en France, en octobre 1801;
Membre du tribunat, le 17 mai 1802;
Administrateur général des six départements de la 27ᵉ division militaire (Piémont), le 1ᵉʳ décembre 1802;
Commandant général des départements au delà des Alpes, le 14 mai 1805;
Commandant la 27ᵉ division militaire, le 23 avril 1808;
Gouverneur général de la Toscane, le 17 mai 1808;
A cessé ces fonctions, le 7 avril 1809;
Gouverneur de Venise, le 28 septembre 1809;
Autorisé à rentrer en France, le 23 juillet 1810;
Décédé à la Villa-Corneso, près Mestre (Italie), le 13 août 1810.

Campagnes :

1793, armée des côtes de La Rochelle; 1795, armée des Alpes; 1798, 1799, 1800 et 1801, armée d'Orient.

Blessures :

Trois coups de feu, dont un à la poitrine, à la prise de Saumur, le 10 juin 1793;
Sept blessures au débarquement d'Alexandrie, le 2 juillet 1799.

Décorations :

Chevalier de Saint-Louis, le 2 décembre 1787;
Membre de la Légion d'honneur, le 11 décembre 1803;
Grand officier de la Légion d'honneur, le 14 juin 1804;
Chevalier de l'ordre de la Couronne de Fer, le 23 décembre 1807.
Créé comte de l'empire.

Le nom du général comte de Menou est inscrit au côté sud de l'arc de triomphe de l'Étoile.

(Archives de la guerre).

PIÈCE N° XX.

LE PREMIER CONSUL A LUCIEN BONAPARTE.

Le 26 floréal an IX (15 mai 1801).

« ... Le pape est un honnête homme, mais borné. Il a autour de lui l'ancienne prêtraille napolitaine qui marche sur les traces de Busca et se comporte mal. »

PIÈCE N° XXI.

LUCIEN BONAPARTE AU PRINCE DE LA PAIX.

28 floréal an IX (17 mai 1801).

Mon cher Prince,

« ... J'attends votre lettre qui m'annonce l'arrivée du plénipotentiaire sous votre tente et la reconnaissance de la clôture des ports portugais aux vaisseaux de l'Angleterre. Je pars de suite pour vous rejoindre. Soyez sans souci sur le négociateur de Paris ; tout est fini de ce côté-là, puisque le Consul a manifesté son opinion. Je lui expédie à l'instant un courrier pour lui apprendre votre entrée sur le territoire portugais et mon prochain départ pour Badajoz. Je vous prie d'envoyer au *général Bacciochi* l'ordre de vous joindre sans retard, afin que je le trouve à Badajoz à mon arrivée. J'ai l'intention de l'envoyer de Badajoz à Paris, en courrier, lorsque mes négociations seront terminées... »

PIÈCE N° XXII.

LUCIEN BONAPARTE AU CITOYEN TALLEYRAND.

Aranjuez, le 29 floréal an IX (10 mai 1801).

« Le prince de la Paix est arrivé le 21 floréal (10 mai) à Badajoz. Il y a reçu, le 23, un courrier portugais chargé de propositions insidieuses au moyen desquelles on essayait de ralentir sa marche. La réponse a été aussi simple qu'énergique. Il a déclaré que si le cabinet de Lisbonne n'acceptait pas *dans le terme de quarante-huit heures pour bases de la négociation la clôture des ports dépendant du Portugal aux vaisseaux anglais et s'il n'envoyait pas aussitôt un plénipotentiaire à Badajoz, l'armée sous ses ordres entrerait sur le territoire Portugais.* Cette proposition étant restée sans réponse dans les quarante-huit heures, le prince est entré en Portugal le 27 de ce mois... »

PIÈCE N° XXIII.

LUCIEN BONAPARTE AU PRINCE DE LA PAIX.

Badajoz, le 30 prairial an IX (18 juin 1801).

Monsieur le Prince,

« Par le traité de paix entre l'Espagne et le Portugal, les troupes de S. M. C. doivent se retirer dans l'espace de six jours après les ratifications.

« Par les traités entre la France et S. M. C. les mesures de paix ou de guerre ne doivent être prises que de concert.

« Les troupes de S. M. C. ne devraient donc pas se retirer avant les ratifications du premier Consul.

. . . .

« Je dois l'exiger au nom du premier Consul, dont les derniers ordres me font présumer que le traité de Badajoz ne sera pas ratifié... »

PIÈCE N° XXIV.

LUCIEN BONAPARTE AU PRINCE DE LA PAIX.

Badajoz, 7 messidor an IX (23 juin 1801).

« Le ministre plénipotentiaire de la République française a l'honneur de transmettre à S. E. M. le prince de la Paix, généralissime et ministre plénipotentiaire de S. M. C. la note suivante :

« Le premier Consul de la République française a refusé de ratifier le traité de paix conclu à Badajoz. Il ne regarde ce traité que comme un protocole...

« Le premier Consul charge le ministre soussigné de mettre à la disposition de S. E. le lieutenant général Saint-Cyr, conseiller d'État, général très estimé qui jouit de la confiance du gouvernement et qui répondra sûrement à celle de S. M. C. et de S. E. Ce général pourrait se charger de faire la conquête d'Oporto et des trois provinces avec le corps français. »

PIÈCE Nº XXV.

LUCIEN BONAPARTE AU PRINCE DE LA PAIX.

Badajoz, le 7 messidor an IX (27 juin 1801).

« ... Quant au traité non ratifié de Badajoz, puisque Leurs Majestés persistent à maintenir la paix qu'elles ont faite de leur côté, il ne me reste rien à dire, sinon à instruire mon gouvernement dont je m'empresserai de transmettre les communications à V. E. »

PIÈCE Nº XXVI.

LE CITOYEN TALLEYRAND A LUCIEN BONAPARTE.

Bourbon-l'Archambault, 23 messidor an IX (11 juillet 1801).

« ... Après avoir parlé avec légèreté de tout ce qui s'est passé dans ces derniers temps, vous prendrez des formes plus graves pour faire sentir au prince de la Paix que s'il entraînait le roi et la reine dans des mesures contraires à l'honneur ou aux intérêts de la République, si, ce qu'il est impossible de supposer, la moindre action ou le moindre éclat avaient lieu, les suites en seraient terribles pour la monarchie espagnole.

« Si cette déclaration n'était pas suivie d'une complète exécution, il serait démontré que l'influence du cabinet de Londres gouverne celui de Madrid, et alors la dernière heure de la monarchie espagnole aurait sonné... »

PIECE N° XXVII.

LE CITOYEN TALLEYRAND A LUCIEN BONAPARTE.

24 thermidor an IX (11 août 1801).

« J'espérais pouvoir vous envoyer le projet définitif de la paix avec le Portugal. Le premier Consul a voulu que l'objet de la discussion qui est relatif aux limites des deux Guyanes fût plus particulièrement éclairé. Les plans et mémoires qui ont été rédigés et recueillis dans le dépôt de la marine m'ont été communiqués dans cette vue et je les ai soumis au premier Consul. Il désire d'ailleurs avant tout avoir connaissance des premières conférences que vous aurez ouvertes avec le ministre plénipotentiaire du Portugal, dont vous m'annoncez l'arrivée. Ce n'est qu'alors qu'il vous enverra le projet définitif de la paix que vous êtes chargé de conclure. »

PIÈCE N° XXVIII.

LUCIEN BONAPARTE A FREIRE.

Madrid, 6 vendémiaire an IX (27 septembre 1801).

« J'ai eu l'honneur de vous demander, par ma note d'hier, une réponse écrite et catégorique à l'ultimatum présenté par le premier Consul. »

PIÈCE N° XXIX

LE CITOYEN TALLEYRAND AU GÉNÉRAL SAINT-CYR.

9 brumaire an IX (30 octobre 1801).

« ... La lecture de la correspondance de votre prédécesseur vous fera connaître quelle est votre situation actuelle avec la cour de Madrid et quelles sont les affaires qu'il est le plus important de terminer... »

PIÈCE N° XXX.

LE CITOYEN TALLEYRAND AU GÉNÉRAL SAINT-CYR.

16 frimaire an X (6 décembre 1801).

« ... Par tout ce qui s'est passé en Espagne depuis six mois, nous ne pouvons voir la cause première des écarts de ce cabinet que dans le caractère et les vues ambitieuses du prince de la Paix. A l'époque des négociations de Badajoz, la plus parfaite intelligence régnait entre les deux gouvernements; depuis la signature du traité de ce nom, tout a été contradiction, animosité et discorde.

« Le prince d'Espagne seul détermina le roi d'Espagne à signer le traité, et la lecture de la correspondance de votre prédécesseur vous fera voir clairement que cet acte entraînait nécessairement le sacrifice des colonies espagnoles occupées par l'Angleterre. En effet, votre prédécesseur n'avait-il pas plusieurs fois annoncé que leur perte serait la conséquence inévitable d'une conclusion précipitée, et n'est-ce pas à l'indifférence seule avec laquelle cette annonce fut reçue que l'Espagne doit imputer le dommage qu'elle éprouve?

« Le prince de la Paix voulait à tout prix mettre fin à la

guerre; la France ne pouvait pas le forcer à la continuer; mais il resta seul comptable des suites d'une paix imprudente, et c'est pour cela qu'il sentit que pour écarter l'imputation d'avoir mal servi la cause de son roi, il n'avait d'autre parti à tenter que celui d'exciter la mésintelligence entre sa cour et le gouvernement de la République.

« Il débuta par des notes injurieuses adressées au citoyen Lucien Bonaparte. Ces notes sont du 27 juin et du 26 juillet; vous les trouverez dans la correspondance de votre prédécesseur. Le manque d'égards et le défaut de prudence y sont portés au plus haut degré. Le premier Consul aurait fait connaître au roi la conduite de son ministre si la maladie de Sa Majesté ne fut survenue sur ces entrefaites.

« Vous verrez par ces notes que le prince de la Paix ne dissimulait ni quelle était son adversion pour l'alliance de la France, ni quels étaient ses desseins pour traiter séparément avec l'Angleterre. Le reste de sa conduite a parfaitement répondu à un tel début. »

PIÈCE N° XXXI.

ACTE DE MARIAGE DE LOUIS BONAPARTE.

Du 14e jour du mois de nivôse de l'an X de la République française (4 janvier 1802);

Acte de mariage de LOUIS BUONAPARTE, chef de brigade, âgé de 23 ans, né à Ajaccio, département du Liamone, le 2 du mois de septembre de l'an 1778, demeurant à Paris, cour de l'Orangerie, district des Tuileries, fils de défunt Charles Buonaparte et de dame Marie-Letitia Ramolini, sa veuve, demeurant à Paris, rue de Montblanc, présente, et de HORTENSE-EUGÉNIE BEAUHARNAIS, âgée de 18 ans, née à Paris, sur la ci-devant paroisse de la Madeleine de la Ville-l'Évêque, le 10 du mois d'avril de l'an 1783, demeurant à Paris de droit et de fait au palais du gouvernement, fille d'Alexandre-François-Marie Beauharnais, membre de l'Assemblée constituante, décédé à Paris, le 5 thermidor an II (24 juillet 1794), et de dame Marie-Rose Joseph Tascher Lapagerie, sa veuve, aujourd'hui épouse de Napoléon Buonaparte, etc...

En présence des citoyens :

Lucien Bonaparte, ex-ministre de l'intérieur, frère de l'époux, rue Saint-Dominique (10ᵉ arrondissement);
Joachim Murat, général de division, beau-frère de l'époux, place du Carrousel ;
Joseph Fesch, oncle de l'épouse, rue du Montblanc.

Ont signé : Bonaparte, Tascher Lapagerie Bonaparte, Hortense-Eugénie Beauharnais, Louis Bonaparte, Ramolini vedova Buonaparte, Lucien Bonaparte, J. Murat, etc.

PIÈCE Nº XXXII.

LE PREMIER CONSUL AU CITOYEN TALLEYRAND.

Saint-Cloud, 21 fructidor an X (7 septembre 1802).

Il lui mande qu'il vient d'accorder à Louis-Marie-Anne Talleyrand et à Louise-Fidèle-Sainte-Eugénie Montigny, son épouse, nonobstant leur inscription sur la liste des émigrés, la liquidation de ce qu'ils avaient sur le Grand-Livre et de ce qui leur était dû par d'Orléans. Il désire qu'ils sachent que ce n'est qu'à sa recommandation qu'il s'est départi de la règle ordinaire en leur faveur.

PIECE N° XXXIII.

ACTE DE NAISSANCE DE LA PRINCESSE DE CANINO.

Extrait du registre aux actes de baptême et mariage de la ville de Calais, pour l'année mil sept cent soixante-dix-huit et le mois de février.

Le vingt-quatre, je soussigné, vicaire, ai baptisé une fille née la veille à cinq heures et demie du soir, du légitime mariage de monsieur Charles-Jacob de Bleschamp, avocat en Parlement et receveur de l'entrepôt du tabac en cette ville, et de dame Philiberte-Jeanne-Louise Bouvet, ses père et mère de cette paroisse ; laquelle a été nommée Marie-Laurence-Charlotte-Louise-Alexandrine, par monsieur Laurent Grimod de la Reynière, l'un des fermiers généraux de Sa Majesté et administrateurs généraux des postes et relais de France, représenté, en vertu d'une procuration dûment signée et scellée, le seize du présent mois, à Paris, par monsieur Alexandre Picque de Ramecy, directeur des aides et de la régie générale des droits du Roy en cette ville, et par haute et puissante dame Marie-Françoise Grimod de la Reynière, épouse de haut et puissant seigneur Jean-Louis-Moreau de Beaumont, chevalier, conseiller d'État ordinaire et au conseil royal, représentée en vertu de ladite procuration par dame Marie-Gasparde Grimod de Verneuil, épouse de monsieur Jean-Charles Bouvet, ancien entreposeur du tabac en cette ville, ayeule maternelle de l'enfant : lesquels représentants de cette paroisse ont signé avec nous. Signé : Grimod de Verneuil, Picque de Ramecy et Michaud.

Délivré par nous, maire de la ville de Calais, le présent extrait conforme au registre et sur papier libre pour renseignement administratif.

En l'hôtel de la Mairie, le 15 décembre 1880.

LARUE.

PIÈCE N° XXXIV.

BREVET DE COLONEL DE JOSEPH BONAPARTE.

(24 avril 1804).

Département de la guerre.
Infanterie de ligne.
4e régiment.
ARRÊTÉ
du 23 germinal an XII.

RÉPUBLIQUE FRANÇAISE.

BONAPARTE, premier Consul de la République,

AU NOM DU PEUPLE FRANÇAIS,

Brevet de colonel pour le citoyen BONAPARTE (JOSEPH).

DÉTAIL DES SERVICES.	CAMPAGNES, ACTIONS, BLESSURES.
Né le 5 janvier 1768. Élève d'artillerie en 1783. Officier de l'état-major en 1792. Adjudant général, chef de bataillon en 1793. Membre du Corps législatif en 1795. Membre du Sénat conservateur. Grand officier de la Légion d'honneur.	Campagnes de 1793 et 1794. Blessé légèrement au siège de Toulon.

BONAPARTE, premier consul de la République, ayant confiance dans la valeur et la fidélité du citoyen BONAPARTE (JOSEPH), le nomme à l'emploi de colonel au 4e régiment d'infanterie de ligne.

Ordonne en conséquence à tous officiers et autres qu'il appartiendra de faire recevoir et reconnaître en ladite qualité le citoyen BONAPARTE (JOSEPH).

Donné à Paris, le 5 floréal an XII (24 avril 1804) de la République.

Signé : BONAPARTE.

(Archives de la guerre).

PIÈCE Nº XXXV.

NOMINATION DE JOSEPH BONAPARTE AU COMMANDEMENT DU 4ᵉ RÉGIMENT D'INFANTERIE.

(29 avril 1804).

Camp de Saint-Omer. — Au quartier général à Boulogne, le 10 floréal an XII (29 avril 1804).

RÉPUBLIQUE FRANÇAISE — ÉTAT-MAJOR GÉNÉRAL.

Ordre du jour :

Le citoyen JOSEPH BONAPARTE est arrivé hier au Pont de Briquet. Les honneurs supérieurs dus à son rang, comme frère du premier Consul, sénateur et grand officier de la Légion d'honneur, lui ont été rendus. Aujourd'hui il est reconnu comme *colonel commandant le 4ᵉ régiment d'infanterie de ligne.*

L'armée appréciera la faveur que le gouvernement lui accorde, en plaçant dans ses rangs et à la tête d'un des corps distingués qui y sont employés, un des personnages de l'État, qui, dans les négociations importantes dont il a été chargé, lui a rendu les plus grands services ; et elle sentira qu'elle ne peut justifier cette confiance qu'en redoublant de zèle dans ses devoirs et en offrant de plus en plus l'exemple du dévouement le plus absolu pour le chef auguste de l'État.

Le général commandant en chef,
SOULT.

Le général de division, chef d'état-major général,
ANDRÉOSSI.

(Archives de la guerre).

PIECE N° XXXVI.

CHANSON QUE BONAPARTE, SE METTANT A TABLE, A TROUVÉE SOUS SA SERVIETTE, ET QUI, DÈS LE MÊME JOUR, A COURU TOUT PARIS.

Proclamation de Bonaparte au Peuple français[1].

Sur l'air du *Pas de charge*.

Français! la Constitution
   Que d'Égypte j'apporte
Donne un chef à la nation;
   Mais vous ferez en sorte,
Ne vous déplaise, que le roy,
   Dont votre choix dispose,
Ne puisse être un autre que moi :
   J'en vais dire la cause.

Assez longtemps sous la Terreur
   A gémi la Patrie ;
Et le Français dans la douleur
   Ne peut passer sa vie.
La gaité, chez nous, dès ce jour
   Reprendra son empire ;
Sujets d'un enfant de l'amour
   Comme vous allez rire.

J'ai, pour les fous, d'un Tribunat
   Conservé la figure ;
Pour les sots je laisse un Sénat,
   Mais ce n'est qu'en peinture ;
A ce stupide magistrat
   Ma volonté préside ;
Et tout le conseil de l'État
   Dans mon sabre réside.

1. Mss. A. E.

Séyès est un penseur profond ;
　Pour lui je vous demande,
Vu que ce grand homme est poltron,
　Une bonne prébande.
Si cet esprit vraiment divin
　Cache un cœur de Thersite,
Des brouillards épais de Berlin
　Ce malheur est la suite.

Braves soldats que tant de fois
　Étonna ma vaillance !
Nobles témoins de mes exploits !
　Vous prendrez ma défense.
Non ! vous ne mourrez plus de faim,
　Le grand Consul espère
Qu'il pourra vous faire à la fin
　Mourir tous à la guerre.

Du chouan n'ayez plus d'effroy,
　Il va poser les armes ;
On sait combien le nom de roy
　Pour son cœur a de charmes.
S'il jette encor quelques clameurs
　Et d'insolents murmures,
C'est qu'à la place des acteurs
　Il croit voir les doublures.

Français ! pour appuyer mes droits
　Vous faut-il des miracles ?
Du ciel reconnaissez la voix,
　Respectez ses oracles.
Des environs du mont Liban
　J'apporte pour mon sacre
Une huile faite par saint Jean
　Surnommé Saint-Jean d'Acre.

Que d'étrangers attirera
　La pompe qui s'apprête,

Suwaroff lui-même déjà
    Vient pour m'oindre la tête ;
Nelson et Sidney porteront
    Sceptre et gloire en personne,
Et mon épouse sur mon front
    Posera la couronne.

Peuple français ! Peuple charmant !
    Venez à cette fête.
Mais j'entrevois facilement
    Le point qui vous arrête.
Comme on vous verrait dans Paris
    M'apporter votre hommage,
Si l'on promettait un louis
    Pour les frais du voyage !

PIÈCE N° XXXVII.

RÉFLEXIONS DE LUCIEN ET DE SES AMIS A PROPOS DU SÉNATUS-CONSULTE DE 1804.

« ... Qu'avez-vous fait, Lucien, ou plutôt qu'avons-nous laissé faire ? » m'écrivait, sous la date 29 mai 1804 [1], mon incomparable ami, le général Gouvion Saint-Cyr, incomparable par la réunion des vertus du philosophe pratique et celles du guerrier vaillant et généreux, et reproduisant de nos jours le type des plus beaux caractères antiques dont Plutarque nous offre le portrait dans ses *Hommes illustres*; « Oui, qu'avons-nous laissé faire ? m'écrivait-il. Tout ce qui pense avec moi et comme moi se demande comment votre grand frère usera de cette puissance absolue dont vient imprudemment de l'investir un peuple enivré de l'éclat de ses triomphes militaires.

« Ah ! pourquoi lui-même ne renouvela-t-il pas l'exemple

---

1. Ce passage a été recopié en 1835.

de Washington, que nous l'entendîmes si souvent proclamer plus grand à ses yeux par ses refus de s'élever au-dessus de ses concitoyens, qu'il ne l'eût été en montant sur le trône ?

« Comment est-il possible que le général Bonaparte, premier Consul d'une puissante république, aimé et révéré au dedans, redoutable à nos ennemis du dehors, ait eu la fausse et déplorable modestie de se croire moins grand que les souverains qu'il a vaincus et qu'il lui faudra encore vaincre pour le maintien de son élévation personnelle, aux dépens de cette France, qui a le désir et le besoin de la paix. Il vaincra sans doute, nous vaincrons avec lui. Mais où nous mènera cette gloire militaire?... Il est bien aisé de le prévoir, à la perte de nos libertés politiques et peut-être même individuelles, achetées si chèrement!... Déjà de funestes révélations de caractère nous ont été faites ; vous les avez déplorées comme moi . . . . Oh ! mon cher Lucien, quand j'envisage cet état de choses, lorsque je me vois obligé d'en être le témoin, ma seule consolation, vous pouvez m'en croire, est de vous voir en dehors de ce pêle-mêle de princes, de ce flux et reflux de courtisans avides des faveurs nouvelles d'un nouveau pouvoir absolu.

« Vous connaissez les flatteurs, Lucien.

> Hélas ! ils ont des rois égaré le plus sage.

L'empereur Napoléon surpassera-t-il en sagesse le roi Salomon ? Pourra-t-il sortir victorieux des assauts journaliers qui lui livrera la courtisanerie de ces valets improvisés qui remplissent déjà les antichambres de l'ancien palais des rois, d'où nous les avions expulsés ? L'expérience de tous les temps ne nous a-t-elle pas prouvé que les désirs d'un empereur sont les volontés, que ces volontés deviennent les lois de fait?... C'en est donc fait?... nous n'avons plus, au lieu de chamarrer nos uniformes, qu'à porter le deuil de nos libertés...

« Mais, je le répète, ce ne sera pas moi qui témoignerai à Lucien le regret de ne pas le voir sur les degrés d'un trône qui, tout légitimé qu'il doit être à nos yeux par l'aveugle bon plaisir du peuple, est pour moi cependant la cause du plus amer chagrin, et me fera, je crois, mourir de ma douleur... Mais vous, Lucien, qu'allez-vous devenir... vous si pur, si dévoué à la liberté !. . . . . etc., etc. »

... Oui, lui disais-je, vous avez raison de craindre les effets du poison de la flatterie ; nul ne peut y résister. Du reste, cher général, ce que l'avènement du premier Consul au trône impérial vous a tout à fait dévoilé, je l'avais douloureusement entrevu avant que je dusse quitter la France. Mes frères et sœurs, moi-même, n'avions-nous pas déjà des flatteurs?... Oui, vous avez raison de me féliciter de n'être pas entré dans cette gabare de princes et de princesses, remorquée par tous les renégats de notre république ; car qui sait si l'exemple de tant d'apostasies ne m'aurait pas moi-même démoralisé politiquement et même philosophiquement?...

J'ai tout lieu de penser que ce fut cet entraînement général, et surtout l'exemple de tous ces hommes que l'on avait vus si ardents à défendre les principes opposés, qui purent amener notre grand citoyen Sieyès, à accepter la terre de Crosne et à braver ainsi le péril de laisser entacher sa réputation. Il est peut-être excusable d'avoir pensé que l'opinion d'hommes si faciles à renier leur orthodoxie politique ne méritait pas qu'on lui sacrifiât les douceurs et les agréments de la vie, qui, d'ailleurs, lui étaient offerts à titre de récompense nationale...

Oui, l'apostasie est contagieuse : Napoléon lui-même subit cette influence.

Ne convenez-vous pas, cher général, que ce guerrier, naguère votre égal, aujourd'hui votre empereur, vous l'avez connu zélé et sincère républicain ?— Non, me répondez-vous ; il nous abusait par de fausses apparences. — Eh bien ! moi, je vous affirme qu'il s'abusait lui-même : le général Bonaparte a été longtemps aussi républicain que vous et moi. Il servit la République conventionnelle avec l'ardeur que vous connaissez et que vous n'auriez peut-être pas osé déployer vous-même sur un pareil terrain et contre pareille population... Aussi le gouvernement directorial, auquel le général portait tant d'ombrage, ne le soupçonna-t-il jamais d'aspirer à cette couronne qu'il vient aujourd'hui de poser sur sa tête. Mais ce qu'il redoutait avec raison dans Bonaparte, c'était le général républicain ambitieux, actif, entreprenant, capable enfin de tout renverser pour arriver à la magistrature suprême, le seul but de ses efforts et à laquelle il parvint en effet au 18 brumaire.

Soyez-en convaincu, son avènement au trône impérial était si peu prémédité qu'il l'étonne encore lui-même ; et il prévoyait si peu un pareil succès en France,... au xix° siècle,... qu'il nous a bien de fois répété, à Joseph et à moi, que *l'Europe n'était pas un terrain pour lui, qu'il lui fallait l'Asie et qu'il avait manqué sa fortune à Saint-Jean-d'Acre.*

Voilà quelles étaient encore les idées de mon frère deux mois après le 18 brumaire.

D'un autre côté, ses dispositions naturelles étaient loin de le porter à rechercher les basses adulations dont vous me dites qu'on l'entoure aujourd'hui. J'en pus juger par mes propres yeux. Ce ne fut qu'avec une sorte de dégoût qu'il put s'accoutumer à recevoir le grossier encens dont quelques personnages, tels que Talleyrand, Fouché et autres cherchèrent bientôt à l'enivrer. Je l'ai vu ne céder qu'avec le plus pénible effort à la nécessité de fouler du pied tous ces hommes avilis par tant de bassesse. Oui, je l'ai vu rougir à ce spectacle : car, malgré ce que vous me dites de son mépris pour les hommes, Napoléon n'a commencé à les mépriser que depuis son élévation au pouvoir.

Le caractère indépendant des altiers montagnards de l'île française qui nous a vus naître, lui avait appris à respecter la dignité de l'homme ; et ce ne fut que lorsque la magistrature consulaire fut remplacée par le consulat à vie, lorsque l'on pensa à former une espèce de cour aux Tuileries et que l'on entoura madame Bonaparte de préfets et de dames du palais, ce fut seulement alors que l'on put s'apercevoir de quelque changement dans l'esprit du maître, et qu'il se laissa aller à traiter tout ce monde-là comme il le méritait et comme d'ailleurs il le désirait.

La création d'une cour ne pouvait qu'enfanter des courtisans ; et Napoléon ne put alors marcher que sur le terrain qu'on lui avait fait. Ainsi, mon noble ami, et vous pouvez en juger mieux que personne, un ardent cheval de bataille hésite d'abord, recule plusieurs fois avant de marcher volontairement sur le corps des guerriers étendus dans les champs du carnage ; mais quand l'accumulation des cadavres devient telle que le généreux coursier ne trouve plus une place qui n'en soit obstruée, il faut bien qu'il se décide : tout en y répugnant, il avance, marche, foule, écrase tout ce qui se trouve sur son passage. — Il ne vous paraîtra pas extraordinaire, mon général, que l'éloquente description que vous me faites de la cour actuelle des Tuileries, m'ait fourni cette comparaison..., etc...

Oui, NAPOLÉON, tu fus coupable sans doute d'avoir absorbé nos libertés publiques dans les rayons de ta gloire militaire ; mais il faut avoir la force et la justice de l'avouer, elles te furent immolées d'avance par ceux-là même qui devaient en être les gardiens et les défenseurs ; et, il faut le dire, jamais l'abjection d'un corps politique ne fut plus patente que celle de la majorité de ce Sénat qui ne pouvait entendre sans rougir et sans s'en faire une honteuse application, ce vers de Racine, en parlant du Sénat romain :

Sa prompte servitude a fatigué Tibère.

L'illustre sénateur Lanjuinais, quoique son opinion fût celle de plusieurs autres, fut le seul qui eut le courage de la parole pour défendre la liberté mourante, et il combattit le dernier dans les rangs d'une magnanime, mais trop faible minorité, qui comptait encore d'ardents et sages patriotes, tels que Dupont (de l'Eure) et Boulay (de la Meurthe). Mon cher et ancien collègue Lemercier, l'ex-président du conseil des Anciens, ainsi que plusieurs autres qui finirent par se rallier à la force des circonstances, m'écrivirent à Rome et me donnèrent la première nouvelle de l'adoption du sénatus-consulte organique [1]. Leurs lettres étaient empreintes d'une certaine douleur concentrée, difficile à épancher par écrit ; et je sentais que quelques-uns d'entre eux retenaient encore vis-à-vis de moi l'expression de leur chagrin, en pen-

---

1. Le sénatus-consulte organique, dont il est ici question, est celui du 18 mai 1804 ; c'est celui qui proclamait Napoléon empereur et réglait la constitution et l'hérédité de l'empire.

sant que je serais déjà assez péniblement atteint par l'exclusion dont j'étais l'objet. Ils se trompaient bien, hélas! ce n'était pas sur moi que je pleurais... et c'est dans ce sens que je leur répondais...

....

Les lettres de ces braves gens m'arrivèrent presque toutes sous la date des derniers jours de mai et des premiers jours de juin 1804. Depuis ce moment, l'empire se consolidant de plus en plus, leur correspondance devint plus rare; et ce fut moi, je dois le dire à l'honneur du culte qu'ils rendirent à l'amitié dans son exil, ce fut moi qui cessai le premier de leur écrire.

Je me reprocherais, comme une véritable ingratitude, de ne pas citer les marques du constant intérêt que je reçus de plusieurs généraux, au nombre desquels je remarquai Masséna, Lecourbe, Clarke, Frégeville et de Lacour. Ce dernier avait été adjudant général de Moreau; il était l'ami intime de Jourdan de Fleurus, et même proche parent de ma femme : c'était plus qu'il n'en fallait pour éloigner de lui la faveur impériale. Ce brave général de Lacour fut blessé mortellement à Wagram et fut nommé général de division sur le champ de bataille. Il ne survécut que quelques instants à cette suprême et tardive justice. Après sa mort, il obtint du moins de l'empereur celle plus précieuse et plus durable de tenir sa place sur la colonne des braves[1].

Le général Jourdan ne fut pas non plus un des moins empressés à m'adresser un compliment de condoléance, dans lequel je trouvai plus de bonhomie que de noblesse de la part d'un général, grand et sincère républicain comme lui. Je n'hésitai pas à lui répondre que j'étais aussi affligé qu'étonné de ne pas le voir me féliciter au lieu de me plaindre. Comme on ne peut nier que Jourdan ne fût aussi excellent homme qu'illustre général, ma lettre, un peu plus qu'aigre-douce, ne le fâcha pas, et je le persuadai assez qu'il m'avait offensé par la sienne, pour qu'il m'en fit des excuses

---

1. Cette justice ne fut point rendue par Napoléon. Ce fut le gouvernement de la Restauration qui, à la juste réclamation de son fils, le colonel du 10e régiment de chasseurs, le fit placer sur cette colonne où il avait été si injustement oublié. (*Note de madame Lucien Bonaparte.*)

très polies. Je lui trouvai cette fois une véritable dignité dans l'intention de réparer un tort involontaire.

Une foule d'autres généraux, dont plusieurs mêmes étaient aides de camp de mon frère, et dont on pouvait dire avec l'auteur de *la Henriade* :

> Des chevaliers français tel est le caractère ;
> La paix n'ennoblit point leur valeur ordinaire ;
> Vils flatteurs à la cour, héros au champ de Mars.

crurent qu'il était pourtant de leur honneur de me complimenter sur ce qu'ils appelaient un *malheur* pour moi, malheur qui n'en était véritablement un à mes yeux, j'en atteste le ciel, que par la douleur que je ressentais de me voir payé d'ingratitude par un frère que j'avais servi de cœur et d'action. Un grand nombre de hauts employés civils, la plupart déserteurs éhontés du camp républicain, suivirent cet exemple. Tout ce monde-là parut s'être donné le mot pour m'adresser des condoléances ou félicitations en forme, je pourrais dire *de circulaire*, tant la substance et même la rédaction en paraissaient figurées sur le même modèle.

Ainsi, le général D..., avec lequel j'avais été en quelques relations de société, me complimentait sur l'heureux avènement de notre famille *au trône de Charlemagne et de Henri IV*; et, par un petit retour sur l'oubli dont j'avais été l'objet, il ajoutait : « Prenez courage, citoyen sénateur ; avec le temps tout s'arrangera. Il y a des paris ouverts au sujet de votre rappel avant moins d'un an. Et, c'est tout simple, car l'*empereur Napoléon est le plus grand des hommes.* »

Les généraux S... et B... me disaient l'un et l'autre, dans le même style, qu'ils avaient pris et qu'ils prendraient toujours une bien grande part à ce qui arriverait d'heureux et même de glorieux à notre famille ; qu'avec le temps les choses iraient encore mieux ; qu'il ne me fallait que du courage et de la prudence : car, je savais comme eux, que l'*empereur était le plus grand des hommes.* La variante du premier de ces deux généraux, du général S..., consistait en ces mots : « Car *Napoléon, empereur, est des humains le plus grand.* »

En vérité, le recueil de ces missives était curieux en ce que par la répétition inévitable de la phrase précitée, soit dans le cours, soit à la fin de la lettre ; elles rappelaient assez bien les feuillets de l'Alcoran finissant ou commençant tous ainsi : « IL N'Y A QU'UN SEUL DIEU ET MAHOMET EST SON PROPHÈTE. »

J'avais répondu à tous ces messieurs par un simple accusé de réception et des remerciements pour les sentiments qu'ils voulaient bien me témoigner au sujet des événements qui, je l'espérais avec eux, ajouteraient encore au bonheur et à la gloire de la France.

Quant à ce misérable D..., je ne pus m'empêcher de lui écrire que je voudrais bien qu'il m'expliquât la nature du mal que j'avais pu faire à mon frère, pour motiver l'acte de grandeur d'âme qu'il manifesterait par mon rappel, suivant lui sans doute un acte de *généreux pardon*. Alors j'étais jeune et d'un caractère plus irascible. Aujourd'hui je me reproche d'avoir répondu à cette sottise.

Le général Masséna, que j'ai déjà nommé et que j'avais moins bien connu que les autres, m'écrivait d'une tout autre manière. Il m'exprimait le vif regret de voir commencer SANS LUCIEN cette ère napoléonienne qui ne pouvait être que la continuation de la gloire de la France : et certes il ne se trompait pas. Du reste, sa lettre, toute flatteuse qu'elle était pour moi, sentait son homme réservé. Plus tard sa confiance fut plus expansive, et j'aurai à revenir, dans le cours de ces *Mémoires*, sur des faits historiques peu connus, qui me dévoilèrent que l'héroïsme du citoyen égalait celui du grand homme de guerre. Ces circonstances cimentèrent les liens d'amitié et d'estime qui m'unirent par la suite au vainqueur de Zurich et d'Essling ; et je me suis plu à lui en donner un témoignage dans cette strophe de mon épopée de Charlemagne :

>Ainsi, vaillant guerrier, dans les jours de combats
>Nous voyons cent rivaux s'effacer à ta vue ;
>La vile calomnie, un moment confondue,
>Tremble devant le fer dont s'est armé ton bras.
>Ces flatteurs sans éclat, vil rebut de la guerre,
>   Rentrent dans la poussière,
>D'où les avaient tirés les vices de la paix.
>D'Arcole et de Zurich réveillant la mémoire,

La France te rappelle à de nouveaux succès,
Et te proclame encor l'*Enfant de la Victoire*.

La reconnaissance me fait un devoir et même un besoin d'ajouter que la plupart des députés notables de notre parti brumairien m'écrivirent aussi pendant longtemps et dans les termes les plus propres à adoucir l'amertume qui se glissait malgré moi dans mon cœur, au sein de la plus heureuse vie privée et au milieu des marques de sympathie et de considération qui m'arrivaient de toutes parts.

Cette amertume, qui avait pris tous les signes extérieurs d'une pénible mélancolie, était surtout entretenue par la lecture des journaux, qui, du reste, depuis le consulat à vie, n'avaient plus aucune indépendance. Je voyais bien, par les lettres de mes amis, que le feu sacré de la liberté n'était point encore éteint dans ces nobles cœurs ; mais, hélas ! à quoi cela pouvait-il servir ?... Je dois citer des premiers les députés Briot, Boulay (de la Meurthe), Chazal et Français (de Nantes), dont l'âme s'était si bien entendue avec la mienne dans la fameuse séance *des dangers de la patrie*. Français (de Nantes) surtout me donna dès le premier moment, et ne cessa de me donner par la suite, les preuves de l'affection la plus dévouée. Pendant le temps de son ministère, tous mes amis, qui, à ce titre, avaient été repoussés des emplois, trouvèrent en lui, sur ma recommandation, un protecteur puissant qui se fit un devoir et un bonheur de réparer ces injustices, tout en se créant peut-être un danger pour lui-même. Français (de Nantes), tu n'es plus ! c'est à ton ombre et à ceux qui te furent chers que j'adresse ce tribut de ma reconnaissance.

Comment pourrais-je clore la liste de ceux de mes concitoyens qui n'ont jamais cessé d'occuper mes souvenirs, sans parler de mon honorable et ancien ami Sapey, qui, demeuré constamment investi de la confiance de ses commettants, a, dans le cours de sa longue carrière législative, su conserver, sous tous les gouvernements, l'indépendance de ses votes et la dignité de son caractère ? Il m'est particulièrement bien doux de rappeler ici que, pendant tout le temps de mon exil aussi bien qu'aux jours de la prospérité, il s'appliqua toujours à me rendre tous les bons offices d'un sincère attachement. Grâces lui soient rendues, surtout, d'avoir élevé la voix au sein de la représentation nationale pour obtenir la révocation de la loi qui nous bannit du territoire français, de cette loi qui impose le supplice de l'exil perpétuel à des citoyens dont le cœur brûle toujours de l'amour de la patrie, en punition de quel crime?... Hélas! celui de porter le nom de l'empereur!

Non, je ne crains pas de le dire, car le droit de se plaindre est le seul qu'aucune puissance humaine ne puisse ravir aux victimes, cette loi de bannissement qui, au moment de la déchéance et pendant la vie de Napoléon, pouvait paraître la conséquence nécessaire d'une politique sévère, mais prudente, aujourd'hui que la terreur qu'inspirait le nom seul du conquérant ne peut plus servir de motif, aujourd'hui que le gouvernement de Juillet a relevé la statue abattue de mon frère, cette loi serait aussi inconséquente que cruelle, en prolongeant l'exil de ses *ascendants* et *descendants*, en refusant les portes de la patrie à ceux de sa race, qui ne connaissent et qui n'ont jamais eu d'autre ambition que celle de servir leur pays avec honneur et fidélité, à quelque titre que ce puisse être.

Ces considérations, qui étaient appuyées par un grand nombre de citoyens et de députés intègres, furent cependant impuissantes. Espérons que le jour, le jour prochain, dit-on, où les cendres de l'empereur, exhumées du rocher de Sainte-Hélène, arriveront sur les bords de la Seine, sera celui du rappel de la famille.

En attendant, que ceux de mes généreux compatriotes qui ont désiré nous voir de retour au milieu d'eux, pour jouir des bienfaits du gouvernement constitutionnel, sous lequel ils ont le bonheur de vivre, en reçoivent ici les plus sincères actions de grâces.

La perspective et l'espoir d'un paisible avenir pour moi et pour mes enfants dans mon heureuse patrie, m'ont digressivement entraîné loin de ce que je veux encore ajouter à l'occasion des événements qui furent les tristes conséquences du 18 brumaire.

Profondément affligé de la métamorphose ou plutôt de l'évaporation de ma chère République consulaire, dont les

Parisiens, qui rient de tout quelquefois pour ne pas pleurer, disaient « *qu'elle était morte en couche d'un empereur,* » ou bien pour varier « *qu'elle était morte dans l'opération césarienne,* » je dois dire que sans les douceurs de la vie privée, à laquelle je m'étais voué sans retour, j'aurais infailliblement succombé aux regrets d'une pareille déception. Je fus même pendant quelque temps atteint d'une fièvre intermittente, qui donna aux miens d'assez vives inquiétudes. D'un autre côté, le séjour de Rome, où les fièvres sont endémiques, n'était pas très rassurant.

A cela près, Rome était pour moi le choix à faire par excellence. Le temps était encore éloigné où cette métropole du monde chrétien devait être déclarée la *seconde bonne ville* de l'empire, et je pouvais encore me flatter d'y trouver pour moi et pour ma famille une résidence douce et honorable. J'avais embrassé tout à fait ce parti, en voyant arriver près de nous notre excellente et vénérable mère. Par suite, en effet, de certains déplaisirs, dont mon éloignement n'était pas le moindre et dont j'aurai occasion de parler plus tard, elle était venue nous rejoindre quelques mois avant la promulgation du sénatus-consulte, ainsi qu'elle me l'avait promis dans nos derniers adieux. Elle commença par habiter chez moi à Bassano, en attendant que son frère, le cardinal Fesch, alors ambassadeur de France à Rome, eût achevé de lui faire préparer un appartement dans son palais. Le prince Camille Borghèse, qui venait d'épouser ma sœur Pauline, désirait la recevoir chez lui ; mais notre mère préféra ma maison à toute autre, et nous eûmes le bonheur de la posséder environ six semaines, avec sa petite cour, composée seulement alors d'une dame de compagnie, madame d'Andelar, ancienne chanoinesse de Remiremont, qui lui servait en même temps de lectrice. M. l'avocat Gueyeux faisait les fonctions de chevalier d'honneur, et le célèbre docteur Baker était attaché à sa personne en qualité de médecin. Les soins habiles de celui-ci avaient su plus d'une fois nous conserver notre mère, et moi-même, alors, je fis mon profit de quelques conseils hygiéniques qu'il voulut bien me donner.

Je ne doute pas que cette heureuse arrivée de ma mère,

l'estime et la tendresse qu'elle témoignait à ma femme et à mes enfants, en même temps que la correspondance fort active de Paris, et surtout les marques d'intérêt et de confiance dont m'honorait le pape Pie VII dans sa noble et généreuse hospitalité, je ne doute pas que toutes ces consolations réunies n'aient beaucoup contribué au rétablissement de ma santé.

Je ne puis assez répéter combien j'attachai de prix aux lettres de quelques-uns de mes amis, qui, dans ces circonstances, étaient beaucoup moins laconiques et moins réservées que celles de mes parents. Frégeville, Sapey, Laborde, de Lacour et le député Briot semblaient rivaliser entre eux... Briot, cet aimable et ardent ami de la liberté, possédait encore ce qu'on pourrait appeler la philosophie du patriotisme. Il avait de l'érudition et en même temps une candeur, une gaieté et une sensibilité qui rendaient sa conversation pleine de charmes. Enfin, il m'aimait encore plus qu'il n'avait aimé et admiré Napoléon, jusqu'au moment qu'il appelait celui de son *apostasie*.

Bien jeune encore, Briot fut enlevé à la France et à sa famille, et de longues années se sont déjà écoulées depuis ce temps. Je ne puis mieux aujourd'hui exprimer mes regrets, ni mieux honorer sa mémoire qu'en citant, au milieu de nombreuses lettres qui me restent de ce modèle des amis, celle qu'il m'écrivait en juin 1804. Elle seule suffira, je crois, pour faire juger de la nature et du ton de toutes ces correspondances, que, d'ailleurs, je me propose de publier en grande partie à l'appui des événements qui ont agité ma vie et m'ont condamné à vivre loin de ma chère et glorieuse patrie.

LETTRE DU DÉPUTÉ BRIOT AU SÉNATEUR LUCIEN BONAPARTE.

« Cher et ancien collègue,

« Le temps s'écoule; les jours se suivent et ne se ressemblent pas. Par où commencerai-je à vous donner les nouvelles qu'amènent ces temps et ces jours? nouvelles de toute nouveauté et qui passent l'attente des imaginations les plus actives à prévoir les événements de toute sorte, les changements les plus inattendus... Brumaire devait-il ainsi finir?

« Au milieu de tous les petits *brimborions* politiques du moment, je pourrais vous dire ce que les journaux vous auront appris avec moi, que le Sénat, son président en tête, vient de complimenter son empereur, ses princes et ses princesses; mais ce que les journaux n'auront pu vous dire, c'est que pour mon compte, et je ne suis pas le seul, j'ai manqué tomber à la renverse, quand du milieu des badauds politiques présents à cette abjuration, les uns charmés, les autres enragés, le plus grand nombre hébétés, j'ai entendu le consul Cambacérès prononcer gravement ce mot sire, que je n'avais jamais entendu adresser à personne : sire, et puis vint à l'avenant de ce début tout le discours que votre *auguste* frère écouta aussi imperturbablement que si on ne lui eût jamais parlé autrement.

« Il faut être juste, mon cher sénateur, tous les républicains purs ne sont pas pervertis dans le fond, puisque dans la forme même, c'est-à-dire à ce mot de sire, vous eussiez vu ceux de vos collègues qui ne tenaient pas les yeux baissés, et il y en avait peu, échanger de bien singuliers regards. Des larmes même ont brillé, quoique contenues dans certaines paupières. C'étaient sans doute des larmes d'attendrissements ou même d'admiration; car, n'est-il pas vrai que ce ne pouvait être de regret?... Il n'y avait pas de quoi!...

« Quant aux sénateurs, dont l'œil était resté sec, le plus grand nombre se regardaient *sous cape*, à la manière des anciens augures romains qui ne pleuraient pas positivement quand ils s'envisageaient en se rencontrant; car ils riaient, dit-on, ne pouvant s'en empêcher, tant ils étaient persuadés de la gravité de leurs fonctions et de l'infaillibilité de leurs oracles. Il est vrai que ces messieurs étaient sans doute imbus des théories irréligieuses des évéméristes, des lucréciens et autres grands hommes, et qu'ils ressemblaient tant soit peu à nos philosophes modernes, dont je ne vous ferai pas l'éloge, puisqu'ils n'ont su rien réédifier à la place de tout ce qu'ils ont détruit, soit en religion, soit en politique : ce qui nous arrive à présent en offre bien la preuve.

« Au milieu de tout ce monde de nouvelle création, sur ce même terrain de Saint-Cloud, théâtre de notre révolution, le plus étonné de tous, et, faut-il vous le dire, le plus embarrassé de sa position, était votre excellent frère Joseph, aujourd'hui le premier des princes français : *le premier*, à moins toutefois que l'empereur n'ait un enfant mâle ou qu'il ne veuille en adopter un.

« Le droit d'hériter directement, en cas de *fuit imperator*, est donc pour le moment dévolu à Joseph ; mais pour ceux qui savent que l'adoption n'est souvent qu'un caprice assez fréquent chez les empereurs, son droit d'hérédité peut s'évaluer au même prix que le plat de lentilles pour lequel le chef iduméen céda son droit d'aînesse à son frère Jacob.

« Au reste, c'est le petit nombre de ceux qui veulent tout critiquer qui disent cela. Vous savez d'ailleurs, mon cher sénateur, que Joseph a trois ans plus que l'empereur, qui en a lui-même six plus que vous. Ajoutez que Joseph, comme personne n'en doute, est républicain de bonne foi. Que n'a-t-il l'énergie de votre caractère, ou du moins autant de fermeté qu'il possède de bonté de cœur, de finesse et de grâce dans l'esprit. Au surplus, la toute petite circonstance de l'adoption dans le système de l'hérédité a passé inaperçue, comme n'étant pas à prendre en considération, et l'on croit que Joseph même n'y a pris garde.

« Voilà déjà une lettre horriblement longue, et je ne vous ai presque rien dit. Je ne veux pourtant pas, à propos d'hérédité, vous laisser ignorer que, devant moi et aussi devant Julien, sur le compte duquel sa liaison avec Fouché fait courir des bruits très mal fondés, selon moi, je ne veux pas vous laisser ignorer que le grand diplomate, Talleyrand, a dit qu'il ne concevait pas l'esprit de démence (il a dit *démence*, c'est très sûr) qui avait présidé à la fondation d'une dynastie héréditaire, consacrant le système de l'adoption d'un côté, et de l'autre celui de l'exhérédation dans votre personne. Puis il a ajouté : « J'ai à me plaindre du séna-
« teur Lucien ; mais je n'en suis pas moins pénétré de ce
« que je dis... » Son intention très claire est que vous sachiez qu'il pense ainsi. Et moi j'en conclus tout bonne-

ment qu'il croit votre rapprochement avec votre frère très possible.

« Adieu, mon cher sénateur et bien-aimé ancien collègue. Mes respects à madame Lucien Bonaparte ; permettez-moi de baiser ses belles mains.

« Briot. »

PIÈCE N° XXXVIII.

NOTE A PROPOS DE L'OPUSCULE INTITULÉ : *Parallèle entre César, Cromwell, Monck et Bonaparte.*

On lisait à ce propos dans le journal *le Siècle* du 28 septembre 1856 :

« Un ancien employé supérieur au ministère de l'intérieur, M. Locard de Noël, vient de mourir à Saint-Étienne. Dans une lettre adressée par un de ses amis, le docteur Soviche, au *Salut public*, nous trouvons des éclaircissements curieux sur l'origine d'un pamphlet qui parut au mois d'octobre 1800.

« Cet opuscule, intitulé : *Parallèle entre César, Cromwell, Monck et Bonaparte*, était de Lucien Bonaparte. Le premier Consul en eut vaguement le soupçon, et pensa d'abord à éloigner son frère, qu'il nomma ambassadeur en Espagne.

« Peu de jours après le départ de Lucien, et alors qu'on était encore dans le doute de savoir quel était le véritable auteur du pamphlet, M. Locard avait été chargé de faire la recherche d'un livre dans la bibliothèque du cabinet que venait de quitter le frère du premier Consul.

« Par mégarde, il renversa le fauteuil ministériel, et de dessous le coussin s'échappa un cahier écrit en entier de la main de Lucien, avec une foule de ratures : c'était le manuscrit du *Parallèle entre César, Cromwell, Monck et Bonaparte*.

« M. Locard s'en empara et la porta à l'académicien Arnaud, intime ami de Lucien Bonaparte. Celui-ci écrivit de suite à Lucien, qui venait de franchir les Pyrénées : « Soyez
« tranquille, votre manuscrit est en sûreté. »

« Le secret fut si bien gardé que, dans son *Histoire du Consulat et de l'Empire*, M. Thiers attribue encore le *Parallèle* à M. de Fontanes. »

Cette note est signée : *Émile de la Bédollière*. Elle nous a été communiquée après coup. Elle confirme un fait aujourd'hui bien avéré.

PIÈCE N° XXXIX.

DISCOURS PRONONCÉ PAR LUCIEN BONAPARTE AU CORPS LÉGISLATIF DANS LA SÉANCE DU 29 FLORÉAL AN X, A L'OCCASION DE LA CRÉATION DE LA LÉGION D'HONNEUR.

Législateurs, le tribunat a adopté le projet de loi portant création d'une Légion d'honneur et nous a confié le soin de développer, dans votre sein, les motifs de son adoption.

Nous examinerons ce projet de loi sous le double aspect des récompenses militaires et des récompenses civiles.

Nous jouissons des douceurs de la paix ; le moment est donc arrivé d'organiser le mode de récompense nationale que la Constitution promet aux guerriers qui se sont distingués en combattant pour la République.

Déjà le gouvernement a commencé l'exécution de cette volonté constitutionnelle, et beaucoup d'armes d'honneur ont été distribuées dans les armées.

Aujourd'hui, ces mesures partielles sont devenues insuffisantes, ceux qui en sont l'objet ont reçu une distinction honorable, mais cette distinction n'est pas assez éclatante ; ils jouissent de pensions proportionnées à leurs grades ; mais ces pensions, prélevées sur le Trésor public, ne sont point assez indépendantes des circonstances ; en un mot, les brevets d'honneur ne sont pas assez fortement constitués ; depuis la paix, les brevets sont devenus des marques trop faibles de la récompense nationale. La paix a tellement relevé, tellement consolidé le bien-être, qu'il est juste de relever, de consolider la récompense.

Pour remplir ce devoir, pour acquitter la promesse du peuple, comme le veulent sa grandeur et sa justice, le gouvernement propose la formation d'une Légion d'honneur.

Le tribunat a vu, dans ce mode de récompense militaire, deux grands avantages :

1° Sans blesser les principes de la Constitution, le projet de loi rend aussi éclatante que possible la distinction déjà établie par les brevets d'honneur.

2° Il fixe les pensions attachées à ces brevets d'honneur d'une manière indépendante du Trésor public et conforme à l'intérêt national.

Aujourd'hui, citoyens législateurs, les brevetés jouissent peu de cette récompense qu'aucune autre ne peut racheter : isolés, inconnus, ils sont, pour ainsi dire, indivisibles sur le vaste champ de leur gloire. Le cœur ému des Français la demande en vain ; en vain l'œil curieux de l'étranger les cherche dans la foule ; rien ne les désigne à la reconnaissance des Français, à l'admiration de l'étranger ; et, lorsque le service se voit partout, la récompense ne se voit nulle part.

Cet état s'améliore par le projet de loi ; désormais, les brevetés auront pour chef le chef du gouvernement. Formés en légion, ils se prêteront réciproquement l'éclat de leurs grandes actions, et cette masse commune de gloire les embrassera tous de sa vaste auréole.

Ils seront dignement récompensés ; ils ne peuvent point l'être davantage ; la République ne peut pas mieux s'acquitter envers ses défenseurs ; et, certes, il n'est point de vœux si ambitieux qui ne doivent être satisfaits par une distinction qui suit l'homme jusqu'au tombeau ; le législateur ne peut rien voir au delà, car il faudrait oublier totalement le siècle où nous vivons, pour supposer désirables parmi nous des distinctions héréditaires. — Les châtiments sont personnels comme les délits ; les récompenses doivent être personnelles comme les services, et il n'y a pas plus de véritable gloire dans les récompenses héréditaires qu'il n'y aurait de honte dans des punitions héréditaires ; cette vérité, démontrée à tous les bons esprits, est, de plus, chère à tous les cœurs généreux. La vanité peut présenter à l'homme indolent, dégénéré, l'image des vertus de ses aïeux, comme une vertu qui lui est propre; mais la gloire remplit les cœurs qu'elle embrase de l'émulation individuelle.

La gloire dit à l'homme dont le père ne fut point illustré dans la société : « Homme nouveau, le monde s'ouvre devant toi; élance-toi dans la carrière ; sois intrépide au champ de bataille, intrépide au milieu des factions ; étends le cercle des sciences humaines, perfectionne les arts utiles, cultive les beaux arts, jouissances privilégiées des nations policées; défends, illustre ta patrie, et tu deviendras grand parmi les tiens, et tu ne mourras pas tout entier. »

Cette gloire parle-t-elle au descendant d'un héros ! « Descendant des héros, lui dit-elle, imite tes ancêtres, si tu veux, comme eux, obtenir mes faveurs; ils ont vaincu, pour la France, sur les Pyrénées, sur les Alpes; suis leurs traces, suis-moi sur les Alpes, sur les Pyrénées. Tes ancêtres, honneur de la magistrature, ont défendu l'opprimé contre l'oppresseur, suis leurs traces, suis-moi dans les sentiers pénibles de la magistrature ; sois aussi grand que tes pères, ou du moins deviens assez illustre pour ne pas être accablé du poids de leur nom. Ce nom n'est pas une vertu pour toi ; c'est un devoir de plus d'en acquérir. »

Ainsi parla toujours cette gloire immortelle ; sa voix sépare irrévocablement le préjugé des distinctions héréditaires du sentiment pénible des distinctions personnelles; et quoique le système des distinctions héréditaires ait été suivi, même dans plus d'une République, il n'en est pas moins condamnable devant l'honneur, la raison et la philosophie.

Mais quelque soin que le gouvernement ait pris, en fixant les récompenses militaires, de s'arrêter aux bases posées par la Constitution, il est des esprits tellement susceptibles d'une défiance honorable, qu'ils trouvent dans une distinction personnelle, un ordre privilégié, et même le germe d'une noblesse héréditaire. C'est ici que se présentent naturellement leurs objections.

1º La Légion d'honneur, disent-ils, est un corps privilégié ; elle est alarmante pour la liberté publique et contraire à l'égalité.

2º En soumettant ses membres à un serment particulier,

et les dotant de biens territoriaux, elle contient le germe d'une noblesse héréditaire.

Nous ne combattrons ces objections que par leur analyse.

Première objection. — Pour qu'un corps soit privilégié, il faut que ses membres aient des droits ou des pouvoirs exclusifs que n'ont point les autres membres de la société ; or, les légionnaires n'ont pas un seul droit, pas une seule parcelle de pouvoir ; ils n'ont point de privilèges, mais seulement une distinction honorable qui suffit pour récompense, parce qu'elle émeut puissamment l'imagination et la satisfait sans produire néanmoins aucun résultat dans l'ordre politique.

Cette distinction n'a point de résultat dans l'ordre politique, car les légionnaires n'ont ni droits ni pouvoirs militaires, ni droits ni pouvoirs civils, ni droits ni pouvoirs judiciaires.

1° Ils n'ont point de droits militaires, car, pour arriver à tous les grades de l'armée, il n'est pas besoin de faire partie de la Légion. La Légion ne donne aucun droit, mais elle offre, dit-on, un pouvoir militaire inquiétant. Qu'est-ce qu'un pouvoir militaire inquiétant? La réflexion et l'histoire nous disent que c'est un pouvoir qui peut devenir assez fort pour s'élever contre le gouvernement et dominer l'État ; or, la Légion ne peut point exciter cette inquiétude, puisqu'elle est toute dans le gouvernement, rien sans lui, rien hors de lui. Mais bien plus, la Légion formée de braves qui sont déjà brevetés dans les divers corps, et de ceux qui le seront à l'avenir, ne forme pas même un corps militaire ; car les brevetés sont en activité de service sur les divers points de la République. Ainsi, la Légion forme un corps pour l'éclat de la récompense, et n'en forme pas un pour la force ; elle n'offre donc pas un pouvoir militaire inquiétant : l'établissement de ses quinze chefs-lieux n'a pour but que l'administration des biens nationaux qui lui sont concédés.

2° La Légion ne confère aucun droit, aucun pouvoir civil : elle est absolument étrangère à la représentation et à tous les degrés de l'administration publique. Ses membres n'ont aucun caractère, aucun droit, aucune prééminence devant aucune des autorités constituées, et il faudrait avoir la fureur des comparaisons pour en établir entre la Légion et un ordre intermédiaire. La Légion n'est et ne peut être intermédiaire qu'entre les services rendus au peuple français et les récompenses décernées en son nom.

3° Enfin, la Légion n'a ni droits, ni pouvoirs judiciaires, car elle n'a point de tribunaux spéciaux, point de juridiction particulière ; ses membres ne sortent en rien de la classe de tous les citoyens ; si la reconnaissance nationale les distingue, la justice impassible les voit d'un air indifférent.

Nous avons prouvé, citoyens législateurs, que le projet de loi n'attribue aux légionnaires aucun droit, aucune prérogative militaire, civile, ni judiciaire, qu'il consacre seulement une distinction personnelle, qui n'a aucun résultat dans l'ordre politique ; il n'offre donc rien de contraire à l'égalité des droits établis par la Constitution. Nous avons prouvé qu'il n'établissait pas un pouvoir inquiétant, puisque la Légion, sous le point de vue de force agissante, ne forme pas même un corps militaire. Le projet de loi n'offre donc rien d'alarmant pour la liberté.

La grande objection qui représentait la Légion comme un corps privilégié et dangereux, est donc dénuée de toute espèce de fondement ; elle est donc réduite à une déclamation vaine, sans aucun sens déterminé ; et c'est sous ce point de vue que le tribunat l'a envisagée en votant l'adoption du projet de loi.

Seconde objection. — Les adversaires du projet, après avoir essayé de démontrer qu'il créait un ordre privilégié, se sont attachés à prouver qu'il renfermait le germe d'une noblesse héréditaire ; voyons si les craintes qu'ils ont voulu faire pressentir pour l'avenir, sont mieux fondées que celles qu'ils ont témoignées pour le présent...

La noblesse héréditaire, dit-on, a commencé par la concession des propriétés territoriales, faite par les barbares au chef qui les avaient conduits à la victoire ; le projet de loi, consacrant une immense concession de biens territoriaux, renferme donc le germe d'une noblesse héréditaire.

Pour croire ce rapprochement juste, il faudrait être étranger à l'histoire, ou l'avoir lue avec peu de fruit.

En effet, citoyens législateurs, personnes de vous n'ignore

que, dans les siècles passés, lorsque des nations entières de barbares, poussées par la soif des conquêtes, se précipitaient sur quelques régions délaissées par la Providence, les vainqueurs se partageaient les terres des vaincus ; vous savez que les provinces, les villes, les héritages étaient assignés en propriétés personnelles à chaque chef de barbares ; que leurs enfants héritaient de ces propriétés personnelles et que cette hérédité territoriale a produit les titres nobiliaires et les fiefs. Mais où les adversaires du projet trouvent-ils une assignation personnelle et héréditaire de propriété ? Il n'en existe point dans le projet de loi. Les biens qui forment la dotation de la Légion appartiennent à la Légion en masse ; la Légion les administre ; et pour cela sont établis, sur le territoire de la République, quinze chefs-lieux d'administration ; les revenus de ces biens servent à acquitter les pensions des légionnaires ; mais aucun d'eux n'a ni par le droit, ni par le fait, aucune espèce de parité entre ces revenus et les propriétés qui fondèrent, dans les siècles de barbarie, les premiers titres de noblesse héréditaire. Il n'y a donc qu'un esprit superficiel qui puisse avoir été frappé d'un rapprochement aussi insensé ; car, non seulement il n'y a point entre eux de parité, mais il existe entre eux une opposition absolue de principes, et, par conséquent, de résultats nécessaires. C'est la même distance qui existe entre ces peuplades qui cherchaient un sol meilleur, parce qu'elles n'avaient point de patrie, et les peuples policés de l'Europe, qui ne reconnaissent de sol désirable que celui de leur patrie, entre ces guerriers fameux par leur force corporelle et leur courage féroce, qui ne savaient user de la force que pour vaincre et dépouiller, et ces soldats français, qui n'emploient leur valeur qu'à vaincre pour défendre la liberté de leur patrie et les propriétés de leurs concitoyens ; c'est la même distance qui existe entre les gouvernements de ces temps misérables et le gouvernement de la République ; en un mot, c'est l'immense intervalle qui sépare les siècles de ténèbres et le dix-neuvième siècle.

Les alarmes pressenties pour l'avenir sont donc aussi peu fondées que celles qu'on a témoignées pour le présent.

Il n'y a dans le serment imposé aux légionnaires ni dans

leur dotation ou biens territoriaux, aucun germe de noblesse héréditaire; bien loin de là, tous les germes de philosophie et de bonne politique développés sous le gouvernement actuel reposent dans ce serment et dans cette dotation. Termes conservateurs de tout ce qui existe pour le bonheur de la patrie, ils ne sont un poison que pour ses ennemis, et ils ne peuvent paraître tels qu'à l'esprit trop ombrageux d'un bon citoyen qui s'égare, ou à cette lâche envie, que les succès du gouvernement font frémir, et qui est assez malheureuse pour souffrir de la félicité publique.

La dotation de la Légion en biens nationaux a l'avantage de ménager les ressources du Trésor public, et, considérée sous l'aspect d'un intérêt national plus relevé, elle offre un nouvel appui pour les acquéreurs de biens nationaux; non, rien ne peut plus alarmer ces légitimes possesseurs; qu'ils reposent en paix; la justice et les lois de la nature assuraient leurs droits, la victoire les a confirmés, la religion les a naguère consacrés et aujourd'hui enfin la Légion d'honneur achève de les établir d'une manière inébranlable.

L'âme est délivrée des pressentiments sinistres qui nous environnaient. Passons maintenant, citoyens législateurs, à l'examen de la seconde partie; examinons la question des récompenses que la Constitution n'assigne pas, et que le projet de loi assigne à ceux qui ont rendu de grands services civils.

Les services militaires sans doute ne peuvent être trop récompensés. Quelques époques de notre révolution ajoutent à la valeur ordinaire de ces services une valeur inappréciable, si on se rappelle que les armées, pendant longtemps, ont soutenu seules la gloire de la France, tandis qu'au dedans la discorde insatiable dévorait jusqu'aux familles des défenseurs de la patrie : en ces temps, où un esprit ennemi régnait dans le sein de la cité, on eût dit que l'esprit national tout entier eût reflué sur nos frontières.

Toutefois, les armées auraient vaincu inutilement, si l'affreuse discorde avait continué de dominer parmi nous; si le courage civil n'avait point animé ceux qui mirent un terme aux fureurs politiques (on ne peut se le dissimuler), nos armées auraient en vain couvert l'Allemagne et l'Italie de leurs trophées. Depuis longtemps, elles marchaient de conquête en conquête ; leurs exploits gigantesques frappaient l'univers d'étonnement, et rendaient à la patrie l'espérance et la joie. Cependant la paix s'éloignait devant leurs victoires ; elle s'éloignait, parce que nos désordres civils n'offraient aucune garantie à nos voisins, parce que les peuples, craignant par eux-mêmes la contagion révolutionnaire qui nous dévorait, toute communication ouverte avec nous leur paraissait fatale. Pour atteindre la paix, l'ordre intérieur était une victoire nécessaire à laquelle toutes les autres conquêtes ne pouvaient point suppléer ; et, devant cette grande considération, les services civils prennent un caractère si auguste, que leur récompense devient aussi un devoir national et sacré.

Mais pourquoi les diverses constitutions qui ont promis des récompenses militaires, n'en promirent-elles point de civiles ?

Ces promesses ayant été faites par des législateurs, au nom du peuple qu'ils représentaient, il est facile de sentir pourquoi les services civils ne furent point inscrits dans la loi de récompenses.

Certes, lorsque vous proclamâtes la reconnaissance nationale, vous voulûtes oublier qu'en révolution, la carrière politique est un lieu où l'on se livre un combat perpétuel ; vous voulûtes l'oublier. Cependant chaque jour entourés de clameurs séditieuses, enveloppés de pièges perfides, ne combattez-vous pas chaque jour pour la République ? Que de de nuits même, que de nuits passées en présence d'ennemis furieux, sur ces bancs où les factions ont choisi tant de victimes ! Comme le champ de bataille, cette enceinte n'était pas couverte de poussière, baignée de sang ; mais à cette porte s'aiguisaient les poignards. *Là, se dressaient les échafauds.*

La mort que l'on trouve dans les camps est au moins honorable ; le fer, il est vrai, est quelquefois plus terrible que la mort ; des blessures profondes laissent d'affreuses cicatrices ; celui qui partit dans tout l'éclat de sa jeunesse revient sous le toit paternel, abattu, se traînant avec peine ; que de larmes répandues ! que de regrets ! mais à ces regrets succède une noble fierté. Les regards respectueux de tout ce qui l'environne, adoucissent les maux du guerrier, et le sang qu'il a versé sur le champ de bataille produit du moins une gloire assurée.

Le sort des hommes publics est quelquefois plus terrible. Si nous opposons à ce tableau d'un guerrier mutilé, le tableau d'une victime politique; si nous interrogeons la liste sanglante ; si nous invoquons l'ombre d'un magistrat ou d'un législateur, victime de la multitude ou de la tyrannie, quelle affreuse scène s'offre devant nous!... Ici l'intrépide magistrat s'agite au milieu d'une foule égarée; il s'efforce de faire entendre sa voix ; il montre à tous les signes augustes de sa puissance! mais ces forcenés, poussés par les furies, veulent du sang, le sang peut seul les satisfaire. Le magistrat s'opposerait vainement à leur rage; assailli de tous côtés, il brave les injures ; il brave les menaces; au péril de ses jours, il veut apaiser la révolte ; il veut au péril de ses jours sauver la victime qu'on poursuit ; il la couvre de son manteau, la presse contre son cœur, et percé de mille coups, il tombe avec elle expirant... *Le magistrat périt!...* Aura-t-il du moins un tombeau! non, citoyens; pour lui point de tombeau, point d'honneur, point de pompe funèbre pour lui... Ses membres déchirés, exécrables trophées d'une foule en délire, sont portés en triomphe jusque sur le seuil de sa demeure ; ses amis osent à peine et en silence plaindre son sort ; ils fuient devant ses restes... *Il a trahi le peuple*, s'écria-t-on de tous côtés; *il a trahi le peuple*, et sa mémoire flétrie n'est pour sa famille que le présage sinistre d'une ruine prochaine.

N'arrêtons pas davantage nos regards sur ces tristes tableaux qui retracent à chacun de nous tant de noms honorables et tant de souvenirs douloureux. Cette esquisse rapide suffit, sans doute, pour rappeler à tous ceux que, dans les temps de révolution, la carrière politique est une lice où se livre un combat perpétuel.

Dans l'intervalle des révolutions, ce combat cesse, il est vrai ; mais alors la carrière publique est remplie de ces longs travaux qui maintiennent les sociétés, les instruisent, les honorent, et conservent au milieu d'elles le bienfait des lumières et des lois ; de même qu'après la guerre, l'armée se borne à des services moins brillants, moins périlleux, mais non moins utiles.

Il fallait donc suppléer au silence de la Constitution et récompenser les services civils ; c'est ce que le projet propose ; il déclare que les fonctionnaires publics pourront être admis dans la Légion d'honneur, pourvu qu'ils aient fait partie de la garde nationale.

Il ne s'offrait pas, citoyens législateurs, de parti plus convenable ; en écartant ce mode, il eût fallu créer des écharpes d'honneur, ou toute autre distribution civile ; mais outre l'inconvénient de multiplier de pareilles institutions, la sagesse du projet de loi nous paraît démontrée par l'observation suivante :

La Légion établit un centre d'unité entre les citoyens qui remplissent les emplois civils et militaires ; elle atteindra par ce moyen un but très utile. En effet, chacun des divers états de la société prétend avoir des droits de prééminence à la reconnaissance publique. Ces prétentions rivales nourrissent des jalousies secrètes, forment un esprit de corps souvent funeste. La Légion d'honneur tend à détruire cet esprit de corps et ces prétentions rivales ; elle réunit les militaires, les magistrats, les administrateurs, les artistes, les savants les plus distingués. Revêtus de la même distinction, on verra s'établir entre eux une sorte d'égalité fraternelle, et cet heureux système d'union établi entre les légionnaires se propagera sans doute dans la société.

Telles sont les vues principales qui ont mérité les suffrages du tribunat au projet de loi qui nous occupe. Les récompenses militaires et civiles nous paraissent organisées dans la Légion d'honneur d'une manière digne de la grandeur de la nation, proportionnée aux services rendus, et conforme aux lois fondamentales de la République.

Nous avons approuvé les détails d'exécution comme les bases du projet. Nous avons reconnu dans la composition du grand conseil d'administration cette marche sage et modérée, toujours guidée par l'esprit constitutionnel, et qui consacre à chaque pas le système représentatif et les grands principes d'ordre civil et politique. Nous avons vu et vous verrez sans doute avec un intérêt d'homme et un orgueil de citoyen ces quinze asiles hospitaliers ouverts dans les chefs-lieux de cohortes, qui nous promettent quinze établissements, sinon aussi somptueux, du moins aussi utiles que la plus belle des institutions du siècle de Louis XIV.

..... Voilà les présages que le présent offre naturellement à l'avenir et que justifient deux années de prodiges. Livrez-vous, citoyens législateurs, à ces heureux présages ; organisez les récompenses militaires et civiles, unis d'intention et d'esprit avec un gouvernement réparateur, continuez jusqu'à la dernière heure de votre session, jusque dans le sein de la nuit, à consolider cette République immortelle qui, depuis six semaines, à vu consacrer dans cette auguste enceinte des lois favorables au crédit, à l'instruction publique ; des traités de paix dignes de la grande nation que vous représentez, et des institutions religieuses, aussi chères aux besoins du peuple qu'à la tolérance et à la philosophie, au-dessus des alarmes vaines.

Terminez, comme vous l'avez commencée, la session la plus courte, mais la plus glorieuse, la plus chère à la France ; et, de retour dans vos foyers, entourés des bénédictions universelles, vous direz à vos concitoyens : « Nous avons semé des récompenses pour recueillir des vertus. »

J'émets, au nom du tribunat, son vœu d'adoption sur le projet de loi qui crée une Légion d'honneur.

FIN DE L'APPENDICE

TABLE DES MATIÈRES

DU TOME DEUXIÈME

Chap. Ier.	— De Paris à Madrid...........................	1
II.	— La cour d'Espagne en 1800...................	7
III.	— La citoyenne Minette.......................	22
IV.	— Ravitaillement de l'armée d'Égypte...........	50
V.	— Le royaume d'Étrurie.......................	62
VI.	— La guerre de Portugal.......................	71
VII.	— Distractions et diamants....................	103
VIII.	— Le *quos ego* de la baignoire consulaire........	121
IX.	— La tabatière cassée.	157
X.	— Concordat et Légion d'honneur..............	193
XI.	— Madame de Staël...........................	204
XII.	— La cour consulaire..........................	249
XIII.	— Hortense Beauharnais et la citoyenne Jouberthon.	265
XIV.	— La reine d'Étrurie..........................	272
XV.	— Le citoyen général Murat...................	310
XVI.	— Le citoyen consul Cambacérès,..............	332
XVII.	— Une représentation aux Français.............	358
XVIII.	— Le Sénat conservateur......................	372
XIX.	— Pauline Bonaparte. — Le duc d'Enghien......	413
XX.	— Ma dernière soirée à Paris..................	435
Appendice.	....	451

FIN DE LA TABLE DES MATIÈRES.

Paris. — Imp. E. Capiomont et V. Renault, rue des Poitevins, 6.

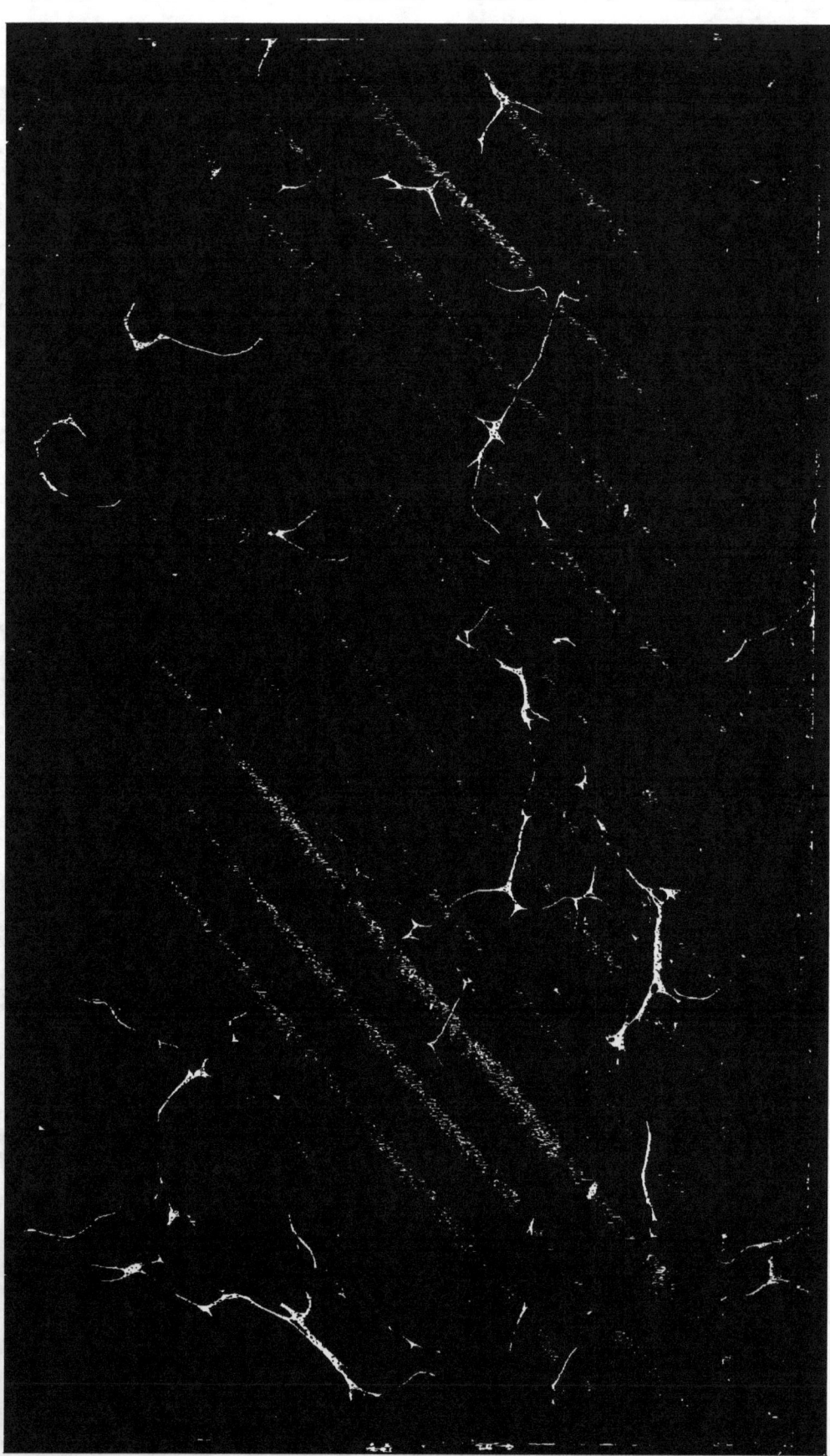

www.ingramcontent.com/pod-product-compliance
Lightning Source LLC
Chambersburg PA
CBHW051128230426
43670CB00007B/724